KB272510

신화와 역사 사이에서

**이환병**

1965년 충청남도 공주에서 태어나, 어른들의 새마을운동을 눈으로 지켜보며 자랐다. 또한 같은 마을에 살던 농민과 친구들이 고향을 떠나고, 점차 농촌사회가 붕괴되는 과정도 경험하였다.

공주사범대학교 역사교육과를 졸업하고, 1991년 서울 개봉중학교로 처음 발령을 받았다. 교사로 근무하면서 학자가 되고 싶다는 어린 시절의 꿈을 계속 간직하고 공부하였다. 고려대학교 교육대학원에서 「해방직후 맑스주의 역사학자들의 한국사 인식」으로 석사학위를 취득하였다. 성균관대학교 사학과에 입학한 후 농민 문제에 관심을 갖고 연구하였으며, 『모범농민·마을의 성장과 농촌 새마을운동』으로 박사학위를 받았다. 현재 용산고등학교에서 역사 교사로 근무하고 있다. 주요 논문으로는 「1960년대 마을개발과 초기 새마을운동의 전개과정」, 「1960년대 모범농민의 농업경영과 1972년 독농가교육」, 「새마을운동 시기 소득증대사업의 전개양상」 등이 있다.

**농촌 새마을운동** : 신화와 역사 사이에서

초판 1쇄 발행   2017년 10월 25일

지은이 │ 이환병
펴낸이 │ 윤관백
펴낸곳 │ 도서출판 선인

등  록 │ 제5-77호(1998.11.4)
주  소 │ 서울시 마포구 마포대로 4다길 4(마포동 324-1) 곳마루 B/D 1층
전  화 │ 02) 718-6252 / 6257
팩  스 │ 02) 718-6253
E-mail │ sunin72@chol.com

정가   32,000원
ISBN   979-11-6068-126-0   93910

· 잘못된 책은 바꿔 드립니다.
· www.suninbook.com

# 농촌 새마을운동

## 신화와 역사 사이에서

이환병 지음

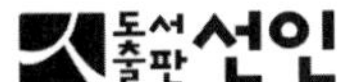

많은 사람들은 새마을운동을 하나의 '신화'로 기억하고 있다. 그 이유 중 하나는 수많은 '성공 이야기'가 만들어졌기 때문이다. 모든 사람은 자기의 삶을 이야기하고 남기려 한다. 글을 모르면 말이라도 남기고 싶어 한다. 새마을운동 기간에 일어났던 다양한 사건과 사업 그 자체도 중요하다. 그에 못지않게 새마을운동과 관련된 수많은 성공사례가 발표되고 홍보되었다는 사실을 기억해야 한다. 성공사례는 청와대로부터 마을 구석구석까지 널리 전파되었다. 성공사례는 분당 새마을연수원에 자필수기의 형태로 방대하게 남아있으며, 신문·잡지·방송·영화 등에도 많이 남아있다. 새마을운동을 만든 사람들의 성공 이야기, 새마을운동이 만든 사람들의 성공이야기는 지금도 새마을운동의 성격을 규정하는 데 중요한 영향을 미치고 있다.

1.

1991년 3월 역사 교사가 된 이후 오랜 시간이 흘렀다. 아직도 역사 수업이 즐겁고 학생과의 만남에 보람을 느낀다. 항상 배우면서 가르쳐야한다는 생각을 가지고 있었고, 손에서 책을 놓지 않기 위해 노력했다. 초임 때는 전공 책을 많이 읽었고, 최근에는 인간 본성이나 역사와 관련된 소설을 읽으며 지낸다. 여전히 역사를 재미있고 의미 있게 가르치기는 참 어렵다.

중학교에서 2년 동안 수업을 한 후, 야간제 교육대학원에 입학하였다. 학교 앞에서 하숙을 하며 열심히 공부하려고 노력했다. 저녁에는 도서관에도 많이 가고 발표준비를 열심히 했다. 방학 때는 대학원 친구와 답사도 다녔다. 즐겁고 행복한 시간이었다. 그때 조광 교수님을 만났다. 강의 때마다 설레면서도 긴장되었고, 나름대로 발표와 토론을 위해 많은 준비를 하였다. 수업 중 발표한 '해방이후 유물사학의 동향'이 석사논문의 주제가 되었다. 해방이후 백남운의 유물사학을 발표하면서 자료를 읽었고, 그 과정에서 백남운과 다른 주장을 한 전석담, 이기수, 김한주 등에 대해 관심을 갖게 되었다. 석사논문의 주제는 '해방직후 맑스주의 역사학자들의 한국사 인식'이었고, 약 3년 동안 열심히 논문을 썼다. 조광 선생님은 교육대학원생임에도 불구하고 친절하게 지도해주셨다. 욕심인지 용기인지 모르지만 막연하게 더 공부하고 싶다는 생각을 하였다.


2.

석사과정을 마친 후 현대사 관련 책을 많이 읽었다. 솔직히 말해 교실에서 수업을 하다 보니, 현대사 관련 내용에 자신이 없었다. 부끄러웠고 대책이 필요했다. 신탁통치가 무엇인지 학생에게 설명하는 일이 너무나 어려웠다. 그때 서중석 선생님의 '한국 현대민족운동 연구'를 읽고 또 읽었다. 그러나 여전히 내용이 어려웠고, 사건과 사건의 순서들이 혼동되었다. 서중석 선생님의 지도를 받으며 공부하고 싶어 용기를 내서 박사과정 시험에 응시하였다. 면접을 보고 떨어졌다고 생각했는데, 합격통지서를 받았다. 입학할 때는 강의에 결석하지 않고 수료하는 것을 목표로 삼았다. 발표준비를 하면서 밤을 새는 일이 많았다. 한편으로 공부를 전업으로 삼는 동료

들에게 열등감을 느꼈고, 서중석 선생님께는 늘 죄송했다. 부족한 사람이 서 선생님의 제자가 되어 누가 될까봐 걱정되었다. 그것은 지금도 마찬가지다.

나이 40이 넘어 대학원을 수료하니 조금 편하게 살고 싶었다. 그런데 항상 미련이 남았다. 공부하고 논문을 쓰지 못한 사람의 심정을 누가 알 것인가? 항상 할 일을 하지 않는 나태한 사람이라는 자책감에 시달렸다. 내 삶에 대해 다시 생각해 보았다. 가난한 농부의 아들, 8남매의 막내로 자라면서 경험했던 일상이 큰 자산이라고 생각했다. 그리고 논문을 쓴다면 가난한 농부의 삶에 대해 쓰고 싶었다. 그때부터 새마을운동 관련 자료를 읽었다. 처음에는 정치외교학과, 행정학과, 사회학과 등 다른 전공자가 쓴 학위논문을 읽었고, 이후에는 너무나도 비슷한 내용의 성공사례들을 찾아 읽었다. 5년 동안 꾸준히 자료를 읽다보면 무엇인가 쓸 수 있다는 서 선생님의 말씀을 믿었기 때문이다. 별 생각 없이 3년 정도 자료를 읽다보니, 새마을운동이 박정희의 머릿속에서 나오지 않았다는 사실을 알게 되었다. 그리고 일부 주민들이 새마을운동을 먼저 마을 단위로 시작했다는 사실을 확신하게 되었다. 이후 새마을운동 관련 자료보다 1950~60년대 농촌과 농민의 변화에 대한 자료를 찾아 읽었다. 신문과 농업 관련 잡지인 『지방행정』에서 자료를 찾고, 개인 전기들도 참고하였다. 연구의 중심이 1970년대 농촌 새마을운동에서 1950~60년대 농촌의 변화로 옮겨지기 시작했다. 그러다보니 연구의 중심 내용은 1950~60년대 농촌 변화와 새마을운동의 연결 과정이 되었다.

연구 과정에서 1950~60년대 농촌사회의 변화를 주도해 나가는 농민과 마을을 모범농민과 모범마을이라고 정의하였다. 신문, 잡지, 개인전기, 성공사례집 등에서 모범농민과 마을의 사례를 찾고, 그러한 농민과 마을의 공통점이 무엇인지 정리하였다. 그러나 구체적으로 모범농민과 마을이 전국에서 어느 정도를 차지하고 있는지 분석하지 못했다. 단편적인 사례를 가지고 1950~60년대 농민과 마을의 변화를 과대 포장한다는 지적을 받았다. 이러한 한계 속에서 연구의 중점을 1950~60년대 농민·마을의 변화와 새마을운동을 연결하는 데 집중하였다. 연결의 과정은 중앙정부가 모범농민과 마을의 존재를 인식하는 과정, 모범마을의 사례를 일반적인 마을에도 적용하는 과정에서 전개된 새마을가꾸기 사업, 1970년 겨울 시멘트 보급과 신도·문성마을, 1972년 전반기 대대적인 동원체제 확립 등의 순서로 설명하였다.

1950~60년대 마을 변화와 새마을운동을 연결하는 데 성과를 거두면서 기존 연구와 차별성을 부각하는 데 성공하였다. 그러나 여전히 새마을운동에 대한 신화적 인식이 존재하는 이유를 설명하기 어려웠다. 지금도 많은 사람들은 새마을운동을 우리나라 역사상 가장 성공한 사업이라고 생각하고 있다. 새마을운동 시기에 농업 지위가 하락하고 농촌 붕괴가 현실화되었다는 사실을 외면하려 한다. 새마을운동에 대한 신화적 인식과 역사적이고 객관적인 인식이 동시에 존재하고 있다. 이 연구에서는 신화적 인식과 역사적 인식의 차이를 좁히기 위해 새마을운동의 3대 사업을 구체적으로 분석하였다. 3대 사업에서 성공한 부분과 실패한 부분을 구분하고, 성공한 사업 중심으로 새마을운동이 홍보된 사실에 주목하였다.

학위 논문을 수정하여 책으로 발행하면서 책의 제목을 많이 고민하였다. 마지막으로 결론을 내렸다. 책의 제목은 '농촌 새마을운동'으로 하고 부제목은 '신화와 역사 사이에서'로 결정하였다.


3.

논문을 쓰는 동안 아버지 이근풍과 어머니 박기례, 그리고 농촌에서 가난하게 살다가 돌아가신 분들의 삶에 대해 생각했다. 조금이라도 그 분들의 삶을 복원하고 의미를 부여하고 싶었다. 최근에 읽은 하야시 후미꼬의 소설 '방랑기'에는 '토끼풀도 귀여운 하얀 꽃을 피운다는 사실'이라는 표현이 나온다. 항상 사람들의 관심을 받는 헌법재판소의 재동 백송도 중요하지만, 길가에 소박하게 피어있는 토끼풀에도 관심을 가져야한다고 생각한다. 그래야 세상을 조화롭고 풍부하게 인식할 수 있다. 농민은 자녀와 경제 발전을 위해 가장 많은 희생을 하였다. 불행하게도 우리들은 농민의 삶을 기억하거나 복원하려는 노력을 게을리 하였다. 농업의 지위 하락만큼이나 농민에 대한 관심도 사라지고 있다. 언론조차 올해 벼농사가 풍년인지 흉년인지 관심이 없다. 대통령이나 정부 고위관료가 모내기하는 모습을 본 지 정말 오래되었다. 그런 기사를 쓰는 기자나 농업에 관심을 가진 위정자가 나올 수 있을지 의문이 든다. 농업과 농민문제에 관심이 없어도 우리들은 잘 살 수 있을까? 걱정이 된다. 이 책을 농촌에서 쓸쓸하게 돌아가신 부모님과 지금도 힘든 노년을 살아가는 농부에게 바치고 싶다.

부족한 수업을 즐거워하며 함께 들어준 중고등학교 제자들에게 고마움을 표한다. 제자들은 좋은 수업을 할 수 있도록 나를 도와주었다. 나이가 들어도 역사교사는 편안하다. 기억력은 약화되어도 역사를 이해하는 폭은 넓어지기 때문이다. 그 역사를 매개체로 하여 늘 제자를 만날 수 있었다.

아내 김선옥은 언제나 나의 공부를 물심양면으로 도와주었다. 산책을 하며 지루한 논문이나 역사이야기를 해도 모두 들어 주었다. 부족함과 열등의식에 시달릴 때도 나를 믿어 주었다. 그리고 학위 논문의 완성과 통과를 위해 기도해 주었다. 중간에 논문을 두 번이나 포기했었다. 그때 나는 하나님께 질문하고 질문하였다. 논문을 쓰고 얻는 것이 무엇입니까? 왜 힘든 과정을 거쳐야 하나요? 그런 의문이 끊임없이 들 때, 하나님은 마지막 힘을 주셨다. 나의 힘이 되시고 기도에 눈물을 더하신 주님께 감사한다.

## ▌그림

# 서 론

## 1. 문제제기 및 연구목적

1960~70년대는 한국에서 근대화 정책이 적극적으로 추진된 시기였다. 이 시기에 정부는 경제성장에 최우선 목표를 두고 가용한 모든 인적·물적 자원을 총 동원하였다. 1970년대 새마을운동은 1960~70년대 근대화 정책의 경로 속에서 농촌의 인적·물적 자원을 총 동원하는 정책이었다. 한국의 경제성장 정책이 성공을 거두게 되면서 새마을운동 역시 성공한 농촌 근대화 정책이며, 더 나아가 1970년대 중화학 공업의 성장을 뒷받침해주었다는 인식이 널리 자리 잡게 되었다.

그러나 1970년대 새마을운동을 성공한 농촌 근대화 정책이라고 평가하면 많은 문제점이 나타난다. 우선 새마을운동 이후 나타난 농촌의 급속한 붕괴, 한국 농민의 지위 하락, 농업의 위상 변화 등에 대한 설명이 불가능하다. 일반적으로 대중들은 1960년대 농촌의 빈곤, 나태, 냉소적인 태도 등이 새마을운동에 의해 일소되고, 1970년대에는 근면·자조·협동하는 농민과 발전지향적인 농민이 탄생했다고 인식하고 있다. 1970년대 발전 지향적 농민의 탄생과 이후 농촌의 붕괴는 이론과 현실에서 모두 모순이 된다.

이 책에서는 위와 같은 모순이 발생한 이유가 무엇인가라는 문제의식에서 출발하여 연구를 진행하였다. 연구 과정 중 새마을운동 연구의 문제점을 보완하고 개선하기 위해서는 크게 세 가지 문제점을 해결해야 한다고 생각하게 되었다. 첫째, 1960년대와 1970년대를 대비하는 이분법적 인식은 역사적 사실과 거리가 멀며, 농촌 새마을운동의 과정과 올바른 평가를 가로막는 중요한 이유가 된다는 사실이다. 둘째, 새마을운동에 대한 전개 과정 및 성과와 의의를 평가할 때, 농민의 양성에 중점을 두어야 한다는 사실이다. 근대화 전략의 측면에서 산업화에 이바지한 측면, 국가 동원체제에서 유신체제에 공헌한 측면을 지나치게 강조하다 보면, 이 시기 농민의 성장이나 국가의 농민 양성책을 파악하기 어렵게 된다. 농민의 시장 적응, 전문적인 직업의식, 합리적인 경영 등에 중점을 두고 농민의 변화를 파악하면 새마을운동에 대한 새로운 평가가 가능할 것이다. 셋째, 새마을운동에 대한 대중의 인식이 변하지 않는 이유에 대해 분석해야 한다는 사실이다. 새마을운동에 대한 비판적 연구에 의해 새마을운동의 실체가 어느 정도 밝혀졌지만, 아직도 대중들의 의식은 변화하지 않고 있다. 일반적으로 대중들은 새마을운동이 한국의 근대화와 농촌발전에 공헌하였으며 우리민족의 자랑스러운 업적이라고 생각하고 있다.[1] 대중들은 새마을운동을 하나의 '신화'로서 인식하는 경향이 있다.[2] 이러한 인식이 계속된 이유에 대

---

[1] 1998년 『조선일보』와 한국갤럽은 정부수립 50주년을 맞이하여 국민여론 조사를 실시하였다. 이 조사에서 대한민국 50년 역사상 가장 큰 업적은 새마을운동이었으며, 그 뒤를 이어 올림픽 개최, 경부고속도로 건설, 광주민주화 운동, 4 · 19운동이 2~6위를 차지하였다. 2008년에도 정부수립 60주년을 맞이하여 동일한 여론조사를 하였는데, 1위는 새마을운동이었다. 자세한 내용은 『조선일보』 1998년 7월 15일자 및 2008년 3월 5일자 참고.

[2] 한국사회에는 아직도 박정희 신드롬과 새마을운동 '신화'가 존재한다. 이는 경제성장과 새마을운동의 실시 과정에서 보여 주었던 박정희의 리더십과 카리스마의 영향이 크게 작용하기 때문이라고 할 수 있다. 또한 '박정희식 개발독재 패러다임'을 대체하는 새로운 패러다임이 구축되지 않은 점도 중요 원인이다. 새마을운동 '신화'가 계속

한 합리적인 설명과 분석이 이루어지지 않는다면, 현재 한국 농업과 농민이 처한 상황을 극복하기 어려울 것이다. 또한 새마을운동이 왜곡된 채로 제3세계로 수출되는 것을 막지 못할 것이다.[3]

위의 세 가지 문제점과 과제를 바탕으로 본 연구의 1차적 목적은 새마을운동에 관한 역사적 사실을 명확히 하는 데 두었다. 새마을운동에 대한 역사적 사실을 명확히 해야 할 분야는 크게 세 가지였다. 첫째, 1960년대 가난했던 농촌이 1970년 새마을운동을 시작하면서 잘살게 되었다는 인식은 수정이 필요하다는 점이다. 이와 같이 1960년대와 1970년대를 대비하는 이분법적 인식은 새마을운동을 과대평가하고 신화적으로 만들게 하였다. 이 문제를 해결하기 위해 본 연구에서는 1960년대 농민·농촌의 변화와 농촌 새마을운동을 연결하여 설명하려 하였다. 1960년대 농촌에는 상업적 경영을 통해 성장하는 농민, 협동사업을 전개하는 마을이 존재하였다. 본 연구에서는 성장하는 농민을 '모범농민'으로, 변화하는 마을을 '모범마을'로 정의하였다. 또한 모범농민·마을의 존재를 발견하고 중앙정부·청와대·박정희와 연결하려는 '모범공무원'들에 대해서도 분석하였다. 둘째, 새마을운동은 정부가 처음부터 완전하게 계획하고 준비한 운동이 아니었다는 사실이다. 새마을운동의 각 사업은 2~3년의 준비 기간을 거치면서 점진적으로 정비되었으며, 각 사업 내용의 정착 시기도 달랐다. 특히 새마을가꾸기

존재하는 이유 역시 박정희 시대 이후 새로운 농촌개발 방식이 구축되지 않았기 때문이라고 보인다. 이에 대해서는 정해구, 「박정희 신드롬의 양상과 성격」, 『박정희를 넘어서: 박정희와 그 시대에 대한 비판적 연구』, 푸른 숲, 1998, 60~70쪽 참고.

[3] 새마을운동은 콩고민주공화국, 몽골, 탄자니아, 캄보디아 등에 전파되었다. 몽골에서는 새마을운동을 본떠 만든 '새로운 길 운동', '새희망 운동' 등이 경쟁적으로 추진되고 있다. '새로운 길 운동'은 엥흐바야르 전 몽골 대통령이 회장을 맡을 정도로 국민적 기대가 크다. 또한 유엔에서는 미국 컬럼비아 대학의 제프리 삭스(Jeffrey Sachs) 교수를 중심으로 저개발국에서 새마을운동의 사례를 적용하는 '한국형 밀레니엄 빌리지 조성사업'을 전개하고 있다. 새마을운동은 성공한 사례뿐만 아니라 농민의 지위 하락, 경영가적인 농민의 양성 실패 등과 같은 실패한 측면에 대해서도 정확히 알려 줄 필요가 있다고 생각한다. 자세한 내용은 한국경제 2011년 4월 19일자 참고.

사업에서 새마을운동으로 전환하는 과정을 보다 세부적으로 밝히기 위해 1960년대 말부터 1970년대 초반 농촌 새마을운동의 전개 과정을 자세히 분석하였다. 이 외에도 환경개선 10대사업의 정착 과정, 새마을소득증대사업의 구체적 내용, 새마을교육의 변화 등에 대한 분석을 세부적으로 시도하였다. 셋째, 새마을가꾸기 사업이 새마을운동으로 전환되는 과정에서 정부가 대대적인 동원체제를 구축할 수 있었던 조건과 배경, 정부 정책의 진정성, 동원체제의 구축 과정과 실상 등을 세부적으로 분석하였다. 특히 이 부분에서는 새마을운동이 시작될 수 있었던 조건을 세부적으로 분석하고, 새마을운동과 유신체제 및 새마을운동과 중화학공업화 정책과의 관계에 대해서도 서술하였다.

위에서 제시한 연구의 1차적 목적이 이루어진다면, 새마을운동에 대한 이분법적 인식과 사실적 오류들은 상당히 해소될 수 있을 것이다. 그러나 새마을운동과 농민양성, 대중들의 인식이 변화하지 않는 이유 등에 대해서는 여전히 문제가 남는다. 이 문제의 해결이 본 연구의 2차적 목적이다. 이 문제를 해결하기 위해 본 연구에서는 새마을운동 3대 사업의 성공과 실패, 문제점 등을 구체적이고 세부적으로 분석하였다. 환경개선 10대사업은 성공한 사업과 실패한 사업, 실시 과정에서 나타난 자본과 기업의 농촌침투에 대한 분석 등에 중점을 두었다. 소득증대사업은 1960년대 소득증대특별사업과의 연관성, 농업정책으로서의 적합성 등에 중점을 두고 평가하였다. 정신계발사업은 교육과 홍보 사업의 정착 과정, 유신체제 성립 이전과 이후의 교육 내용의 차이점, 유신체제 성립 이후 국가 이데올로기가 침투하는 과정 등을 주로 분석하였다. 새마을운동 3대 역점사업을 분야별로 평가하는 과정에서 새마을운동과 농민양성과의 관계, 새마을운동을 '신화'로 인식하게 된 이유 등을 밝히기 위해 노력하였다.

## 2. 기존연구 검토와 연구의 문제점

본 연구에서는 1960년대의 농촌 변화와 1970년대 전반기 농촌 새마을운
동을 중점적으로 연구하면서 크게 세 가지 부문의 기존연구를 검토하였다.
첫째, 오늘날 농업 생산구조에서 대부분을 차지하고 있는 가족농의 존재형
태를 연구한 논문을 검토하였다.[4] 이러한 검토를 통해 산업화 과정 속에서
농민의 노동형태, 농업경영의 변화, 농민의 생존전략 등을 이해할 수 있었
다. 둘째, 동원체제 속에서 새마을운동을 연구한 논문을 검토하였다. 이 연
구는 새마을운동 연구에서 대부분을 차지한다. 동원체제 속에서의 새마을
운동 연구는 크게 근대화의 동원과 유신체제의 동원으로 나누어서 연구 성
과를 분석하였다. 셋째, 새마을운동을 특정주제와 연결하여 연구한 논문을
검토하였다. 새마을운동과 근대성의 형성, 새마을운동과 문화정책, 새마을
운동에 참여한 인물에 대한 다양한 분석 등의 연구는 새마을운동의 다양한
흐름을 이해하는 데 도움을 주었다.

가족농의 존재형태에 대한 연구는 조승연과 박광서의 논문을 검토하였
다. 조승연은 가족농 중심의 농업 생산형태를 일제강점기, 해방이후, 1960
년대 이후의 산업화시기로 나누고, 그 형태가 어떻게 변화했는가를 분석하
였다. 그는 1960년대 이후 국가 주도하에 본격적으로 추진된 산업화·도시
화로 인해 나타난 가장 큰 변화는 농촌 인구의 도시로의 유출과 이로 인한
농업 노동력의 양적 부족과 질적 저하였다고 하였다. 이와 같은 상황 속에
서 영세소농뿐만 아니라 부농·중농층은 농업경영 규모를 확대하기 보다
는 자녀교육을 통해 전체 가족의 상승이동을 추구하거나, 생계유지 차원에

---

[4] 가족농 생산형태의 특징은 첫째 생산의 주체가 농가이고, 둘째 농가 스스로 소유자원인
토지와 노동력이 가족단위로 결합되며, 셋째 가부장적 질서에 의해 노동과 노동 강도가
결정되며, 넷째 초과 노동을 통해 이익이 창출되어도 그 이익의 한계는 단순재생산에
필요한 비용밖에 안된다는 점이다.

서 농업의 단순재생산을 지향하고 있다고 하였다. 농민은 겸업화, 농업외 부문의 단기간 취업, 가족 구성원 중 일부의 도시 이동, 소비의 극소화 전략 등을 통해 생계를 유지하고 있으며, 농업경영을 확대하는 경우는 극히 일부에서 발생한다고 하였다.[5]

박광서는 1963~1985년 기간 중 농업과 공업 간의 부등가 교환과 교육비를 통한 잉여 유출의 총액을 추정하는 연구를 하였다. 그는 위의 기간 중 1985년 불변가격으로 부등가교환의 총액은 21조 3,563억 원, 교육비를 통한 잉여의 유출은 8조 6,358억 원으로 추정하였다. 1970년대로 한정하여 부등가교환을 추정하면 1970년대 전반기는 2조 4,830억 원, 후반기는 3조 7,760억 원이었으며, 교육비는 1970년대 전반기는 1조 2,750억 원, 후반기는 3조 2,370억 원으로 추정하였다.[6]

조승연과 박광서의 연구는 자본주의의 발전 과정에서 영세 소농의 생존 전략을 분석했다는 점에서 의미가 있다. 조승연의 연구는 새마을운동 시기 농민의 생존전략을 이해하는 데 도움을 주며, 박광서의 연구는 새마을운동 이후 농촌의 붕괴를 설명하는 데 많은 시사점을 준다. 그러나 두 연구는 농민의 선택에 중점을 두어 전반적인 농업의 변화, 농민의 생존전략과 국가 동원체제와의 관계를 다루지 못했다는 한계점이 있다.

동원체제 속에서 새마을운동을 근대화 전략의 일환으로 보는 연구는 긍정적인 입장과 부정적인 입장으로 나누어 검토할 필요가 있다. 관변연구자, 박섭과 이행의 공동 연구, 임수환 등은 새마을운동을 성공한 농촌 근대화 전략으로 평가한 반면, 유병용·최봉대·오유석의 공동연구는 농촌 근대화의 효과가 미미했다고 평가하였다. 또한 유신체제, 국가주도의 지배이

<hr>

5) 조승연, 「농촌사회의 변동과 농업생산구조: 가족농 생산형태의 변화를 중심으로」, 영남대학교 문화인류학과 박사학위논문, 1997; 조승연, 『한국근현대 농민사회 연구』, 서경문화사, 2004.

6) 박광서, 「한국의 경제발전과 소농농업에 관한 연구」, 연세대학교 경제학과 박사학위논문, 1990.

데올로기와 새마을운동과의 관계를 분석한 연구는 하재훈과 박진도·한도현의 공동연구가 대표적이다.

새마을운동에 관한 초기 연구는 행정학이나 농업경제학적 관점에서 이루어졌다. 관변연구자나 새마을 관련 연구소에서 발간된 논문은 새마을운동의 목표달성 정도를 평가하고, 그 평가를 바탕으로 새마을운동을 효율적으로 추진하기 위한 정책개발에 목표를 두었다. 따라서 새마을운동에 대해 비판적 태도를 취하지 못했다.[7]

박섭과 이행의 공동연구는 새마을운동의 성과를 긍정적으로 평가하였다. 박섭과 이행은 1970년대 농촌 새마을운동을 성공적인 사회경제개발이었다고 전제한 후, 이러한 성공의 사회경제적 조건이 무엇이었는지를 분석하였다. 그들은 새마을운동이 성공할 수 있었던 조건을 두 가지로 제시하였다. 그 조건은 첫째, 식민지시기 이후 국가행정조직과 마을단위의 자치조직이 정비되고 정부가 이를 효율적으로 통제했기 때문이라고 하였다. 둘째, 국가의 농업부문 투자가 1960년대 이후 지속적으로 증가하였으며, 시장과 사회경제적 영향을 받은 농민이 성장하기 위해 지속적으로 노력했기 때문이라고 하였다. 또한 새마을운동 초기에는 국가가 농민참여를 주도하였으나 후기에는 점차 농민이 자발적으로 참여했다고 분석하였다.[8]

---

[7] 1970년대 말부터 1980년대 초반까지 새마을운동과 농업정책에 대해 비판적으로 평가한 사람들은 연구자가 아니라 문학가, 기자, 민중적 지식인 등이었다. 문학가의 대표적인 작품으로는 1977년부터 1981년까지 농촌의 황폐화를 다룬 이문구의 연작소설(1996년 솔 출판사에서 『우리동네』라는 제목으로 발간)이 대표적이며, 기자로서는 1980년대 초반 농정부재와 농촌현실을 다룬 『80년대 민중의 삶과 투쟁』(서중석 르뽀집, 1988, 역사비평사)이 대표적이다. 1970년대 민중적 지식인의 등장 배경은 크게 세 가지였다. 첫째, 1960년대 경제정책의 결과 희생을 당한 노동자와 농민 세력의 성장이다. 특히 1970년대 초 가톨릭 농민회 결성 후 농민운동이 조직화되기 시작하였다. 둘째, 민주화운동이 언론, 종교계 등 사회부문으로 확산되고 각 부문의 연계활동이 활발해졌다. 셋째, 지식인이 노동자와 농민의 집단문제에 관심을 가지고 연구하기 시작하였으며, 민중을 역사의 중심에 위치시키려는 민중론이 등장하였다. 이에 대해서는 강수택, 「박정희 정권 시기의 지식인론 연구」, 『지식변동의 사회사: 전통·현대·미래』, 한국사회사학회 정기학술세미나집, 2001 참고.

임수환은 새마을운동을 성공적인 국가 주도적 농업개발정책으로 파악하였다. 새마을운동을 통해 정부는 산업화로 인한 소득분배구조의 문제점을 개선하고 식량안보와 권위주의적 정권에 대한 지지를 확보할 수 있었다고 하였다. 그는 1960년대 중반부터 농가소득과 농업생산이 증가할 수 있었던 것은 고미가 정책 등 정부의 적극적 농업지원 정책 때문이라고 분석하였다. 이 과정에서 추진된 새마을운동은 박정희 정권의 경제적 평등주의와 권위주의적 지배가 결합된 것이며, 이를 통해 국가주도의 농촌개발에 농민 참여를 유인할 수 있었다고 하였다. 이 연구에서는 새마을운동의 성공요인으로 경제적 성장욕구를 가진 농민의 자발적 참여와 호응을 강조하였다.[9]

박섭과 이행의 공동연구는 행정기구의 정비와 새마을운동과의 연관성을 분석했다는 점에서 중요한 시사점이 있고, 임수환의 연구는 새마을운동에 농민이 참여하는 과정을 이해하는 데 도움을 준다. 그러나 두 연구에 나타나는 가장 큰 문제점은 1960년대 후반 이후 실시된 정부의 농업정책과 새마을운동을 구분하지 않았다는 점이다. 1970년대 농민의 소득증대는 새마을운동의 성과만으로 설명하기 어렵다. 정부의 막대한 쌀값 보조, 농외 고용기회의 계속적인 증대, 개량된 곡물품종의 도입, 비료와 농약 사용의 증가 등이 오히려 더 중요한 요인이었다. 또한 새마을운동 후반기에 농민의 자발적 참여가 증가했다는 분석은 실상과 거리가 멀다.

유병용·최봉대·오유석은 새마을운동을 성공적인 근대화전략으로 보는 시각에 비판적이다. 그들은 1970년대 새마을운동이 대중동원을 통해 정부부담을 최소화하기 위해 실시되었으며, 성과적 측면에서도 자의적으로 과대 포장되었다고 분석하였다. 농촌새마을운동의 결과로 나타난 소득

---

8) 박섭·이행, 「근현대 한국의 국가와 농민: 새마을운동의 정치사회적 조건」, 『한국정치학회보』 31집 3호, 1997.

9) 임수환, 「박정희시대 소농체제에 대한 정치경제학적 고찰」, 『한국정치학회보』 31집 4호, 1997.

증대나 문화적 측면에서의 성공은 대단히 제한적이며, 농민의 자발적 참여보다는 국가의 강제와 집단적 총동원체제에 의해 진행되었다고 하였다. 또한 이들은 새마을운동의 성과를 성공한 마을뿐만 아니라 실패한 마을도 검증해야 한다고 주장하였다. 그리하여 새마을운동에 미온적이었던 경기 지역의 마을을 대상으로 성과를 분석하였다. 그 결과 새마을운동에서 나타나는 성공과 실패의 혼재는 마을의 지리적, 사회경제적, 역사적 배경이 다르기 때문이라고 하였다.[10] 유병용·최봉대·오유석 등의 공동연구는 위로부터의 동원을 강조한 점, 근대화 전략의 관점에서 새마을운동의 모순과 과장을 지적했다는 점에서 큰 의미가 있다. 그러나 연구가 세부적이지 못하고 몇 개 마을의 사례를 통해 새마을운동의 성과를 일반화했다는 문제점이 있다.

최근에는 새마을운동을 정치적 위기의 타개책 혹은 유신체제의 강화 수단으로 보는 인식이 보편화되고 있다. 이러한 연구는 개발독재론과 연결하여 새마을운동의 추진 과정에서 나타난 강압에 중점을 두고 있다. 또한 2004년 대중독재론이 등장한 이후 새마을운동에서 대중의 동의를 받기 위해 실시한 정책이 무엇이었는가에 대한 관심도 증가하고 있다.[11] 박진도·한도현의 공동연구는 개발독재론의 연장선상에서 지배체제의 강압을 강조하였고, 하재훈은 대중독재론의 연장선상에서 대중의 동의를 강조하였다.

박진도·한도현은 새마을운동을 대중동원 이데올로기 혹은 대중동원방식으로 이해하였다. 새마을운동이란 국가 최고지도자가 자신의 정치적 목적 혹은 이념을 달성하기 위해 행정조직을 통해 대중을 동원한 운동이라고 하였다. 또한 새마을운동의 한계점으로는 정부주도로 추진되어 운동의 자율성이 보장되지 못했다는 점과 농촌문제를 구조적으로 해결하기 보다는

---

10) 유병용·최봉대·오유석, 『근대화전략과 새마을운동』, 백산서당, 2001.
11) 고원, 「박정희 정권 시기 농촌 새마을운동과 '근대적 국민 만들기'」, 『경제와 사회』 69호, 2006, 179~184쪽.

국민적 대중운동으로 해결하려 했다는 사실 등을 지적하였다. 특히 정부가 농민과 공동체의 지혜를 모으기보다는 불도저식으로 밀어붙였기 때문에 농민의 자율성이 심각하게 훼손되었다고 주장하였다. 이러한 한계로 말미암아 농민은 새마을운동의 기본정신에서 가장 강조한 자조하는 농민 대신 정부와 외부에 더욱 의존하는 농민으로 변해버렸고, 이후 정부의 다양한 농업정책도 실패하게 되는 원인을 제공했다고 하였다.[12]

하재훈은 새마을운동 실시 이전 동원체제의 경험과 새마을운동 실시 이후의 동원체제 구축 과정, 경제적 유인, 통치이념의 전파 과정을 분석하였다. 특히 그는 새마을운동 추진 과정에서 박정희를 중심으로 하는 통치체제와 대중과의 관계가 어떠하였는가를 분석하였다. 1960년대 산업화 이후 성장한 대중의 역량과 박정희를 중심으로 하는 지배연합은 지배와 저항, 혹은 지배와 동의 등의 2분법에 의해서 설명할 수 없다고 하였다. 새마을운동을 추진한 박정희 체제 역시 대중을 강제적으로 동원하기도 하고, 동시에 대중의 동의를 얻기 위해 다양한 유인책을 사용했다고 결론지었다. 강제와 동의를 얻기 위한 활동을 통해 대중적 참여와 호응을 이끌어내는 데 부분적으로 성공하였으나, 그 성공이 전면적인 체제유지와 강화로 이어지지 못했다고 하였다.[13]

박진도·한도현의 공동연구는 새마을운동을 비판적으로 연구하는 기본적 시각을 제공했다는 점에서 의의가 있다. 특히 새마을운동을 '유신체제의 도구'로 인식하고 추진 과정에서 나타난 강압과 이에 따른 부작용을 설득력 있게 분석하였다. 그러나 대중들이 새마을운동을 잘살기 운동 혹은 성공한 농촌 근대화 운동으로 기억하는 이유를 설명하지 못하였다. 또한

---

[12] 박진도·한도현, 「새마을운동과 유신체제」, 『역사비평』, 1999; 한도현, 「국가권력의 농민통제와 동원정책: 새마을운동을 중심으로」, 『한국농업농민문제 연구Ⅱ』, 연구사, 1989.

[13] 하재훈, 「박정희체제의 대중통치: 새마을운동의 구조·행위자 상호작용을 중심으로」, 경북대학교 정치학과 박사학위논문, 2006.

새마을운동을 연구하면서 구체적인 사례나 개별적인 사실에 근거하지 않고 대중동원체제의 이론적 틀 속에서 분석했다는 한계점이 있다. 하재훈의 연구는 강제적인 동원보다 동의를 얻기 위한 활동을 주로 분석했다는 점에서 높게 평가할 수 있다. 하재훈이 새마을운동 추진 과정에서 박정희 체제의 대중 지향적 통치방식을 발견할 수 있다고 지적한 사실은 이전의 연구에 비해 진전했다고 할 수 있다. 그러나 새마을운동의 모든 과정을 박정희의 개인 지도력에 의해 추진된 것으로 이해하였으며, 도시와 공장 새마을운동까지 모두 다루었기 때문에 개설적인 연구에 그쳤다는 한계점이 있다. 박진도·한도현의 공동연구와 하재훈의 연구는 유신체제와 새마을운동의 관계, 새마을운동의 변질 등을 잘 설명하였지만, 시기에 따라 새마을운동의 목적이나 방향이 계속 변화하는 과정과 배경을 세부적으로 분석하지 못했다. 또한 근대화 과정 속에서 농촌과 농민의 내부적 변화가 새마을운동에 미친 영향을 고려하지 않았다는 점에서 한계점이 존재한다.

새마을운동을 동원체제의 틀 속에서 파악하면서도 새마을운동을 정신적 동원, 문화정책 등으로 연결하여 설명한 김인진, 하효숙의 연구와 새마을운동의 추진 과정에서 나타난 특징을 분석한 브란트의 연구도 주목된다.

김인진은 정부가 새마을운동의 정신계발, 환경개선, 소득증대 3대 사업에서 근대의 모습을 어떻게 구성하고 선전했는가를 분석하였다. 그는 정부가 새마을운동에서 진취적이고 자립적인 정신, 과학적이고 합리적인 정신, 위생적이고 합리적인 생활환경, 경제적인 풍요 등을 근대성의 주요 내용으로 구성하고, 농민이 이러한 정신과 생활방식을 실천할 수 있도록 유도하기 위하여 학교교육과 미디어 등을 총동원해 선전했다고 하였다. 또한 새마을운동 시기 정부는 우리민족의 역사문화유산 중에서 호국정신, 총화단결의 전통, 충효사상 등을 계승해야 할 전통으로, 조선시대의 비사회적 이기심, 개항이후 5·16 이전까지의 역사와 가난 등을 단절해야 할 전통으로 구분하여 홍보한 점을 분석하였다.[14] 김인진의 연구는 새마을운동을 선전과 홍보의 측면에서 분석했다는 점과 박정희 정권이 새마을운동을 추진하면서 서구 근대성의 특정한 부분만을 선택하고 변형하여 선전한 사실을 서술했다는 점에서 중요하다. 그러나 정부가 새마을운동을 추진하고 홍보하는 과정에서 1950년대 후반 이후 성장한 개인의 농업경영과 마을개발의 사례를 적극 활용한 사실을 인식하지 못한 한계가 있다. 농민에게 가장 설득력 있는 홍보와 교육은 주변 농민의 마을개발과 농업경영 사례였다.

하효숙은 새마을운동을 문화정책으로 이해하였다. 새마을운동은 초기에 경제적인 목표를 두고 시작되었으나, 후반으로 갈수록 경제적인 목표와 더불어 과학운동, 질서운동, 자연보호운동, 문화재보호운동 등으로 영역을 확대하였다고 하였다. 이러한 운동은 1974년에 시작된 문예부흥5개년 계획과 연결되어 추진되었으며, 두 정책의 연결고리는 '민족'이었다고 파악하였다. 두 정책은 민족이라는 연결고리를 통해 국민의 과거에 대한 기억을 국가의 의도에 맞게 통제하고 획일화시켰으며, 그 결과 개인의 주체성이 제한되고 왜곡되었다고 평가하였다. 이로 인해 1970년대는 '기술적인 근대성'의 발전에도 불구하고 '해방의 근대성'은 오히려 약화되고 제약된 '기형적인 근대화' 과정을 경험하였다고 평가하였다.[15]

브란트는 새마을운동에 대해 관변연구자들의 평가와는 다른 논의를 전개하였다. 브란트는 새마을운동의 성공사례로 선전되는 사업은 새마을 정신의 성공적 주입 때문이 아니라 마을주민 각자에게 이익이 되었기 때문이라고 주장하였다. 즉 농촌 주민은 자신들에게 잠재적 이익을 가져다 줄 사업에 정부가 물적 지원 및 기술지원을 하게 되자 협동하여 사업을 추진했다고 인식하였다.[16] 브란트의 연구는 새마을운동의 성공 요인을

---

14) 김인진, 「새마을운동을 통해서 본 한국사회의 근대성형성에 관한 연구」, 서울대학교 대학원 석사학위논문, 1999.

15) 하효숙, 「1970년대 문화정책을 통해 본 근대성의 의미: 문예중흥 5개년 계획과 새마을운동을 중심으로」, 서강대대학원 신문방송학과 석사학위논문, 2000.

다양한 시각에서 분석했다는 점에 그 의미가 있다. 그러나 그의 연구는 1970년대의 시대적 상황을 반영하지 못한다고 할 수 있다. 당시 농민은 경제적 이익도 중요하지만 군사 문화적 실천 방식, 정부가 주도한 총동원 체제 등에 순응하는 편이 유리하였기 때문에 새마을운동에 참여하고 있었다.

최근 김영미와 성공회대학교 민주주의 연구소 새마을운동연구팀에서 발표한 논문은 새로운 연구방법을 제시했다는 점에서 의미가 크다. 김영미는 새마을운동의 기수가 된 인물에 대한 심층 면접, 구술 채록, 구술 자료와 문헌 자료를 대조하는 방법 등을 통해 1930년대부터 1970년대까지 마을 변화를 추적하였다. 현장조사와 구술사라는 인류학적 방법론을 통해 새마을운동 시기 농민의 생활세계와 경험세계를 미시적으로 탐색했다는 점에서 중요한 의미가 있다고 할 수 있다. 그는 농촌지도자들의 등장 요인은 일제시기 농촌진흥운동, 중견인물 양성, 보통교육제도의 발달 등도 중요한 요인으로 보았다. 일제시기 근대적 교육을 받았던 세대들이 1950 · 60년대에 20 · 30대가 되고, 이들이 마을 발전을 위해 노력하는 과정에서 새로운 지도자가 등장하였다고 보았다.[17] 필자 역시 새마을운동 이전에 마을 단위로 새마을운동이 추진되고 농촌이 변화하고 있다는 사실에 주목하였다. 그리고 더 많은 마을과 농민을 대상으로 농업경영과 마을개발사례를 분석하였다.

성공회대 새마을운동연구팀의 논문은 새마을운동에 참여했던 인물의 구술인터뷰를 분석했다는 점에서 의미가 크다. 새마을운동의 주체형성 과정, 환경개선 · 소득증대사업의 성과와 한계점, 1970년대 농업정책과 소득증대

---

[16] 빈센트 S. R. 브란트, 「가치관 및 태도 변화와 새마을운동」, 『새마을운동의 이념과 실제: 새마을운동 국제학술회의 논문집』, 서울대 새마을운동종합연구소, 1980; 유네스코 한국위원회 편, 『한국의 지역사회개발: 4개 새마을부락의 사례연구』, 1979.

[17] 김영미, 『그들의 새마을 운동』, 푸른역사, 2009년 6월.

사업의 구분 등에 대한 다양한 논의가 전개되어 연구에 도움이 되었다.[18]

　이상에서와 같이 가족농의 존재형태, 동원체제 속에서의 새마을운동, 특정주제와 연관된 새마을운동에 대한 논문은 본 연구에 큰 도움이 되었다. 필자는 연구초기에 농촌 새마을운동을 전반적으로 연구하기 위해 각종 자료와 논문을 검토하였다. 초기 검토 과정에서 새마을운동이 1970년대 초반 박정희와 정부 관료에 의해 일방적으로 시작된 것이 아니라는 사실을 알게 되었다. 이후 1960년대 농촌변화에 관심을 갖게 되었으며, 이 과정에서 1960년대 농민과 마을의 변화가 새마을운동의 중요한 계기이며 조건이었다고 확신하게 되었다. 따라서 연구의 중심은 1960년대 성장한 농민과 마을을 어떻게 새마을운동과 연결하는가라는 문제로 옮겨지게 되었다. 그리고 점차 전환의 세부적인 과정과 배경, 이로 인해 나타난 농촌과 농민의 변화를 검토하게 되었다.

## 3. 연구의 구성과 용어의 정의 및 자료

### 1) 연구의 구성

　이 책은 서론과 결론 및 3개의 장으로 구성되어 있다. 3개의 장에서는 모범농민과 마을의 성장, 모범농민·마을이 새마을운동과 연결되는 과정, 새마을운동 3대 역점사업의 전개 과정과 영향 등을 분석하였다.

　Ⅰ장에서는 1960년대 모범농민과 모범마을의 사례를 구체적으로 분석하였다. 모범농민의 농업경영 사례와 특징, 모범마을이 추진한 마을가꾸기 사업의 내용, 1960년대 농촌의 변화와 중앙정부와의 연결 과정 등을 중요 주제로 다루었다. 이러한 분석을 통해 1960년대 농촌변화의 연장선상

---

18) 성공회대학교 민주주의 연구소, 『박정희시대 새마을운동과 근대적 국민: 주체의 형성(한국연구재단 지원과제 주제연구 발표문)』, 2011년 4월.

에서 새마을운동을 이해하려 하였다. 또한 1960년대 농민과 농촌 침체, 1970년대 농촌 발전이라는 이분법적 인식은 문제점이 많다는 사실을 밝히려 하였다.

Ⅱ장에서는 모범농민·마을과 새마을운동의 관계를 분석하였다. 1절에서는 모범농민의 새마을운동 참여 과정과 역할, 모범마을과 새마을가꾸기 사업의 연결, 새마을가꾸기 사업이 새마을운동으로 전환되는 과정을 서술하였다. 2절에서는 새마을운동 동원체제의 확립 배경, 새마을운동 추진기구의 확립 과정과 실제적인 동원의 실상에 대해 살펴보았다. 이러한 분석을 통해 새마을운동이 처음부터 철저하게 계획된 운동이 아니며, 추진되는 과정에서 새마을운동의 전략과 방향이 변화되었다는 사실을 설명하려 하였다. 또한 동원의 구체적 실상과 문제점 분석을 통해 새마을운동의 자체적 모순을 서술하였다.

Ⅲ장에서는 새마을운동의 3대 역점사업의 정착 과정, 전개 과정과 영향을 구체적으로 분석하였다. 환경개선10대사업은 정착 과정, 성공한 사업과 실패한 사업, 확산의 다양한 요인, 환경개선사업 이후 농촌에 자본과 기업의 힘이 침투하는 과정 등에 대해 서술하였다. 소득증대사업은 정착 과정, 농어민소득증대특별사업과의 연결성, 통일벼의 보급 과정 등을 중점적으로 다루었다. 또한 농촌의 붕괴와 농민의 지위 하락이 급속히 이루어짐에도 불구하고 농민의 저항이 별로 없었던 원인에 대해서도 살펴보았다. 정신계발사업은 새마을교육의 변화 과정, 언론과 대중매체의 홍보 과정, 국민정신동원으로의 전환 과정 등을 중심으로 서술한 후, 정신계발사업과 유신체제의 연관성에 대해 서술하였다. 3대 역점사업을 분석하는 과정을 통해 새마을운동이 농민양성정책과 거리가 멀다는 점, 실질적으로 3대 역점사업이 실패했음에도 불구하고 성공했다고 평가하게 된 이유가 무엇인가에 대해 설명하였다.

2) 용어의 정의

1950년대 중반 이후 농촌 및 농민과 관련된 자료를 읽다보면 가난한 농민과 다른 모습을 보이는 농민이 등장하기 시작한다. 정부의 농업정책담당자나 농민 운동가들은 이들을 독농가, 모범독농가, 선도농가, 자립농민, 성공농민, 안정농가, 시범농가 등으로 부르고 있었다.

이들은 우선 열심히 일하는 농민이었다. 토지를 개간하고 새로운 농작물을 재배하기 위해 기술을 습득하였다. 일반 농민과는 다른 방법으로 농사를 짓고 새로운 작물을 재배하여 시장에 내다 팔았다. 수입이 생기면 저축하고, 더 큰 돈이 모이면 농지를 구입하기도 하였다. 이들은 해방 전의 지주와는 다른 모습의 농민이었다. 토지를 매입했다고 해도 자신이 직접 농사지을 땅 이상을 소유하는 경우는 극히 드물었다. 자신의 노력으로 농사를 직접 지어 작은 부를 이룩한 존재들이었다. 또한 이들은 농촌사회에서 일반농민에게 일정한 영향을 주었으며, 마을의 협동사업을 주도하기도 하였다. 새로운 농업기술이나 작물을 주변 농민에게 보급하였으며, 마을 안길을 넓히거나 마을 회관을 세우는 일 등 마을의 협동사업에도 적극적이었다. 정책담당자들은 이들의 존재에 주목하였으며, 이들을 통해 농촌을 개발하려 하였다. 점점 각종 사회운동이나 농촌개발과 관련된 정책은 이들을 양성하고 교육하는 데 중점을 두어야 한다고 생각하게 되었다.

김영미는 이들의 존재에 주목하여 '그들'이라는 용어를 사용하였다. '그들'의 가장 대표적인 인물은 경기도 이천에서 농촌운동을 주도한 이재영이며, 이 외에도 김성보, 하상돈, 강남성, 홍선표, 정회원, 정수만, 정효림 등을 소개하였다.[19] 이 책에서는 '그들'이라는 용어 대신 '모범농민'이라는 용어를 사용하기로 하였다. 모범농민이라는 용어를 사용하게 되면서 새마을

---

[19] 김영미, 『그들의 새마을 운동』, 푸른역사, 2009, 361~395쪽.

운동 이전 자력개발의 모범을 보인 마을은 '모범마을'로, 이들을 중앙정부에 연결하고 모범농민과 마을의 성장에 영향을 준 공무원을 '모범공무원'으로 정의하였다.

앞에서 설명한 바와 같이 새마을운동 연구에서 가장 혼란스럽고 어려운 일은 새마을운동과 정부의 각종 농업정책을 구별하는 일이다. 1970년대에 농촌에서 일어난 모든 변화는 새마을운동과 연결되어 설명하는 경우가 대부분이다. 새마을운동 자체도 농촌, 도시, 공장으로 확산되었고, 운동의 성격도 환경개선사업이나 소득증대사업에서 점차 국민의식개혁 운동으로 전개되었기 때문에 새마을운동의 범위와 정의를 설정하기 곤란하다.[20] 따라서 이 책에서는 새마을운동의 범위와 정의를 다음과 같이 한정하여 분석하고자 한다.

첫째, 새마을운동은 '모범 따라하기'에서 시작되었다. 정부는 초기 새마을운동을 기획하고 추진하는 과정에서 개인 혹은 마을 단위로 전개된 농업경영과 자력개발을 표준화한 다음, 일반 농민과 마을도 따라하도록 하였다.

둘째, 정부는 '모범 따라하기'를 아주 빠르게 확산시키기 위해 동원체제와 더불어 대대적인 교육과 홍보 사업을 실시하였다. 1970년대 지방공무원의 가장 중요한 업무는 새마을사업의 추진이었다. 또한 새마을지도자연수원을 중심으로 전개된 새마을교육과 대중매체를 통한 성공사례의 홍보 역시 새마을운동의 확산에 중요한 역할을 하였다.

---

[20] 새마을운동을 좁은 의미로 정의하면 마을 주민이 협동적인 노동을 통해 각종 사업을 전개하는 것이라고 할 수 있다. 대표적인 사업은 환경개선사업과 마을 공동기금조성이었으며, 주관기관은 내무부였다. 1972년 이전의 새마을운동은 좁은 의미의 새마을운동으로 전개되었다고 할 수 있다. 그러나 1972년을 전후하여 새마을운동은 정부의 모든 부서가 동원되고 각종 사업이 분담되었으며, 그 범위도 소득증대, 각종 복지정책, 정신계발을 포함하였다. 농촌에서 일어나는 모든 일이 새마을사업이 되었다. 이 책에서는 새마을운동의 정의를 좁은 의미나 넓은 의미로 구분하지 않고 사업의 전개방식에 중점을 두었다.

셋째, 정부는 실적에 따라 보상 체계를 마련하였다. 새마을운동을 일정 정도 추진한 결과에 따라 지원을 달리하였다. 지원은 경제적인 보상뿐만 아니라 마을 주민의 명예를 되살려 주는 의미도 강했다. 또한 정부가 농민에게 준 보상이라는 의미보다 박정희의 개인적인 보상으로 인식되는 경우가 많았다.

새마을운동을 종합적으로 정의하면 모범의 창출 → 동원체제와 교육·홍보를 통한 모범 따라하기 → 결과에 대한 박정희의 보상으로 이루어지는 일련의 과정이라고 할 수 있다. 새마을운동 시기에는 정부의 농업정책도 위와 같은 단계와 유사하게 진행되는 경우가 많았다. 예를 들어 통일벼의 보급은 정부의 대표적인 농업정책이었지만, 보급 과정은 새마을운동의 추진방식과 매우 유사하였다. 마을가꾸기 사업은 근대화 과정에서 정부가 주도하지 않아도 자연발생적으로 일어날 수 있으며, 통일벼 보급으로 대표되는 녹색혁명 역시 1960~70년대 인구가 증가한 국가에서 보편적으로 나타나는 현상이었다. 이 책에서는 농업정책 자체의 한계와 더불어 새마을운동 방식이 적용되면서 나타난 문제점도 분석할 것이다. 또한 자연발생적으로 전개될 수 있는 사업이 새마을운동의 방식에 의해 어떻게 변질되었는지 설명하고자 한다.

## 3) 자료

본 연구를 위해 사용된 자료는 1960년대 모범농민·마을의 등장 과정과 새마을운동 시기로 나눌 수 있다. 1960년대 농촌과 관련된 자료는 크게 3가지로 분류할 수 있다. 첫째, 정부가 편찬한 『한국농정50년사』, 『농정반세기 증언』, 『새농민운동사』, 『소득증대특별사업 성공사례집』 등과 같은 단행본이다. 둘째, 서울대 독농가연구회가 편찬한 『전국독농가들의 영농방식과 그들이 그 지역사회에 미치는 영향』, 이화여대 농촌경제연구회가 편

찬한『개발과정에 있는 농촌사회연구』등과 같은 각종 보고서이다. 연구단
체나 정부기관은 각종 사업을 실시하고 보고서를 작성하였는데, 이러한 자
료는 농민의 농업경영형태나 농촌의 실태 파악에 도움이 되었다. 셋째, 지
방행정공제회가 편찬한『지방행정』과 신문, 잡지, 문집에 나오는 각종 성
공사례집도 참고하였다. 지방행정공제회가 편찬한『지방행정』에는 농민의
농업경영사례와 마을개발사례가 비교적 풍부하다. 1960년대『동아일보』와
『조선일보』등에도 농민의 농업경영 및 마을 개발과 관련된 사례를 많이
소개하였다. 농촌운동에 참여한 인물의 개인 저술로는 김용기의『가나안
으로 가는 길』, 유석창의『조용한 혁명』,『한국농업의 미래상: 서기 2000년
을 바라보며』등을 참고하였다. 이러한 개인 저술에는 농촌과 농민 개혁에
대한 방안이 서술되어 있어 당시의 상황을 이해하는 데 도움이 된다. 구술
자료집으로는 국사편찬위원회에서 발행한『진정한 농민의 협동조합을 위
하여: 1950년대 이후 이천지역 농민조합운동』등을 참고하였다.

새마을운동시기의 자료는 정부나 새마을운동 관련 단체에서 발간한『새
마을운동10년사』,『새마을지도자연수원10년사』,『새마을』,『영광의 발자
취』,『새마을운동성공 사례집』,『독농가연수원현황』등이며, 이 자료를 활
용하여 새마을운동 관련 각종 통계와 정부지침을 서술하였다. 개인의 새마
을운동 참여 경험에 대한 자료는『흙과 땀과 훈장』,『땅의 아들』,『독농가
하사용씨의 성공사례와 1970년대의 새마을 운동』,『종교인 새마을운동』등
의 단행본과『지방행정』, 신문, 잡지에 나오는 체험 사례를 참고하였다. 신
문이나 잡지에 소개된 성공사례는 내용이 간단한 경우가 많은데, 이런 경
우 영화나 개인이 남긴 기록도 참고하였다. 필요한 경우 공식적으로 발간
되지 않았지만 새마을지도자연수원 교육 중 작성한 각종 성공사례와『분
임토의자료집』등을 참고하였다. 새마을교육 중 연수생이 작성하고 발표
한 성공사례와『분임토의자료집』중 일부는 새마을지도자연수원과 국사편
찬위원회에 보관되어 있다. 독농가연수반에서 새마을교육을 받은 명단이

나 분임토의 자료는 국사편찬위원회의 자료가 도움이 되었다. 또한 청와대 새마을담당관이었던 박진환, 농촌지도소와 면사무소에서 근무한 공무원, 도시와 농촌의 새마을지도자, 가나안농군학교 직원을 만나 인터뷰를 하면서 당시의 실정도 파악하였다. 최근 성공회대학교 민주주의연구소 새마을운동 연구팀에서는 새마을 관련 구술 자료를 수집하고, 이 자료를 바탕으로 『박정희시대 새마을운동과 근대적 국민: 주체의 형성』이란 주제로 발표회를 하였다. 이 자료집에는 새마을운동에 대한 미시사적 접근이 많다.

정부기록보관소의 대통령결재문서도 참고하였다. 새마을운동 초기 내무부를 비롯한 정부부서가 청와대 비서실을 통해 대통령에게 보고한 문서 중 새마을운동 관련 문서를 참고하였다. 이 문서 중 대표적인 보고서는 「새마을운동 포상대책」, 「언론인 새마을운동 교육 시찰 계획」, 「새마을운동에 관한 교육 및 현지시찰계획」, 「새마을 성품 기탁상황 보고」, 「새마을운동 우수사례 보고」, 「새마을운동국민대회 개최 계획 보고」 등이다. 이 문서를 통해 초기 새마을운동이 추진되는 동안 내무부와 청와대의 역할을 이해할 수 있다.

위의 자료는 관변자료가 대부분이어서 새마을운동에 대한 비판적 자료를 구하기 어렵다는 한계점이 존재한다. 사실 새마을운동에 대한 자료는 북한사 관련 자료를 읽을 때와 유사한 느낌을 받는다. 이 문제를 해결하기 위해 최대한 박정희의 연설문이나 정부 측 자료의 인용을 최소화하기 위해 노력하였다. 대신 개인의 전기, 신문이나 잡지의 성공사례 등과 같은 미시사적 요소를 반영하려고 노력하였다. 또한 이문구나 조정래의 소설 속에 나타난 새마을운동과 관련된 비판적 내용도 참고하였다.

# 모범농민과 모범마을의 성장

 모범농민과 모범마을의 성장

## 제1절 모범농민의 농업경영 사례

### 1. 서울대독농가연구회의 독농가 실태조사

1960년대 농업 관련 정책담당자나 연구단체는 농촌에 존재하는 독농가에 대해 많은 관심을 가지고 있었다. 서울대 농과대학 농촌연구부독농가연구회(이후 서울대 독농가연구회), 고려대학교 농어촌문제연구회, 이화여자대학교 농촌문제연구회 등은 농촌문제를 연구하는 대표적인 단체였다.[1] 이러한 단체들은 독농가의 농업경영과 농업기술 실태, 농촌마을의 인구와 경제상황 등을 조사하고, 이를 바탕으로 새로운 농업정책을 입안하려 하였다. 또한 농촌운동가들 역시 농촌에 거주하는 모범적인 농민을 통해 농촌

---

[1] 1960년대에는 농업고등학교와 농과대학에 향토개발연구나 사회봉사활동을 하는 단체가 학내에 조직되었다. 그리고 문교부는 이러한 활동에 적극적인 단체에 대해 시상을 하였다. 문교부는 1967년 14개 학교의 개인연구자와 연구단체를 시상하였는데, 서울대독농가연구회는 장려상을 수상하였다. 자세한 내용은 『동아일보』 1967년 4월 3일자 및 『매일경제』 1967년 4월 14일자 참고.

의 개혁을 추진하려 하였다. 모범농민의 발굴과 교육이 새로운 농촌건설의 핵심과제였던 것이다. 당시 정책담당자는 '독농가의 적극적인 농촌운동'을 통한 '농촌지역사회개발'이란 표현을 많이 사용하고 있었다. 이러한 노력의 일환으로 서울대 독농가연구회에서는 1966년 전국에 있는 독농가의 경영 방식과 지역사회에 미치는 영향에 관해 실태조사를 하였다.[2]

서울대 독농가연구회에서는 조사 후 독농가를 "자급자족 위주의 경영방식을 탈피하여 수지맞는 농업을 위해 새로운 기술, 새로운 품종 등을 과감히 도입하고 항상 연구하고 노력하는 농가이면서 동시에 농촌지역사회개발을 위해서 헌신적으로 노력하는 농가"라고 정의하였다.[3] 조사 후 내린 독농가의 정의는 당시 농업경영실태와 변화하는 농촌의 모습을 잘 반영하고 있다. 조사원들은 독농가를 경종농업 탈피, 상품작물 재배, 새로운 농업 기술 등을 적용하고 전파하는 농민으로 정의하고 있으며, 이러한 내용은 1960년대 모범농민상을 잘 반영한다고 할 수 있다. 조사원이 가장 관심 있게 파악한 것은 독농가의 수입원, 경영실태, 주변 농민과의 관계 등이었다. 당시 16호 독농가의 농업수입을 5등급으로 구분하여 경영실태를 종합하여 나타내면 다음과 같다.

---

[2] 독농가연구회는 농촌지도소로부터 추천받은 86명, 자체조사에 의해 89명의 독농가를 먼저 선정하였다. 수집한 175명의 독농가 중 제주와 강원도를 제외한 지역에서 16명의 독농가를 선정하여 경영실태를 파악하고 보고서(146쪽 분량)를 작성하였다. 16명의 독농가는 경지면적 1정보 이상, 농업수입 등이 고려되었으며, 특히 일반 농가와 다른 농업기술의 소유여부, 부락민의 여론 등을 많이 반영하여 선정하였다. 조사원은 3인 1조가 되어 각 농가를 3일간 방문하여 경영실태를 파악하였다. 조사내용은 학력, 영농교육 실태, 농업수입원, 경영비용, 마을주민과의 관계, 애로사항 등이었다. 16호 농가를 대상으로 한 조사여서 대표성에 문제가 있다고 할 수 있다. 그러나 175호 농가 중에서 선정되었고, 보고서의 내용을 통해 당시 독농가의 경영이나 수입내역 등을 자세히 알 수 있다. 또한 조사원이 농업전공 학생이었기 때문에 농업경영과 관련된 실질적인 자료를 보고서에 서술했다는 장점도 있었다. 자세한 내용은 서울대학교 농과대학 농촌연구부 독농가 연구회(필사본), 『전국독농가들의 영농방식과 그들이 그 지역사회에 미치는 영향』, 1966 참고.

[3] 『전국독농가들의 영농방식과 그들이 그 지역사회에 미치는 영향』, 100쪽.

<표 1-1> 16호 독농가의 농가수입과 경영실태(1965년 기준)

| 구분 | 농가수 (호) | 농가 연평균 수입(원) | 경지면적 (정보) | 농가조수입 중 10% 이상을 차지하는 소득 부분 및 그 비율(%) |
|---|---|---|---|---|
| A | 2 | 5,451,220 | 12.10(5.50) | 1. 육묘(67.9)＋미곡(19.4)<br>2. 채소(68.7)＋미곡(20)＋축산(10.3) |
| B | 2 | 2,413,525 | 8.58(2.75) | 3. 과수(53.90)＋축산(21.9)＋채소(16)<br>4. 미곡(40.4)＋보리(15.4)＋특작(15.1) |
| C | 3 | 1,313,333 | 7.31(1.54) | 5. 특작(29.3)＋미곡(19.4)＋보리(18.1)<br>6. 미곡(71.9)＋보리(12.6)<br>7. 축산(75.3)＋채소(24.7) |
| D | 4 | 951,770 | 3.76(0.65) | 8. 과수(50.8)＋채소(14.3)＋보리(13.9)<br>9. 미곡(32.6)＋묘목(18.4)＋채소(12.4)<br>10. 채소(49.5)＋미곡(26.6)＋서류(21)<br>11. 특작(46.1)＋채소(22.3)＋서류(13.5) |
| E | 5 | 405,512 | 2.25(1.22) | 12. 미곡(47)＋보리(20.7)＋두류(14.7)<br>13. 미곡(35.4)＋양잠(28.8)＋두류(15.9)<br>14. 미곡(67.1)＋축산(12.8)<br>15. 미곡(43.9)＋특작(25)＋채소(11)<br>16. 미곡(49.3)＋양잠(46.1) |

※ 출처:『전국독농가들의 영농방식과 그들이 그 지역사회에 미치는 영향』, 18~42쪽의 표
　　를 바탕으로 재작성.
※ 경지면적은 전답(田畓)을 모두 포함하며 (  ) 안은 답(畓)의 면적이며 농가 수입은 합산
　　하여 평균함.

　〈표 1-1〉에서와 같이 A 농가는 농업수입이 500만 원, 경지면적이 12정

보4)에 이르고 있었다. 농업수입이나 경지면적의 규모가 기업농에 가깝다

고 할 수 있다. 주 수입원이 미곡이 아니라 육묘와 채소라는 사실이 주목된

---

4) 농지개혁 이후이지만 3정보 이상의 농가가 16호 중 11호가 된다. 서울대독농가회의 보고
서에 나타난 농민은 대부분 농업경영에서 성공하고 있기 때문에 경지면적이 평균보다 높
다고 할 수 있다. 농지개혁 이후 한국에서는 개간으로 인해 토지 면적이 확대되고 자작농
이 소작을 통해 경영 규모를 확대하는 경우가 많았다. 1960년에 비해 1970년에는 총 경지
규모가 12.4% 정도 증가할 정도로 개간이 활발하게 진행되었다. 또한 농민이 토지를 매
각하지 않고 도시로 이주한 경우가 많았는데, 자작농은 이러한 토지를 임대하여 경작하
였다. 일부 연구자는 이와 같이 소작을 통해 경영규모를 확대하는 농가를 자소작전진형
(自小作 前進形)이라고 부른다. 이에 대한 자세한 내용은 한도현, 「1960년대 농촌사회의
구조와 변화」, 『1960년대 사회변화 연구: 1963~1970』, 백산서당, 1999, 136~137쪽 참고.

다. 2번 농가는 비닐하우스를 이용해 채소를 재배하는 농가이다. B~E 농가 중에서 곡물생산으로 인한 수입이 50% 이상인 농가는 4, 6, 12, 14번 농가 이고, 그 이외의 농가는 특수작물, 채소, 양잠, 축산을 통한 수입이 많은 비중을 차지하고 있다. 특히 6번 농가는 미곡 수입이 가장 많은데, 1965년 도에 미곡 다수확상을 받은 농가였다.

전체적으로 독농가의 농업경영은 크게 세 가지 정도로 요약된다. 첫째, 현금소득이 높고 판매가 안정적인 작물 2~3가지를 선택하여 재배하고 있다. 둘째, 미곡 외에도 다양한 작물을 재배하고 있으며 비닐하우스를 이용한 채소재배, 벼농사에서 다수확상을 수상하는 농가 등과 같이 새로운 작물과 농법을 도입하고 있다. 셋째, 일반 농가에 비해 농산물의 상품화 비율이 높다. 식량 생산을 통해 안정적인 수입을 확보하는 농가도 있지만, 식량 외의 작물을 전문적으로 재배하는 농가의 비율이 높다고 할 수 있다. 전체적으로 식량생산을 통해 안정적인 수입을 확보하면서도 상업적 영농을 확대하여 농산물의 상품화 비율을 높이고 있다. 또한 독농가가 자급자족적인 농업에서 벗어나 상품생산을 위한 영농으로 옮겨가고 있음을 보여 준다.[5]

16호 독농가의 학력수준은 초등학교 졸업에서 대학 졸업까지 다양하였다. 초등학교 졸업이라 할지라도 농업연수교육을 받아 농약이나 비료 사용법 등을 잘 알고 있었으며, 모든 농가가 신문이나 농업 관련 잡지를 구독하고 있었다. 잡지의 종류에는 농촌진흥청과 농협을 통하여 발간되는『농촌지도』와『새농민』외에도『사상계』,『여원』,『주부생활』등이 있었다. 농기구는 농가 규모에 비해 열악한 편이었으며, 이로 인한 노동력 부족은 주변 농가의 값싼 노동력을 이용하거나 머슴을 고용하는 경우가 많았다. 16호 농가 중 10호가 전문적인 농업기술 교육을 받았다고 대답하였으며, 농업에 반드시 필요한 기술은 농약·비료 사용법[6]이라고 생각하고 있었다.

---

5) 『전국독농가들의 영농방식과 그들이 그 지역사회에 미치는 영향』, 42쪽.

16호 농가는 평균적으로 월 3~4회 농촌지도소를 방문하고 있었으며 모두 영농일지를 작성하고 있었다. 학력에 관계없이 독농가가 새로운 농업기술의 습득에 적극적이었다고 할 수 있다.[7]

독농가가 일반 농민에게 영농기술의 보급을 위해 농장 방문을 허용하기도 하고 현장 출장 지도를 나가는 경우도 있었다. 그러나 일반농가의 경영에 적극적으로 간섭하는 경우는 매우 드물었다. 일반 농민에게 어떤 작물을 권유했을 경우 위험부담이 크고, 일반 농가는 "독농가의 영농기술도 별것 아니다. 우리도 돈만 있으면 할 수 있다"는 식의 반응이 많았기 때문이었다. 경영 규모가 열악한 일반 농가가 독농가처럼 농약이나 비료를 많이 사용하기도 어려운 형편이었다. 보고서에는 당시 일반 농가가 영농문제를 상담할 때, 독농가를 농촌지도소 요원처럼 생각하며 만나고 있었다. 특히 어떤 작물을 재배하는 것이 좋은가를 상담할 때는 독농가를 많이 방문하고 있었다.[8]

독농가가 직면하는 가장 큰 문제는 농산물의 가격이 낮은 데 비하여 농약이나 비료 값 등이 높아 경영수지를 맞추기 어렵다는 점과 농산물의 판로였다. 새로운 영농기술을 도입하는 데 필수적인 농기구, 농약, 비료 등의 가격이 지나치게 높아 비교적 경영 규모가 큰 독농가도 경영에 어려움을 겪고 있었다. 당시 실정은 농업기술자와 독농가의 조직체인 '농업기술자 협회'의 1965년 '전국농업기술자 대회 선언문'에 잘 나타나있다. 선언문에는 "정부는 농민에게 일방적으로 증산을 강요할 것이 아니라 증산을 뒷받침할 수 있는 농산물의 적절한 가격을 보장해 줄 것이며 정부에서 장려하는 특수농산물에 대해서는 판로도 보장"해야 한다고 주장하고 있다.[9]

---

[6] 조사원들은 농업기술 분야에서 품종선택, 농약과 비료의 성분 및 사용법 등 기술교육이 중요하다고 생각하였다. 또한 이러한 기술교육 외에 독농가에게 농업경영학을 교육해야 한다고 주장하였다. 보고서에는 토지와 노동의 효율적인 결합, 농장의 조직과 관리, 작물의 선택 등에 도움을 주는 교육이 절실하다고 기록하였다.

[7] 『전국독농가들의 영농방식과 그들이 그 지역사회에 미치는 영향』, 43~81쪽.

[8] 『전국독농가들의 영농방식과 그들이 그 지역사회에 미치는 영향』, 82~96쪽.

경영수지 외에 독농가 스스로의 한계점도 발견할 수 있다. 보고서의 내용 중 "자녀 중 농사를 계승한 자녀는 하나도 없다."라는 표현이나 "자신의 자녀들에게는 농사일을 시키지 않는다."에서와 같이 독농가가 농업을 가업으로 계승하려 하지 않았다. 농촌에서 수익을 증대하고 중요한 역할을 하는 모범농이라 할지라도 다른 업종에 종사할 능력이 없어 농업에 종사하고 있었다. 기회가 있다면 언제든지 농업을 포기하고 전직하려 하였으며, 특히 가업으로 계승하려는 농민은 발견하기 어려웠다. 당시 조사원은 독농가를 방문한 후 각각 방문 소감을 작성하였는데, 몇 가지 사례에서 주목되는 내용이 발견된다.

> 박해수[10]씨는(표 1-1에서 2번 농가, 경남 김해군 김해읍, 40세) 선진국(일본)의 농업(고등채소, 원예)에 관한 책을 많이 구입해서 연구하며 생활하는 농부이시다. ……이웃 농가에서 농사짓는 데 모르는 게 있으면 서슴지 않고 가르쳐주며 일깨워주기도 한다. 여기에서 제일 주목할 만한 것은 씨의 노력으로 한국에서 기업적으로 Vinyl House식 비계절기 재배를 처음 시도하고 성공한 사람이다. 그로 말미암아 그 이웃마을까지도 파문을 던져 겨울이 되면 온돌 판이 Vinyl로 덮여지기 때문에 좋은 경치를 생각나게 한다고 하신다. 모범 독농가 중에서도 손꼽히는 수다한 경력을 가진 (박해수－필자)씨의 농장에 박 대통령, 정 국무총

---

9) 『전국독농가들의 영농방식과 그들이 그 지역사회에 미치는 영향』, 104쪽; 『경향신문』 1965년 12월 13일자.

10) 박해수(1926~1985)는 가정형편 때문에 중학교 진학을 포기하고 산비탈을 개간하여 감나무를 심고 양계와 양돈으로 농업을 시작하였으나 실패하였다. 이후 그는 일본 영농잡지를 통해 비닐을 이용한 채소 속성재배법을 알게 되었다. 1958년에는 한지에 기름을 발라 보온을 한 후 겨울배추를 재배하는 방법에 성공하였으며, 1960년 비닐이 생산되자 전국에서 처음으로 비닐을 이용한 채소재배에 성공하였다. 생산된 채소는 미군부대에 납품하였고, 이후 그는 비닐농업의 선각자로서 널리 알려지게 되었다. 당시 채소재배로 인한 수익은 벼농사의 15배 정도였다. 이후 해원농장 개척, 전국농업기술자협회 경남지부장, 수련원 설립과 영농후계자 교육 등의 활동을 하였으며, 이로 인해 농업기술상, 5·16 민족상 등 각종 표창과 훈장을 받았다. 1970년대에는 건강이 좋지 않아 특별한 대외활동을 하지 못하였다. 자세한 내용은 『주간한국』 1967년 5월 14일자 및 『부산일보』 1980년 3월 25일자 참조.

리, 외국 내빈들까지 와서 말씀을 해주시고 돌아간 적이 있는 한국 유수의 독농가이시다.[11]

　　최용재씨(표 1-1에서 6번 농가, 충남 천원군 풍세면, 42세)는 국민 학교를 졸업하고 중학교에 가지 못하였다. 그러나 공부하고 싶은 욕심으로 집을 등지고 서울에 가서 갖은 고생도 하고 …… 다시 부락에 들어와 농사를 짓기 시작하였다. 농사를 짓는 동안 강습회에 가서도 배우고 책을 읽고 지도소를 이용하여 벼에 대해서 재배기술이 붙어 전국 다수확왕이 되어 63년도 대통령상을 받았다. 그 후에 다수확하는 과정을 필경하여 전국 농촌에 순회강연을 하였다. 그리고 동네로 들어오는 길을 동네사람들과 같이 닦았고 아궁이 개량도 이루어졌고 또 생활개선 다락회 등의 단체를 구성하였다.[12]

주목되는 내용은 첫째, 농민이 정부로부터 포상을 받았다는 점과 관료의 방문이 있었다는 사실이다. 정부는 독농가의 영농경험과 성공사례의 분석을 통해 농촌개발의 방법을 모색했다고 알 수 있다. 특히 박정희의 박해수씨 농장 방문은 비닐하우스의 전국적 보급과 관련이 많다는 점에서 의미가 있다. 이후 정부는 남부지방에서 주로 이루어졌던 비닐하우스 농법을 중부지방으로 확대하기 위해 노력하였다.[13] 둘째, 성공한 농가의 영농경험이 주변 농민에게 영향을 주고 있다. 비닐하우스를 이용한 채소재배 기술이 이웃 농민에게 전파되고 있으며, 다수확하는 과정도 순회강연을 통해 전파되고 있다는 점도 주목된다. 셋째, 박해수와 최용재는 새로운 농업기술을

---

11) 『전국독농가들의 영농방식과 그들이 그 지역사회에 미치는 영향』, 114~115쪽.

12) 『전국독농가들의 영농방식과 그들이 그 지역사회에 미치는 영향』, 124쪽.

13) 박정희의 박해수씨 농장방문에 대한 내용은 김정렴의 회고록(영문판: 『From Despair to Hope』, 2011)에도 기록되어 있다. 박정희는 폴리에틸렌 필름을 이용한 비닐온상을 시찰한 후 김해·순천을 중심으로 비닐하우스 집단재배지를 조성하도록 지시하였으며, 김해에서 비닐하우스를 이용해 채소를 재배하는 청년 2명을 경기도 기흥에 파견하여 비닐하우스 농법을 보급하도록 하였다. 자세한 내용은 김정렴, 『한국경제정책30년사: 김정렴 회고록』, 중앙일보사, 1991, 180~181쪽 참고.

배우기 위해 외국서적을 읽거나 강습회에 참여하고 있다는 사실이다. 또한 농촌지도소를 방문하여 벼의 재배기술을 배우고 있는 점도 주목된다. 넷째, 소득증대에 필요한 영농 자재를 사용하고 있다는 사실이다. 박해수는 비닐하우스, 최용재는 다수확에 필요한 비료와 농약을 사용하여 농사를 짓고 있다. 보고서에 의하면 최용재는 일반 농가보다 비료를 2배 정도 사용하고 있다. 당시 영농자재의 가격이 비쌌기 때문에 다수확 농가는 농업기술에 있어 새로운 가능성을 보여 주었지만, 경제적으로 현실성 있는 농업경영이 되지 못하였다. 보고서에 지적한 대로 "다수확상이라는 이름 뒤에 붙어 다니는 몇 가지 부상과 특혜 그리고 명성"을 제외하면 경제성을 무시할 정도로 영농자재의 가격이 비쌌다는 점을 고려해야 한다.[14] 이러한 사실은 당시 비닐하우스, 농약, 비료 등 영농자재를 사용할 때 공통적으로 나타나는 현상이었다. 다섯째, 마을 진입로 개설, 아궁이 개량 등 환경개선사업이 추진되고 있다는 점이다. 부분적이지만 모범농민과 모범마을의 사례가 동시에 발견되고 있다. 위의 두 사례에서는 농촌지도소, 중앙정부의 공무원이 독농가를 통한 농업의 선진화 방안을 탐색하고 있다는 사실을 확인할 수 있다.

▌ 박해수의 비닐하우스와 청와대 직원의 농장 방문 사진(1968)

※ 출처: http://center.gimhae.go.kr.

---

14) 『전국독농가들의 영농방식과 그들이 그 지역사회에 미치는 영향』, 28~40쪽.

## 2. 농업협동조합의 새농민운동 수상자

농업협동조합(이하 농협)은 조직과 활동의 문제점에도 불구하고 1960년대 많은 농촌운동가를 배출하였다. 조합원의 조직, 조합원에 대한 융자뿐만 아니라 각종 경제사업을 통해 모범농민과 마을의 탄생에 공헌하였다. 따라서 농협의 체제정비 과정과 새농민운동을 전개한 배경을 살펴볼 필요가 있다.

군사정부는 농협과 농민은행을 통합하여 경제사업과 신용사업을 겸하게 하는 종합농협을 설립하였다.[15] 농협은 전국 농협의 체제정비를 통해 중앙회, 도지부 8개소, 군 조합 140개소, 군 조합지서 383개소, 특수조합 101개소, 이동(里洞)조합 2만 1,042개로 전국적인 조직망을 확보하게 되었다. 1960년대 초반 중앙회나 시군조합은 조직정비가 쉽게 이루어졌지만, 기초조직에 해당하는 이동 단위조합은 조직에 어려움을 겪었다. 2만여 개가 넘는 단위조합의 평균 조합원 수는 100명 정도였으며 대부분 자의반 타의반으로 가입하고 있었다.[16]

조합의 발전을 위해서는 부실조합을 정리하고 조합 당 인원수를 늘려가면서 조합의 사업규모를 확대해야하는 상황이었다. 각급 농협은 1961년부터 조합가입운동을 벌이고 조합이 설립되어있지 않은 지역에 단위조합을 설립하였다. 1961년 말에는 전체 농가의 90%가 조합에 가입하였으며 회원 수가 222만 7,000명으로 확대되었다.

종합농협은 156명의 지도원과 읍면당 1명 기준으로 711명의 개척원[17]을

---

15) 1950년대 금융조합의 재편 과정은 이승억, 「8·15 후 남한에서의 금융조합재편과정(1945~58)」, 한양대학교 사학과 석사학위논문, 1993 참조.

16) 농촌경제연구원, 『농정 반세기 증언』, 1999, 166~170쪽.

17) 개척원은 농협의 조직과 활동에 관한 일정한 훈련을 받고 단위조합을 설립하기 위해 농촌에 파견되었다. 이 제도는 종합농협 설립 이전에도 실시되었다. 농림부에서는 농가청년을 선정한 후, 이 청년이 군대에 입대하지 않는 대신 일정한 훈련을 받고 단위조합을 조직하도록 하였다. 당시 농협의 일반 직원은 본봉이 6,000원 정도였고, 개척원은 4,000원 정도였다. 일반 직원에게는 출장비, 정근 수당 등이 지급되었으나 개척원에게는 본봉 외에 다른 수당이 지급되지 않았다. 이러한 이유로 인해 개척원의 이직률이 높았다.

채용하여 군 조합에 배치하였다. 개척원은 조합원이 여러 가지 소득 작물을 재배하도록 장려하고 있었으나, 이들의 활동에는 한계가 있었다. 당시 농협의 활동은 새농민을 선정하여 표창하거나 정부의 증산시책을 지원하는 데 그치고 있었다.[18]

1960년대 농협은 단위농협의 영세성이나 운영체계상 정부의 영향을 많이 받았지만, 농협의 체제가 정비되고 발전된 시기였다. 농협의 발전은 크게 두 가지 면에서 나타났다. 첫째는 농민을 지원하기 위해 실시한 신용사업, 경제사업 분야의 성장이었고, 둘째는 모범조합장의 출현이라고 할 수 있다.

1960년대에 정부는 식량증산을 위해 각종 정책을 실시하였으며, 농협은 이런 정책에 대한 자금의 융자를 담당하였다. 대표적으로는 안정농가조성 계획, 주산지조성사업, 농어민소득증대 특별사업 등의 융자업무였다. 농협은 자기자본비율이 5% 미만이었지만, 정부의 지원이나 한국은행으로부터의 자금차입을 통해 융자업무를 감당할 수 있었다. 농협은 경제 사업을 통해서도 성장의 기반을 마련하였다. 1960년대 경제사업 중 가장 대표적인 것은 비료의 독점공급, 고공품 매상, 정부 조절미 방출 등이었다. 비료는 농업은행과 민간업자가 취급하고 있었다. 1962년부터 군사정부에 의해 관수로 일원화되었으며, 농협이 전량 정부위촉사업을 통해 독점 공급하는 방향으로 전환되었다. 농민은 농협을 통해 비료를 구매해야 했다. 1960년대 농민은 식량증산이나 특수작물재배를 위해 비료가 아주 중요한 상품이었다. 1968년의 경우 농협의 경제 사업에서 비료가 차지하는 비중은 47%였다. 경제사업의 주축은 비료사업을 중심으로 운영되었다고 할 수 있다. 1960년대 농협의 구매사업이나 판

---

[18] 김대희, 「농촌진흥청과 농협의 지도사업연계에 관한 연구」, 서울대학교 농업교육학과 석사학위논문, 1989, 12쪽.

매사업 가운데 위촉구매 및 위촉판매 등 정책 사업이 차지하는 비중이 매우 높았다. 특히 구매사업의 경우 정부위촉사업이 차지하는 비중이 80% 이상이었다.[19]

1960년대 농협은 성장의 기반을 마련한 시기였다. 하지만 성장과 더불어 농협이 가지고 있는 분명한 한계도 노출된 시기였다. 농협의 성장은 정부의 지원에 의해 가능했다. 따라서 농민은 농협의 운영에 자신의 의견을 반영하기 어려웠다. 농협이 정부에 의존하는 것처럼 농민도 농협에 의존하였다. 비료를 더 많이 공급받거나 농자금을 융자받기 위해 마을과 마을, 개인 간의 경쟁이 심하게 일어났다. 사채의 1년 이자율이 50~60% 이상일 때, 농협의 이자율은 8~15%였다. 당시 융자를 받기 위한 경쟁의 모습은 다음에 잘 나타나있다.[20]

> 돈을 얻어다 쓰는 사람은 뭉칫돈이지만 건 옛날부터 직원하고 큰 연관이 있다든지 이런 사람들 뿐이여. 일반 농민들은 한 부락에 200만 원, 그거 가지고 쪼개서 인제 몇 십 명이 노나서 쓰는 거라고. 근데 매일 술타령이야. …(중략)… 융자 받는 놈이 융자받는 날 한턱내고 또 나중에 해서 갚는 날 또 한턱내고. 그런 식으로다가 매일 그냥 파티라.[21]

단위농협이 성공하기 위해서는 회원을 확보하고 신용·경제 사업을 활발하게 전개해야했다. 그러나 농협의 정착이나 성공은 쉬운 일이 아니었다. 초창기의 농협은 농민의 인식 부족과 농협지도자의 사명감 결여로 어느 지방에서나 잡음과 사고가 적지 않았다. 돈이나 얻어 쓰고 비료나 배급

---

19) 『한국농정50년사』 Ⅱ, 2431~2435쪽.

20) 문용팔·반성집·D. H. 퍼킨스, 『한국의 농촌개발』, 한국개발연구원, 1981, 235~236쪽.

21) 국사편찬위원회, 『진정한 농민의 협동조합을 위하여: 1950년대 이후 이천지역 농민조합운동』, 구술사료선집 2, 2005, 82쪽.

받으면 된다는 정도로 농협을 인식하는 경우가 많았다. 출자자인 농민의 기관이 아니고 관청과 같이 농민에게 큰 소리만 하는 기관으로 여기기도 하였다. 농민은 농협을 멀리하고, 농협간부는 서로 나누어먹기 식으로 돈 푼깨나 얻어 쓰며 흥청거리다 보니 빚을 갚지 못해 패가망신하고 도망간 사례도 발생하였다.[22] 농민은 농협에 부정적 인식을 가지고 있었으며 농협 간부는 대출과 관련된 비리가 많았다고 할 수 있다. 가장 중요했던 문제는 단위조합에 대한 농민의 부정적 인식이었다. 농민의 부정적 인식을 바로잡기 위해서는 단위 조합장의 역할이 중요하였다. 1960년대 단위농협 가운데 비교적 조직이 정비되고 어느 정도 사업을 벌이고 있는 이른바 타의 모범이 될 만한 조합에는 거의 농촌운동가적 기질을 가진 헌신적이고 정열적인 조합장이 있었다.

> 지금은 조합장의 직무수당으로 월 4만 5천 원을 받고 있지만, 1958년도에 처음 칠선동조합장에 취임한 이래 조합장 근무 13년 동안 한 푼의 보수를 받지 않고 일을 해왔소. 성미가 급한 나(김수호)는 속이 상할 때마다 사표를 내던지고 했는데, …농협운동에 내 몸을 이바지하고 보니 살림 규모는 침체상태를 면하지 못했소.[23]

사례에 나오는 김수호와 같이 성공하는 농협에는 농협활동에 헌신하는 조합장들이 있었다. 초기 단위농협의 성장은 조합장의 자기희생을 필요로 하였다. 조합장은 자기희생 외에도 농촌개발을 담당하는 농촌지도자의 역할도 담당해야 하였다.

---


22) 박종선(전남 영암군 시종농협 조합장), 「멸사봉공의 화신」, 『흙과 땀과 훈장』, 세대사 편, 1974, 363~364쪽.

23) 김수호(경북 성주군 초전농협 조합장), 「새마을에서 부친 편지」, 『흙과 땀과 훈장』, 세대사 편, 1974, 271~272쪽.

　　조합장 박종선씨가 이끄는 금월농협은 농민들의 영농이나 가사
문제의 상담실이었으며 사랑방으로서 협동과 소득증대의 원천이었
다. 생활필수품을 싸게 사고 농산물을 비싸게 파는 실리를 젖혀놓
고라도 서로 간 영농기술의 정보교환으로 얻는 귀동냥 또한 적지
않았다.[24]

박종선과 같이 조합장은 새로운 농작물을 보급하고 영농기술을 전파하
는 역할도 담당하였다. 조합장은 도시 시장에 판매할 수 있는 특수작물 소
개, 축산기술의 농민 보급, 구판장 사업 등을 벌이기 위해 자주 모임을 가
지고 있었다. 또한 농협과 조합장이 중심이 되어 공동이용시설을 만드는
경우도 있었다.

　　부락민들에게 협동조합의 필요성에 관해 말하였으나 주민은 아무런
반응이 없었던 것이다. 그리하여 그는 기성인(既成人)에 대한 활동을
포기하고 오히려 자원하는 부락 청소년 부녀들로 4H클럽을 조직하여
그것을 육성시키기 시작했던 것이다. 즉 그 당시로 보아서는 임야지를
개간하여 고구마를 심고 그곳에서 나오는 생산물을 쪄서 여자부원들이
학교운동회 같은데 가져가 팔고 … 동리사람 모두가 협력하여 공동 작
업을 본격적으로 하게 되었으니 예를 들면 회관의 건립, 창고, 기와공
장, 화물자동차, 구판장, 농로확장 등등 많은 공동이용시설을 마련하게
되었다.[25]

조합장은 청년들과 함께 마을회관, 기와공장, 창고 등을 건립하고 있다.
토지의 희사나 노동력 동원에 의해 추진되는 농로개설은 마찰이 일부 있었
지만, 조합장이 중심이 되어 사업을 추진하여 성공하는 마을도 있었다. 이

---

[24] 박종선(전남 영암군 시종농협 조합장), 「멸사봉공의 화신」, 『흙과 땀과 훈장』, 세대사
　　 편, 1974, 363~364쪽.
[25] 노창섭 · 김종서 · 한상준 공저, 『개발과정에 있는 농촌사회 연구: 3개 농촌지역사회의
　　 사회경제 및 교육적 분석과 평가』, 이대출판부, 1965, 94쪽.

와 같은 협동작업 외에도 저수지 축조, 협동 황무지 개간, 경지정리사업, 개간사업 등을 추진하였으며, 소득을 증대하기 위해 가마니 짜기와 같은 부업도 전개하였다.

농협은 구매·신용 사업의 체제정비와 더불어 새농민운동을 전개하면서 모범농민의 발굴에도 참여하였다. 새농민운동은 1965년 8월 15일 시작되었다. 농민이 스스로 농촌개발을 위해 새농민운동을 전개한다고 선전하였지만, 실질적으로는 농협이 주도한 운동이었다. 농협이 제시한 새로운 농민의 모습은 첫째, 인습적인 타성에서 벗어나 자립하는 농민, 둘째, 부지런히 배우고 연구하며 영농과 생활을 과학화하는 농민, 셋째, 서로 돕고 힘을 뭉쳐 살기 좋은 고장을 만들기 위해 협동하는 농민 등이었다. 요약하면 자립·과학·협동하는 농민이었다.[26]

농협이 새농민운동을 주도하면서 실질적으로 한 사업은 새농민상을 선정하고 표창한 일이었다. 새농민상의 선발대상은 농협조합원과 그 가족이었으며, 10월에 단위조합에서 선발 표창한 후 군단위에 추천하면서 선발작업이 시작되었다. 단위조합 단위에서 새농민상 표창이 이루어지고 이들 중 추천되어 전국단위 시상자 명단이 확정되었다. 따라서 새농민상 수상자들은 당시 모범적인 농민의 대표적 사례라고 할 수 있다. 1966년에는 11명이 선발되었으며, 자립·과학·협동상 외에도 여성상과 여성노력상 등이 있었다. 이후 인원의 변동은 있으나 시상의 원칙은 변화되지 않고 지속되었다.[27] 1960년대 종합상과 여성상을 받은 농민의 공적을 요약하면 다음과 같다.

---

[26] 전국새농민상수상자 협회 편, 『새농민운동20년사』, 새농민회, 1986, 9~13쪽.
[27] 수상자 명단 및 수상종류는 『새농민운동20년사』, 252~271쪽 참조.

<표 1-2> 새농민상 수상자 공적내용

| 시상 연도 | 이름 | 시상 종류 | 학력 및 출신 | 공적 내용 |
|---|---|---|---|---|
| 1966 | 박종안 | 종합상 | 오사카 농예학교 졸업, 전남 고흥 | 2정보의 땅을 개간하여 과수농사, 밀감과 파인애플 재배 시작, 마을전기사업 주도 |
| | 김갑순 | 여성상 | 충북 괴산 | 1964년 부녀회 조직 후 생활개선사업 및 마을 공동재산조성사업 실시 |
| 1967 | 이원홍 | 종합상 | 대학졸, 경기도 안성 | 산지 개간 후 심구파종법(밭고랑에 파종)으로 콩 재배, 청년회원을 중심으로 콩 공동재배 |
| | 김정애 | 여성상 | 충북 옥천 | 도시에서 식모살이를 하다가 귀향하여 산지 1만 2천 평 개간, 잠업 및 축산 종사, 부녀회를 중심으로 생활개선운동 전개. |
| 1968 | 안양환 | 종합상 | 대학졸, 전남 무안 | 산지 개간 후 고구마 등 환금작물 재배, 양돈사업, 마을주민과 함께 계통출하 및 계약재배 주도, 영농 부원의 영농 기술 보급 |
| | 최순자 | 여성상 | 중졸, 경북 영일 | 산양 사육, 산지 4천 평 개간, 부녀회원과 절미운동, 생필품 구판사업 |
| 1969 | 정종관 | 종합상 | 고졸, 충남 예산 | 산지개간 후 과수원 조성, 조합원과 공동출하, 이동조합 자기자금조성사업 |
| | 양보선 | 여성상 | 중졸, 경기도 부천 | 산지개간 후 과수원 조성, 양계업에 종사, 주변 농민에게 농업기술을 보급하기 위해 새농민지 보급운동 전개 |

※ 출처: 『새농민운동20년사』, 19~76쪽 내용 참조하여 정리.

<표 1-2>에서와 같이 새농민상 수상자의 공적내용에서 주목되는 내용은 크게 네 가지로 요약할 수 있다. 첫째, 산지개간이 활발하게 전개되고 있다는 사실이다. 1960년대에는 농촌인구가 급속하게 증가함에도 불구하고 1인당 경지면적이 소폭 상승하였다. 이른바 '농지개간의 시대'라고 말할 수 있을 정도였다. 새농민의 표준은 개간하는 농민이었다. 둘째, 개간한 산지에 환금작물을 재배하여 수익을 올리는 농가였다. 또한 개간한 산지를 비옥하게 가꾸기 위해 가축을 기르면서 이른바 다각영농을 한다는 점이 특징적이었다. 셋째, 마을단위로 공동재산조성 사업이 전개되고 있다. 마을공동재산은 마을 단위의 협동사업을 전개하기 위해 조성되었다. 마을회관 설립, 마을 안길 넓히기 등의 사업을 할 때 자금을 갹출하지 않고 실시할 수

있는 장점이 있었다. 넷째, 수상자는 농업기술의 전파, 생활개선운동, 마을 공동사업 등을 꾸준히 전개하고 있다는 점이다. 수상자는 개인적으로 시장에 접근하고 소득을 향상시키기 위한 다양한 영농활동을 하면서도 마을의 개발에 적극 참여하고 있다. 이러한 네 가지 특징 외에도 종합상을 받은 농민의 학력이 비교적 높다는 점이다. 종합상을 받은 농민 외에도 각 분야별 상을 받은 농민도 학력이 높으며, 농업 관련 학과를 졸업하거나 군인·공무원 출신도 많이 있다.[28]

농민 중에서 여성을 선발하여 여성 노력상, 여성상을 수여한 점은 주목된다. 새농민상 수여자는 해마다 신문에 보도되고, 농업경영사례가 요약되어 보도되었다. 1967년 여성상을 수상한 김정애의 사례는 다음과 같다.

> 16세 때 맨손으로 서울에 올라와 식모살이와 직공생활, 도붓장수노릇(행상)을 해서 11년 만에 18만 원을 만들어 13만 평짜리 농장을 이룩한 처녀, …옷이라고는 깃광목밖에 입어본적이 없으며, 수명이 짧다 해서 여자고무신은 신어본 적이 없고, 상을 타러왔을 때도, 청와대를 예방했을 때도, 검정남자고무신을 신고 다녔다. 영세 소득자에게 있어 최저생활비조차 무시한 극한적인 저축은 반드시 미덕은 아니다.[29]

신문에는 어린 나이에 서울에 상경한 후의 생활과 저축, 다시 농촌에 정착하여 농장을 개척하는 과정이 보도되고 있다. 특히 연도별로 저축의 과정과 금액을 자세하게 표로 제시하였다. 여성상의 경우는 검소한 생활이나 저축과 같은 생활개선사업, 영농경험 등이 수상의 중요한 근거가 됨을 알

---

[28] 1960년대 모범농민 중에는 도시에서 사업을 하다가 귀향한 농민, 군인이나 공무원 출신이 많았다. 1960년대에는 도시의 일자리가 아직 풍부하지 않았기 때문이라고 할 수 있다. 이들의 장점은 학력이 높고 새로운 농업기술을 빨리 습득할 수 있다는 점이다. 또한 자본주의 시장의 변화와 이에 대한 적응이 다른 농민보다 빠른 경우가 많았다고 할 수 있다. 반면 이들은 기회가 되면 다시 도시로 이동할 가능성이 일반 농민보다 더 많았다는 한계점도 있다.

[29] 『동아일보』 1967년 8월 24일자.

수 있다. 처녀 농군이면서도 부녀자의 생활개선 참여, 개간과 마을 협동사업의 전개 등과 더불어 '억척스러움'이 강조되는 점이 주목된다.



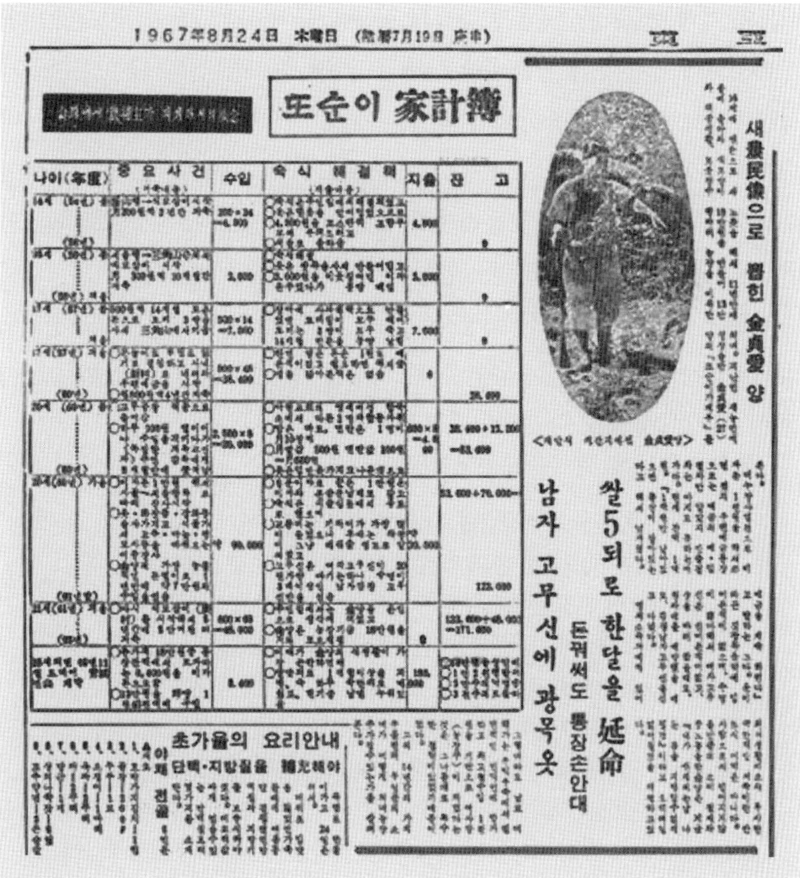

※ 출처: http://newslibrary.naver.com.

1960년대 다각영농은 주곡농업에서 벗어나 환금작물을 재배하여 수입을 올리는 농법이었다. 가축을 사육하고 여기서 나오는 거름을 이용해 지력을 향상시키고, 이러한 땅에 과수, 양잠, 채소 등을 재배하는 경우가 많았다. 1960년대 다각영농이 가능했던 이유는 도시의 인구가 증가하고 시장이 확대되었기 때문이었다. 더군다나 1960년대에는 외국산 농산물의 수입이 적었으므로, 농민은 판로확보가 비교적 용이했다고 할 수 있다. 하지만 여전히 농산물의 가격 변동이 심하였고 수요와 공급이 일치하지 않는 경우도 많았다.

1960년대 정부가 추진한 농업시책 중 가장 중요한 것은 식량의 자급과 식량증산이었다. 식량증산을 위해서는 개간, 지력향상, 농법의 개선, 시비의 확대, 새로운 종자의 보급 등이 가장 중요하다고 할 수 있다. 새농민상 수상자는 정부의 시책에 호응하면서 영농을 하였지만, 주곡작물보다는 환금작물의 재배를 통해 소득을 향상시키고 있었다.

정부나 언론은 새농민상 수상자에 대해 많은 관심을 가지고 보도하였다. '삶의 희망을 보여주는 「새농민상」의 기수들'이라는 제목의 『조선일보』 사설은 이러한 사실을 잘 보여 주고 있다.

> 더욱이 종합상의 수상자인 전남 부안군 안양환씨의 경우는 그가 살고 있는 터전이 연거푸 한괴(旱魁)로 말미암아 극도로 메말라빠진 가위(可謂) 불모의 고장임에도 불구하고 놀랍게도 13정보의 땅을 개간하여 과수, 상전, 채소 등의 수익성 높은 경제작물을 재배하여 성공한 한편 농협의 단위조합을 육성시키는 데도 앞장섰다는 것이다. 그밖에 수상자 모두가 비록 개별적으로 이룬 업적은 다르다할지라도 스스로의 생활향상과 지역사회의 발전을 위해, 그리고 농촌근대화를 위해 피땀을 흘리면서 헌신적으로 애쓴 노력만은 각기 공통된 줄 안다. 따라서 우리는 이와 같은 숨은 역군들이 되도록 많이 배출되어 전국의 방방곡곡에 걸쳐 희망과 의욕이 메아리치게 되기를 바라고 싶은 것이다.[30]

사설에서도 역시 새농민상의 표본은 개간하는 농민, 다각영농인, 땀 흘

---

30) 『조선일보』 1968년 8월 13일자.

려 일하는 농민이었다. 그리고 이러한 농민이 더 많이 출현하여 농촌을 발
전시키기를 기대하였다. 새농민상 수상자는 이후 농업에 종사하는 경우도
많았지만, 고학력이 많아 이농하는 경우도 많았다. 특히 새농민상 수상자
는 정부의 추천에 의해 훈장과 표창을 받았으며, 이 공훈에 의해 농협의
조합장이나 임원으로 임명되기도 하였다.[31]

## 3. 농림부의 농어민소득증대특별사업 수상자

이화여자대학교 농촌문제연구회에서 발행한 보고서에는 1960년대 초반
세 마을의 부업, 특용작물과 과수재배, 축산 등의 사례가 잘 나타나있다.
이 보고서에는 소득증대특별사업 실시 이전 농민이 소득을 증대하기 위해
어떠한 노력을 기울이고 있었는가를 파악할 수 있다. 따라서 보고서에 나
타난 마을의 농민이 소득을 증대하기 위해 어떠한 활동을 하고 있었는가를
먼저 살펴보기로 한다.[32]

세 마을의 경우 고공품 생산에 참여한 농가는 46.9%였으며, 생산량의
80% 정도를 시장에 판매하였다. 두드러진 변화는 공동으로 기계를 도입하여
대량생산을 시작한 점이었다. 특용작물이나 과수재배의 소득이 식량작물

---

[31] 1986년까지 168명이 새농민상을 받았다. 이 중 정부로부터 훈장이나 표창을 받은 인
원은 82명, 조합장으로 임명된 인원은 42명, 새마을지도자가 된 농민은 31명이었다.
특이한 점은 1960년대에 표창을 받은 농민 중 이농이 많다는 점이다. 1960년대 새농민
상 수상자 51명 중 11명이 농업을 그만둔 것으로 나타났다.

[32] 이화여자대학교 농촌문제연구회는 2년(1963~1965)에 걸쳐 개발 과정에 있는 모범농촌
의 실태를 조사 분석하여 보고서를 제출하였다. 보고서의 제목은 『개발과정에 있는 농
촌사회연구』였다. 이 보고서에서 조사 분석한 마을은 농촌진흥청이 주관한 강원도 명
주군 강동면 아전리, 농협이 주관한 충북 제천군 백운면 방학리, 학교가 주관한 경북
영천군 화산면 대안동이었다. 조사 당시 아전리의 인구는 905명이었다. 1966년 서울대
학교 농과대학 농촌연구부 독농가연구회의 독농가 조사와 1965년 이화여자대학교 농촌
문제연구회의 모범농촌 조사보고는 당시 성장하는 농민과 발전하는 마을의 실태를 잘
보여준다. 이화여자대학교 농촌문제연구회의 조사 보고는 당시 언론의 주목을 받았다.
자세한 내용은 『조선일보』 1965년 9월 28~29일자 참고.

※ 출처: 포항시청 시정자료실.

소득보다 높은 농민은 마을에서 한두 명에 불과하였다. 대표적인 특용작물은 담배 재배였다. 1960년대 전반의 담배 재배는 여전히 재래적인 방식으로 생산되었다. 담배를 햇볕에 말리거나 비가 오면 방에다 불을 때서 말렸다. 건조실을 만들고 석탄을 이용해 담배를 말리는 방식이 도입될 만큼 대량생산하는 농가는 없었다.[33]

농민이 가장 선호하는 부업은 축산이었다. 가장 손쉽게 할 수 있는 축산은 양계와 양돈이었다. 그러나 그 규모는 소규모였다. 양계의 경우 집집마다 놓아서 몇 마리씩 기르는 정도였다. 방학리에는 200마리 정도를 기르는 농가가 두 집 있었다. 200마리가 하루에 낳는 알은 130~140개로 일주일씩 모았다가 장날에 가져다 팔았다. 화산면 대안동 주민 중 일부는 농협에서

[33] 『개발과정에 있는 농촌사회연구』, 186~195쪽.

※ 출처: 포항시청 시정자료실.

융자를 받아 새끼돼지를 구입해 길렀다. 융자를 받아 돼지를 살 때는 가격이 비쌌고, 융자금을 가을 추수 전에 회수하자 주민은 새끼돼지 가격보다 싸게 팔아야했다. 축산은 소규모로 이루어지고 재래식 방식을 그대로 답습하는 경우가 대부분이었다. 규모를 크게 하려면 위험부담이 많았다. 우선 전염병이 가장 큰 문제였고, 가격의 파동이 심해 손해를 보고 가축을 판매하는 경우도 많았다. 지역에 따라 차이가 있었지만 판로도 큰 문제였고 사료 가격이 비싸 수지를 맞추기 어려웠다. 따라서 부업을 확대하거나 전업을 위해 해결해야 할 과제는 크게 자금문제 해결, 농업기술의 습득, 판로의 개척 등이었다. 조사지역의 농민은 이런 문제를 해결하기 위해 도움을 받는 경우가 있었는데, 당시 부업에 도움이 된 기관은 농협, 농촌지도소, 면사무소로 나타났다. 농협은 자금을 융자하고 사료나 비료를 공급하고 있었으므로, 농민이 부업을 위해 반드시 필요한 기관이었다. 특히 자재를 공동으로 구입하고 생산물을 공동으로 판매하는 경우가 많았기 때문에 농협이 가장 중요하게 인식된 것으로 보인다. 농촌지도소는 전염병 예방이나 특용작물재배에 기술적 도움을 받는다는 점에서 중요하게 인식되었다. 농협이 농촌지도소보다 더 중요한 기관으로 인식된 이유는 기술지도보다 자금이나 판로의 개척이 더 절실했기 때문으로 보인다.[34]

세 마을의 사례에서와 같이 농민은 소득을 향상시키기 위해 개인적인 노력을 기울이고 있었지만 점차 도시와 농촌의 소득격차가 늘어나고 있었다. 특히 1960년대 후반기에 들어와서는 이른바 도농격차라는 것이 정치적 논쟁점으로 부각되었다. 박정희는 1967년 연두교서에서 "農工竝進의 중농정책"을 강화하여 잘사는 농어촌을 건설하겠다고 하였으며, 대통령 선거에서 "농공병진의 균형개발"을 공약으로 제시하였다. 야당통합을 이룬 신민당은 공화당의 농업정책 실패를 공격하며 농업보호를 위해 농업예산 배정 확대, 이중가격제 실시, 농촌구조·식량유통구조의 개선, 농업협동조합의 민주화 등을 제시하였다.[35]

표면적 현상 이외에도 경제개발계획이 추진되면서 경제발전 과정에서 농업의 역할과 구조조정 문제가 등장하였다. 농업은 공업화 과정 초기 단계에서 자본축적에 기여하지 못했을 뿐만 아니라 충분한 식량도 공급하지 못하고 있었다. 따라서 농업의 역할이 다른 각도에서 조정될 필요성이 있었다. 이에 등장한 이론이 '농업의 비교우위론'이었다. 이 이론의 핵심은 농업생산의 구조를 상대적으로 비능률적이고 성장속도가 낮은 곡물중심의 농업에서 축산, 경제작물, 잠업 등 수요가 증가하고 성장잠재력이 큰 부문의 비중을 늘려야한다는 내용이었다.[36]

---

34) 『개발과정에 있는 농촌사회연구』, 178~185쪽.

35) 신민당의 농업정책에 대해서는 시인사 편집부, 『한국의 주요정당/사회단체 강령·정책』 시인신서 28, 1988, 245~250쪽 참조.

1960년대 중반 이후에는 농업구조조정과 농가의 재편을 둘러싸고 치열한 논쟁이 전개되었다. 한국 농업을 이끌어갈 농민층의 구성을 어떻게 할 것인가를 둘러싼 논의가 전개되었으며, 영세소농층의 극복과 대농경영을 실현할 수 있는 제도적 방법으로 협업농과 기업농이 본격적으로 검토되었다. 구체적으로는 산업화 과정 속에서 농업생산의 주된 담당자를 협업농으로 할 것인가와 기업농으로 할 것인가를 둘러싸고 논쟁이 전개되었으며, 3정보 이상 농지소유상한제 폐지와 소작제의 용인을 골자로 하는 농지법 통과를 둘러싸고도 논쟁이 전개되었다. 기업농 육성을 위한 본격적인 논의는 1965년 경제과학심의위원회의 농업주산단지조성계획에 대한 대정부 건의에서 나타났다. 이 건의에서는 농지소유 상한제가 전업적·기업적 농업의 발전을 가로막고 있으므로 농지소유 상한제를 폐지하고 소작제를 인정해야 한다고 주장하였다. 이러한 논의는 농업의 기계화를 주장한 원용석, 소유상한제를 조정하여 농업노동력을 증대해야 한다는 최봉규, 산업화 과정에서 농업노동력은 공업화에 흡수되므로 기업농 육성이 필연적이라는 김상곤 등에 의해 확대되었다. 반면, 기업농 육성에 반대하는 사람은 소작제 인정은 자체가 헌법위반이고 기업농은 토지단위당 생산성을 저하시킬 수 있다고 주장하였다. 또한 기업농은 수출작물이나 공업원료 등 일부 농작물에 가능하지만 경종농업에는 불리하다고도 주장하였다. 이들은 기업농 육성보다는 가족경영의 제 모순을 극복할 수 있는 농업의 협업화를 주장하였다. 이러한 논의는 농업의 생산과 분배를 조직화하여 생산을 증대시켜야 한다는 유인호, 생산과 소비를 연관시킬 수 있는 협동적 개인경영을 주장한 김성훈, 협업화의 유형을 제시한 유인호 등에 의해 다양하게 전개되었다.[37] 그러나

---

36) 이동훈, 「농어민소득증대 특별사업의 성과분석」, 서울대학교 행정대학원 석사학위논문, 1971, 43~46쪽.
37) 조석곤·황수철, 「농업구조조정의 좌절과 소득정책으로의 전환: 1960년대 후반 농지법 제정 논의를 중심으로」, 동향과 전망』 31호, 2005. 231~252쪽.

1960년대 후반 기업농–협업농 논쟁 속에서도 농업구조개선의 방향을 잡지 못하였으며, 농지법의 개정도 이루어지지 못했다. 이로 인해 정부는 농업의 구조조정 대신 기존의 영세소농적 가족농을 기반으로 하면서 이들의 소득을 증대시키는 방향으로 농업정책을 구상하게 되었다.[38]

위와 같은 배경에서 정부는 1968년부터 농어민소득증대특별사업(이하 소득증대특별사업)을 시작하였다.[39] 정부는 소득증대사업을 주관하기 위해 농업개발과를 국단위의 농업개발관실로 승격, 확장하였으며, 전체적인 의견의 통합조정을 위해 국무총리, 경제기획원·농림부·내무부·상공부·재무부 장관이 참여하는 농어촌소득증대 지원협의회를 구성하였다.[40] 사

---

[38] 「농업구조조정의 좌절과 소득정책으로의 전환: 1960년대 후반 농지법 제정 논의를 중심으로」, 269~271쪽.

[39] 박정희는 사석에서 "새마을운동은 한국의 농촌부흥을 위한 세 번째 시도였다. 첫 번째와 두 번째는 성공하지 못했으나 세 번째의 것은 그런대로 성공을 거두었다"라고 말했다고 박진환이 회고(박진환,『경제발전과 농촌경제』, 박영사, 1987, 303쪽)하였다. 여기서 첫 번째는 재건국민운동이고 두 번째는 농어촌소득증대특별사업을 말한다. 재건국민운동은 종합적인 농촌건설운동이라기 보다는 지식인에 의한 계몽운동 혹은 문화운동의 성격이 강했다고 볼 수 있다. 새마을운동의 기원적 측면에서 볼 때 재건국민운동은 크게 두 가지 면에서 주목된다. 첫째, 농촌 마을 단위까지 조직된 재건청년회와 부녀회의 활동이다. 둘째, 선전계몽에 의해 대부분의 사업을 추진한 점이다. 재건국민운동 본부는 각종 사업의 내용을 신문 보도, 방송, 사진, 영화, 발간물 등을 통해 적극적으로 홍보하였다. 보도부문에서는 신문 및 방송 뉴스 시간을 통해 재건운동의 동태를 국민에게 널리 알리고 재건청년회와 부녀회의 사기를 북돋우려하였다. 재건운동에 관련된 기사는 중앙지가 348건, 지방지가 1,301건에 달했다. 방송 부문에서는 재건운동의 기본지침을 해설하고 각종 주요 실적을 소개하였다. 보다 생생하고 흥미 있는 프로그램을 만들기 위해 현지에 녹음반을 파송한 횟수가 중앙에서 27회, 지방에서 121회였다. 재건운동본부에서 고정적으로 제공한 방송프로그램으로는 재건의 길, 청년·부녀 시간 등이 있다. 영화를 이용한 홍보수단은 계몽용 극영화 및 문화영화를 제작 또는 복사 배포하여 시도에서 상영하였다. 본부 및 지부가 상영한 횟수는 3,211회였다. 자세한 내용은 채우공, 「재건국민운동의 사회교육활동에 대한 재조명」, 중앙대학교 교육학과 석사학위 논문, 2004 및 심이섭,『국민혁명에의 제언』, 재건국민운동본부 참고.

[40] 특정품목의 주산단지를 조성하려면 부처 간의 협조가 필수적이었다. 미개발된 야산을 개발하여 잠업주산지를 개발하는 경우, 군수가 책임을 지고 개발하였다. 책임을 담당하는 군청직원은 산림청으로부터의 개간허가, 건설부에 중장비 임대, 잠업농가의 선정, 농지소유문제 해결, 잠업기술지원, 농협에 자금지원 요청 등의 업무를 수행하였다.

업은 중앙의 농림부에서 각 도, 각 시·군·면까지의 행정적 통로에 의해 집행되고 농협의 중앙회와 각급조합은 융자금지원, 농어촌개발공사는 유통과 가공 지원, 농촌진흥청 지도국은 기술지원에 참여하였다. 행정책임을 명확하게 하려고 대상농민의 선정을 도에 일임하였으며, 중앙에서 지방에 이르기까지 책임관을 지정하여 예산과 자금 배정을 담당하게 하였다. 소득증대특별사업의 성과분석과 계획의 조정을 위해 평가부서가 별도로 구성되었으며, 1970년에는 농업경영연구소에 '소득분석연구관실'을 신설하였다. 소득증대특별사업에서는 참여농가소득을 1967년 147,000원에서 1971년에는 225,000원으로 향상시키려 하였다. 참여농가는 68년 125,000호, 69년 346,000호, 70년 397,000호, 71년 449,000호로 확대하려 하였다.[41] 또한 정부는 효율적인 소득증대특별사업의 집행을 위해 ① 지역에서 자연조건에 맞는 작물을 선정하여 주산단지 조성 ② 집단생산에 의한 양적 생산 체제 확립 ③ 생산물의 처리, 가공, 저장, 판매 지원 ④ 기술과 행정 지원의 집중화 등의 원칙을 세웠다.

소득증대특별사업의 추진 결과 주산단지 간 성과차이가 크게 나타났다. 소득증대특별사업에 성공한 농민은 일반적, 통상적인 영농생활에서 얻는 농가수입의 평균 수준보다 25%~300%의 높은 소득을 얻는 것으로 나타났다.[42] 또한 소득증대특별사업 분석의 결과 지방행정의 의사결정 능력 차이, 농민의 영농자세 등이 성과에 크게 영향을 미치는 것으로 나타났다.

농림부에서는 소득증대특별사업에서 성공한 농민의 사례집[43]을 발간하

---

[41] 「농어민소득증대 특별산업의 성과분석」, 48~56쪽.

[42] 「농어민소득증대 특별산업의 성과분석」, 57~100쪽.

[43] 농림부는 『농어민 소득증대 특별사업 성공사례』라는 제목으로 1970년 발간하였다. 이 사례집은 영농기술을 자세히 설명하고 있다는 점에서 새마을운동 성공사례집과 차이가 있다. 새마을운동 성공사례집은 주로 새마을 지도자나 부녀지도자들이 새마을운동 추진 과정에서 경험했던 어려움과 극복사례가 중심인 반면, 소득증대특별사업 성공사례는 개인이 경험한 영농 과정이 비교적 상세히 기록되어 있다. 특수작물을 재배하면서 경험한 기술적 어려움, 이의 극복 과정, 정부에 대한 건의사항 등이 내용의 핵심을 이룬다.

였다. 1970년 발간된 사례집에는 총 34명의 농민에 대한 영농사례가 자세히 소개되어 있다. 우선 소득증대특별사업이 실시되기 이전부터 1970년까지 개인의 영농개선 노력, 소득증대특별사업 추진 과정에서 정부의 지원, 건의사항 등을 중심으로 5가지 사례를 요약하면 다음과 같다.

〈표 1-3〉 소득증대특별사업의 성공사례 내용 요약

| 농민 신상 | 성공사례 내용 | 정부의 지원 | 건의사항 |
|---|---|---|---|
| · 오승진(잠업)<br>· 충북 청원군 현도면 양지리 | · 1966년에 제방 300m 축조<br>· 1967년에는 10,000평의 경지정리와 양수장 1개소 설치<br>· 1970년 상전 17단보 조성하여 순수입 570,981원 달성 | | 위작자(국유지 개간 후 농사) 보상제도 마련 |
| · 하사용(고등채소)<br>· 충북 청원군 강외면 중봉리 | · 고용살이(머슴) 3년 수입(쌀 17가마)으로 농지 200평 구입<br>· 고등채소 농업으로 벼농사보다 10배 이상 수확, 계속적인 농지확대<br>· 1970년 비닐하우스 17동 확대하여 순수입 820,551[44]원 달성 | 비닐하우스 3동 (600평) 건설 지원(68년) | 없음 |
| · 박종식(과수재배)<br>· 경남 통영군 욕지면 노대리 | · 1954년 대학 졸업 후 과수원 경영 시작<br>· 비료를 자가 생산하기 위해 양계와 양돈 병행<br>· 축산업 실패<br>· 황도 복숭아 재배 및 비닐하우스를 이용한 포도농사, 과수묘목생산 등으로 1,940,000원 수입(69년) 달성 | | 판로확대 및 과수진흥법 제정 |
| · 김수현(표고재배)<br>· 강원도 춘천시 약사동 | · 1961년 표고재배 시작<br>· 1963년 표고재배로 300,000원 수입<br>· 1969년 표고 937kg 수확하여 875,000원 수입 | 보조금 3만 원, 융자 3만 원 | 표고 가격의 안정 및 수출지원 |
| · 김정기(비육우)<br>· 부산시 부산진구 대연동 | · 1961년 낙농주축 영농부락 입주<br>· 1968년 젖소 3두, 돼지 6두 사육<br>· 1969년 한우 100두 분양<br>· 1970년 2,430,000원 수입 달성 | 자금 800만 원 지원 | 비육우 수출시장 개척 |

※ 출처: 농림부, 『농어민 소득증대 특별사업 성공사례: 1970』을 참고하여 작성.
※ 34농가의 사업 분야는 잠업 4, 양송이 3, 고등채소 3, 고추 · 인초 · 감귤 · 포도 · 배 · 호프 · 죽립 · 표고 · 굴 농가는 각 1, 육성우 5, 비육우 3, 낙농 4, 밤 2, 백합(조개류) 2 농가이며, 분야별로 1농가씩 선정함.

〈표 1-3〉에서와 같이 김수현은 강원도에서 표고재배에 처음 성공한 인물이었다. 표고재배의 성공은 군 농림과장의 도움, 서적을 통한 개인의 연구와 노력에 의해 가능했다. 김수현은 "표고재배사업도 일종의 농업이므로 농사에 경비를 많이 들여서는 이익이 없는 것과 같이 나는 가족적 경영방법을 택하고 일시적으로 많은 노력이 드는 접종시기 외에는 자가 노력으로 작업을 하여 지출을 줄이는 방법을 택하였습니다."에서와 같이 주로 가족의 노동력을 이용해 표고재배를 하였다. 표고재배는 기술적인 문제 외에도 자금부족으로 인해 어려움을 겪었다. 화천에 옥수수를 심어 자금을 공급받고 생계문제를 해결했으며, 표고재배에 성공하고 소문이 난 이후에 정부는 약간의 자금을 지원하였다. 표고재배에 성공하자 인근 주민의 방문이 많았다. 김수현이 가장 어려움을 당한 것은 표고의 판로개척이었다. 표고생산에는 성공했지만 판매가 어려웠다. 김수현은 수출상사에 표고를 판매하였는데, 자신은 표고의 가격이 당시 어떻게 형성되고 있는지 모른 상태에서 판매를 하였다. 따라서 그 가격은 시세보다 훨씬 낮게 판매되었다. 그는 수출상사의 신용장 개설가격을 시군 산림조합을 통하여 생산자에게 통보하여 주거나 산림조합연합회가 일괄 구매해 줄 것을 요청하였다.[45]

박종식은 축산업에서 실패하였으나 과수재배에 성공한 농민이었다. 특히 포도의 비닐하우스 조기촉성재배는 당시로서는 획기적인 영농기술이었다. 그러나 처음부터 조기촉성재배에 성공한 것은 아니었다. 1년과 2년째에는 돌풍으로 비닐하우스가 망가져 실패하였고, 3년째에는 저온

---

[44] 수입금액은 농업 경영비를 제외하고 얻은 순수입이다. 총수입은 970,000원이었다. 하사용은 '(1970년 11월 11일 전국경진대회 성공사례 발표 때에) 분명히 저는 97만 원의 소득을 올렸는데 150만 원이라 적혀 있더군요. 이건 잘못된 것이 아니냐고 지적하니까 그냥 쓰여진 대로만 말을 하라는 겁니다.'라고 증언하였다. 성공사례는 공무원에 의해 일부 부풀려졌다고 볼 수 있다.

[45] 농림부, 『농어민 소득증대 특별사업 성공사례』, 1970, 353~357쪽.

현상으로 성공하지 못했다. 특히 첫해에는 비닐하우스 속에서 포도나무의 새 잎들이 조기 성장하였지만, 비닐하우스가 망가지면서 수확을 전혀 하지 못했다. 4년째에 촉성재배에 처음 성공하였는데, 노지재배보다 20~30일 정도 빨리 출하할 수 있었다. 일찍 출하된 포도의 가격은 10~15배의 수익을 창출하였다. 부족한 노동력은 처음에 고용 인부(머슴)를 이용하였으나, 점차 고용 인부되기를 기피하여 노동력을 구하기 어렵게 되었다. 이에 제초기, 분무기 등의 장비를 구입하여 부족한 노동력을 해결하였다.[46]

하사용은 머슴살이를 하여 모은 돈으로 강외면 미호천 강변에 밭을 구입한 후, 1957년부터 채소농사를 시작하였다. 하사용은 채소를 남보다 일찍 재배하기 위해 콩기름을 바른 종이로 보온을 하여 주었다. 그는 재배한 채소를 직접 지게에 지고 조치원 시장에 내다 팔았다. 그 결과 일반 농사에 비하여 10배의 수확을 올릴 수 있었으며, 채소를 판매하여 올린 수입으로 계속 땅을 구입하였다. 비닐하우스가 보급되기 시작하자, 그는 청원군으로부터 융자를 받아 1967년에 150평 규모의 땅에 비닐하우스 재배를 시작하였다. 1969년에는 800평 규모, 1970년에는 1,600평 규모로 확대하였다. 1970년도에는 소득증대특별사업 경진대회에서 전국 1위를 차지하였다.[47] 그는 한국을 대표하는 모범농민이 된 것이다. 그의 성공사례는 1970년 11월 11일 시민회관에서 발표되었으며, 새마을 운동의 시작단계에서 중요한 역할을 담당하게 되었다.[48]

[46] 『농어민 소득증대 특별사업 성공사례(1970)』, 184~192쪽.

[47] 『농어민 소득증대 특별사업 성공사례(1970)』, 122~131쪽.

[48] 박진환, 『독농가 하사용씨의 성공사례와 1970년대의 새마을 운동』, 농협대학 농촌개발연구소, 2001, 53~58쪽.

※ 출처: https://monthly.chosun.com.

　　시설재배를 이용해 채소를 재배하는 방식은 1960년대 중반 비닐이 보급되기 이전과 이후로 나눌 수 있다. 비닐이 등장하기 이전의 1세대 시설재배 농민은 부농인 경우가 많았다. 비닐이 등장하기 이전에는 유지창틀을 이용하여 보온을 하거나 목탄 혹은 경유로 가열하여 오이와 고추, 토마토 등을 촉성 재배하였다. 이러한 농업을 하기 위해서는 기존의 방법과는 전혀 다른 새로운 지식과 기술의 도입이 필수적이었다. 경지의 조성, 종자의 선택, 파종과 이식, 접목, 시비, 물관리, 열관리 등 생산의 전 과정에서 새로운 지식과 기술이 필요하였다. 바람이 조금만 불어도 유지가 벗겨져 작물이 다 얼어 죽을 수 있었다. 그러나 일단 성공하면 미군부대에 납품을 하여 상당한 수입을 올릴 수 있었다.[49] 비닐이 등장한 이후에도 시설재배는 투기성이 따르는 사업이었다. 자재가격이 비싼데다가 비닐하우스 안에서 작물이 자라 수확하기까지 보온을 유지하기 위해서는 많은 비용이 들어갔다. 심지어 보온을 유지하기 위해 땅 속에 쓰레기를

---

[49] 김춘동, 『농촌사회의 변동과 정치적 과정』, 경북대학교출판부, 1988, 48~51쪽.

묻기도 하였다.[50] 그럼에도 불구하고 부농이 아닌 하사용이 시설재배로 성공했다는 점은 높이 평가할 수 있다. 그리고 시설재배 1·2세대였기 때문에 상대적으로 더 많은 수익을 올릴 수 있었다는 점도 고려해야 한다. 1970년대 중반만 되어도 시설재배를 통한 농민의 소득은 1960년대에 비해 크게 감소하였다.

1970년이 되면 소득증대특별사업에 참여한 농민은 전국 농가의 10%에 이르렀다. 위 사례에서와 같이 농업에 성공하였다할지라도 경영이 매우 위태로운 경우도 많았다. 판로가 안정적이지 못하고 가격의 폭락이 심하여 파산하는 농민도 많았다. 정부의 정책자금은 이자율이 낮아 농민이 선호하였지만, 실패하는 경우 빚으로 남아 농가경영을 위태롭게 할 수 있었다. 정부는 소득증대특별사업의 소득률을 40~75%로 예상하고 융자 금리를 9%로 책정하였다. 1968년의 경우 양송이의 소득률은 금리에도 미치지 못하는 3% 정도였다. 소득증대특별사업에서 융자를 받기도 어려웠으며 받았다 할지라도 성공하는 것이 쉽지 않았다.[51]

그러나 소득증대특별사업은 한국농정에서 두 가지 중요한 의미를 갖는다. 첫째, 소득증대특별사업을 통해 중앙부처와 군·면 단위 지방행정 공무원이 지역개발에 대한 실질적 훈련을 받을 수 있었다는 점이다. 소득증대특별사업을 효과적으로 추진하기 위해 중앙부처의 장·차관들로 구성되는 특별위원회를 설치하였고, 국무총리가 위원장이 되었다. 이후 중앙부처 농촌 개발 관련 부서들의 협조와 지원체계가 더욱 정비될 수 있었다. 또한 1960년대 전반에 정비된 지방행정의 체계가 소득증대특별사업을 계기로 가동되기 시작하였다. 군·면 단위의 기관장과 책임자는 사업의 문제점과 성과를 분석하기 위해 자주 한자리에 모였으며, 항상 주산단지의 상황을

---

50) 『동아일보』 1968년 2월 15일자.
51) 『동아일보』 1969년 6월 16일자.

파악하여 상급기관에 보고하여야 했다. 일선 지방행정공무원, 농협직원, 농촌지도소의 지도사는 농민과 자주 만나 사업을 추진하였다. 성공사례집에 나오는 "농촌지도소 군청 면사무소를 찾아다니며 올 고추농사에 만반의 준비를 했습니다."라는 표현에서와 같이 이 시기 농민 중 일부는 빈번하게 공무원과 접촉하였다.[52] 둘째, 참여한 농민의 일부가 자급자족적인 전통적 영농으로부터 상업적 영농으로 탈바꿈했다는 사실이다. 소득증대특별사업에 참여하였다가 실패하여 융자금을 갚지 못하는 농민이 속출하기도 하였지만, 각 지역의 주산단지를 중심으로 새로운 작물의 재배에 성공하는 농민이 등장하였다는 점이다. 성공하는 농민의 공통적인 특징은 근면하고 스스로 성공하기 위해 노력한다는 점이었다. 또한 이들을 이용해 농촌개발을 시도해야 한다는 주장이 다음과 같이 등장하였다.

> 생활주변에서 같이 생활하면서 가장 올바른 사고와 생활과 경영을 시범하는 본보기 사람이 있어 그 주변에 사는 사람들이 스스로 따르도록 하는 일이다. 이것이 생활의 지도자인 것이다. 농촌이나 어촌에 있어서 농어민들의 수입을 증대하는 일도 이 생활 시범자가 지도자일 때 급속히 이루어지는 것이다.[53]

자료에서와 같이 소득증대특별사업을 실시하는 동안 전국적으로 성공하는 농민이 많이 나타났다. 지방 공무원은 성공사례를 발굴하여 중앙에 보고하였으며, 언론과 방송 역시 성공사례를 대대적으로 보도하기 시작했다. 공무원과 언론은 이러한 농민을 '자조하는 농민' 혹은 '시범농민'이라고 불렀다. 정부는 소득증대특별사업을 전개하면서 이들의 존재에 주목하기 시작하였으며, 이들을 일정한 기간 동안 교육한 후 농촌의 지도자로 만들려

---

[52] 『농어민 소득증대 특별사업 성공사례(1970)』, 135쪽.
[53] 유덕천, 「농어민소득증대와 지도자」, 『지방행정』 1968년 2월호, 63쪽.

는 계획을 추진하게 되었다. 소득증대특별사업은 사업의 성공 여부를 떠나 정부가 농촌을 지도해나갈 모범농민을 발굴했다는 점에서 중요한 의미를 갖는다.

## 4. 1960년대 농민층 변화와 중앙정부

독농가연구회의 독농가 실태조사, 새농민운동 수상자, 소득증대특별사업 사례집에 나오는 농민의 모습은 농민 개개인의 경영실태를 잘 보여준다. 또한 각각의 사례를 종합하면 1960년대 모범농민의 일반적인 농업경영과 더불어 일반농민과의 차이점도 발견할 수 있다. 그러나 이 사례는 전체 농민 중 극히 일부의 사례라는 점이다. 특히 모범농민이 전체 농민 중 어느 정도를 차지하는지 알 수 없다는 문제점이 있다. 이러한 문제점을 보충하려면 농지개혁 이후 나타나는 농민층의 계층분화,[54] 계층분화의 원인, 상층으로 이동한 농민의 농업경영 형태 등의 분석이 필요하다. 이곳에서는 농민층 변화의 중요 배경, 농업 관련 통계 등을 통해 추정한 부농층의 비율, 경영형태 등을 먼저 분석하고, 이들이 중앙정부와 연결되는 과정을 서술하고자 한다.

앞에서 설명한 바와 같이 농업에서 성공하는 농민이 등장한 배경은 산업의 변화 속에서 시장이 확대되고 농민 중 일부가 시장에 접근하여 소득을 증대하였기 때문이었다. 또한 농협, 농촌지도소 등의 농업 관련 기관의

---

[54] 농민층 내부의 계층구성을 파악하려는 논의는 1980년대 활발하게 전개되었다. 먼저 한국 농업의 성격을 토지소유관계를 중심으로 한 지주-소작관계의 기본 틀 속에서 반봉건성을 강조하는 입장이 있다. 이들은 농민의 범주를 지주-부농-중농-빈농-농업노동자로 구분하였다. 이에 반해 지주-소작관계의 기본 틀을 부정하고 농민층의 주요 구성을 경영형태와 가계의 상황을 고려하여 분류하는 입장이 있다. 경영형태와 가계의 상황에서 가장 중요한 요소는 토지소유정도와 고용관계였다. 이들은 농민의 범주를 부농-중농-빈농-농업노동자로 분류한다. 본 논문에서는 후자의 입장에 의해 부농을 정의하고 분석하였다.

정비와 소득증대특별사업으로 대표되는 정부의 농업 정책도 중요한 배경이었다. 두 가지 요인 외에도 비료, 농약, 비닐하우스, 농기계 등 영농자재의 보급도 중요한 요인이었다.

1950년대에는 화학비료의 국내 공급기반이 없어 대부분 화학비료를 수입에 의존하였다. 이에 정부는 1955년 AID차관과 국내자금으로 충주에 요소비료공장을 설립하기 시작하였다. 충주비료공장은 1963년부터 가동되어 생산을 시작했으며, 이후 호남비료공장, 영남화학, 진해화학, 한국비료, 경기화학, 풍농비료, 조선비료 공장이 설립되어 가동을 시작하였다. 1967년 화학비료의 자급률은 25.3%에 달했으며, 특히 질소는 41.9%를 자급할 수 있었다. 비료공급이 농협으로 일원화됨에 따라 농협은 정부의 위촉을 받아 도입비료와 국산비료를 농민에게 일괄 공급하였다. 그러나 비료공급의 가장 큰 문제점은 비료가격이 안정되지 못한 점이었다. 특히 1961년과 1964년에는 환율이 크게 인상되어 비료가격 인상요인이 발생하였다. 1964년에는 환율이 130 : 1에서 250 : 1로 인상됨에 따라 수입에 의존하던 비료가격의 인상비율은 90%에 이르렀다. 정부가 비료가격을 보조하더라도 인상요인을 모두 흡수할 수 없었다. 따라서 비료의 가격이 높았고, 농민이 비료를 사용해 수확량을 확대해도 경제적으로 별 소득이 없는 경우도 많았다.[55]

1960년대에는 식량증산을 위해 다수확신품종의 개발과 더불어 시비의 확대, 좁은 면적에 많이 심기, 조기재배 등을 적극 추진하면서 농작물의 병해충 발생 비율이 높아졌다. 병충해 방제의 성공여부는 농약이나 노동력의 동원도 중요하지만 조기방제가 중요하였다. 1962년에는 방제의 효율을 높이기 위해 병충해 방제위원회가 구성되었다. 방제단 조직은 농림부 장관이 중앙방제 위원장이 되며, 각시도의 자치단체장들이 방제반장을 맡았다. 농협과 농약회사는 방제에 필요한 자재공급반이 되었고, 농촌진흥청과 각 지

---

<sup>55)</sup> 『한국농정50년사』, 437~452쪽 및 송영섭, 「비료정책의 변천과 발전방향에 관한 연구」, 고려대학교 자연자원대학원 석사학위논문, 1992.

도소는 병해충 발생의 감시를 담당하였다. 농촌진흥청의 병해충조사반이 각 지역의 병충해 발생을 감시하고 보고하면, 자치단체와 자재준비반이 상호 협조하여 공동방제를 실시하기 시작했다. 공동방제는 정부의 정책 사업으로 추진되었으며, 공동방제용 농약으로 지정되면 농약가격의 60~80%를 국비 및 지방비에서 보조하였다. 농약수요가 해마다 증가함에 따라 농약제조회사도 계속 설립되었으며, 1969년에는 35개 회사에 이르렀다. 그 결과 농약 생산은 1960년 2,901M/T에서 1969년 16,962M/T로 증가하였다. 즉 5.8배 이상 증가한 것이다.[56]

공업의 성장으로 비료와 농약이 확대 보급되는 과정에서 농협과 농촌진흥청이 중요한 역할을 담당한 점도 중요하다. 농협은 판매와 유통을 주로 담당하고 농촌진흥청은 농민에게 비료와 농약의 사용법을 지도하였다. 이러한 노력의 결과 1967년 농민을 대상으로 한 농업정책 설문조사에서 비료 공급과 사용법에 대한 기술지도가 성공적이었다고 농민은 평가하였다.[57]

비닐하우스는 1960년대 소규모로 생산되다가 1970년 울산화학단지에서 폴리에틸린 필림이 대량생산되면서 전국적으로 급속하게 보급되었다. 초기 비닐하우스를 이용한 채소재배는 남부지방에서만 가능하였다. 정부는 서울 근교에 비닐하우스 농법을 보급하기 위해 앞에서 서술한 바와 같이 김해출신 영농청년 2명을 경기도 기흥에 파견하여 재배를 시작하게 하였다. 이 사업은 박진환이 주도하였으며 서울대 농대와 경기도 농업진흥원이 연계하여 추진하였다.[58]

농업 관련 기관의 정비, 시장의 확대, 비료·농약·비닐하우스 등 농업

---

56) 『한국농정50년사』, 478쪽 및 한도현, 「1960년대 농촌사회의 구조와 변화」, 『1960년대 사회변화 연구: 1963~1970』, 백산서당, 1999, 112~114쪽.
57) 이만갑, 『공업발전과 한국농촌』, 서울대출판부, 1984, 353~355쪽.
58) 『한국경제정책30년사: 김정렴 회고록』, 180~181쪽 참고.

자재의 공급과 기술의 향상 등은 농민의 농업 경영형태에 큰 영향을 주었다. 경영형태 중에서 농가의 토지소유 정도, 노동력 이용 상황, 작물의 선택 추이 등이 변화하고 있었다. 1960년 경지규모별 농가의 고용노동 이용 상황을 보면 다음과 같다.

〈표 1-4〉 경지규모별 농가의 고용노동 이용 상황(1960)

| 경지 규모별 | 머슴 | | 달머슴 고용농가수 (B) | 날품 고용농가수 | 총 개인 농가수 (C) | A/C% | A+B/C%[59] |
|---|---|---|---|---|---|---|---|
| | 고용 농가수(A) | 머슴수 | | | | | |
| 0.5정보 미만 | 5,872 | 6,447 | 3,929 | 306,524 | 815,344 | 0.7 | 1.2 |
| 0.5~1.0 | 34,274 | 35,542 | 11,880 | 409,910 | 837,414 | 4.1 | 5.5 |
| 1.0~1.5 | 59,370 | 61,262 | 13,559 | 249,026 | 399,088 | 14.9 | 18.3 |
| 1.5~2.0 | 52,352 | 55,688 | 9,893 | 119,838 | 162,986 | 32.1 | 38.2 |
| 2.0~3.0 | 51,984 | 59,194 | 10,247 | 78,483 | 94,763 | 54.9 | 65.7 |
| 3정보 이상 | 15,305 | 22,314 | 4,602 | 17,803 | 19,533 | 78.4 | 101.9 |
| 계 | 219,157 | 240,447 | 54,110 | 1,181,584 | 2,329,128 | 9.4 | 11.7 |

※ 출처: 농림부, 농업국세조사, 1964 및 이영기, 「1960년대 이후의 농민층분해에 관한 연구」, 서울대학교 농경제학과 석사학위논문, 1982, 41쪽에서 재인용.

〈표 1-4〉에 의하면 3정보 이상의 토지를 소유한 농민의 78.4%가 고용기간 7개월 이상의 머슴을 고용하였으며, 달머슴(1~7개월 이전 고용)까지 합치면 거의 모든 농가가 머슴을 고용하고 있었다. 2~3정보의 토지를 소유한 농민은 고용기간 7개월 이상 머슴을 54.9%, 달머슴을 10% 가량 고용하고 있었다. 전체 농가 중 2정보 이상의 토지를 소유하고 있으면서 머슴 혹은 달머슴을 고용한 농가는 약 8만 2천 가구이며, 총 개인 농가 수에 대한 비율은 3.5%라고 할 수 있다. 또한 경지규모가 1.5정보 이상의 토지를 소유하고 있으면서 머슴 혹은 달머슴을 고용한 농가는 14만 4천 가구 정도이고, 총 개인 농가 수에 대한 비율은 6.2% 정도이다. 이를 바탕으로 추정하면 1960년 부농의

---

59) 머슴을 보유하고 달머슴을 동시에 보유한 경우가 있어 실제 %는 이보다 약간 적을 수 있다.

비율은 3.5%~6.2%라고 할 수 있다. 1960년의 경우 부농은 농지소유가 평균의 2배 정도이면서 고용노동을 이용하는 농민이라고 할 수 있다.[60] 그러나 1960년 이후 부농이 이용하는 고용노동은 크게 감소하였다. 1960년의 경우 6개월 이상 고용노동에 종사하는 인구는 24만 명으로 농가 100호당 10명 정도였으나, 1971년이 되면 3개월 이상 농업노동에 종사하는 인구가 100호당 2명 정도로 줄어들었다. 이를 통해 경지규모가 큰 부농도 점차 개인이나 가족의 노동력을 이용해 농사를 짓고 있다는 사실을 알 수 있다.[61]

1960년대 정부 농업정책의 핵심은 식량증산이었다. 식량증산은 정부의 가장 중요한 정책이었지만, 저농산물 가격정책이 유지되었기 때문에 식량증산이 농민의 소득을 향상시키지는 못했다. 따라서 농업소득의 향상은 상업적 경영[62]을 통해서 가능하였다. 상업적 경영을 통해 자수성가한 농민은 논농사보다는 밭농사, 식량작물보다는 특수작물을 재배하여 소득을 증대하는 농민이었다. 이들은 산지를 개간하여 밭을 만들어 특수작물을 재배하거나 축산을 통해 소득을 증대시켰다. 이러한 사실은 다음과 같이 1960년대 업태별 농가호수 추이를 보면 잘 나타난다.

[60] 이영기, 「1960년대 이후의 농민층분해에 관한 연구」, 서울대농경제학과 석사학위논문, 1982, 37~43쪽.

[61] 「1960년대 이후의 농민층분해에 관한 연구」, 45~46쪽.

[62] 식량증산을 통한 소득증대가 어려운 경우 농민은 상업적 농업을 전개하기도 하지만, 이는 일반적으로 나타나는 농업경영이 아니었다. 상업적 농업을 통해 농가소득을 확대하는 농민은 오히려 예외적이었다고 보아야 한다. 농민은 이농으로 발생한 농지의 임대, 가족 구성원 중 일부의 도시산업부문 취업, 농외 임노동 참여 등을 통해 생계 문제를 해결하려 하였다. 상업적 농업의 전개는 농업의 확대 재생산 전략이라고 볼 수 있다. 1960년대에는 농업의 확대재생산 노력이 일부에서 전개되었고, 이들이 모범농민으로 선정되었다. 하지만 1970년대 후반에 들어와 농민은 확대재생산 전략보다는 생계유지차원에서 단순재생산을 하는 경우가 많았다. 두 가지 선택 모두 농민이 생계문제를 해결하는 가장 중요한 수단은 노동시간을 늘리거나 노동 강도를 증가시키는 것이었다. 이에 대한 자세한 내용은 조승연, 「농촌사회의 변동과 농업생산구조: 가족농 생산형태를 중심으로」, 영남대학교 문화인류학과 박사학위논문, 1997 참조.

<표 1-5> 업태별 농가호수 추이(1961~1969)

[단위: 천 회]

| 연도 | 답작 | 전작 | 과수 | 채소 | 특용작물 | 축산 | 양잠 | 기타 | 계 |
|---|---|---|---|---|---|---|---|---|---|
| 1961 | 1,930 | 356 | 8 | 13 | 3 | 6 | 1 | 8 | 2,327 |
| 1962 | 2,019 | 403 | 9 | 14 | 4 | 7 | 1 | 12 | 2,469 |
| 1963 | 1,966 | 405 | 9 | 12 | 4 | 5 | 1 | 13 | 2,416 |
| 1964 | 1,970 | 429 | 10 | 13 | 5 | 4 | 2 | 17 | 2,450 |
| 1965 | 1,898 | 549 | 12 | 13 | 4 | 3 | 2 | 26 | 2,507 |
| 1966 | 1,868 | 594 | 12 | 14 | 7 | 4 | 2 | 40 | 2,540 |
| 1967 | 1,814 | 616 | 13 | 14 | 8 | 8 | 3 | 112 | 2,587 |
| 1968 | 1,836 | 527 | 17 | 24 | 15 | 15 | 8 | 137 | 2,579 |
| 1969 | 1,825 | 512 | 17 | 21 | 12 | 11 | 8 | 130 | 2,546 |

※ 출처: 농수산부, 농림통계연보, 각 연도.

<표 1-5>에서는 1960년대 농가구성변동에 나타난 특징을 잘 보여주고 있다. 주요한 특징은 주곡생산농가의 감소, 전작농가의 증가, 상품작물재배농가 비율 증가 등으로 요약할 수 있다. 상품작물재배농가의 비율은 증가하고 있지만, 농가호수 구성은 크게 변화하지 않고 있다. 이러한 이유는 특수작물이나 축산업은 전업농가에 의한 생산보다 농가 부업형태의 생산이 많았기 때문으로 보인다.[63] 1960년대 중요한 변화중의 하나는 밭농사를 전업으로 하는 농가가 증가하고 있다는 점이다. 1960년대는 농지개간이 활발하게 이루어졌는데, 특히 소규모의 산지개간이 많이 이루어진 시기였다. 개간된 농지는 지역에 따라 차이가 있었지만, 식량작물보다 특수작물을 재배하는 경우가 많았다. 여전히 논농사 위주였지만 밭농사에 의존하는 농가의 수가 증가하고 있는데, 이는 상업적 농업의 발전과 밀접한 관련이 있었다.

전통적인 축산업은 축산물을 생산하여 판매하는 그 자체보다 농가 부산물을 합리적으로 이용하고 농가 유휴 노동력을 이용하여 농업경영에 필요한 축력이나 분뇨 등을 획득하는 데 목적이 있었다. 축산업이라는 의미보

[63] 유기준, 「한국에 있어서 상업적 농업의 전개: 1960년대 이후를 중심으로」, 서울대학교 경제학과 석사학위논문, 1984, 18~20쪽.

다는 농가부업의 수준이었다고 할 수 있었다. 1960년대 중반 이후 경제성
장과 도시화는 축산물의 수요를 증가시켰다. 증가하는 축산물 수요는 축산
물의 상대가격을 높였을 뿐만 아니라 축산물의 생산을 자극하게 되었다.
특히 축산물의 경우엔 외국 농산물의 대량수입에 의한 가격압박이 심하지
않아 다른 농작물에 비해 유리하였다. 이러한 시장의 변화는 전업 형태의
축산 농가가 일부 등장하는 배경이 되었으며, 특히 1960년대 후반에 뚜렷
하게 증가하였다. 그러나 1960년대의 경우 축산업은 여전히 부업적인 축산
업이 대부분이었다. 양돈은 10마리 이하, 양계는 100마리 이하, 한우는 4마
리 이하의 소규모 사육이 거의 대다수를 차지하였다. 따라서 식량작물을
주로 생산하는 경종농업에 부업형태의 가축 사육을 혼합하는 농가가 대부
분이었다고 할 수 있었다.[64]

　1960년대 상업적 경영을 전문으로 하는 전업농가의 증가는 상대적으로
미약하였으나 농산물의 품목별 생산액은 다음과 같이 비교적 많은 변화가
나타났다.

〈표 1-6〉 농산물 품목별 생산액의 구성추이

[단위: %]

| 연도 | 식량작물 | 채소 | 과실 | 축산 | 기타 | 계 |
|---|---|---|---|---|---|---|
| 1962 | 78.2 | 4.8 | 1.4 | 6.6 | 9.0 | 100.0 |
| 1965 | 64.4 | 9.5 | 2.4 | 11.4 | 12.3 | 100.0 |
| 1968 | 57.5 | 10.7 | 3.2 | 14.1 | 14.5 | 100.0 |

※ 출처: 농수산부, 농림통계 연보, 각 연도.

　〈표 1-6〉에서와 같이 특수작물 재배나 축산의 소득비율은 증가하고 있으나
식량작물의 생산비중은 감소하고 있었다. 〈표 1-5〉에서와 같이 식량작물의 경
우 농가호수의 변화가 별로 없음에도 불구하고 소득의 비중은 상대적으로 많

---

64) 「1960년대 이후의 농민층분해에 관한 연구」, 56~71쪽.

이 줄어들었다. 특수작물을 집약적으로 재배하는 전업농가도 있었지만, 경종(耕種)농업에 특수작물을 재배하여 소득을 향상시키는 경우가 더 일반적이었다. 상업적 경영을 주로 하는 농가의 농지소유 규모는 부농에 비해 넓지 않았다. 대신 소규모의 토지에 특수작물을 집약적으로 재배하였다고 할 수 있다.

1960년대 모범농민은 농업의 변화에 일반농민보다 빠르게 적응하는 농민이라고 할 수 있다. 전체적인 농업의 변화 속에서 모범농민의 농업경영을 요약하면 다음과 같다. 첫째, 모범농민은 공업의 성장에 따라 보급되기 시작한 비닐하우스, 농약, 비료, 농기계 등을 이용한 농업경영에 적극적이었다. 당시 영농자재의 가격이 비싸고 가격변동이 많아 경제적 실효성에 문제가 있었지만, 점차 영농자재의 가격이 현실화되면서 보급이 확대될 수 있었다. 둘째, 농지규모의 차이와 관계없이 모범농민은 자신 혹은 가족의 노동력에 의해 농사를 지었다. 머슴을 이용한 노동은 점차 쇠퇴하였으며, 가족의 노동력을 중심으로 시장에 적응하는 농민이라고 할 수 있다. 셋째, 경종(耕種)농업을 기본으로 하면서도 상업적 농업을 통해 소득을 향상시켰다. 경종농업을 통해 식량을 자급자족하면서 현금을 획득하기 위해 특수작물, 과수와 채소, 축산 등에 종사하였다. 논농사보다는 밭에 현금수입이 가능한 작물을 재배하였다. 단일작물만을 재배하는 전문농가의 수는 증가하지 않았다. 넷째, 모범농민은 자신의 노력, 도시 시장과의 연결에 의해 소득을 향상시켰다. 모범농민에 대한 정부의 지원에 의해 성장한 예는 많지 않았다. 그보다는 모범농민으로 성장한 이후 농업 관련 기관의 공무원에 의해 발굴되었다고 할 수 있다.

앞에서 설명한 바와 같이 1950년대 후반 이후 각 지역에는 전체적인 농업의 변화 속에서 모범농민이 성장하고 있었다. 박정희 정부는 군정초기부터 모범농민에게 관심을 가졌으며, 정기적으로 이들을 표창하였다. 1961년 군사정부는 추수감사절을 전후해 기념행사의 하나로 모범농민에게 표창장을 수여하였는데, 당시 '모범농민 9명엔 포장을 주고'라는 제목의 신문기사는 다음과 같다.

농림부 장관의 기념사와 박의장의 격려사 송내각 수반의 치사 킬렌
유솜 처장의 축사(대독)가 있었으며 각도에서 한사람씩 뽑힌 9명의 독
농가에 대하여 식산(殖産)포장수여와 그들을 대표한 김정민씨의 답사
로써 …식산포장은 농민에게 수여하기는 이번이 처음이며…[65]

군정 성립 후 첫 추수감사행사에서 독농가에게 식산포장을 수여하고 있
다. 이후 박정희 정부는 추수감사절을 전후해 독농가를 계속적으로 표창하
였다. 여기서 독농가는 모범농촌지도자를 의미하였다. 이들은 농업에 성공
하고 지역개발을 선도하는 농촌지도자였다.

중앙정부 차원에서 이루어진 농민 포장 외에도 지방정부도 활발하게 농
민포장을 실시했다. 경기도의 경우 군정 1주년을 맞이하여 재건의욕을 고
취하기 위해 모범독농가상을 비롯하여 23종목의 표창을 실시하였다. 수상
인원은 4천 명에 이르렀으며, 수상자에게 전달된 전체상품을 금액으로 환
산하면 800만 원에 이르렀다. 서울 마포구는 전국 미곡다수확 경진대회와
퇴비증산경진대회에서 수상한 두 농가에게 구청 차원에서 다시 시상을 하
였다. 전국 대회에서 시상한 농민을 다시 지방정부가 표창한 사례였다.[66]

1965년부터 농협이 전개한 새농민운동은 정부와 농촌개발담당자가 원하
는 모범농민의 모습을 일정 정도 표준화하였다. 그리고 1965년 이화여대농
촌문제연구소는 농민이 원하는 농촌지도자상을 조사하였는데, 이러한 과
정을 통해 표본적인 모범농촌지도자상이 제시되었다. 모범농민이 확대되
고 언론에 대규모로 소개된 계기는 소득증대특별사업이었다. 소득증대특
별사업이 실시된 후 신문, 잡지, 정부 기관지 등의 편집자는 모범사례를 적
극적으로 발굴하고 경쟁적으로 소개하였다. 성공사례를 모은 성공사례집
도 편찬되었다. 일단 모범농민이나 모범마을로 소개되면 중앙과 지방의 신

---

65) 『조선일보』 1961년 10월 9일자.
66) 『조선일보』 1962년 4월 27일자 및 1963년 1월 16일자

문, 정부기관지, 잡지 등이 경쟁적으로 보도하였다. 또한 타 지역의 농민, 지방공무원, 중앙부처의 고급 공무원도 경쟁적으로 마을을 방문하였다. 모범농민이나 모범마을의 지도자는 정부로부터 각종 포상을 받았으며, 여러 곳을 방문하여 자기의 경험담과 영농기술을 소개하였다.

모범농민이 되는 최대 전제조건은 개인의 노력이었다. 개인의 노력 외에 지방행정공무원, 농협, 농촌진흥청, 재건국민운동 본부로 대표되는 각종 농업 관련 사회단체와의 친분이나 협조도 중요한 요소였다. 모범농민과 각 기관은 서로의 이해관계에 따라 자신의 이익을 추구하였다. 정부의 정책이 모범농민 양성에 집중되면서 농촌개발을 담당하는 사람은 모범농민의 양성을 통해 자신의 실적을 인정받으려 하였다. 모범농민은 농협, 농촌지도소, 지방행정공무원 등에 의해 상급 기관에 보고되었다. 이후 모범농민은 신문, 잡지, 방송에 의해 소개되고 정부로부터 표창을 받으면서 중앙정부의 정책 담당자와 연결되었다.


## 제2절 모범마을의 마을가꾸기 사업 사례

### 1. 농촌지도사업담당자의 마을가꾸기 사업

1960년대의 모범마을의 사례는 지역개발사업담당자에 의한 시범마을과 농촌지도사에 의한 모범마을 소개 사례를 중심으로 살펴볼 수 있다. 지역개발사업에 의한 시범마을의 사례는 이화여자대학교 농촌문제연구회의 보고서(1963~1965)에 나타난 강원도 명주군 아전리의 사례를 살펴보고, 농촌지도사의 소개사례는『지방행정』의 공무원 수기 등을 통해 파악하기로 한다.

우리나라의 지역사회개발사업[67]은 1950년대 후반 미국의 원조정책이 변화하는 과정에서 도입되었다. 경제의 자본투자확대, 농업과 산업의 생산성

향상, 경제개발을 위한 관료의 교육, 보건위생의 향상을 위한 원조 등이 중시
되었다. 이와 같은 목적에 충실하기 위해 한미합동경제위원회 산하에 재정위
원회, 기획위원회, 기술위원회, 지역사회개발위원회 등이 설립되었다. 지역사
회개발위원회(Community Development Committee: CDC)가 결성된 후, 한국
에서의 지역사회개발을 추진하기 위해 지역사회개발중앙위원회(NACOM)가
설립되었다. 지역사회개발중앙위원회는 한미경제합동위원회 산하의 지역사회
개발위원회의 자문을 받아 운영되었으며, 실무는 부흥부에서 담당하였다.[68]

지역사회개발사업이 실시되는 도에는 도지역사회개발위원회가 구성되었
다. 도지역사회개발위원회의 위원장은 도지사가 되고 도의 각 국장, 농사원
장, 기타 지역의 저명인사가 위원으로 위촉되었다. 도의 지방위원회의 간사
는 도청의 사회과장이 담당하였다. 군지역사회의 개발위원회의 위원장은 군
수가 되고 군의 각 과장과 지도원이 주재하는 지역의 면장과 관련 기관장,
대표지도원, 기타 지역의 저명인사가 군지역개발위원회의 위원이 되었다.[69]

직원의 교육은 UNESCO에서 운영하는 신생활교육원에서 이루어졌으며
강사는 차균희, 손정준, 윤길병, 구윤석 등이었다. 교육과목은 원조의 운용
과 이해에 관한 기초교육, 농업기술, 농업에 관한 조사방법, 보건위생, 농
촌사회학, 사상지도 등으로 다양하게 이루어졌다. 교육시간은 기수마다 시
간이 달랐지만, 보통 200~300시간 정도였다. 선발[70]과 교육이 완료된 후,

<hr>

67) 개발도상국가의 지역사회개발사업에서 가장 중요한 원칙은 외부의 지원에 의존하지 않고
   주민 스스로 마을의 문제를 해결하는 것이었다. 따라서 지역사회개발사업의 핵심은 주민
   의 의사결정 능력, 지역사회개발을 이끌어갈 지도자 문제, 경제적 자립의식의 고취, 비경
   제적 영역의 활동 확대 등이었다. 비경제적 영역의 활동은 문맹퇴치, 위생, 생활환경정리,
   의식주 개선, 청소년 교육 등을 말한다. 이에 대한 자세한 내용은 김일철, 「영세농과 지역
   사회개발」, 『사회구조와 사회행위론』, 도서출판 전예원, 1986, 256~263쪽 참고.

68) 한봉석, 「이승만 정권 말기 지역사회개발사업 연구」, 성균관대학교 사학과 석사학위논
   문, 2005, 19~46쪽.

69) 『한국농정50년사』 Ⅱ, 2,073쪽.

70) 개발 사업이 농촌진흥청에 흡수되기 이전 교육인원은 1기(1958) 24명, 2기(1959) 59명,
   3기(1960) 87명, 4기(1961) 60명, 5기(1961) 254명이었다.

직원은 각지의 시범지역에 배치되어 개발 사업을 추진하였다. 시범지역은 1958년 12개 마을로 시작되었으며, 1959년은 20개 군 109개 마을, 1960년은 45개 군 260개 마을로 확장되었다.[71]

지역개발사업은 주민의 노력과 재정으로 추진하는 자조사업과 외부의 지원을 받아 추진하는 보조 사업으로 구분되었다. 자조사업은 주로 주민의 노력과 마을이 지니고 있는 자본과 기술로 추진할 수 있는 사업이었다. 보조사업은 정부나 기타 기관으로부터 재정적, 기술적 지원을 받아 추진하는 사업이었다. 자조사업과 보조사업의 구체적 내용과 성격은 1959년 시범부락으로 선정된 강원도 명주군 강동면 아전리 마을을 통해 자세히 분석할 수 있다.

아전리 마을은 1954년 대홍수로 말미암아 농토와 집이 거의 소실된 지역이었다. 마을 주민은 1955년 공동 작업대를 조직하여 범람한 강동천의 제방 2,150m를 복구하였다. 여자가 돌을 머리에 너무 많이 이어 머리카락이 빠졌다고 할 정도로 고된 노동이었다. 이와 같은 협동사업의 전통이 알려져 기록영화 '뚝'이 제작되었다.[72]시범부락으로 선정된 이유는 이러한 협동사업이 외부에 알려졌기 때문으로 보인다. 아전리의 지역개발은 초기에는 원조기관과 농사원이 주도하였으며, 이후 농촌진흥청과 농협이 주도하였다. 농사원과 농촌진흥청이 지역개발을 주도하는 시기 자조사업과 보조사업의 구체적 내용은 다음과 같다.

---

71) 「1960년대 이후의 농민층분해에 관한 연구」, 49~53쪽.

72) 영화 제목은 '뚝'으로 알려져 있지만, 현재 남아있는 기록 영화의 제목은 '발전은 협력에서'이다. 영화분량은 15분 33초이다. 영화는 홍수장면, 마을 회의 장면, 공사 과정이 소개되어 있다. 공사 과정 중 박이장이 마을 주민의 식량 문제를 해결하기 위해 자기 집의 소를 파는 장면이 나온다. 박이장의 희생에 감동한 마을 주민이 더욱 힘을 내어 뚝 공사에 나서고 있다. 그리고 군수가 지역개발사업을 담당하는 2명의 지도원을 파견하는 장면이 나오며, 지도원 중에 여성이 등장한다. 여성 지도원은 식생활개선과 유치원 부설을 담당하고 있다. 영화의 마지막 장면에서 박이장은 "우리마을의 이야기는 곧 여러분의 이야기가 될 수 있습니다."라고 말한다. 주요 화면이 일하는 장면이라는 점, 이야기의 전개 방식과 갈등의 해결 방식이 이후 새마을 관련 영화의 표본이 되었다고 할 수 있다.

<표 1-7> 지역사회개발 자조사업(비보조)

| 연도별 | 사업명 | 규모 | 사업비<br>(노력비) | 비고 |
|---|---|---|---|---|
| 1960 | 협동조합구판실<br>도로보수<br>조림 | 석조20평<br>연장 2,000m<br>임야 5,000평 | 128,000<br>10,000 | 내부시설 및 일용필수품구매<br>개간도로 지면 고르기 |
| 1961 | 복지관<br>청금관<br>공동변소<br>어린이놀이터<br>우물개량 | 석조 24평<br>목조 18평<br>석조 6평<br>그네, 미끄럼틀<br>7개소 | 142,000<br>50,000<br>22,000<br><br>7,140 | 도서실, 목욕탕, 재봉실, 이발소<br>유치원 및 교육장 |
| | 돈육사육장<br>도로신설<br>아까시아 묘포장<br>상전(桑田) | 건평 80평<br>폭 3m, 길이 150m<br>1,200평<br>3,000평 | 100,000<br>56,400 | 농협융자돼지 37두<br>직선 간이도로<br>묘목 220,000본 생산예정<br>묘목 식재 5,000본 |
| 1962 | 앰푸<br>상전<br>공동양계장<br>제승(새끼줄)공장 | 1개<br>2,000평<br>40평<br>15평 | 50,000<br>25,000<br>48,000<br>215,000 | <br>묘목식재 3,000본<br>닭 100수<br>제승기 1대, 족탑 제입기 2대 |
| 1963 | 직조공장<br>기와공장<br>농협돼지사육장<br>농협임야구입<br>사료분쇄<br>공동탈곡기 | 38평<br>6평<br>1,800평<br>42정보<br>6평<br>12평 | 355,000<br>45,000<br>72,000<br>80,000<br>75,000<br>170,000 | 수직기 8대, 족탑기 1대, 합직기 1<br>대, 기와제작기 350매, 8인치 및 6<br>인치 부르고형 1개, 벽돌형 1개, 분<br>쇄기 1대, 탈곡기 1대 |

※ 출처:『개발과정에 있는 농촌사회연구』, 73쪽 표에서 재인용.


<표 1-8> 지역사회개발 국고보조사업

| 연도별 | 사업명 | 사업규모 | 사업비 | | |
|---|---|---|---|---|---|
| | | | 국고보조 | 자체부담 | 계 |
| 1959 | 문화관<br>도정공장<br>창고<br>부엌 개량 | 석조 40평<br>목조 40평<br>함석조립 40평<br>시멘트 | 99,000<br>99,000<br>70,000<br>39,000 | 210,000<br>341,500<br>121,000<br>64,300 | 309,000<br>440,500<br>191,000<br>103,000 |
| 1960 | 수력발전<br>공동재봉소 | 수력 터어빈<br>재봉기 2대 | 400,000<br>14,000 | 720,800<br>47,700 | 1,120,800<br>61,700 |
| 1961 | 전분공장 | 목조 16평 | 225,000 | 258,700 | 483,700 |
| 누계 | | | 946,000 | 1,764,000 | 2,710,800 |

※ 출처:『개발과정에 있는 농촌사회연구』, 74쪽 표에서 재인용.

　〈표 1-7〉과 〈표 1-8〉에서와 같이 자조사업과 보조사업의 내용은 유사하였다. 보조사업은 정부로부터 보조금을 받는다는 점에서 차이가 있을 뿐이었다. 조사 당시 도정공장의 직원은 3명이었으며, 다른 지역에 비해 도정비가 저렴하여 농민이 혜택을 많이 받을 수 있었다. 유지비를 제외하고도 순수익이 11만 원 정도였다. 수력발전은 전기가 들어오지 않아 문화관에 전등을 가설하기 위해 설치하였다. 조사 당시에는 수해로 물길이 바뀌어 사용하지 못하고 있었으며, 복구하려면 50만 원이 필요하였다. 문화관은 농촌지도소의 지도원, 가족계획지도원, 잠업지도원 등이 오면 사용하거나, 마을의 회의 장소로 사용하였다. 조사 당시 30명 이상의 모임이 월 4~5회 정도 있었다. 문화관에서는 농촌진흥청이 영사기와 발동기를 대여하여 월 3회 정도 영화를 상영하였다. 대여료가 지불되자 마을주민은 농촌진흥청에 불만을 표시하였다. 마을에는 부업을 위해 가마니 짜는 기계 1대, 새끼 꼬는 기계 12대가 있었다. 초기에는 주민이 윤번제로 일하였고 점차 개인에게 대여하였다. 보통 개인이 짚을 가져와서 새끼를 꼬면 6,000원 정도 수입을 올렸는데, 그중 2,000원을 사용비로 지불하였다. 가마니나 새끼는 마을 창고에 보관하였다가 구매자가 오면 판매하여 수익을 올렸다. 재봉실은 재봉틀이 없는 부인에게 큰 도움을 주었다. 재봉틀의 1회 사용비는 5원이었으며, 여자 4H부원은 학교의 체육복 600벌을 제작하기도 하였다. 주민은 감자, 고구마를 이용해 당면을 생산하기 위해 20만 원을 들여 전분공장을 설립하였다. 그러나 공장 운영에 필요한 40만 원의 자금이 부족해 가동되지 못하였다. 초가지붕을 기와로 개량하기 위해 설립된 기와공장은 시멘트 공급이 부족하여 운영하지 못하였다. 유치원은 보모를 두고 운영하였으나 허가가 나지 않았다는 이유로 폐원되어 4H부원의 회의실로 사용하였다.[73]

---

[73] 『개발과정에 있는 농촌사회연구』, 74~80쪽.

아전리의 지역개발을 초기에 담당한 지도자는 박이장이었다. 그는 강릉 농고 출신으로 마을이장을 하다가 1959년 지역사회개발계장을 겸임한 인물이었다. 1954년 대홍수 후 6년여에 걸쳐 외부지원 없이 제방 2,250m를 축조하였다. 기록영화 '뚝'은 그를 중심으로 제방을 쌓는 과정을 제작 촬영한 것이었다. 제방공사 외에도 그는 정미소 설립, 생활개선, 문맹퇴치, 미신타파, 각종 부업을 장려하면서 마을 주민의 신임을 얻었다. 면장 등 상부의 지시가 있다 할지라도 항상 주민과 협의하여 각종 사업을 진행하였다. 그는 마을 지도자가 지녀야 할 최고의 덕목은 봉사와 희생정신이라고 하였다. 마을 개발에 결정적인 공헌을 한 후, 군조합장이 되어 마을을 떠났다. 박씨가 갑자기 마을을 떠난 후 아전리의 지도자가 된 사람은 심씨였다. 조사 당시 그는 자신이 지어야할 농사가 많아 가능하면 이장과 조합장을 그만두려 하고 있었다. 그리고 이장과 조합장의 역할은 군조합이나 면사무소의 지시사항을 주민에게 잘 전달하면 된다고 생각하고 있었다. 그는 마을 주민이 시범부락이라고 해서 행정적·재정적 도움을 받았는데, 외부로부터 도움이 사라지자 불만이 많고 심지어 정부에 대해 적개심마저 보여 일하기가 어렵다고 하였다.[74]

아전리의 지역개발은 원조단체에 의해 시작되었으며, 군정 이후에는 농촌진흥청, 단위조합 등이 중심이 되어 추진되었다. 지역개발의 주체가 어느 곳이든 주민에게 별 문제가 되지 않았으며, 그 사업에 커다란 차이점이 있는 것도 아니었다. 원조단체에 의해 추진된 시범부락 사업의 연장선상에서 지역개발이 추진되었다고 볼 수 있었다. 추진 주체는 달랐지만 사업의 내용과 농민의 역할은 별 차이가 없었다. 정미소, 새끼 꼬는 기계의 도입 등의 개발 사업은 마을의 협동을 이끌어내고 소득증대에 기여하였다. 그러나 도서관이나 목욕탕처럼 전시적이고 계획성 없는 사업도 많았다.

---

[74] 『개발과정에 있는 농촌사회연구』, 102~107쪽.

농민에게 실질적인 혜택을 주지 못하고, 주민이 외부의 지원에 더 관심을 가지는 경우가 발생할 수 있었다.

지역개발의 가장 중요한 변수는 농촌지도자의 자질과 의지였다. 지역개발을 담당하는 농촌지도자의 출신은 이장, 단위조합장, 농사원이나 농촌진흥청에서 훈련받고 파견된 지도원, 독농가, 독농가 중에서 농촌진흥청에 의해 선발된 정착지도사 등 다양하였지만, 지역개발의 내용은 유사하였다. 국고보조가 이루어진 사업이 일부 있었으나 대부분은 주민의 노동력 동원에 의해 협동사업이 추진되었다. 이러한 사업에 대해 농촌진흥청이 조사한 보고서[75] 역시 아전리와 유사한 평가를 내리고 있다.

> 시범농촌건설 사업이 이루어진 이후 막대한 국가보조가 있었음에 비하여 조사에 나타난 결과를 보면, 생산의 증가나 소득의 증가를 가져올 수 있는 영농법의 개선, 부업, 제방공사, 각종 공장 등의 설립은 현저하지 못하나 문화관, 생활개선, 교량 등에는 현저한 개선을 가져온 것으로 나타나 있다. …특히 국가 재정형편과 농업지도사업의 정책적인 수행 면으로 보아 시범부락에 대한 국고 보조액이 삭감되는 현재에도 응답자의 85%의 높은 비율로 국고의 보조를 열망하고 있으며 …무상에 대한 매력은 농민들의 의타심을 조장하고 초래하였다고 볼 수 있을 것이다.[76]

위의 평가에서 알 수 있듯이 시범사업은 공공건물 건축이나 문화 사업에 어느 정도 성과가 있었지만, 대부분 소득증대에는 크게 기여하지 못하

---

75) 농촌진흥청은 1964년에 1958, 1959년에 추진된 시범농촌건설 사업을 평가하고 『시범농촌건설사업 평가 조사 보고서』를 작성하였다. 시범부락으로 선정된 121개 마을을 모집단으로 하고, 인근 마을까지를 포함하여 조사하였다. 조사 방법은 설문지를 통해 이루어졌다.

76) 농촌진흥청, 『시범농촌건설사업 평가 조사 보고서』, 1964, 175~176쪽.

고 있었다.[77] 그러나 일부 시범마을 중에서 제주도 서귀포읍 신효리와 같이 소득증대사업을 성공적으로 추진하는 경우도 있었다.

> 그러나 주민들의 이 계획(고구마 전분공장 설립)은 당국으로부터 포기하라는 지시가 내려졌다. 규모가 너무 크기 때문에 곤란하다는 것이었다. 많은 국고보조를 해줄 수 없다고 했다. …국고보조금 30만 원이 책정된 대공사가 시작된 것이다. …그리하여 1960년 2월 20일 김희수(이장)씨가 서둘렀던 전분공장은 온갖 고생을 겪은 뒤 완공되어졌다. 그 동안 작업장에 나와 일한 주민들의 숫자는 2천 7백 59명이었고, 한 푼 두 푼 성의로 거두어진 돈이 72만 4천 4백 원이었다. 총공사비로 1백 2만 4천 4백 65원이 든 셈이었다.[78]

신효리의 경우 정부 보조와 주민의 노력에 의해 전분공장이 설립되고 있다. 마을주민과 이장은 전분공장 설립에 대한 지원이 어려워지자 시범사업 담당자였던 신찬수를 설득했고, 정부는 이 사업에 30만 원을 보조했다. 전분공장 설립은 정부의 지원과 더불어 연인원 3천여 명에 달하는 노동력과 자비를 부담한 주민의 노력에 의해 건설이 가능했다. 소득증대 사업에

[77] 한봉석은 제주도 지역의 시범사업은 전반적으로 실패했다고 파악했다. 심지어 마을 주민은 시범마을로 선정된 사실조차 잘 기억하지 못하는 경우도 있다고 하였다. 그러나 1964년 보고서를 작성할 때에는 90% 이상의 주민이 시범마을로 선정된 것을 알고 있었으며, 인근 마을 주민도 80% 이상 알고 있는 것으로 나타나 있다. 이러한 것은 조사주체가 다르기 때문에 나타나는 현상이라고 보인다. 또한 분석하지 않은 제주도 신효리의 경우 시범사업에 대해 다른 평가도 가능하다. 시범사업을 통해 마을회관과 상수도 건설 사업이 추진되었고 소득증대를 위한 전분공장 설립에도 지원이 이루어졌다. 또한 새마을운동 초기 성공사례를 발표한 김성보 역시 서귀포읍 신효리 출신이다. 김성보는 감귤재배를 통해 소득을 증대하여 1960년대 초반부터 널리 알려진 인물이다. 정부의 지원에 의한 소득증대사업은 어느 시기나 한계가 있다. 농업에 있어서의 소득증대사업은 자본주의와의 결합에 의해 가능하다. 산업의 발전으로 나타나는 새로운 소비계층에게 농산물을 판매할 수 있어야 한다. 감귤은 1961년 수입이 금지되면서 가격이 폭등하였다. 신효리는 1960년대에 감귤을 재배하면서 주민의 소득이 증대되었다. 신효리는 새마을 운동 초기에 모범농촌지역으로 주목을 받았다.

[78] 새생활문고 편찬위원회, 『저 찬란한 햇살은: 삼다의 낙원 신효리』, 노벨문화사, 1972, 159~167쪽.

대한 지원이 소규모였는데도 불구하고 자체적으로 소득증대사업을 성공적
으로 추진해 나가고 있다.

1962년 이전 원조 프로그램의 일종으로 추진된 지역개발사업은 지역개발방
법론, 주민조직의 모델을 보였다는 점에서 중요한 의미가 있다. 훈련을 받고
파견된 지도자는 농사교도, 농협조직, 축산지도 등 농민의 소득증대뿐만 아니
라 환경개선이나 주민조직 등 광범위한 프로그램을 진행하였다. 이들은 외부
지원에 의한 개발보다는 농민 스스로의 노력에 의한 개발을 중시하였다. 그러
나 실질적으로 주민은 더 많은 외부지원을 요구했으며, 이로 인해 지원을 받는
지역의 주민은 다른 지역보다 더 많이 외부지원에 의존하는 모순을 보였다.
또한 파견된 지도사와 마을 주민과는 일정한 거리가 있었다. 농촌개발을 담당
할 지도자는 그 지역출신의 자원지도자를 필요로 했다. 농촌운동을 담당했던
지도자들은 특히 이러한 사실을 강조했다. 1960년대 후반 정부 정책담당자들
은 독농가 혹은 마을에서 성장하고 있는 모범농민에 주목하였다. 이는 정책담
당자가 지역사회개발을 통해 얻은 값진 교훈이라고 할 수 있다.

군사정부가 성립된 이후 앞에서 서술한 바와 같이 지역개발업무는 농촌
진흥청으로 이관되었다.[79] 1964년 농촌진흥청 발표에 의하면 도 농촌진흥
원은 7개, 농촌지도소는 170개였으며 농촌지도소 아래에 있는 지소는 406
개였다. 농촌진흥청 발족으로 지도체계의 통합이 외형적으로 추진되었으
나 실제 농업지도의 역할분담과 조정에는 많은 어려움이 있었다. 농림부
산하의 농촌진흥청, 농협중앙회,[80] 토지개량조합 간의 역할분담과 협조가

---

[79] 농촌진흥청의 설립과 정비 과정은 『농정 반세기 증언』, 209~218쪽 참고.

[80] 농촌진흥청은 1962년에 효율적인 농촌개발의 추진을 위해 농협중앙회와 협약을 맺었
다. 협약의 주 내용은 이동조합의 영농부와 생활개선부의 간부를 농사개량구락부와 생
활개선구락부 대표 중에서 임명하여 조직상의 마찰을 줄이려하였다. 또한 군지도소와
농협은 매주 1회, 도 진흥원과 농협지도부는 매월 협의회를 개최한다는 내용이었다. 농
협계통의 조합과 농촌지도기관과의 협조체제를 모색한 것이다. 하지만 여전히 업무는
중복되어 있었으며 협조가 순조롭지는 못했다. 이에 대한 자세한 내용은 『한국농정50
년사』Ⅰ, 708~709쪽 참고.

필요[81]하였으며, 시군단위에서는 농업 관련 기관과 일반 행정 간의 협조도 여전히 어려운 상태였다. 도 산업국의 농무과나 시군의 산업과 행정직 공무원은 당시 정부가 추진하는 식량증산을 위해 독려식 농정이 필요하다고 생각하였다. 행정직 공무원은 농업기술지도보다 도지사를 중심으로 행정력을 총동원하는 방식이 보다 효과적이라고 생각하고 있었다.[82]

농촌진흥청이 발족하면서 지도인력에 대한 충원도 이루어졌다. 1960년대 초반의 농촌지도요원은 대졸 이상이 43% 정도였으나 점차 대졸출신의 비율은 줄어들고 고졸출신의 비율이 높아졌다. 연도별 농촌지도인력의 변화는 다음과 같다.

〈표 1-9〉 농촌지도인력의 변화 추이(1962~1967)

| 연도 | 계 | 중앙 | 도 | 시군 |
|---|---|---|---|---|
| 1962 | 3,173 | 75 | 185 | 2,918 |
| 1963 | 3,178 | 75 | 210 | 2,918 |
| 1964 | 4,790 | 71 | 242 | 4,509 |
| 1965 | 6,534 | 72 | 242 | 6,220 |
| 1966 | 6,533 | 72 | 236 | 6,219 |
| 1967 | 6,363 | 76 | 236 | 6,051 |

※ 출처: 『한국농정50년사』 Ⅰ, 713쪽.

---

81) 각 기관의 농민지도체계를 정리하면 다음과 같다.

〈표 1-10〉 농민지도체계

| 중앙 | 도단위 | 군단위 | 면단위 | 이단위 |
|---|---|---|---|---|
| 농림부, 내무부 | 도 | 군 | 면 | 리 |
| 농촌진흥청 | 농촌진흥원 | 농촌지도소 | 농촌지도소 | 농사개량구락부 |
| 재건국민운동본부 | 도지부 | 군지부 | 면위원회 | 생활개선구락부<br>4-H구락부 |
| 농업협동조합중앙회 | 도지부 | 군조합 | 지소 | 이동조합 |
| 토지개량조합연합회 | 도지부 | 조합 | | |
| 산림조합연합회 | 도지부 | 조합 | | 산림 |

※ 출처: 농촌진흥청, 『농촌진흥30년사』, 1993, 101쪽.

82) 『농정 반세기 증언』, 209~218쪽.

〈표 1-9〉에서와 같이 지도요원의 수가 가장 많이 증가한 것은 1965년이었으며, 대부분 지도요원은 시군 농촌지도소에 배치되었다. 지도요원이 증가한 것은 새로운 인력을 선발했기 때문이 아니라, 지방자치단체인 도와 시군이 시행하고 있던 지도사업을 농촌지도소에 이관하면서 인력을 재배치하였기 때문이었다. 지방자치단체와 농촌진흥청 간에 업무의 중복이나 정책을 추진하는 방식에서 나타난 문제점은 여전히 해결하기 어려운 과제였다.

농촌진흥청의 농사교도사업은 개별농민에 대한 농업지도보다 몇 개의 면을 합쳐서 구성한 시범지역을 중심으로 추진되었다. 농촌진흥시범지역은 1개의 지역사회개발 시범부락과 6~10개의 자연부락을 포함하고 있었고, 대부분 시나 군의 중심부에 위치하여 지도에 편리하였다. 1963년 733개의 농촌진흥시범지역을 지정하였으며 부락지도원이 한 마을에 거주하면서 지도하는 방식을 폐지하였다. 주재지도 방식을 폐지한 이후, 지역사회개발사업은 농촌지도소에 배치된 농촌지도사가 시범지역을 분담하였다. 따라서 농촌진흥시범지역에서는 각 지역을 담당한 농촌지도공무원이 농업기술지도, 생활개선지도, 학습단체지도 등 다양하고 전문적인 기술 지도를 할 수 있었다.[83]

농촌지도사의 농촌지도사업은 일부 지역에서 효과를 거두기 시작하였다. 그리고 이들 마을에 대한 소개와 농촌지도사의 활약상이 『지방행정』에 모범공무원 수기라는 내용으로 소개되기 시작하였다. 이 중 농촌 지도사가 1968년과 1969년에 소개한 모범마을을 요약하면 다음과 같다.

---

[83] 정부는 1969년 농민을 대상으로 농업정책에 대한 설문조사를 실시하였다. 이 조사에서 농민은 1960년대 정부가 실시한 농업정책 중 가족계획, 비료, 농업지도, 농협개혁, 농지개량 등을 성공한 정책으로 평가하였다. 농촌진흥청의 농업지도와 종합농협의 비료사업 등이 좋은 평가를 받았다고 할 수 있다. 자세한 내용은 이만갑, 『공업발전과 한국농촌』, 서울대출판부, 1984, 353~355쪽 참고.

<표 1-11> 농촌지도사의 모범마을 소개 사례(1968~1969)

| 공무원 신상 | 활동 내용 | 특징적인 내용 | 출전 |
|---|---|---|---|
| 박위출<br>(경북 청도군<br>농촌지도소) | · 1964년 청도마을(92호 농가) 부임<br>· 4H부원을 중심으로 야간교육 실시<br>· 마을문고 설치(농업서적 중심)<br>· 4H부원을 위한 회관건립(건평 4평)<br>· 마을 뒷산 개간(2000평)<br>· 천수답을 위한 소류지(小流地) 신설<br>· 건답직파지도[84]<br>· 대두(콩)집단이식지도 – 실패<br>· 초가집 33채 개량(66년)<br>· 면화이식재배교육<br>· 하천부지에 개량 포플러 재배 | 66년도에는 부엌개선 및 장독대 개수 등을 위해 부원 농가마다 시멘트 7포씩을 순번에 따라 배부하였으며, 29동은 기와, 2동은 스레이트, 2동은 도동(돌기와)으로 지붕개량을 실시함. | 68년<br>7월호 |
| 양노진<br>(전남 광산군<br>농촌지도소) | · 1965년 부임<br>· 지주를 설득하여 농로 2km 완성<br>· 양송이, 완초, 아스파라커스 재배지도<br>· 잠업단지 조성<br>· 식량증산지도: 우량종자 보급, 전시를 통한 영농지도 등 | 농촌지도를 충실히 하기 위하여 주간에는 업무수행으로 현지농촌을 순회하느라고 푸른 자전거로 논뚝, 밭뚝을 찾아다니고 야간에는 4H구락부, 농사개량월례회에 참석하기 위해 야간출장을 가다보면 몸이 지칠 때가 많음. | 69년<br>2월호 |
| 김해곤<br>(경주시 덕동<br>출장소) | · 1965년 부임(인구 5,000여 명)<br>· 주민의 불법적인 도박지도<br>· 3정보의 임야개간 – 잠업단지 조성<br>· 영농지도 | 관내로 돌아다니며 야간에는 도박 장소가 있는지 살펴보았다. 손아무개 집에서 매일 도박판이 벌어진다는 사실을 알았다. 그들과 충돌을 피하면서 계속 설득하자 그들도 마침내 고개를 숙임. | 69년<br>10월호 |

※ 출처: 『지방행정』 1968~1969년 호를 참조하여 작성.

<표 1-11>에서와 같이 농촌지도소에 근무하는 지도사는 모든 영역에 걸쳐 농민생활에 영향을 주고 있다. 박위출의 경우는 1966년부터 시멘트와 슬레이트를 이용해 부엌과 지붕을 개량하고 있으며, 이를 통해 공업의 성

---

84) 수량이 불안정한 천수답 지대에서 봄에 미리 직파하는 농법이다. 1960년대에는 천수답 개선책의 하나로 재인식되어 보급되었다.

장에 따라 생활개선에 필요한 자재가 공급되고 있다는 사실을 확인할 수 있다. 또한 청소년을 중심으로 다양한 농업지도와 생활지도가 이루어지고 있다는 사실도 구체적으로 확인할 수 있다. 양노준과 김해곤의 공무원 수기는 모범공무원 활동의 전형적인 모습을 보여준다. 밤낮없이 농민에 접근하는 지도사의 모습이 나타나고 있으며, 이는 새마을운동 시기 공무원의 일상적인 동원을 떠오르게 한다.

위의 사례에서와 같이 농촌 지도자의 수기에는 농촌에서의 교육활동, 도박지도와 같은 생활개혁, 영농기술 보급, 농협 신용대부의 알선, 각종 협동사업의 추진 등 다양한 활동이 소개되고 있다. 또한 지도사의 모범적인 활동과 더불어 농민의 자조적인 노력이 적정하게 이루어지는 지역에서 모범마을이 출현한다는 사실도 알 수 있다.

## 2. 마을단위 지도자의 마을가꾸기 사업

1960년대의 경제성장은 통치체제를 강화하는 데 물적 토대를 제공하였다. 1960년대에 국가직 공무원과 지방직 공무원의 수는 지속적으로 증가하였다. 1960년대에는 지방공무원의 수가 증가[85]하면서 도와 군의 지방행정

---

[85] 1960년대 지방 공무원 증가 현황은 다음과 같다.

〈표 1-12〉 지방공무원의 증가 현황(1960~1969)

| 연도 | 국가 공무원 | | 지방직 공무원 | |
| --- | --- | --- | --- | --- |
| | 공무원 수 | 증감률(%) | 공무원 수 | 증감률(%) |
| 1961 | 204,309 | 100 | 31,417 | 100 |
| 1963 | 244, 820 | 120 | 43,168 | 137 |
| 1965 | 264,683 | 128 | 50,308 | 160 |
| 1967 | 301,633 | 148 | 54,298 | 173 |
| 1969 | 322, 225 | 158 | 61,194 | 194 |

※ 출처: 박섭·이행, 「근현대 한국의 국가와 농민: 새마을운동의 정치사회적 조건」, 『한국정치학회보』 31-3, 1997, 55~56쪽 참고.

조직도 정비되었다. 특히 면사무소의 조직과 기능이 정비되었다. 1950년대 면사무소에는 면장, 부면장 밑에 총무계, 재무계, 농무계, 호적계 등의 4계를 두었다. 1960년대 전반기에 부면장제가 한때 폐지되었다가 다시 복구되었으며, 병무행정이 중시되면서 호적계가 호병계로 바뀌었다. 면직원은 해방 전에는 보통 5명, 1950년대 12~13명, 1970년대 전반에는 약 20명 정도로 확충되었다. 면사무소에는 본래의 면 행정직원 외에도 보사부의 통제를 받으면서 결핵사업과 가족계획 사업을 담당하는 요원도 배치되었다. 1950년대 후반부터 면사무소는 기본적인 행정 외에도 지역개발에 관심을 갖기 시작하였으며, 군사정부 수립 이후부터 직원은 더욱 바쁘게 일하였다. 군사정부 초기에는 구악(舊惡)을 일소하고 행정을 과감하게 쇄신한다는 명분으로 현역군인이나 군인출신을 군수와 면장에 임명하였다. 직원은 자신의 업무에 대해 브리핑을 자주 해야 했고, 흔히 확인행정이 강조되면서 출장을 많이 다녀야했다.[86]

1960년대 후반 『지방행정』에는 면사무소 직원의 모범활동 사례가 소개되기 시작하였다. 1969년 8월호에 소개된 면사무소 직원 이상염(경북 월성군 외동면)의 사례를 보면 면사무소 직원의 역할이 크게 변화되고 있음을 알 수 있다. 이상염은 1963년 외동면사무소에 부임한 이후 2km의 농로개설(64년), 교량가설(64년, 자재구입비 45,000원), 부녀회를 통한 의복간소화운동 추진, 도정공장 건립(공사비 335,000원) 등을 추진하였다. 그는 의복간소화운동을 추진하기 위해 절미항아리를 설치하고 쌀을 모아 판매한 대금으로 작업복을 구입하고, 회원이 한복대신 작업복을 입도록 종용하기까지 하였다.[87]

농촌주민에 대한 면사무소의 행정적 활동은 이장[88]을 통해서 전개되었

---

86) 『공업발전과 한국농촌』, 341~343쪽.
87) 『지방행정』 1969년 8월호.

다. 이장이 유능한 사람이고 동리주민의 신임을 받는 사람이면 면과 리의
유대가 원활하고 행정력이 주민에게 잘 침투되었다. 임기 2년의 이장은 정
부수립 후에는 주민이 직접 선출하다가 1958년 12월 '지방자치법 중 개정
법률'에 의거 읍·면장이 지명하였다. 4·19 후에는 주민직선, 군사정부 수
립 후에는 다시 읍·면장이 지명[89]하였다. 1950년대 이장은 현물세를 비롯
해서 임시토지수득세 등의 각종 세금과 잡부금 징수, 비료대금 회수, 추곡
수매, 각종 노력동원 등의 업무를 수행하였다. 군사정부 수립 후에는 이장
의 업무가 더 많아지게 되었다. 일선행정기관에 브리핑을 하는 일이 많아
졌으며, 개발 사업에 많이 참여해야 했다. 1950년대에 이장은 공무의 대가
로 추곡과 하곡이 나올 때에 쌀과 보리를 주민으로부터 받았다. 군사정부
수립 후에는 이 외에도 수당으로 월 500원을 받았으며 1965년에는 1,000원
으로 인상하였다. 세분화된 행정리에는 그 안에 반이라는 조직망을 가지고
있었다. 보통 하나의 행정리에는 평균 2~3개의 반이 있고, 하나의 반은 약
80여 명의 농촌주민, 20내지 30호의 농가가 조직화되어 있었다. 임기 2년
의 반장은 이장의 추천에 의하여 읍·면장이 위촉하였다.[90] 마을 내에는
다양한 자치조직이 존재하였다. 자치조직 중에는 나름대로 활동하는 조직
도 있었으나 대부분의 경우 이름만 존재하는 조직도 많았다. 1964년을 전
후하여 마을 내에 존재했던 자치조직은 다음과 같다.

---

88) 이장과 새마을지도자는 관과 농촌마을의 '경계의 인물'이라고 할 수 있다. 이들은 관과
　　마을을 연결하고 국가의 지시를 마을에 전달하는 역할을 하였다. 각 마을에 존재한 마
　　을지도자는 새마을운동 이전부터 마을개발에 참여하였다. 이들은 1960년대에 점점 관
　　(공무원)과 밀착되기 시작하였다. 이에 대한 자세한 내용은 윤충로, 「구술을 통해본
　　1970년대 새마을운동: 새마을지도자 '만들기'와 '되기' 사이에서」,『박정희시대 새마을운
　　동과 근대적 국민: 주체의 형성』, 성공회대학교 민주주의연구소편, 2011 참조.
89) 이장을 읍·면장이 지명하였으나 사실상 주민이 선출한 사람을 위촉하고 있었다. 이장
　　선출에 잡음이 있는 경우는 대개 마을의 구조 때문이었다.
90) 『공업발전과 한국농촌』, 343~346쪽.

〈표 1-13〉 마을 자치조직 현황

| 명칭 | 근거 | 직능 | 구성 | 활동 상황 |
| --- | --- | --- | --- | --- |
| 농지위원회 | 농지개혁법 | 농지증명, 분배조정에 관한 사항 | 7 | 수시활동 |
| 이동농협 | 농협법 | 농민의 자주적 협동생활력 증진 | 주거 농민 | 정상운영 |
| 4H구락부 | 농림부 지시 | 청소년 활동 | 12~23세 미혼 남녀 | 정상운영 |
| 생활개선구락부 | 농림부 지시 | 생활개선을 위한 부락 여자청년의 협동 | 20세 이상 기혼 여성 | 유명무실 |
| 농지개량구락부 | 농림부 지시 | 농지개량을 위한 부락 청년의 협동 | 25세 이상 남자 | 유명무실 |
| 리정운영위원회 | 통첩(通牒) | 리 행정에 관한 자문 | 8 | 연 3~4회 활용 |
| 생활보호위원회 | 생활보호법 시행령 | 구호업무에 관한 자문과 협조 | 6 | 구호대상자 선정 시 활용 |
| 병충해방제위원회 | 통첩 | 병충해 방제에 관한 행정협조 | 6 | 유명무실 |
| 식량대책위원회 | 통첩 | 식량수급에 관한 토의 및 행정협조 | 6 | 유명무실 |
| 식량증산추진위원회 | 통첩 | 식량증산에 관한 행정협조 | 6 | 유명무실 |
| 가족계획추진위원회 | 통첩 | 가족계획 계몽 및 행정협조 | 5 | 유명무실 |
| 잘사는마을부락조성회 | 통첩 | 잘 사는 마을 추진 부락에 조직 활용 | 6 | 정상운영 |
| 리농지조사위원회 | 통첩 | 농지세 조정에 관한 협조 | 5 | 유명무실 |
| 산림계 | 산림법 | 조림협조 | 가구주 | 정상운영 |
| 지역사회계발계 | | 지역사회 개발 및 자치능력 향상 | 가구주 | 정상운영 |
| 국민저축조합 | 통첩 | 저축 장려 | | 유명무실 |
| 부업계 | 통첩 | 부업 장려 | | 유명무실 |
| (재건) 청년회 | | 국민운동사업의 실천 | 18~45세 남자 희망자 | 유명무실 |
| (재건) 부녀회 | | 국민운동사업의 실천 | 18~45세 여자 희망자 | 유명무실 |
| 재향군인회 리분회 | | 재향군인의 친목 도모 | 재향군인 | 유명무실 |
| 방범위원회 | 통첩 | 도난방지 | | 유명무실 |

※ 출처: 허련, 「기반행정으로서의 리동행정강화의 방향」, 『지방행정』 1964년 12월호, 79~80쪽; 『개발과정에 있는 농촌사회연구』, 219~220쪽.
※ 통첩(通牒): 행정관청이 그 산하에 있는 관청이나 직원에게 소관 사무를 통지한 문서.

위 〈표 1-13〉에서와 같이 농촌사회에는 각종 자치조직이 난립하고 있었다. 농림부와 농촌진흥청, 농협, 보건사회부, 지방자치단체, 각종 관변단체에 의해 각종 위원회가 조직되어 운영되고 있었다. 지역에 따라 차이가 있었지만 이 단체 중 정상적으로 운영되면서 농촌사회에 영향을 준 단체는 이동농협, 4H구락부, 지역사회개발계 등이었다. 보건사회부의 지시를 받는 가족계획추진위원회는 마을단계에서는 두드러진 활동을 보이지 못하였으나, 군 단위 이상에서는 활발한 활동을 전개하였다.

지역사회개발계는 리와 반의 지방행정체계가 정비되면서 조직되었다. 초기에는 지역에 따라 다양한 이름으로 불리다가 점차 개발위원회로 통일되었다. 15인 이내의 위원으로 구성되는 개발위원회는 형식상 농촌주민의 의사를 수렴하는 역할을 하였다. 마을의 중요한 일은 이장, 반장, 혹은 지역유지가 모여 회의로 결정하는 경우가 많았다. 1964년 8월 정부는 이러한 마을의 조직을 체계적으로 정비하였다. 정부는 개발위원회의 조직정비를 통해 행정적인 문제를 민주적으로 해결하고 마을의 협동사업을 원활하게 추진하려 하였다. 위원장은 이장이 겸임하고 부회장은 개발위원 중에서 선임되었다.[91)]

개발위원회가 정비되면서 개발위원회 아래에 여러 부서들이 조직되었다. 증산을 담당하는 농사담당구락부, 생활개선이나 가족계획운동을 추진하는 부녀회, 관혼상제나 마을 단합을 추진하는 계조직 등이 대표적이었다. 개발위원회는 이장을 중심으로 마을의 공동재산관리, 소득을 증대하기 위한 사업을 실시할 때 자주 회의를 열었다. 개발위원회가 형식적이고 유명무실한 지역도 많았으나 사업이 활발하게 추진되는 지역에서는 그 기능을 발휘하기 시작했다. 기존의 이장이나 새롭게 등장하는 자원지도자는 사업을 추진하는 과정에서 개발위원회를 효율적으로 이용하였다. 개발위원

---

91) 김태일, 「한국 농촌부락의 지배구조: 국가 '끄나불' 조직의 지배」, 『한국의 농업농민문제 연구』 Ⅱ, 한국농어촌사회연구소, 1989, 75~82쪽.

회의 조직정비는 마을 내의 자치조직이 정비된 대표적인 사례라고 할 수 있다.[92] 이와 같이 이장을 중심으로 마을 조직이 정비되면서 1960년대 후반 이장의 마을개발 사례가 『지방행정』에 소개되기 시작하였는데, 그 내용을 정리하면 다음과 같다.

〈표 1-14〉 이장이 중심이 된 모범마을 사례

| 사례자 신상 | 활동 내용 | 특징적인 내용 | 출전 |
|---|---|---|---|
| 김동출<br>(가평군 외서면 중감촌 이장) | · 농로개설(1965)<br>· 리 사무소 및 이발소 건축(1966)<br>· 잠업단지조성(1969년 시범마을 지정)<br>· 저수지 완성(1969)<br>· 전기 및 전화가설(1969)<br>· 34호 지붕개량, 20호 담장보수<br>· 한우 비육우 사업 | 청평발전소가 4km밖에 되지 않으니 우리도 전기를 끌어 보자고 계발위원회를 소집하고 이장과 독농가 2명이 중심이 되어 논의한 결과 우선 리 자체자금을 조성하기 위하여 추곡으로 호당 5되씩 거출하기로 결정. | 70년 9월호 |
| 강문준<br>(서귀포읍 서홍리 이장) | · 전기가설(1967)<br>· 창고건립(1967)<br>· 지붕개량(63년 시작하여 87% 달성)<br>· 4.6km 농로확장 및 개설(1969)<br>· 1가정 1통장제 실시(1967)<br>· 문패달기<br>· 변소 및 아궁이 개량(99% 달성)<br>· 생활간소화 | 300여 호에 달하는 지붕개량에 소요되는 자금은 막대한 것이라서 우리들은 애초부터 어떤 지원에 기대할 생각을 버렸습니다. 우리들은 상호협조에 의해 이 사업을 추진하는 방향으로 나갔습니다. 그것은 10인계를 조직하여 1년에 1조에 2인씩 연차적으로 지붕을 개량하는 것. | 70년 9월호 |
| 김재남<br>(북제주군 한림읍 귀덕2리 이장) | · 창고, 회관, 구판장 설립(1965~68)<br>· 전화가설(1969)<br>· 상수도 사업(1969)<br>· 부인회 중심으로 자진납세 및 저축장려운동 전개(우수저축부락 선정)<br>· 제1·2차 쥐잡기운동 실시 | 쥐잡기 사업에는 농가 가가호호 마다 직접 방문하여 쥐약을 투약함으로서 보다 나은 성과를 얻음. | 70년 10월호 |

※ 출처: 『지방행정』 1970년 9~10월호에서 요약.

---

[92] 황두영, 「한국 농촌지도자에 대한 비교연구」, 『지방행정』 1969년 6월호, 92쪽.

〈표 1-14〉에서와 같이 1970년 9월 호에는 이장을 중심으로 마을개발을 추진한 사례를 집중적으로 소개하고 있다. 각 마을은 이장을 중심으로 농로 개설, 지붕개량, 상수도 개량을 통한 환경개선사업을 진행하고 있다. 또한 문패달기, 저축운동, 자진납세와 같이 생활개선운동도 전개하고 있다.

마을의 각종 자치조직이 결성되었을 뿐만 아니라 각 마을은 공동의 문제를 해결하기 위해 마을회의[93]를 개최하고 있었다. 1960년대 농촌 개발과 관련된 자료를 읽다보면 마을의 중요한 의사결정이 마을회의를 통해 이루어지는 경우가 많다. 또한 마을회의에서 결정된 사항은 주민이 이행해야 할 의무로 간주되었는데, 이것은 마을의 공통체적 관행이며 관습이었다. 마을자치회의의 구성과 역할은 경기도 용인군 남사면의 동막 마을의 사례에 잘 나타난다.

> 개발위원회의 운영규약은 13개 조항과 부칙으로 되어 있으며 지난 10년 동안 4차례나 개정하여 시행중에 있다. 개발위원회는 이장과 두 명의 반장 및 개발위원 7명으로 조직되며 마을개발에 저해가 되는 제반 요소를 제거할 수 있는 내용이 포함되어 있다. …… 마을규정은 마을주민들의 총회에 붙여져 이의 없이 통과되었고 모든 가구주가 서명 날인함으로써 1964년 1월 1일자로 시행되었다. 위원장과 이장에는 김종원씨가 당선되었다.……① 노는 땅 없는 마을 ② 노는 사람 없는 마을 ③ 사치성 없는 마을 ④ 미신 없는 마을 ⑤ 도박 없는 마을의 풍토조성운동에 덧붙여 ⑥ 술안마시기 운동과 ⑦ 시장에 안가는 마을을 지켜가도록 했다.[94]

---

[93] 1960년대 마을회의에는 마을주민만 모였으나 때때로 지방공무원이 참석하는 경우도 있었다. 지방공무원은 이장, 마을 유지, 마을 내의 각종 위원 등과 사업에 대해 사전조율을 거쳐 의결 과정에 영향력을 미쳤다. 마을회의에 참여하는 지방공무원은 마을회의의 논의를 정부목표에 맞추어 전개되도록 회의를 주도하였다. 지방공무원은 지방 주민에게 지원을 약속하면서 참여를 독려하였다. 새마을운동 시기에는 지방공무원이 의무적으로 마을회의에 참석하여야 하였다.

[94] 김종원, 「동막에 동이 튼다」, 『흙과 땀과 훈장』, 세대사 편, 1974, 222~223쪽.

위 사례는 1960년대 중반기 동막 마을에 존재한 개발위원회의 존재와 규약, 마을회의와 마을자치규약 등을 잘 보여주고 있다. 또한 군에서 제대한 상이용사 김종원이[95] 마을지도자로 선출된 이후 마을 내의 자치조직을 통해 활동하고 있음을 알 수 있다. 마을 내에 있던 술집이 마을을 떠나 이사했다는 기록, 새 며느리를 구박하는 시부모에 대해 제재를 가하자 그 가정이 이사를 갔다는 기록 등을 통해 자치기구가 강제성도 가지고 있었다는 사실을 알 수 있다. 마을 내의 자치기구가 규약을 제정하는 일 뿐만 아니라 공동사업을 활발하게 추진하는 사례도 다음과 같이 발견된다.

우선 첫 사업으로 지게를 지고도 비켜 지나갈 수 없는 좁은 원당마을의 논두렁 길을 넓히기로 하고 마을 사람들에게 길 넓히기 운동을 제창했다. 우마차가 드나들 수 있도록 넓혀야 한다는 데에는 이의가 없었으나 길을 내기 위해 땅을 내놓게 된다는 점 때문에 반대가 많았다. ……심씨[96] 스스로 30평의 논을 내어 놓았다. 그 뒤를 이어 40평을 희사한 이도 나왔다. 혼자 사는 과수댁들은 땅을 줄 수 없다고 반대를 했다. 그는 밤을 낮 삼아 찾아가서 빌었다. ……모두 7백 80평의 땅을 희사받았다. 그러나 꼭 한사람이 말썽을 부렸다. 불과 12평의 땅을 가지고 고집을 부렸다. ……할 수 없어 김씨와 같은 반에 사는 15호가 3일 동안 야산을 개간하느라고 출역해서 벌은 노임 1만 5천 원을 김씨에게

---

95) 모범농민과 마을 지도자 중 군 제대 이후 지도자로 활동하는 경우가 많다. 군대의 경험이 지도자로 성장하는 데 도움을 준 경우가 많다. 오유석은 새마을운동의 추진원동력 중 중요 요소로 군사문화를 지적하였다. 새마을운동 시기에 나타나는 상명하복의 권위주의, 다양성과 자율성을 허용하지 않는 획일주의, 외형적 실적에 집착하는 형식주의 등은 군사문화의 영향을 받은 것으로 파악하였다. 이에 대한 자세한 내용은 오유석, 「새마을운동의 군사문화적 특질」, 『박정희시대 새마을운동과 근대적 국민: 주체의 형성』, 성공회대학교 민주주의연구소편, 2011 참조.
96) 심씨는 심의조이다. 초계농고를 졸업하고 황무지를 개간하여 자수성가한 인물이었다. 청년시절에는 4H운동에 참여하였다. 이후 마을 이장, 원당리 조합장, 초계 농협조합장이 되었다. 초계 농협조합장 시기에 내무부 장관 표창을 받았다. 1972년 12월에는 통일주체국민회의 대의원에 선출되었다. 심의조와 같이 새마을운동 초기에 활약한 인물들은 농업에 종사하지 않고 농협의 조합장 혹은 공무원으로 전직하는 경우가 많았다.

주고 땅을 샀다. ……공사는 비로소 착수되어 마을 사람들의 출역이 시
작되었다. 면에서 토건차를 빌어 레일을 깔고 흙을 퍼나르는 본격적인
작업이었다. 청년들이 먼저 합심해서 일을 시작했더니 차차 장년층은
물론 반대하던 노인들까지 모두 나와서 작업에 협력했다. 45일 동안의
작업으로 길이 6km의 훌륭한 농로가 닦였다.[97]

　　사례에 나오는 원당마을 진입로 개설은 1965년에 이루어진 사업이었다.
청장년이 중심이 된 회의에서 마을 진입로 개설이 결정된 이후 진입로 개
설이 추진되는 과정을 잘 보여주고 있다. 마을 자치회의, 마을 지도자의
출현, 마을 공동사업의 시작, 반대 주민으로 인한 사업 지연, 지도자의 끈
질긴 설득, 사업의 성공 등으로 이어지는 수기는 새마을운동 시기 성공사
례의 전형과 유사하다. 사례에 나오는 주민 김씨는 이후 마을을 떠났으며,
이러한 사실은 마을 내의 결정사항에 반대하는 주민은 마을 내에서 생활하
기 어려웠다는 사실도 보여 준다.[98]

　　농촌새마을운동의 성공마을 사례집인『영광의 발자취』1・2집에도 새마
을운동 이전 시기 공동사업이 잘 소개되어 있다. 마을지도자들이 주도한
대표적인 마을단위의 공동사업을 살펴보면 다음과 같다.

〈표 1-15〉 새마을운동 시작 이전 마을공동체사업의 전개 내용

| 사례 번호 | 마을공동사업 전개 내용 |
| --- | --- |
| 1-1 | 1969년 국민반에 의한 마을전기 사업 |
| 1-10 | 15년 전부터 특용작물 재배 공동판매, 공동소득증대 |
| 1-16 | 1968 공동창고 건립, 1970년 농로건설 |
| 1-19 | 1967년 공동 작업으로 객토사업, 1969년 지붕개량 사업 |
| 1-24 | 1970년 마을진입로 사업 |
| 1-26 | 1966년 부락기금사업 조성 |
| 1-28 | 1968년 고막양식 성공 이후 공동생산, 공동판매, 공동분배 |

[97] 심의조, 「젊고 박력있는 지도자」, 『흙과 땀과 훈장』, 세대사 편, 1974, 185~187쪽.
[98] 심의조, 「젊고 박력있는 지도자」, 『흙과 땀과 훈장』, 세대사 편, 1974, 176~211쪽.

| 사례 번호 | 마을공동사업 전개 내용 |
|---|---|
| 1-29 | 1961년 농로안길 포장, 1964년 마을창고 건립 |
| 1-30 | 1962년 마을기금 조성 |
| 1-35 | 1970년 간이상수도 설치 |
| 1-38 | 1961년 숙원사업인 교량가설 |
| 1-40 | 1969년 취락구조개선 |
| 2-7 | 1965년 이후 저수지보, 경지정리, 객토사업 |
| 2-17 | 1967년 전기가설, 1969년 농로가설, 1970년 내무부 장관 표창 |
| 2-20 | 1968년 공동기금조성 |
| 2-29 | 1964년 숙원사업급수문제 해결, 1966년 학교건립, 농로 및 도로 개선 |
| 2-30 | 1940년대 이후 공동소득사업 지속, 1960년 도 모범부락 선정 |
| 2-31 | 1968년 이후 방파제 사업, 굴 양식 성공 |
| 2-39 | 1967년 전기 가설 |

※ 출처: 하재훈, 「박정희체제의 대중통치: 새마을운동의 구조·행위자 상호작용을 중심으로」, 경북대학교 정치학과 박사학위논문, 2006, 195쪽에서 재인용.
※ 사례 번호는 『영광의 발자취』1·2집의 '마을의 새마을운동 추진사'에 나오는 순서에 따라 작성됨.

〈표 1-15〉에서와 같이 새마을운동 이전에도 각 마을은 자치기구나 마을회의를 통해 각종 공동사업을 전개하고 있었다. 공동사업의 내용도 환경개선, 소득증대사업, 생활개선 등 다양하게 전개되고 있음을 확인할 수 있다. 마을회의를 통해 추진된 각종 공동사업은 1960년대 후반 새마을가꾸기 사업으로 계승되었으며, 새마을운동 시기에는 10대 환경개선사업으로 추진되었다. 일부 지역에서는 새마을운동이 특별한 사업이 아니었다. 다음 사례와 같이 새마을운동은 마을 단위에서 추진했던 이전의 사업을 계속해서 추진하는 정도였다.

신시도(전북 옥구군 미면)에서는 일찍부터 새마을 사업을 펴왔기 때문에 새마을운동이 이 섬마을까지 파급되었을 때도 아무런 부작용도 없이 당연스런 것으로 받아들여졌다. 이미 復次소득사업을 추진하고 있는 단계였기 때문에 새마을운동의 실천을 위한 정신계발운동이나 협업화 운동을 위해서 신경을 쓰고 조직할 필요가 없었다. 마을의 지도자는 새마을운동이 일어나기 전이나 후나 이희씨였다. ……이제 자만에 빠지지 말고 더욱 박차를 가하여 미흡했던 숙제들을 계속 풀어나갈 것을 다짐했다. 환경개선사업이며 마을공동시설의 확장 등 하여야 할 많은 일들이 아직 남아있는 것이다. ……72년 7월에는 이 마을의 어촌계가 서울신문에서 주는 산업대상의 지역사회개발상을 수상했다. 그 후로 영광은 계속되었다. 자립마을로 선정되고 73년 8월의 월간경제동향보고에서 새마을사업의 성공사례를 발표하는 마을로 뽑혔다. 섬마을로서는 전국에서 처음이었다.[99]

사례에 등장하는 이희(李羲)[100]씨는 회사원 생활을 하다가 61년(28세)에 섬으로 돌아왔다. 마을에 돌아온 후에 그가 주도한 일은 ① 7인위원회를 조직하여 마을 구판장 사업 시작(62년) ② 금주와 절주운동(62년) ③ 농토와 양식장을 만들기 위한 360m의 제방축조공사(64~68년) ④ 산지개간을 통한 뽕나무밭 만들기 ⑤ 신용조합 조직(69년) ⑥ 낭장망어법(협동해서 그물로 멸치를 잡는 어업) 도입(71년) 등이었다. 7인위원회는 일종의 개발위원회라고 할 수 있으며, 60년대에는 명칭은 다르다할지라도 마을개발과 관련되는 '마을내의 단체'가 존재했음을 잘 보여준다. 금주, 절약, 저축 운동과 더불어 5년이나 걸리는 제방축조공사는 더욱 주목된다. 제방사업에 동원된 연 인원은 무려 6만 명이었다. 제방사업을 통해 나오는 전답과 양식장은 마을공동소유로 하고 공동사업 참여도에 따라 수익을 분배하기로 하였다. 정부의 지원은 당시 케어(CARE)물자로 나온 밀가루 30톤을 배급하는 정도였다. 남자들이 배를 타고 바다에 나갔을 때에도 부녀자는 돌을 항아리와 손으로 날라 제방을 쌓았다. 대단히 큰 규모의 마을협동사업이 60

---

[99] 이희(전북 옥구군 미면 신시도리), 「섬으로 돌아온 개척자」, 『흙과 땀과 훈장』, 세대사 편, 1974, 79~85쪽.

[100] 이희(1929년생)씨는 1972년 새어민상, 1973년 경제동향보고회에서 모범새마을지도자 성공사례를 발표하고 국민훈장 석류장을 받았다. 그의 성공사례는 소득증대특별사례집, 단행본, 신문 등에 다수 소개되었다. 『경향신문』 1972년 4월 1일자 및 1973년 8월 6일자 참조.

년대에 전개되고 있었던 것이다. 신시도의 경우 새마을사업은 그 이전의 사업을 계속해서 추진하는 정도였다고 할 수 있었다.[101]

1960년대 중반 이후에는 정부의 커다란 지원이 없어도 자력에 의해 마을환경을 개선하고 소득을 증대시키는 마을이 등장하고 있었다. 그리고 이러한 마을의 마을가꾸기 사업은 농업 관련 기관과 언론을 통해 세상에 알려지기 시작하였다. 정부와 언론은 이런 마을에 점차 관심을 갖게 되었으며, 다양한 종류의 모범사례를 발굴 소개하였다.

## 3. 1960년대 농촌마을의 변화와 중앙정부

1950년대 후반 이후 모범마을이 등장하는 주요 배경은 마을주민의 자력 개발, 원조와 농촌진흥청에 의한 각종 시범마을 사업, 공업화에 따른 시멘트와 철근의 부분적인 공급 등이라고 할 수 있다. 마을가꾸기에 필요한 자재의 공급은 높은 가격으로 일반화되기는 어려웠으나, 일부 마을과 농가가 자재를 사용하여 마을가꾸기를 전개하는 경우가 점점 증가하였다. 농촌지도사업의 담당자, 마을 단위 지도자의 수기에 나타난 모범마을의 일반적인 특징을 요약하면 다음과 같다.

첫째, 각 마을에서 도박과 음주가 사라지고 있었다. 농한기의 도박과 음주는 사회적인 문제였다. 그리고 농촌이 발전하기 위해 개혁해야 할 악습으로 인식되고 있었다. 각 마을의 지도자가 상부 기관의 방문자에게 마을을 소개할 때, 도박과 음주가 사라진 점을 특히 강조하였다. 둘째, 마을 협동사업으로서 지방 국도와 마을길의 연결, 마을회관의 건립 등이 추진되었다. 연결도로는 마을주민이 자력으로 건설한 경우가 대부분이었으며, 연결도로가 짧은 경우도 있었지만 2km 이상 되는 연결도로도 많이 있었다. 마

---

[101] 이희(전북 옥구군 미면 신지도리), 「섬으로 돌아온 개척자」, 『흙과 땀과 훈장』, 세대사 편, 1974, 63~78쪽.

을 주민은 연결도로 사업에서 가장 어려운 노동력과 토지기증을 자체적으로 해결하였다. 지방정부는 필요한 경우 재정·기술적 지원을 하였으며, 마을 주민은 연결도로 건설을 통해 협동사업의 전통을 확립할 수 있었다. 연결도로의 건설은 마을의 숙원사업인 경우가 많았다. 공사가 농한기에 대부분 이루어졌지만 마을의 협동 없이는 불가능한 일이었다. 연결도로에 성공한 이후 마을 주민은 새로운 협동사업을 추진할 수 있었다. 셋째, 마을의 협동 사업과 더불어 개인 가구가 부엌이나 지붕을 개량하였으며, 농업 관련 단체는 이러한 사업을 적극적으로 권장하였다. 어떤 경우에는 하위직 공무원이 주도하여 부엌이나 지붕을 개량하고, 이러한 사업의 공로로 모범 공무원의 표창을 받았다. 넷째, 도로의 건설이나 마을가꾸기 사업을 전개하면서 모범마을은 협동하여 소득사업을 전개하였다. 산지를 개간하여 뽕나무밭을 만들거나 축산, 특수작물재배 등을 공동으로 추진하였다. 그러나 각 마을의 소득증대사업이나 공동자금적립의 성과는 미미한 편이었다. 다섯째, 마을에는 공동사업을 추진하는 지도자집단이 존재하였다. 지도자 집단에는 이장이나 독농가가 많았으며, 개발위원회를 중심으로 각종 조직의 대표가 중심이 되어 협동사업을 추진하였다. 마을협동사업이 추진되기 이전에는 마을의 각종 조직이 유명무실하였으나, 점차 각종 사업이 추진되면서 활발하게 활동을 전개하였다.

위와 같은 특징을 가진 모범마을이 전국적으로 어느 정도였는지를 추정하는 것은 불가능하다. 중요한 사실은 이러한 마을의 변화가 중앙정부에 연결되는 과정이라고 할 수 있다. 연결 과정에서 중요한 시기는 1968년 초라고 판단된다. 그 근거는 1968년 1월의 『동아일보』의 기사와 1968년 2월의 『지방행정』 특집호이다. 1968년 초에 모범마을이 집중적으로 소개된다는 점, 당시 내무부 차관이 마을 자력개발의 구체적 방안을 제시하고 있다는 점이 주목된다.

『동아일보』는 1968년 초 '보람에 산다'라는 제목으로 모범마을의 사례를

7회에 걸쳐 소개하였다. 『동아일보』에 소개된 마을은 환경개선보다 소득을 증대하는 마을을 주로 소개하였다. 전국 꽃의 70% 정도를 생산하는 마산 꽃마을, 개간한 산지에 과수 및 축산을 통해 소득을 증대한 익산 개간촌, 화전민이 황무지 150정보를 개척한 철원 화전민 새 동네, 낚싯대를 가정에서 생산하여 일본산 낚싯대를 대체하고 수출까지 하는 용인 낚싯대 마을, 갯벌을 막아 염전과 백합 양식장을 만든 오식도 섬마을, 원조기관의 도움으로 송어를 키워 도시지역에 판매하고 수출까지 하는 영월 송어 샘터마을, 온 동네가 양계로 생산한 계란을 미군에 대량 납품하는 순천 양계 마을 등이 소개되었다. 이 마을 중 두 마을은 개간을 통해 마을이 새로 형성된 곳이었고, 한 마을은 갯벌을 막아 염전, 양식장 등을 만든 마을이었다.[102]

철원 화전민 새 동네는 화전민이 금악산 기슭에 1965년부터 개간을 시작하면서 나타난 마을이었다. 첫 해 개간한 농지에 콩, 옥수수, 밭벼 등을 심었으나 거름이 부족해 농사에 실패했다. 1966년에는 철원군 퇴비증산대회에서 1등을 할 정도로 거름을 모았고, 이후 농사에 성공을 거두었다. 102가구의 마을 주민은 스스로 금주를 실천했으며 식량작물 재배 외에도 닭, 돼지, 앙고라토끼 등의 가축을 사육하는 마을로 소개되었다.[103]

익산 개간촌은 제대군인 21명이 1962년부터 개간한 마을이었다. 제대군인은 40만 평의 개간지에 2만 그루의 과수를 심었을 뿐만 아니라 가축사육, 약초재배 등도 겸하고 있었다. 수익이 높아지자 문화주택을 짓고 전기, TV 등의 문화생활을 한다고 소개되고 있다.[104] 전북 옥구군의 오식도 섬마을 주민은 1955년부터 제방을 쌓기 시작하였다. 공동노동을 통해 3년 만에 520m의 제방을 쌓는 데 성공한 후 염전과 백합양식을 통해 부자 섬이 되었다. 그리고 1964년부터는 1,850m의 제방공사를 다시 시작하여 1970년

---

102) 『동아일보』, 「보람에 산다 1-7」, 1968년 1월 1, 4, 5, 8, 13, 16, 18일자.

103) 『동아일보』 1968년 1월 5일자.

104) 『동아일보』 1968년 1월 4일자.

완공을 목표로 하고 있었다.[105] 세 마을의 중요한 특징은 협업이나 공동노동을 한다는 점이었다. 개간·간척의 과정에서 경운기, 농기구의 공동 매입, 공동노동과 취사, 생산한 과일·가축·소금·백합조개 등을 공동으로 판매하였다. 개간·개척과 협업은 1960년대 농촌문제를 해결할 수 있는 대안[106]으로 모색되고 있었고, 이러한 사례가 신문을 통해 보도되었다고 할 수 있었다.

꽃마을, 낚싯대 생산, 송어 양식, 양계를 하는 마을은 일반적인 농촌 마을이 아니었다. 식량생산을 주로 하면서 상품작물을 재배하는 마을이라기보다는 전업적인 마을이라고 할 수 있었다. 양계마을은 생산한 계란을 미군부대에 납품하고, 나머지 세 마을은 자신이 생산한 농수산물을 해외에 수출까지 하였다. 농수산물의 해외 수출, 협업과 공동노동, 개간과 간척 등은 1960년대 농정에서 가장 중요한 정책이었고, 이러한 정책에 앞장서는 마을이 언론을 통해 홍보되었다고 할 수 있었다.

1968년 2월에는 중앙부처인 내무부가 중심이 되어 전국 21개 마을을 선정하고, 각 마을에 작가를 파견하여 현지 르뽀 형식으로 사례를 수집하여 『지방행정』(1968년 2월호)에 소개하였다. 특집기사의 제목은 '농촌자립의 전초지를 찾아'였으며, 부산 직할시와 각도에서 2개 마을(경남은 3개 마을)을 각각 소개하였다. 21개 마을은 황무지 개간, 간척사업, 근교농업, 잠업, 농가부업, 특용작물 재배 등을 통해 소득을 증대하는 마을이었다. 이 마을

---

105) 『동아일보』 1968년 1월 13일자.

106) 군사정부 수립 이후 정부 내에 '농업구조정책심의회'가 만들어졌다. 이 기구에서는 1962년 12월 농림부 장관에게 '농업협업화 조성'을 강조하는 건의서를 작성하여 제출하였다. 건의문에는 협업화의 방안으로 부분 협업과 전면 협업 두 가지 길을 제시하고, 신개간지나 간척지에 새로 정착하는 경우에는 전면적인 협업이 제도화되어야 한다고 강조하였다. 이와 때를 같이하여 전면적인 산악협업농장이 5개 지구에서 시범적으로 실시되었으나 큰 성과를 거두지 못하였으며, 이후 우리나라의 경우 부분적인 협업이 주를 이루게 되었다. 이에 대한 자세한 내용은 한도현, 「1960년대 농촌사회의 구조적 변화」, 『1960년대 사회변화연구: 1963~70』, 백산서당, 1999 참고.

중 협동사업과 소득증대 사업의 대표적인 사례는 다음과 같다.

이 도로공사에는 전 리민이 동원되었고 연인원 300명이 교대로 작업하였다. 그리고 이 도로공사가 완료되자 마을과 함열 시장과의 거리가 단축되어 리민들의 기쁨은 더 말할 수 없었다. 더구나 그것도 자기들의 힘으로 이루어 놓았다는 데에 큰 보람을 느꼈을 것이다. 박병기씨는 말한다. "이렇게 되면 일은 되는 겁니다. 그 다음부터는 이장이나 개발위원이라는 사람들은 길잡이에 불과하지요. 녹이 쓸어서 뻑뻑하게 돌지 않던 기계가 돌기 시작한 것입니다. 이젠 열성이 너무 지나쳐서 야단일 정도이지요."라고 한다.[107]

비닐하우스는 1960년에 서혜원씨가 시작한 것. …비닐하우스가 있는 들판까지 찾아갔다. 영하 4, 5도의 날씨임에도 하우스 속에는 김이 서리고 숨이 답답할 정도의 훈기가 서려 있었다. 그는 고추 모종을 옮기고 있었다. …지난 해(1967년) 8호(戶)에서 1,050평의 비닐하우스를 통한 부락총수입은 2백 10만 원, 호당 26만 원의 수입이다. …비닐 하우스를 하게 된 동기에 대해 그는 '우리 부락과 같이 좁은 농토에서는 재래식 영농방법으로는 살아갈 수 없습니다. 좁은 땅에 많은 수확과 수입을 생각해야지요'라고 대답한다.[108]

송촌 마을의 사례에는 지도자, 개발위원회, 주민의 노동력 제공에 의한 마을 진입로 개설이 잘 소개되어 있으며 송곡 마을은 모범농민의 영농사례, 모범농민의 영농사례가 일반 농민에게 전파되는 과정 등이 잘 나타나고 있다. 특히 개인적인 영농 경험이 일반 농민에게 영향을 준 사례는 주목할 만하다.

---

[107] 이호철(작가), 「개발심지에 불을: 전북 익산군 웅포면 송천리」, 『지방행정』 1968년 2월호, 134쪽.

[108] 박목월(작가), 「상전(桑田)에 오는 봄: 충북 음성군 원남면 문석리 송곡부락」, 『지방행정』 1968년 2월호, 95~102쪽.

　　1968년에 소개된 21개 마을의 사례는 내무부가 주관하여 조사를 진행한 점과 전국적으로 마을이 균등하게 배정되었다는 사실이 주목된다.[109] 또한 마을개발이 단위 마을 혹은 농촌진흥청 중심에서 중앙정부의 핵심기관인 내무부와 연결되기 시작했다는 사실을 확인할 수 있다. 당시 내무부 차관 이양호는 농촌마을의 변화에 대해 다음과 같이 서술하고 있다.

> 우리나라 농촌에도 하나의 신화가 생겨나고 있다. 오랜 세월동안 농촌을 지배해 오던 전통적인 모순과 고질화된 가난의 멍에와 낡은 인습의 질곡에서 벗어나지 못한 채 정체되고 낙후되었던 이곳에 이제는 차차 자립에의 꿈이 심겨지고 미래에 대한 희망과 기대가 부풀고 있는 것이다. 비록 늦어 아쉬운 감은 없지 않으나 이러한 신화가, 이러한 기운이 농촌 구석구석으로부터 태동하고 있다는 사실은 조국근대화를 위하여 불철주야 노력하고 있는 이 시점에 있어서 매우 뜻깊은 일이라 아니할 수 없다.[110]

　　이양호는 농촌 마을의 변화에 대해 '신화'라는 단어를 사용하고 있으며, 농촌의 변화가 '농촌 구석구석으로부터 태동'하고 있다고 서술하고 있다. 그러면서 그는 다음 내용에서 일부 농촌의 변화를 바탕으로 새로운 정책을 구상해야 한다고 강조하고 있다. 그는 "자력개발선진부락들이 성공한 이유가 어디에 있는가를 분석하고 이를 널리 전파시킴으로써 전국 방방곡곡에 자력개발의 선풍을 불러 일으켜야 할 것이다"라고 말하면서 그 구체적 방법으로 네 가지를 제시하였다. 첫째, 지도인물의 발굴육성, 둘째, 개발사업 선정시 주민의 소득증대에 직결되는 사업부터 우선 선정, 셋째, 수익자부담의 원칙에 의한 주민의 자력적 개발, 넷째, 이동개발위원회를 합

---

[109] 『지방행정』 68년 2월호의 특집기사의 서문은 당시 내무부 차관이었던 이양호가 작성하였으며, 작가들과의 좌담회에 참여하여 마을 개발의 방법을 모색한 인물은 정해식 지방국장과 김수학 행정과장이었다.

[110] 이양호(내무부 차관), 「기반행정과 자력개발」, 『지방행정』 1968년 2월호, 4쪽.

리적으로 보강하여 소득증대범국민운동 전개 등이었다. 그리고 이러한 자력개발은 농촌에서 "공산간첩의 준동(蠢動)을 방지하고 반공의 실질적인 저력을 형성"할 수 있다고 하면서 자력개발에 총 매진해야 한다고 주장하고 있다.[111]

1968년 초 내무부 차관의 「기반행정과 자력개발」은 마을단위 혹은 개별적인 농업 관련 기관의 모범마을 양성 정책이 중앙정부차원으로 확대되고 있음을 확인할 수 있다. 또한 1960년대 경제개발계획의 자문교수로 참여했던 박진환은 1968년 내무부 지방국 지역개발과에서 시범적으로 마을가꾸기 사업을 구상하고 있던 것을 목격했다는 증언도 이를 뒷받침한다.[112] 이후 농업 관련 기관의 공무원은 모범마을의 양성과 더불어 모범마을의 실태를 중앙에 보고하는 일이 중요 업무가 되었다. 이런 이유로 『지방행정』에는 1968년 2월 이후 자력개발의 모범수기가 계속 증가하였다. 1950년대 후반부터 등장한 모범마을은 1960년대 점점 그 수가 증가하였고, 중앙정부는 1968년 초에 모범마을 확대정책을 구상했다고 판단된다.

---

111) 이양호(내무부 차관), 「기반행정과 자력개발」, 『지방행정』 1968년 2월호, 6~7쪽.
112) 박진환, 「1970년대의 새마을운동」, 『농정반세기 증언』, 농림부, 1999, 272쪽.

# 모범농민·마을과 새마을운동의 추진

 모범농민 · 마을과 새마을운동의 추진

## 제1절 모범농민 · 마을과 초기 새마을운동의 전개

### 1. 농촌운동가 및 모범농민의 새마을운동 참여 과정

#### 1) 농촌운동가의 개발전략과 새마을운동의 연결

모범농민과 마을이 등장하는 시기에 농촌개발의 방법을 구상하고 실천에 옮긴 사람은 중앙정부와 농업 관련 기관의 담당자 외에도 농촌운동가들이 있었다. 1960년대 농촌운동에 헌신하고 있던 유석창, 김용기 역시 마을 내의 지도자 혹은 독농가에 대해 많은 관심을 가지고 있었다. 이들이 주장한 선도농가육성이나 농군육성은 외부에서 파견된 지도자의 역할보다 내부 지도자의 역할을 강조하였다. 그리고 이들의 농촌개발에 대한 구상은 초기 새마을운동의 추진에 일정 정도 영향을 주었다. 정부는 초기 새마을운동의 기반을 정립하는 과정에서 김용기의 가나안농군학교, 유석창의 전국농업기술자협회의 활동을 반영하였다. 따라서 이들의 농촌문제인식이나 농촌개발의 구상을 살펴볼 필요가 있다.

유석창[1]은 1950년대 후반 이후 한국농업의 구조적 문제점으로 경영규모의 영세성, 쌀과 보리에 편중된 주곡농업, 가족노동 위주의 생계농업 등을 지적하였다. 이로 인해 농민은 대부분 부채에 시달리고 빈곤의 악순환에서 벗어나지 못하고 있다고 하였다. 1960년대에 정부가 초기적인 공업화 정책을 실시하여 산업화가 이룩되고 있으나 농업이 발전하지 못하고 현재 상태에서 벗어나지 못한다면 공업화 역시 후퇴한다고 경고하였다. 공업화 단계에서 농업의 역할은 공업화에 필요한 노동력 제공, 공업제품의 시장 제공, 농산물 수출을 통한 외화비용의 충당 등이며, 농업이 이러한 역할을 하지 못한다면 도약단계에 있는 공업이 위협을 받는다고 주장하였다. 농업이 공업을 뒷받침하기 위해서는 수출농업, 수입대체산업으로 전환해야 하며, 이를 위해서는 수입대체품목을 지정하여 주산지화하고 협업에 의한 집단생산을 뒷받침할 수 있도록 농업금융을 정비해야 한다고 주장하였다. 또한 농가토지소유의 한계를 20정보 이상으로 올려[2] 기업농의 출현이 가능하도록 농지법을 개정해야 한다는 주장도 제기하였다.[3]

---

[1] 유석창(1900~1972, 함경북도 단천 출생)은 경신학교, 경성의학전문학교를 졸업하였다. 1931년 중앙실비진료원(후의 민중병원), 1945년 건국의숙을 설립하였다. 그는 병원과 학교를 운영하면서도 농업개혁에 많은 관심을 가졌으며, 그 결과 현재 건국대학교 농업대학 발전에 큰 역할을 하였다. 박강주는 「상허 유석창의 농촌지역사회개발 교육사상이 새마을운동에 미친 영향」(건국대학교 대학원 교육학과 박사학위 논문, 2007)에서 유석창의 생애와 사상을 서술하였다. 박강주는 유석창의 생애와 사상이 새마을운동에 미친 영향을 분석한다고 했으나 실질적으로 유석창의 생애와 사상을 서술하는 데 그쳤다. 본 연구에서는 유석창의 선도농가 육성이 모범농가의 등장이나 정부의 정책에 어떤 영향을 주었는가에 중점을 두고 서술하였다.

[2] 농가토지소유의 한계는 3정보였다. 1967년 농지개혁법 이후 개간한 농지에 한해 3정보 초과를 어느 정도 허용하였다. 소득증대특별사업과 유석창의 농업개혁사상에서 농업정책의 최종 목표는 기업농과 법인농의 육성이었다. 유석창은 20정보 이상을 소유한 대농이 전체 농민의 30%를 차지할 때, 농업발전이 완성된다고 보았다.

[3] 유석창, 『한국농업의 미래상: 서기 2000년대를 바라보며』, 건국대출판부, 1967년, 5~52쪽.

유석창이 주장한 농업 근대화정책의 구체적 내용은 농업발전 5단계론과 5만 선도농가육성, 3대 혁명론에 잘 나타나 있다. 농업발전 5단계[4]는 적자부채의 생계농업 탈피, 자급적 생산영농을 바탕으로 한 농업경영 안정화 단계, 농가가 이윤을 극대화하여 자본을 형성하는 단계, 영리농가에서 기업농가로 전환하는 단계, 기업농이 법인화하고 농업경영이 현대화하는 단계 등으로 제시하였다. 농업발전의 최종 목표는 농민이 자본가가 되는 것이었다. 법인 기업농은 농산물을 외국에 수출하고 고도의 첨단기술을 도입하여 영농의 체계화를 이룩한 농가라고 설명하였으며, 농민이 법인농장과 주식농장을 경영하는 수준까지 성장하는 것을 목표로 삼고 있었다.

유석창은 농업발전을 5단계로 구분했을 때, 1960년대 한국의 농업은 1단계인 생계농업에서 조차 벗어나지 못하고 있다고 판단하였다. 1965년을 기준으로 할 때, 경지는 1정보 미만, 농업소득 15만 원 이하, 농가부채 1~5만 원 정도의 영세소농이 전체농민의 67%를 차지하고 있는 상황이 이를 증명한다고 하였다. 생계농업을 탈피해 안정농가로 성장하기 위해서는 농민이 주곡중심의 경종농업에서 탈피해야 한다고 하였다. 경종농업을 기본으로 하면서도 축산, 특수작물 재배, 고등채소 재배 등을 통해 소득을 향상시켜 부채에서 벗어나야 한다고 주장하였다. 안정농가는 경종농업과 경제작물의 결합에 의해 소득을 향상시키는 농민을 의미하며, 농지규모는 1~3정보, 농가소득 15~30만 원, 농가저축 5천 원~5만 원에 도달한 농가였다.

선도농가는 농촌에서 개인적으로 영리·기업 농가로 성장하는 농민이면서 동시에 생계농업에서 벗어나지 못하는 농민에게 농업의 모범을 보

---

4) 농업발전5단계에 의한 농가유형의 구체적 구분은 유석창, 『한국농업의 미래상: 서기 2000년대를 바라보며』, 248쪽 참고.

이는 농민을 의미하였다. 또한 선도농민은 자신의 성장뿐만 아니라 자신보다 못한 농민에게 각종 농업기술과 경영기법을 전파하는 일을 감당해야 했다. 유석창은 전국의 자연부락을 5만 개로 상정하고, 각 마을마다 1명의 선도농민을 시급히 육성해야 한다고 보았다.[5] 그는 각 자연부락 내에서 선도농가를 선발하고 육성하는 방안에 대해 다음과 같이 주장하였다.

> 농촌지도체계의 일원화정책에 의하여 지도기능이 농촌진흥청으로 집결되기는 하였으나, 농촌지도활동은 무엇보다도 자연부락 내에 거주하는 농가 중에서 영농개선의 의욕이 넘쳐있으며, 기술혁신에 있어서도 선두를 달리고 있는 농가로 하여금 자연부락 내의 선도농가로 나아갈 수 있도록 이에 대한 지원과 육성책이 필요하다고 제언하는 바이다.[6]

유석창은 농민에 대한 교육과 지도는 자연부락 내의 농민을 통해 실시해야하며, 농촌진흥청을 통한 관료적 지도는 농촌발전에 큰 도움이 되지 못한다고 주장하고 있다. 선도농가 육성은 자연부락 내의 독농가 선발, 정부의 지원과 교육을 통한 선도농가로의 육성, 선도농가가 중심이 된 일반 농민지도 등의 단계로 요약할 수 있다. 독농가는 경종농업을 중심으로 하면서도 경제작물을 재배하는 농민이 대다수였으며, 1950년대 후반이후 농촌에서 그 수가 점점 증가하고 있었다.

독농가를 선도농가로 육성하기 위한 교육과 농업지도의 내용은 농업의 3대혁명이론에서 제시하였다. 농업의 3대혁명은 선도농가가 받아야 하는

---

[5] 유석창은 5만 선도농가 육성을 '5만 고구마 운동'이라고도 하였다. 5만여 개의 자연부락에서 각각 독농가를 1명씩 발굴 배출하려는 운동이다. 고구마씨가 고구마 넝쿨을 이루고 결실을 맺듯 선도농가가 중심이 되어 마을주민전체를 부유하게 만들자는 의미였다.

[6] 『한국농업의 미래상: 서기 2000년대를 바라보며』, 252쪽.

교육의 핵심이며, 자신이 배워 주변 농민에게 전파해야 할 의무사항이었다. 3대혁명은 정신·기술·생활의 혁명을 의미하였다. 정신혁명은 무지로부터 해방되어 유식한 농민으로 변화되는 것을 말하며, 이를 바탕으로 농민이 서로 협동하는 것을 의미하였다. 즉 계몽된 농민이 자발적으로 농촌발전을 위해 협동하는 것을 정신혁명이라 하였다. 기술혁명은 농업의 소득과 직결되는 경영·재배·사육·기계조작·가공저장 기술 등 농업기술 전반의 혁신을 의미하였다. 세계는 모든 분야에서 기술혁명의 시대로 돌입했는데, 농업분야도 예외 없이 기술혁명이 필요하다고 보았다. 생활혁명은 구습과 악습을 제거하고 생활의 과학화를 이룩하는 것을 의미하였다. 이전부터 내려오는 피폐된 환경을 없애고 새로운 환경을 창출하며, 주민 스스로 과학적인 혁명정신을 가지고 농업에 종사해야 한다고 하였다. 선도농가는 교육을 통해 받은 정신·기술·생활 혁명을 실천하는 농민이며, 이러한 정신과 생활태도를 주변 농민에게 전파하는 사람으로 정의할 수 있다.

유석창은 선도농민이 자연부락 내에서 담당해야 할 기능과 역할을 크게 6가지로 제시하였다. 그 6가지는 부락개발에 대한 청사진 마련, 혁신적인 기술교육의 보급 내지 전달, 기술혁신을 부락농민에게 시범적으로 실시, 부락개발과 모든 농가의 개발을 위하여 희생 내지 봉사, 전 부락민을 설득시켜서 생산수단의 협동화 내지 경영수단의 합리화를 위한 생산협동조합 조성, 미디어의 매개자 구실 등이었다.[7] 이러한 기능과 역할을 보면 독농가와 선도농가는 확연히 구분된다는 사실을 알 수 있다. 독농가는 많이 있었지만 6가지 기능을 수행할 수 있는 선도농가는 극히 제한적이라고 할 수 있었다. 따라서 5만 명 선도농가육성은 쉬운 일이 아니었다. 유석창은 정부가 선도농가를 육성하기 위해 지원을 아끼지 말아야한다고 주장하면서 자신도 선도농가 육성의 모범을 보였다. 유석창이 선도농가 육성을 위해

---

7) 『한국농업의 미래상: 서기 2000년대를 바라보며』, 241쪽.

한 일은 농업기술을 보급하고 교육하기 위한 농업기술자협회 창립, 선도농가의 발굴과 표창, 농촌개발을 위한 시범부락 선정과 개발의 참여, 농업인의 교육과 전문적인 축산인 양성을 위한 축산대학의 설립 등으로 요약할 수 있다.

유석창은 농민을 위한 사회교육단체로 사단법인 한국지역사회개발협의회를 만들었고, 이 협회에서는 농촌에 투신할 대학 졸업생에게 영농자금을 보조해 주었다. 또한 농민에게 영농기술을 보급하기 위해 전국농업기술자협의회[8] 부설로 농업기술연수원을 만들었으며, 농업기술원에서는 1968년부터 농한기에 농민대학을 개설하여 교육을 실시하고 있다.[9] 전국농업기술자협의회는 농업기술회보를 창간하고 농민을 선발하여 해외 선진농업을 시찰하기도 하였다.

각종 단체를 조직하는 일 외에도 자신이 직접 농촌지역사회개발을 수행하기 위해 경기도 일원에 대상부락을 선정하였다. 선정된 지역은 부천군 소사면 천왕리, 화성군 망왕면 이목리, 용인군 이동면 원촌리 등 3개 마을이었다. 3개 부락에 제승기(새끼 꼬는 기계)와 입직기(가마니 틀) 등을 기증하고 농한기에는 부업을 장려하는 활동을 전개하였다. 교수와 기술자, 독농가로 구성된 농업기술자반은 비닐하우스를 설치하고 수익성이 높은 고등채소를 재배할 수 있도록 농민을 지도하였다.

유석창은 1960년부터 농업기술자대회를 개최하고, 이 대회에서 농업기술상을 수여하였다. 또한 대회가 끝난 다음에는 분과별로 연수회를 개최하

---

[8] 현재까지 농민교육을 계속하고 있으며 교육이념도 유석창이 제시한 농업 3대혁명과 같다. 주로 실시하는 교육내용은 선도농가육성, 선도부락 설정 지도, 귀농교육, 연수생파견, 환경생태농업, 도농녹색교류, 농촌관광지도 등이다.

[9] 내무부는 1961년 12월부터 1962년 2월까지 3개월에 걸쳐 전국 읍·면의 모범동장과 이장, 독농가 등 2천 4백 87명에 대한 교육을 실시하였다. 유석창은 당시 교육에 참여한 공로로 한신 내무부 장관으로부터 감사패를 받았다. 이후 1964년 재건국민회의 향토개발위원회 위원장에 임명되었다. 자세한 내용은 『경향신문』 1962년 3월 28일자 참고.

였다. 농업기술자 대회에 대한 당시 기사는 다음과 같다.

> 제6회 농업기술자대회가 12일 상오 10시부터 건국대학교강당에서 한
> 농림차관, 유 재건국민회장과 많은 농업전문가 그리고 1천여 명의 농업
> 기술자들이 참석한 가운데 성대히 개최되었다. 이날 유석창 대회장의 대
> 회사에 이어 차 농림장관의 격려사(대독)가 있은 다음 농업기술상을 시
> 상했는데 영예의 특별상에는 박준홍(34, 경남) … 6명에게 돌아갔다.[10]

기사에서 주목되는 점은 농림부 차관, 재건국민회의 의장, 농업기술자
협회 회원 등 1천여 명이 참석했다는 점이다. 대회의 규모가 크다는 점 외
에도 농업기술자협회와 재건국민회의와 상호연결성이 확인된다. 유석창의
제자인 유태영은 1963년 박정희 정부 성립 후 재건국민회의 의장이 되었
다. 유석창은 선도농민양성에 참여하면서 농업기술자협회를 재건국민회
의, 중앙정부의 농림부와 내무부 등과 연결하는 활동을 하고 있었다.

유석창은 건국대학교 내에 축산대학과 농과대학을 설립하고, 이곳에서
공부한 학생을 농촌개혁의 기수로 양성하려하였다. 축산대학에 입학한 학
생 전원은 생활관에서 특별교육을 받았으며, 이들 중 일부는 농업선진국인
일본, 덴마크 등에 파견되어 농업기술을 체험하였다. 당시 생활관 관장은
유태영이었다. 이후 유태영은 1972년 3월 대통령비서실 초대 새마을담당
관으로 발탁되었으며, 새마을운동 추진에 중요한 역할을 담당하였다.[11]

1968년 2월에는 유석창이 직접 저술한 「조용한 혁명」, 「한국농업의 미
래상: 서기 2000년을 바라보며」의 출판기념회가 열렸다. 여기에 서울시장
인 김현옥(1966년 15회 졸업생)이 참석하였으며, 이후 두 권의 책은 국무회

---

10) 『경향신문』 1965년 12월 13일자.

11) 유태영은 새마을운동을 추진하는 과정에서 유석창의 농촌지역개발사상을 활용하였다
고 증언하였으며, 박정희 역시 유석창의 농업개혁 사상에 많은 관심을 가지고 여러 차
례 연구하도록 지시하였다고 증언하였다. 이에 대해서는 박기용, 『조용한 혁명을 위하
여』, 나라기획, 1987, 213쪽 참고.

의 석상에서 소개되었다. 국무회의 석상에서 김현옥은 '신농촌계획'이라는 제목으로 브리핑을 하였으며, 박정희는 이 두 권의 책을 연구하도록 지시하였다. 1971년 10월 김현옥은 내무부 장관으로 기용되었으며, 이후 새마을운동은 내무부 주도로 추진되었다.[12]

■ 전국농업기술자대회 후 광화문 시가행진(1964년)

■ '한국 농업의 미래상' 출판을 알리는 『경향신문』

※ 출처: http://blog.naver.com/dreamkonkuk(투데이 건국).

김용기[13]는 1940년 이후 경기도 지역에 이상촌과 가나안농장을 개척한

---

[12] 『조용한 혁명을 위하여』, 212~213쪽.

[13] 김용기(1912~1989, 경기도 양주 출생, 양주 광동학교 졸업)는 1930년 양주 광동학교를 졸업하고 1940년 경기도 양주군에 봉안(奉安)이상촌을 건설했다. 1942년 '고구마 12개월 저장법'을 개발했고 1954년 경기도 광주군(지금의 광주시)에 '가나안 농장'을 설립했다. 1962년 가나안 농군학교를 설립했으며, 1965년부터 가나안 교회 대표 장로를 맡았다. 김용기 부부에 의해 시작된 농촌운동은 크게 농장개척, 가나안 농군학교를 통한 국민교육운동, 기독교 신앙에 바탕을 둔 복민운동으로 나눌 수 있다. 일제시기에는 농장개척과 더불어 '봉안청년회'를 조직하여 계몽적인 농민운동을 전개하였다. 일제시기 김용기는 소작쟁의와 같은 농민투쟁보다 토지의 효율적인 이용, 농민계몽에 더 비중을 두었다. 복민사상은 기독교 복음에 기반을 둔 정신, 공동소유에 기반을 둔 공동체적 삶, 직업에 대한 소명의식, 황무지 개간 등을 핵심 내용으로 한다. 복민운동을 국내뿐 아니라 해외에서도 전개하기 위해 방글라데시, 필리핀, 미얀마, 중국, 인도네시아 등에 농군학교를 설립하였다. 김용기의 일제시기 농민운동에 관한 연구는 이만열, 「한국농민운동사의 관점에서 본 일가의 생애」, 일가 김용기 선생의 10주기 세미나, 1998 및 강상빈, 「가나안 복민운동이 농촌지역사회개발에 미친 영향」, 서울대학교 교육학과 석사학위논문, 2003 참조.

농촌운동가였다. 1961년 11월에는 군사정부의 이명춘 대령이 가나안 농장을 찾아왔다. 그는 40일 동안 농장을 방문하여 생활양식, 농장의 운영 등을 자세하게 조사하고 기록하였다.[14] 이명춘은 가나안농장에 대한 조사내용을 박정희에게 보고하였으며, 박정희(당시 국가재건최고회의 의장)는 1962년 2월 9일 장경순 농림부 장관, 한신 내무부 장관과 함께 가나안농장 및 농군학교를 방문하였다. 그 후 600여 명의 전국 읍면장과 군(郡) 재건국민운동 촉진회장 등 140여 명이 견학을 다녀갔다.[15] 가나안 농군학교는 군사정부 시기 추진된 재건국민운동에 영향을 주었다. 특히 식생활 개선, 재건복 입기 등과 같은 생활개선운동은 가나안 농군학교에서 실천하는 방식과 유사하였다.

김용기는 광주군수의 요청을 받고 가나안 농군학교를 1962년 2월 1일부터 시작하였다. 교육생은 광주군 내의 각 면에서 2사람씩 선발되어 16명이 최초로 교육을 받았다. 이후 15일의 정규 교육과정이 시작되었으며 현재까지 진행되고 있다. 교육과정은 10~15일의 정규 과정, 4~5일간 실시되는 특수교육 과정이 있었다. 정규 과정은 농촌지도자가 주 대상이었으며, 특수 과정은 군인, 종교인, 대학생 등이었다. 또한 전국의 면장, 농협조합장, 농촌지도소장, 재건국민회의 지도자, 각 지역의 농촌지도자 등이 시찰 및 견학을 하였다. 교육의 목표는 농촌지도자 양성이었으며, 교육 내용은 크게 정신교육과 농업기술이었다. 농촌지도자는 단순히 농업에 모범을 보이는 수준이 아니었다. 김용기 부부처럼 농장을 개척하고 농업에 모범을 보이며, 무엇보다 생활·협동공동체를 조직하는 농민을 의미하였다.

---

14) 림영철, 『일가 김용기와 가나안 이상촌 운동』, 재단법인 일가재단, 2009, 396~397쪽.
15) 『가나안으로 가는 길』, 267~270쪽; 『동아일보』 1962년 2월 10일자.

█ 김용기 가족이 마을을 순회하며 강연하는 모습

※ 출처: http://www.ilga.or.kr.

█ 농군학교에서 토끼 털 깎기 시범을 보이는 모습(1962년)

※ 출처: http://www.ilga.or.kr.

가나안 농군학교의 교육 내용은 정신교육과 기술교육으로 크게 구분
되었다. 농업기술 교육과 함께 진행한 정신교육의 내용은 가래침 함부로
뱉지 않기, 금주와 금연, 당당한 걸음 걷기, 비누와 치약 절약, 일찍 자고
일찍 일어나기, 아침운동과 청소, 식사태도와 예절, 부모에게 효도하고
형제와 이웃 간의 우애하는 인간관계 훈련, 회의법과 분임토의, 지도력

의 향상 등이었다. 교육은 아침 4시 30분 기상, 아침 강의, 6~8km 구보 후 아침 식사, 정신교육과 기술교육의 실시, 분임토의 등의 순서로 이루어졌으며 밤 10시에 마쳤다. 교육의 담당은 김용기의 가족에 의해 이루어졌다.[16)]

1970년대 초반에는 새마을교육의 방법과 교육내용의 구성에 몰두하던 김보현 농림부 장관, 박진환, 정책 담당자 등이 농군학교를 방문하였다. 특히 박진환은 농민의 정신교육 방안에 대해 김용기에게 자문을 구하였다.[17)] 가나안 농군학교에서 기술교육보다 정신교육을 강조한 점, 각종 교육일정의 전개 방식 등은 새마을교육과 매우 유사하였다. 특히 가나안 농군학교에서는 새마을지도자교육의 틀이 완성되는 7기까지 매기마다 4~5명씩 교관을 파견하였다. 새마을교육의 기본적인 방침은 가나안 농군학교의 교육을 참고하되 종교적 색채를 배제하면서 확정되었다고 할 수 있다.[18)]

초기 새마을지도자 양성의 주무부서는 농림부였다. 농림부는 새마을지도자양성소의 이름을 독농가연수원[19)]으로 하고, 원장으로 김준을 임명하였다. 준비단계에서 가장 쟁점이 된 사항은 교육의 내용 구성과 정신교육

---

16) 『가나안으로 가는 길』, 245~265쪽.

17) 박진환, 「새마을교육의 회고와 방향: 새마을교육의 결정 요인」, 새마을지도자연수원창립10주년기념 세미나, 1982 및 박진환, 「일가(김용기)사상 세미나 연구발표」, 2001년 12월 15일.

18) 당시 새마을교육을 구상하던 관료는 가나안 농군학교의 김용기를 독농가연수원의 원장으로 임명하는 방안을 모색하였다. 그러나 김용기는 자신이 원장이 되면 독자적인 농군 양성과 농민 교육, 신앙에 바탕을 둔 농군 양성이 어렵게 된다고 판단하여 사양하였다고 김영일은 증언하였다. 농민교육기관을 창설하면서 김용기를 원장으로 임명하려했다는 김영일의 증언은 신빙성이 있다. 김용기는 원장직을 사양하였으나 가족 구성원들이 초기 새마을교육 강사로 활약하면서 새마을교육 정착에 기여하였다. 김영일(김용기의 조카, 1975년부터 가나안농군학교 근무) 인터뷰, 2011년 11월 30일.

19) 새마을지도자를 양성하는 교육기관의 이름을 독농가연수원이라고 한 점이 주목된다. 당시 농림부와 내무부의 정책 혼선 및 부처 간 갈등도 엿보인다. 독농가의 양성은 농림부의 핵심 사업이었다.

의 방법이었다. 당시 농림부는 교육내용과 방법을 구상하기 위해 농촌운동
가가 운영하는 연수원을 자주 방문하였다. 그중에 가장 대표적인 기관은
농업기술자협의회와 가나안농군학교였다.[20] 새마을운동의 방법에 몰두하
던 정부의 관료는 두 기관이 주도한 농민양성과 교육과정을 새마을운동에
반영하였다고 할 수 있다.

이후 가나안농군학교는 농군양성에 주력하기보다는 새마을교육을 담당
하는 교육기관의 역할에 더 비중을 두었다. 가나안농군학교는 1973년 477
명, 1974년 1,568명, 1975년 4,530명, 1976년 9,276명 등으로 인원을 확대
해 가며 새마을교육을 담당하였다. 새마을지도자연수원 이외의 교육기관
중에서 가장 많은 교육인원을 배출한 곳은 가나안농군학교였다. 김용기는
새마을지도자연수원의 원외강사, 새마을교육담당 기관의 역할을 통해 새
마을운동과 밀접한 관련을 맺었다. 1973년 김용기는 "자연부락이 새마을
운동을 벌이고 있다. 노름과 술타령으로 가난에 찌들고 허덕이던 악몽을
떨쳐 버리기 위해 곳곳에서 이룩한 실적 또한 괄목할 만한 것이 사실이다"
라고 새마을운동을 평가하였다.[21] 그러나 새마을운동이 점점 농군의 양성
과 거리가 멀어지자 1975년 새로운 농군양성 방법을 다음과 같이 제시하
였다.

새마을운동이 더 성공하기 위해서는 1백 53개의 가족농군학교가 세
워져야한다. 가족농군학교란 가족이 한데 어울려 농장을 경영하며 가
족이 교수가 되어 진정한 뜻으로 농민을 가르치는 학교를 말한다. 가족
이 교수가 되고 농장을 경영하므로 농민을 무상으로 가르칠 수 있다는

20) 새마을교육을 처음 계획할 때 담당자들이 참고한 민간 농민교육기관은 농업기술자협회
와 가나안농군학교 외에도 대전기독교농민학원(기독교연합봉사회설립, 대전), 농민교
육원(김일주 설립, 안양), 협동교육원(고려 대학) 등이었다. 자세한 내용은 국사편찬위
원회 미분류 문서(작성연도 및 작성자 미상), 「농민교육기관개황」 참조.
21) 『동아일보』 1973년 12월 27일자.

것이다. 가족농군학교는 관의 원조가 필요 없다. 개척정신에 불탄 한 덩어리 가족의 자립이므로 오히려 이 학교에 온 사람들은 그 자체에서 산 공부를 할 수 있다는 것이다.[22]

　새마을운동의 성공을 위한 제안이라고 전제했지만 실질적인 농군을 양성하기 위해서는 민간인에 의한 자발적인 농민교육이 필요하다는 입장이다. 김용기와 같이 가족 전체가 농업에 종사하는 농장에서 교육생을 모집하고, 교육생은 함께 생활하면서 농장운영을 배우는 학교를 구상하였다. 153개는 전국에 있는 군의 수와 같다. 따라서 군 단위에 민간이 주도하는 농민교육기관이 설립되어야 한다는 주장이다.

　김용기는 1970년대 중반이 되면서 새마을운동의 문제점을 지적하기 시작하였다. 그는 새마을운동과 교육이 정부주도로 추진되고 정권 유지와 실정을 은폐하기 위한 수단으로 활용되고 있다고 비판하였다. 새마을운동에 대한 소신발언을 하고 문제점을 지적하던 김용기는 1975년『운명의 개척자가 되자』라는 소책자를 출간하려 하였다. 당시 공보부의 검열관은 소책자가 '젊은이를 선동하여 사회를 불안하게 할 소지가 있다'고 하면서 출간을 금지하였다. 1970년대 중반 김용기가 새마을운동을 비판한 사실, 정부가 김용기의 소책자 발간을 금지한 사실은 새마을운동의 변질을 상징적으로 보여주는 사건이라고 할 수 있다.[23] 이후 김용기는 새마을지도자연수원의 정신교육에 출강하지 않았다.[24] 그러나 가나안농군학교가 새마을교

<hr>

22)『가나안으로 가는 길: 자료편』, 27쪽.

23) 림영철,『일가 김용기와 가나안 이상촌 운동』, 재단법인 일가재단, 2009, 653~654쪽.

24) 김영일은 김용기가 새마을지도자연수원 원외 강사를 그만 둔 이유에 대해 "공무원을 대상으로 한 강연에서 정부 정책에 비판적이거나 소신발언"을 자주 한 점이 중요 이유였다고 증언하였다. 김용기에 관련된 일화나 사상을 종합적으로 검토하면 김영일의 증언은 신빙성이 높다고 판단된다. 특히 김용기는 정부의 골프장 건설 허가, 고위 공무원과 사회 지도층의 골프장 출입과 부정부패에 대해 강하게 비판하였다. 김영일(김용기의 조카, 1975년부터 가나안농군학교 근무) 인터뷰, 2011년 11월 30일.

육을 그만둔 것은 아니었다. 1970년대 중반 이후에도 농군학교는 새마을교육을 여전히 담당하였다. 김용기는 농군양성에 전념한 농촌운동가였으나 일제강점기 이후 등장한 변혁운동과는 거리가 멀었다. 또한 한국전쟁 이후 변혁운동의 전통이 단절되면서 농촌운동이 관제적인 성격을 벗어나지 못한 사실과도 연관이 깊다고 생각한다.

### 2) 모범농민의 새마을운동 참여 과정과 역할

　모범농민의 농업경영은 직접적으로는 주변농민에게, 간접적으로는 언론과 농업 관련 기관에서 편찬한 각종 성공사례집 등을 통해 일반농민에게 영향을 주었다. 특히 1960년대 후반 수많은 성공사례가 알려지면서 모범농민은 중앙과 연결되었다. 1970년대 초반 모범농민이 새마을운동에 참여하는 과정은 크게 두 가지로 살펴볼 수 있다. 첫째는 모범농민이 새마을지도자로 직접 참여하는 경우이고, 둘째는 정부에서 주도하는 새마을교육의 강사로 활약하는 경우로 나눌 수 있다.

　하재훈은『영광의 발자취』1, 2권에 나타난 새마을지도자의 출신 성분을 분석하였다. 그의 분석에 의하면 66명 새마을 지도자의 출신 성분은 이장, 공무원, 자치조직 지도자. 영농기술 보급 및 소득증대기여자 등으로 나눌 수 있으며, 이 중 순수하게 영농기술 보급 및 소득증대기여자는 8명 정도라고 하였다. 이장이나 자치조직 출신자도 영농의 경험이 바탕이 된 경우가 많다는 점을 고려할 때, 영농의 경험이 바탕이 되어 새마을지도자가 된 경우는 실제적으로 더 많다고 추정할 수 있다.[25]

　모범농민이 농업 관련 단체에 의해 적극 발굴되고, 농촌운동가가 모범농민을 농촌개발의 핵심인력으로 인식하면서 정부는 '일반 농민을 모범농민

---

[25] 하재훈, 「박정희체제의 대중통치: 새마을운동의 구조·행위자 상호작용을 중심으로」, 경북대학교 정치학과 박사학위논문, 2006, 164~165쪽.

화'하는 정책에 많은 관심을 갖게 되었다. 당시 농업 관련 단체나 중앙정부 모두 가장 중요한 정책으로 인식하였다고 할 수 있다. 정부는 일반농민을 모범농민화하기 위해 모범농민을 교육과 홍보에 적극 활용하였다.

정부는 새마을운동을 추진하면서 모범농민과 일반농민을 구별하기 시작하였다. 새마을운동이 추진되면서 대부분의 일반 농민은 모범농민과 대비되었다. 가난을 극복하지 못한 이유는 각 농민이 모범농민과 같이 영농에 종사하지 않았기 때문이라고 하였으며, 가난은 개인의 책임으로 인식되었다. 박정희는 이러한 사실을 누차 강조하였다.

> 옛날 우리나라 속담에 "가난은 나라도 구하지 못한다"는 말이 있다. 나는 그 말을 바꾸어 부지런하지 않은 사람은 나라도 도울 수가 없다고 하겠다. 부지런한 농민은 정부도 도울 수 있고, 이웃도 도와 줄 수가 있지만, 부지런하지 못하고 스스로를 돕겠다는 자조정신이 강하지 못한 농민은 아무도 도울 수가 없고 또 아무도 도와 줄 사람이 없다.[26]

박정희는 농민을 부지런한 농민과 게으른 농민으로 구분하고, 게으른 농민은 정부가 구제하기 어렵다고 하였다. 또한 농민이 가난한 이유는 부지런하지 못하고 자조적인 노력을 게을리 하기 때문이라고 인식하고 있었다. 이에 비해 하사용과 같은 모범농민에 대해 다음과 같이 언급하였다.

> 하사용씨 같은 분은 우리 농촌의 하나의 등불이요, 희망이라고 생각해야 될 거예요. 자기의 농토라고는 한 평도 없고, 자본이라고는 단돈 한 푼도 없이 순전히 내 힘만으로 내가 한번 농민으로 성공해보겠다는 결심을 먹고 여러 해 동안 꾸준히 피눈물 나는 노력을 한 결과는 반드시 성공할 수 있다는 것을 보여준 것입니다. 이것은 하사용씨 뿐만 아니라 우리 모든 농민들이 이러한 정신과 결심으로 노력만 한다면 전부

[26] 대통령비서실, 「1970년 6월 10일 권농일 치사」, 『박정희대통령 연설문 선집: 새마을운동』, 1978, 42~47쪽.

다 성공할 수 있다는 그러한 자신감을 우리 농민들은 가져야 한다고 생
각합니다. …역시 우리 농민들은 농사를 짓는 데 있어서 좀 더 부지런
해야 돼요. 또 연구를 많이 해야 돼요, 머리를 써야 돼요. 연구를 하고
머리를 쓰는 것은 반드시 농업고등학교를 나오고 농과대학을 나와서
학사학위를 가진 그런 사람이라야 된다는 법은 없습니다.[27]

연설에서는 하사용과 같은 모범농민과 일반농민을 구분하고 있다. 모범
농민은 농업에서도 성공할 수 있다는 확신을 가지고 끊임없이 노력하고 농
민으로 정의되고 있다. 모범농민의 핵심 조건으로 자조가 강조되고 있다.
이에 반해 일반농민은 부지런하지 않고 연구하지 않는 점을 지적하고 있
다. 이후 연설에서 박정희는 자조하는 농민에 대해 정부의 지원을 약속하
였다. 또한 전국의 농촌지도자, 농민대표, 일선 공무원은 자조하는 농민을
찾고 그들을 지원해야 한다는 점을 강조하였다. 동시에 하사용씨와 같은
모범농민은 '농민의 위대한 교사' 혹은 '국민 모두의 훌륭한 교사'라고 하였
다.[28] 즉석연설에서 하사용씨와 같은 모범농민을 농민과 국민의 교사라고
한 점은 매우 중요한 의미가 있다. 새마을운동의 추진 과정에서 이들은 교
사로서의 역할을 담당했기 때문이다.

하사용과 같이 초기의 모범농민은 우선 새로 선발된 새마을지도자의 교
사가 되었다. 모범농민은 초기 새마을지도자 교육을 담당한 독농가 연수
원과 73년 이후 수원 새마을지도자 연수원에서 성공사례를 발표하기 시작
하였다. 초기 성공사례 발표로 장기간 출강한 남녀 지도자 명단은 다음과
같다.

---

27) 『독농가 하사용씨의 성공사례와 1970년대의 새마을 운동』, 27쪽에서 재인용. 1970년
11월 11일 농어민소득증대특별사업 전국 농어민 경진대회에서 행한 즉석연설의 내용이
다. 하사용씨는 이 대회에서 1위를 하여 성공사례를 발표하였고, 발표 직후 박정희는
준비된 치사 대신 즉석연설을 하였다.
28) 『독농가 하사용씨의 성공사례와 1970년대의 새마을 운동』, 28쪽.

<표 2-1> 새마을 운동 초기 성공사례를 발표한 남녀 지도자 명단

| 남녀 구분 | 성명 | 거주지 | 출강 기간 | 발표 내용 |
|---|---|---|---|---|
| 남 | 김성보 | 제주도 서귀포 | 1972 | 농특사업 |
| | 하사용 | 충북 청원 | 1972~1974 | 농특사업 |
| | 하상돈 | 충북 청원 | 1972~1973 | 잠업 |
| | 김용일 | 강원 양구 | 1972~1973 | 단위농협운동 |
| | 복태봉 | 전북 남원 | 1972~1973 | 단위농협운동 |
| | 홍승희 | 충북 옥천 | 1972 | 벼 집단재배 |
| | 박문주 | 경북 영일 | 1972 | 새마을사업 |
| | 홍영기 | 경북 청도 | 1972~1973 | 새마을사업 |
| | 홍선표 | 경북 영일 | 1972 | 새마을사업 |
| | 김순복 | 충남 대덕 | 1972 | 새마을사업 |
| | 김종원 | 경기 용인 | 1972~1973 | 농특사업 |
| | 이재영 | 경기도 이천 | 1972~1973 | 단위조합 |
| | 강남식 | 전북 김제 | 1972 | 한우 |
| 여 | 정문자 | 전북 임실 | 1973~1976 | 새마을 |
| | 홍영매 | 경북 청도 | 1974~1978 | 새마을 |
| | 최재희 | 충남 연기 | 1974~1981 | 농촌새마을 |
| | 김정회 | 충남 천원 | 1975~1976 | 농촌새마을 |
| | 박삼신 | 충남 예산 | 1974 | 부녀 새마을 |
| | 안목단 | 대구 중구 | 1974 | 도시 새마을 |
| | 김애리사 | 부산시 북구 | 1974 | 도시 새마을 |

※ 출처: 『새마을지도자연수원10년사』, 526~531쪽에서 재편집.

<표 2-1>에서 남자 지도자는 1972년부터 출강하여 성공사례를 발표하였고, 여성 지도자는 새마을지도자연수원에서 부녀지도자반 교육이 시작된 1973년 혹은 1974년부터 출강하여 성공사례를 발표하였다. 발표분야가 소득증대특별사업, 조합운동, 초기 새마을운동이라는 점을 통해 농협, 농림부, 내무부에서 추천한 인물이 균형 있게 배치되었다는 사실을 알 수 있다. 이들 중 김성보, 하상돈, 하사용, 강남식 등은 소득증대특별사업 성공사례집에 소개되는 인물이고, 복태봉, 이재영, 김용일 등은 단위조합운동으로 인해 이미 널리 알려진 인물이었다. 박문주, 홍선표, 홍영기, 김종원은 마을가꾸기사업 과정에서 등장한 인물이었다. 부녀지도자 중에서는 정문자, 최재희, 홍영매 등이 대표적이며, 이들은 새마을운동 이전에도 농촌에서

각종 부녀사업을 전개했던 인물이었다. 따라서 초기 새마을지도자연수원에서 성공사례를 발표한 인물은 1960년대 이후 등장한 모범농민과 모범마을의 지도자라고 할 수 있다. 모범농민·마을과 새마을교육의 연결성이 확인되며, 더 나아가 1960년대 모범농민과 마을이 새마을운동의 초기 모델이되었다는 사실을 알 수 있다. 이곳에서는 김성보, 하사용, 복태봉, 김종원, 정문자, 홍영매 등의 사례를 중심으로 모범농민과 새마을운동의 연결성을 확인해 보기로 한다.

김성보는 제주도 서귀포읍 신효리 출신이다. 신효리는 1958년 지역사회개발시범부락이 되었으며 1959년 부락자체자금으로 문화회관과 전분공장을 세운 마을이었다. 앞장에서 설명한 바와 같이 신효리는 원조에 의한 지역개발사업이 어느 정도 성공을 거둔 지역이었다. 초기에는 전분공장운영으로 이익이 발생했고, 그 이익금으로 마을 공동창고를 만들고 전기·전화를 가설하였다. 그는 1960년대 초반 고구마 재배보다 감귤재배가 더 유리하다고 판단하였다. 그는 감귤 관계 서적을 구입하여 읽고 일본 감귤산지인 시즈오까를 방문하여 재배기술을 배운 후 감귤재배를 마을에서 시작하였다. 마을 사람을 설득하여 감귤재배를 확대하고, 다른 지역에 감귤묘목을 판매하면서 수입을 올렸다. 1961년 이후 감귤수입이 금지되었기 때문에 초기의 감귤재배는 많은 이익을 올릴 수 있었다. 1971년 신효리의 호당 농가소득은 77만 1천 원으로 전국 평균보다 3배 정도 높았다. 소득증대로 인해 마을에는 냉장고, TV, 전화 등이 보급되고 도로망도 확충되었다. 이러한 공로로 김성보는 1971년에 국민훈장석류장을 받고 연수원에서 성공사례를 발표하게 되었다.29) 김성보의 경우는 지역개발사업, 소득증대특별사업, 새마을운동을 동시에 연결하여 이해할 수 있는 인물이라고 할 수 있다. 신효리는 새마을운동 이전에 이미 마을개발이 높은 단계에 있었다고 할 수

---

29) 『경향신문』 1971년 12월 6일자 및 『새마을소득증대』, 1975년, 1366~1399쪽.

있다. 그러나 신효리는 감귤재배에 적합한 입지적 조건 때문에 성공한 지역이었다. 입지적 조건이 다른 지역에 적용하는 데는 한계가 있다고 할 수 있다.

하사용은 앞장에서 여러 번 서술된 것처럼 채소재배로 성공한 농민이었으며, 새마을운동의 산증인이었다. 하사용은 초기 새마을운동의 확산에 여러 가지 면에서 중요한 역할을 하였다. 우선 그가 발표한 성공사례는 이후 발표되는 성공사례의 표본이 되었다는 점이다. 이러한 사실은 소득증대특별사업 때 발표된 성공사례와 전국경진대회에서 발표한 성공사례를 비교하면 잘 알 수 있다.

> 고등채소 재배를 결심했으나 토지 및 자본이 허용되지 않아 결국 자본을 마련하기 위해 남의 집 고용살이를 하게 되었습니다. 고용살이 3년을 하고 보니 새경 쌀 17가마가 남게 되었습니다. …황무지 200평을 마련하여 움막집을 짓고 토양을 개량하면서 처음으로 저의 숙원이었던 고등채소를 시작하였습니다. 가난을 물리치려고 저의 부부는 온갖 힘을 다하여 재배한 결과 논농사에 비해서 무려 10배나 높은 수익을 올린 경험에서부터 비닐하우스에 대한 용기를 얻게 되었습니다.[30]

> 어른들에게 제가 채소농사를 지을 테니 단돈 얼마라도 좀 빌려주십시오. 그렇지 않으면 농토를 다만 몇 평이라도 빌려주시면 …저는 굳게 다짐했습니다. 내가 고생을 하더라도 내 스스로의 활동으로 자본금을 마련하여 나도 성공의 비전을 만들어 보자. …아내는 남의 집 식모로 가고 저는 남의 집 고용살이를 하게 되었습니다. …쌀 17가마의 돈을 가지고 토지를 살려고 보니 좋은 토지를 살 수가 없었습니다. 남이 잘 해먹지도 못하는 토지 270평을 사 가지고 밭 귀퉁이에 움막집을 짓고 우리 부부는 새 살림을 시작한 것입니다. 우리는 돌을 추려내며 흙을 쏟아부어가며 때로 새벽 4시면 조치원에 나가 리어카를 끌고 퇴비를

---

30) 『농어민소득증대특별사업 성공사례』, 1970, 123~124쪽.

실어 나르고 때로는 인분을 퍼 나르는 등 270평의 땅심을 높였습니다.
저는 그때부터 이를 갈고 농사를 지어 원예농사를 지어보았습니다. 과
연 보리농사나 밀농사에 비해서 많은 소득을 올리게 되었습니다. 이때
용기를 내어 밤낮을 가리지 않고 일을 하다가 영양실조로 몸이 약해져
서 병환으로 결핵환자가 되어 병석에 눕게 되었습니다. …대통령 각하
께서 1968년부터 시작하신 농어민 소득증대특별사업으로 충청북도에
서는 비닐하우스를 반영한다는 소식을 듣고 저는 군청에 달려갔습니
다. …나는 일선지구에서 공산군과 싸움도 해서 이겼는데 내가 이 하우
스를 쓰러뜨리고 나는 따뜻한 방에서 잠을 잘 수가 없었습니다. 우리
부부는 밤낮을 가리지 않고 3~4일을 눈을 긁어내리며 때로는 지게로
산더미 같은 눈을 치우고 작물을 살려냈습니다.[31]

두 가지 성공사례의 공통점은 가난을 극복하기 위해 고등채소를 재배했
으며, 이로 인해 소득이 증대했다는 내용이다. 차이점은 경진대회에서 발
표한 성공사례의 내용이 더 자세하고 듣는 사람에게 감동을 주는 표현이
많다는 점이다. 이로 인해 3,000여 명의 참석자 중에는 눈물을 흘리기도
하였다. 이 외에도 정부의 정책이나 지원이 성공에 미친 영향을 소개하였
으며, 특히 박정희의 농민에 대한 관심과 지원이 표현되어 있다. 하사용은
경진대회 발표 때에 대통령이 자신의 '두 손을 꼭 잡아 주셨고 눈시울을
적시면서' 목에 동탑산업훈장을 걸어주었다고 회고하였다. 이후 청와대에
서는 하사용에게 1,000만 원의 포상금을 지급하려 하였지만, 하사용은 '가
난은 나의 노력으로 물리칠 것입니다'라고 하며 받지 않았다고 회고하였
다. 당시 1,000만 원은 밭 2만 평을 구입할 수 있을 정도의 큰돈이었다.[32]

---

[31] 『독농가 하사용씨의 성공사례와 1970년대의 새마을 운동』, 20~23쪽.

[32] 하사용이 포상금을 받지 않은 사실과 계속해서 농장경영을 한 사실에 대해서는 높이
평가해야 한다. 하사용이 포상금을 받지 않은 이유는 '그 돈을 받게 되면 사람들은 그
돈 때문에 내가 부자가 되었다고 할 것이 틀림없고 그 돈을 받고서 내가 새마을운동에
앞장서면 이웃 사람들의 말이 많아질 것이 싫어서였다'라고 회고하였다. 이후 그는 정부
의 정책 자금을 쓰지 않았다. 그의 성공요인은 빚을 지지 않는 생활신조, 경영비지출을

하사용은 소득증대특별사업 경진대회에서 성공사례를 발표한 후 새마을
운동의 전도사가 되었다. 그는 새마을연수원과 각종 새마을교육에서 성공
사례를 발표하는 가장 대표적인 인물이 되었다. 새마을연수를 위해 출강한
횟수는 1971년 52회, 1972년 33회, 1973년 102회, 1974년 99회, 1975년 245
회였다. 잦은 출강으로 농업에 지장을 줄 정도가 되자, 1975년 이후에는
새마을지도자연수원 출강을 그만 두었다. 그러나 공무원교육원이나 기업
체연수원에서도 새마을교육이 진행되면서 하사용은 1976년 288회, 1977년
263회, 1978년 193회, 1979년 183회에 걸쳐 출강을 하였다. 강사로서 활약
했을 뿐만 아니라 자신의 농장을 방문하는 사람에게 자신의 영농경험을 소
개하고 영농기술을 교육하는 역할도 하였다. 특히 하사용 농장에는 4H 부
원 4명이 입교하여 3개월간 숙식을 같이하며 연수를 받았다. 농장운영에
지장을 줄 정도로 많은 강의와 교육을 담당했다고 할 수 있다.[33]

하사용의 성공사례는 TV나 영화로도 제작되어 홍보되었다. TV에 소득
증대특별사업 경진대회에서 발표한 성공사례 내용이 방영되자, 성공사례
를 직접 들어보겠다는 요청이 쇄도하였다. 1970년대 중반에는 거의 매일
출강을 했으며, 심지어는 하루에 여러 곳에 출강해야 했다. 문화공보부는
그의 성공사례를 '땀에 젖은 훈장'과 '초원의 빛'(국립영화제작소)이란 제목
의 영화로 제작하여 보급하였다. 하사용이 출강하지 못하는 경우에는 대신
영화를 방영하기도 하였다. 하사용의 사례는 모범농민의 선발, 감동적인
내용으로 구성된 성공사례 발표, 대통령의 격려와 포상금 지급, 새마을운
동의 전도사 역할 부여, 홍보매체를 통한 성공사례의 보급 등으로 이어지

---

최소화하는 농장경영, 저축한 돈은 농경지 구입에 사용한 점 등으로 요약할 수 있다.
대부분 정책자금은 사채보다 낮은 이자여서 농민이 경쟁적으로 사용하려 하였다. 경제
동향보고 때에 사례발표를 한 사람은 대부분 특별지원금과 사업에 필요한 트럭, 한우
등을 지급받았다. 특별지원금액과 단위 사업명칭은 새마을운동중앙회, 『새마을운동 30
년자료집』, 2000년, 316~323쪽 참고.

[33] 『독농가 하사용씨의 성공사례와 1970년대의 새마을 운동』, 35~41, 89~94쪽.

는 과정을 잘 보여준다.

복태봉은 1943년 일본 나가사키에서 중학교를 졸업하고 해방 후 전남지역에서 농협운동을 주도하였다. 1956년부터 새마을운동 이전까지 그의 활동은 이동조합 설립, 농협구판장 운영, 이동조합의 합병 지도, 도정공장 운영과 농가부업을 위한 비닐우산제조공장 운영, 개간사업과 밤나무단지 조성, 지붕개량을 위한 기와공장 설립 등으로 요약할 수 있다. 그는 이러한 활동을 인정받아 1967년 서울신문사가 주관한 지역개발상을 수상하였다. 새마을운동이 시작된 이후에는 마을진입로 600m 개설, 상수도 개설 등의 활동을 하였다. 그가 마을 주민과 함께 마을진입로를 개설하는 현장에 김현옥 내무부 장관이 방문하여 하사금 200만 원을 전달하였고, 이로 인해 그는 더 유명하게 되었다. 그는 1972년 월간경제동향회의에서 성공사례 발표하였고, 이 자리에서 국민훈장석류장과 상금 233만 원을 수여받았다. 이러한 경력이 바탕이 되어 농협운동 분야에서 연수원의 성공사례 발표자가 되었다고 할 수 있다.[34] 이후 그는 1기 유신정우회 예비위원(1973년),[35] 남원군 농협조합장(1973)이 되었다. 1974년에는 대통령하사금 233만 원과 대산농협 87만 원을 합해 한우비육우 사업을 하였으나 한우 값의 폭락으로 큰 적자를 보았다. 복태봉이 '자신이 주도한 사업 중에서 유일한 실패'였다고 회고한 사실은 많은 시사점을 준다. 이후 서술할 홍영매도 1974년 박정희와의 간담회 자리에서 소 값의 폭락으로 큰 손해를 보았다고 하자, 박정희는 '조금만 참고 기다리면 소 값이 오르지 않겠느냐' 라는 기사가 나온다.[36] 복태봉은 농협운동과 새마을운동 과정에서의 공적을 바탕으로 군

---

[34] 『서울신문』 1967년 3월 8일자; 『경향신문』 1972년 8월 7일자 및 1975년 2월 6일자.

[35] 1973년 유신정우회 예비위원 14명 중에 농촌개발과 관련 있는 인물은 복태봉, 김병식(김제어업조합장), 남상돈(음성농협조합장), 김일수(경기도자원지도자협회대표) 등 4명이었다. 『동아일보』 및 『경향신문』 1973년 3월 5일자 참고.

[36] 『동아일보』 1974년 12월 18일자 및 인터넷 문서 blog.naver.com/ubo.

조합장과 유신정우회 예비위원의 지위까지 이르렀다. 1970년대 이후 농협의 조합장은 새마을지도자 출신이 점점 많아졌다.[37] 새마을운동의 정치화 과정을 잘 보여주는 사례라고 할 수 있다.

정문자는 전북 임실지역에서 농업과 축산에 종사하다가 부녀지도자가 된 인물이었다. 그녀는 결혼 후 남편과 함께 마을과 멀리 떨어진 산지에서 농지를 개간하였다. 남편은 말단 공무원으로 근무하면서 부인과 함께 산지를 개척하고 농사도 짓고 있었다. 부부는 산지를 개간하고, 개간한 산지에 뽕나무, 고구마, 담배 등을 재배하였다. 어느 정도 안정된 생활을 하던 부부는 1968년부터 한우를 사육하기 시작하였다. 임실군이 소득증대특별사업의 한우단지로 선정되자, 군에서는 정문자 부부에게 50두의 한우를 사육하도록 권유하였다. 전국적으로 한우단지로 선정된 곳에서 한우를 공동으로 구매하고 있었기 때문에 한우의 가격이 계속해서 치솟고 있는 중이었다. 사업을 기한 내에 완료하도록 무리하게 독려하였기 때문에 한우 농가를 적절히 선정하지도 못하는 가운데 정문자 부부는 50두나 사육하게 되었다. 정문자 부부는 기업농이 되려는 부푼 꿈을 안고 한우를 산지에 방목하면서 사육하였다. 결과는 참담한 실패였다. 병으로 9마리의 소가 죽었고, 소를 판매할 시점에 소 값이 폭락하면서 큰 손해를 보았다. 융자를 받아 200만 원으로 시작한 한우 사육은 3년 후 70만 원밖에 건질 수 없었다. 농협의 연체 금리를 감당할 수 없게 되자, 남편은 퇴직을 하고 퇴직금으로 부채의 일부를 갚아야 했다. 이 사건 후 부부는 8년간의 산지 생활을 정리하고 1971년 오류리 마을에 정착하였다. 오류리 마을에는 가족계획어머니회가 부녀회 조직으로 존재하였고, 그녀는 이후 가족계획어머니회를 중심으로 마을기금 조성 사업에 앞장섰다. 1972년에는 부녀회장이 되었고, 이

---

37) 박진환은 인터뷰에서 "단위조합장이나 임원들은 대부분이 새마을지도자 출신들이고 지방 의회 의원들도 이력서에 표시를 안 해서 이지 대부분 새마을지도자 출신들이거든"이라고 증언하였다.

후 부녀회는 구판장 설립, 마을금고 사업, 생활개선운동 등을 전개하였다. 부녀회 활동이 알려지자 보사부의 부녀계장이 마을을 방문하여 현지조사를 실시한 후 오류리를 가정의례 전국 최우수 마을로 선정하였다. 정문자 씨는 이러한 공로로 제1기 부녀새마을지도자 교육을 받을 수 있었고, 교육을 받던 중 성공사례를 발표하였다. 이후 그녀는 수원 새마을지도자 연수원에서 성공사례를 발표하는 강사가 되었다. 그녀는 새마을사업뿐만 아니라 가족계획사업의 성공사례도 발표하면서 전국적인 강사가 되었으며, 대표적인 새마을전도사로 활약하였다.

새마을교육을 마치고 돌아온 정문자는 임실군 부녀회를 대상으로 새마을 교육을 실시하였다. 이 교육에는 새마을지도자연수원의 강사를 초빙하여 교육을 실시하였는데, 교육 중 17명의 부녀자가 불임수술을 하여 큰 화제가 되었다. 이러한 사실이 신문에 보도되었고, 세계 인구 학회에서는 이러한 사실을 확인하기 위해 오류리를 방문하였다. 이후 오류리는 한국 가족계획사업의 모델로 소개되었다. 오류리 부녀회의 생활개선, 새마을사업 등은 신문과 방송을 통해 알려지게 되었고, 1973년에는 정문자씨의 삶을 영화로 다룬 '오류리의 여인들'[38]도 제작되었다.[39]

---

[38] 국립영화제작소에서 1973년 11월 30일 제작을 완료하고 1974년부터 방영하였다. 부제목은 '슬기로운 여인'이었다. 배우들이 배역을 맡아 출연한 영화는 아니었다. 영화는 주인공과 남편이 일하는 장면이 나오고, 일생을 아나운서가 소개하는 형식이다. 영화의 배경 화면은 처음부터 끝까지 일하는 장면이다. 처음에는 정문자씨 부부가 일하는 장면이 나오다가 이후에는 마을 주민의 협동 노동 장면이 부각된다. 노동 장면의 시각화를 통해 새마을운동의 의미를 전달한다고 볼 수 있다. 정문자씨는 1976년까지 새마을지도자연수원 강사를 하였으며, 가족계획협회 전북지부 감사(1975~1992)와 새마을본부 전북 지회 부녀과장(1982~1993) 등을 역임하였다. 우수 새마을지도자 공무원 특채제도에 의해 지방공무원이 되었으며, 1993년에는 전주시 완산구 풍남동 동장이 되었다. 현재는 전북 새마을회 이사로 활동하고 있다.

[39] 『경향신문』 1975년 2월 12일자 및 12월 29일자; 『새마을신문』, 2008년 5월 8일자; 정문자, 「오류리의 여인들」, 새마을부녀지도자 사례에 관한 인터넷 문서(http://blog.naver.com/ubo).

■ 정문자: 연수원에서 사례 발표 후 국수를 먹는 모습(『경향신문』 1976년 7월 7일)과 공장 새마을운동 활성화대회에서 강연하는 모습

※ 출처 : http://blog.naver.com/ubo.

정문자는 성공사례 발표 이후 생활개선사업을 전개하면서 마을에 새마을공장을 유치하였다. 마을에 혁대보세공장을 유치하고, 마을 소녀 40명을 고용해 반수공예품인 혁대를 생산해 납품하여 소득을 증대시켰다. 당시 소녀의 한 달 수입은 1만 5천 원에서 3만 원이었다. 이로 인해 마을을 떠났던 소녀들이 다시 마을로 돌아오고 마을의 한 달 수입이 80여만 원 정도 향상되었다고 신문에 보도되고 있다.[40] 그녀가 연수원에서 성공사례를 발표할 때, 박정희와 육영수는 여러 차례 경청하였다.[41] 그녀의 활동은 소득증대특별사업, 부녀회 사업 지도와 성공사례발표, 새마을공장유치 등으로 연결되며, 이러한 공적을 바탕으로 공무원으로 특채되었다. 그녀는 새마을전도사가 되면서 점점 농업과 거리가 멀어졌다고 할 수 있다.

경북 청도의 홍영매는 부녀 지도자로서 마을의 새마을사업을 적극 추진

---

40) 『경향신문』 1975년 2월 12일자.
41) 『경향신문』 1976년 7월 7일자 및 1977년 1월 4일자.

한 인물이었다. 고아원에서 아이를 돌보던 그녀는 처녀였지만 5남매를 거느리고 가난하게 살아가는 상이용사의 부인이 되기로 결심하였다. 결혼 후 그녀는 어려운 농사일을 혼자 감당하고 절약하여 논 3,000평과 밭 600평을 마련하였다. 남편에게는 삶의 보람을 되찾게 하였고, 어머니의 사랑에 굶주린 아이에게 사랑을 베풀었다. 그녀는 가정의 살림을 일으켰을 뿐만 아니라 마을의 협동사업에도 앞장 선 인물이었다. 1968년에는 어머니회를 조직하여 절미저축운동을 전개하였으며, 1970년에는 구판사업을 통하여 마을공동기금 267만 원을 조성하였다. 1971년에는 공동기금 중 일부로 전기를 가설하였다. 1972년에는 새마을사업이 추진되자 어머니회가 중심이 되어 마을공동사업을 전개하였다. 대표적인 사업으로는 폭 5m 길이 887m의 마을 안길 조성, 400m의 하수구 정비, 160m의 소하천 정비, 57호의 간이상수도 건설, 90호의 지붕개량 등이었다. 이러한 사업은 어머니회가 중심이 되어 시작하였으며, 이후 남자가 사업에 동참하면서 완성될 수 있었다. 군수와 도지사는 마을로 직접 찾아가 홍영매를 표창하였으며, 1972년 4월 12일에는 박정희 역시 마을을 직접 방문하였다. 방문 당시 박정희는 자전거 40대를 직접 선물하고 30m 다리건설을 약속하였다.[42] 이후 그녀는 새마을지도자연수원에서 '장한 어머니상을 받게 되기까지'라는 제목으로 성공사례를 발표하였으며, 각 지역의 연수원을 다니며 새마을전도사가 되었다. 그녀의 성공사례는 '어머니'라는 제목의 영화로 제작되었으며 1977년 대종상을 받았다. 홍영매의 활동은 마을공동기금사업, 공동기금을 이용한 새마을사업, 성공사례발표와 정부의 표창, 마을에 대한 정부의 적극적인 지원, 정부의 각종 행사 참석 등으로 요약할 수 있다. 홍영매의 사례는 부녀회장이나 새마을지도자로서의 역할보다 인간의 휴머니즘을 자극한다는 점이 특징이다. 남편과 자식에 대한 헌신, 효행, 부지런

---

42) 홍영매, 「새마을운동 성공사례: 썩어서 새싹 돋는 밀알처럼」, 『지방행정』 1975년 1월호, 93~97쪽 및 『동아일보』 1975년 9월 15일자.

하고 근면한 여성의 이미지를 강조할 수 있었다. 이러한 특징으로 인해 홍영매의 성공사례 발표는 새마을운동과 관련된 강연에서부터 접객업소 여성을 대상으로 한 정신교육분야까지 다양하게 이루어졌다. 또한 육영수, 박근혜가 주도하는 각종 여성행사에 대표적으로 참석하는 여성이 될 수 있었다.

■ 영화 '아내들의 행진' 포스터(1974)  ■ 새마을연극 희곡 선집(1973)

※ 출처: 국가기록원 및 http://www.bookst.co.kr.

위의 두 부녀자 사례에서와 같이 부녀의 성공사례는 마을의 공동사업 추진이나 부녀회 활동도 중요하였지만, 이 보다는 남편이나 자식을 위해 희생하는 모습이 더 중시되었다. 그리고 부녀 지도자의 삶은 대중매체[43]

---

43) 부녀지도자의 성공사례는 신문, 잡지, 방송, 영화로 많이 제작되었다. 어떤 경우에는 연극으로 공연하다가 영화로 제작하였다. 경북 월성군의 김영순 부녀지도자의 성공사례 (1973년 11월 22일 전국 새마을지도자 대회)는 먼저 연극으로 제작되어 공연되었다. 연극의 제목은 '활화산'이었으며 차범석이 시나리오를 쓰고 이해랑이 연출을 담당하였다.

에 소개되었으며, 특히 영화와 연극으로 제작되어 홍보용 교육 자료로 활용되었다. 또한 당시 보급되기 시작한 TV에 그들이 일생이 소개되었다.

위의 성공사례 발표에서 나타나는 공통점은 가난이나 어려운 환경 등을 불굴의 의지로 극복하고 스스로 독립하고 있다는 점이다. 여러 가지 사업을 실천하는 과정에서 난관을 극복하는 인간상이 강조되고, 이러한 사례는 새마을운동에서 중시되었던 자조와 자립정신의 모범을 보여준다고 할 수 있다. 고상하고 철학적인 이상을 제시하기 보다는 평범한 사람이 일상 속에서 자신의 삶의 태도를 바꾸는 모습을 보여주고 있다. 또한 부지런히 일하고 주변 사람과 협동하는 모습을 보여주고 있다. 모두 밤낮으로 시간을 아껴 노동하면서 모범을 보이고, 사업을 성공시키기 위해 협동을 이끌어내고 있다.[44]

새마을운동이 시작되는 시기 성공사례 발표는 새마을운동의 확산, 새마을교육과 정신교육의 내용을 구성하는 분야에서 가장 중요한 역할을 하였다. 우선 성공사례는 새마을연수원 교육의 핵심적인 교육 내용이 되었으며, 연수원생에게 가장 감동적인 교육내용으로 평가받았다. 연수생은 성공사례를 들으며 자신의 개인적인 성공뿐만 아니라 새마을운동을 성공시키겠다는 각오를 다졌다. 초기에 성공사례를 발표한 인물은 전국적인 새마을 강사 혹은 전도사가 되었다. 또한 이들의 뒤를 이어 수많은 성공사례 발표

주연 배우는 손숙이었다. 이 연극은 국립극단의 67회 공연작이었으며, 전국의 주요 도시를 순회하면서 공연되었다. 국립극장의 화려한 무대에 1막에서 5막까지의 내용이 비슷하고, 재미없는 연극이어서 '은그릇에 설렁탕'이라는 평을 들었다. 영화로는 임권택 감독이 1974년 제작하였으며 제목은 '아내들의 행진'이었다. 성공사례 발표 후 곧바로 연극과 영화로 제작되었는데, 이를 통해 당시 정부의 문화정책의 방향을 알 수 있다. 1973년부터 국산영화 3편을 제작하면 외국영화 1편을 수입할 수 있어, 반공영화와 새마을영화가 양산되었다. 이에 대한 자세한 내용은 황혜진, 『1970년대 유신체제기의 한국영화 연구』, 동국대학교 연극영화학과 박사학위논문, 2003 참고.

44) 김보현, 「박정희시대 지배체제의 통치전략과 기술: 1970년대 농촌새마을운동을 중심으로」, 『박정희시대 새마을운동과 근대적 국민: 주체의 형성』, 성공회대학교 민주주의연구소 편, 2011, 103~108쪽.

자들이 나타났다. 실적이 저조한 마을의 지도자는 우수마을 지도자의 집에서 생활하면서 교육을 받았다. 성공한 마을은 실적이 저조한 마을의 모델이 되고, 성공한 지도자는 저조한 마을의 멘토가 되면서 또 다른 성공사례가 만들어졌다. 새마을교육에 참가한 지도자와 주민은 성공사례를 통해 새마을정신의 의미를 쉽게 이해할 수 있었다.

새마을운동 성공사례 발표는 새마을지도자 연수원에서만 이루어지지 않았다. 정부는 1971년 6월부터 대통령, 고급공무원, 기업인 등이 참여하는 월간경제동향보고를 할 때에 성공사례를 발표하게 하였다. 성공사례 발표가 끝난 후에 대통령은 농민부부와 그 지역의 면장, 군수와 함께 점심식사를 하였다. 1971년 6월부터 1979년 10월까지 99개월간 월간경제동향보고회의에서 134회에 걸쳐 성공사례가 발표되었다. 각 부처에서 추천한 남녀 새마을지도자가 발표를 한 후에는 유명인사가 되기도 하였으며, 이후 각종 기업체나 지방의 새마을연수원에서 계속 사례를 발표하는 경우가 많았다. 특히 새마을교육이 고급 공무원, 교수, 기업가 등을 대상으로 이루어지면서 자신보다 지위가 높은 사람의 교사가 되기도 하였다. 이러한 사실은 1971년 월간경제동향보고에서 사례발표를 한 홍진수의 회고에도 잘 나타나고 있다.

> 김종필씨 와가지고 … "어이하든 우리 잘 살아보자"고 손을 잡고 통사정을 하는 거예요. 어이 큰 지도자 같은 지도자를 우리나라에 전부다 발굴하면은 우리나라 일시에 잘 산다고 했어. … 그 다음에 장관이 오는데 무슨 군대 신고하듯 한가지라. '장관 아무개입니다'. 나한테 인사한다. 도대체 … 대통령보다 더 한 것 같더라고.[45]

---

45) 윤충로,「구술을 통해본 1970년대 새마을운동: 새마을지도자 '만들기'와 '되기' 사이에서」,『박정희시대 새마을운동과 근대적 국민: 주체의 형성』, 성공회대학교 민주주의연구소 편, 2011, 60쪽에서 재인용.

회고에는 국무총리와 장관이 사례발표를 한 농민에게 어떠한 태도를 보였는지 잘 나타나 있다. 이러한 과정을 통해 최고지도자와 단위마을의 결합이 강화되었으며, 이는 새마을운동의 중요한 전략이 되었다. 정양모는 인터뷰에서 "어느 날 밖에 지프차가 와서 나를 태웠다. 차는 청와대에 도착했고 그곳에서 새마을지도자와 대통령의 만남이 이루어졌다. 그때 여러 가지 건의사항과 어려운 점을 대통령에게 말할 수 있었다"라고 증언하였는데, 이러한 증언도 최고지도자와 마을지도자의 연결을 잘 보여준다. 박정희는 평범한 농민이 관료나 지위가 높은 사람을 대상으로 성공사례를 발표하게 하였고, 이러한 기회를 통해 관료를 효과적으로 새마을운동에 동원할 수 있었다. 또한 월간경제동향보고회에서 성공사례를 발표한 지도자는 새마을사업에 더욱 헌신하겠다는 각오를 다지고 돌아갈 수 있었다.

새마을운동 초기 사업의 확산속도가 빠른 이유는 모범농민과 마을의 사례를 정부의 동원 체제나 홍보에 적극 활용하였기 때문이었다. 정부 주도의 이데올로기나 철학적 사고를 내세웠다면 새마을운동은 이전의 관제운동과 큰 차이가 없었을 것이다. 모범농민과 마을의 지도자는 소수였고 정부에 의해 선택되고 발굴되었다. 정부는 학력이 높거나 기업농으로 성장한 모범농민을 모델로 선정하기 보다는 일반 농민과 처지가 비슷한 농민을 모델로 선택하였다. 일반 농민은 자신도 그들과 같이 될 수 있다는 생각을 보다 더 쉽게 가질 수 있었다. 평범한 모범농민을 모델로 선정하여 사례발표를 담당하게 한 점은 새마을운동 초기 기반 조성이나 확산에 결정적 역할을 하였다. 그러나 모범농민의 경제적 수준은 독농가 혹은 자립농가의 수준이었다. 절량농가의 수준을 이제 막 벗어난 수준이었고, 유석창이 제시한 단계로는 2단계 안정농가 수준이었다. 농업의 경쟁력을 통해 자립할 수 있는 수준이 아니었다. 유석창이 제시한 5만 선도농가 수준이나 김용기가 제시한 농군의 수준과는 거리가 멀었다. 사례발표에 참가한 모범농민도 농업보다는 조합장이나 공무원의 길을 선택하는 경우가 더 많았다. 초기 모범농민은 새마을운동의 초기 모델은 될 수 있어도 농업의 경쟁력 확보를 위한 농민상과는 거리가 멀었다. 이는 새마을운동의 근본적 모순이며 한계점이 되었다.

많은 사람들은 새마을운동을 하나의 '신화'로 기억하고 있다. 그 이유 중 하나는 수많은 '성공 이야기'가 만들어졌기 때문이다. 모든 사람은 자기의 삶을 이야기하고 남기려 한다. 글을 모르면 말이라도 남기고 싶어 한다. 새마을운동 기간에 일어났던 다양한 사건과 사업 그 자체도 중요하다. 그에 못지않게 새마을운동과 관련된 수많은 성공사례가 발표되고 홍보되었다는 사실을 기억해야 한다. 성공사례는 청와대로부터 마을 구석구석까지 널리 전파되었다. 성공사례는 분당 새마을연수원에 자필수기의 형태로 방대하게 남아있으며, 신문·잡지·방송·영화 등에도 많이 남아있다. 새마을운동을 만든 사람들의 성공 이야기, 새마을운동이 만든 사람들의 성공이야기는 지금도 새마을운동의 성격을 규정하는 데 중요한 영향을 미치고 있다.[46]


## 2. 모범마을과 초기 새마을운동의 전개

### 1) 모범마을의 표준화와 새마을가꾸기 사업의 출발

청도군의 신도마을과 포항시의 문성마을은 각각 자기 마을이 새마을운

---

[46] 문화재청은 문화재위원회 세계유산분과 합동소위원회 회의에서 '새마을운동 기록물'을 유네스코기록문화유산에 등재 신청키로 의결하였다. 2만여 점에 달하는 '새마을운동 기록물'은 필름, 문서, 사진 등의 형태로 국가기록원과 새마을운동중앙회에서 소장하고 있다. 새마을운동이 유엔에서 빈곤 퇴치를 위한 모범 사례로 인정받은 사실과 저개발국이 관련 내용을 배운다는 점을 인정하여 등재신청 대상에 포함하였다. 자세한 내용은 『중앙일보』 2011년 11월 9일자 참고.

동의 발상지라고 주장하고 있다.[47] 주장의 단계를 넘어 지자체 간 갈등의
양상을 보이고 있다.[48] 청도군 신도마을의 사례는 모범마을과 중앙정부와

<hr>

[47] 청도군은 "청도읍 신도리가 발상지로 확인된 곳"이라며 지난 2006년부터 이곳 1만 994m²
부지에 지하 1층, 지상 2층 규모의 새마을운동기념관을 짓고 있다. 이에 뒤질세라 포항
시는 최근 기계면 문성리 7654m² 부지에 2층 건물의 새마을운동기념관 건립 기공식을
갖고 발상지임을 내세웠다. 두 지자체는 이 건물에 새마을 관련 역사적 자료와 사진 등
을 전시하고 각종 새마을 사업도 벌일 계획이다. 현재 청도군은 경운대 산학협력단과
한국자치정책연구원에 '새마을운동 발상지 고증연구조사'를 의뢰하고 있다. 새마을운동
발상지에 대한 청도군과 포항시의 주장 및 근거를 표로 나타내면 다음과 같다.

〈표 2-2〉 새마을운동 발상지 논란

| 지역 | 청도군 | 포항시 |
|---|---|---|
| 주장<br>내용 | ·박정희 대통령이 1969년 8월 4일 여름 수해지역 시찰 중 신도마을의 발전상을 보고 새마을운동에 대한 기본 구상 준비<br>·청와대 새마을 기획계장 이의근에게 농촌 잘살기 운동의 방안 연구 지시<br>·지방국장 고건이 신도마을의 새마을 가꾸기 사업의 전개 과정(신도마을의 모습 슬라이드화)을 중심으로 잘살기 운동 방안 보고<br>·1970년 4월 22일 전국 지방장관회의에서 새마을운동을 제창하면서 청도군 신도 마을 지칭 | ·1970년 겨울부터 새마을가꾸기 사업 실시<br>·중앙부처 합동심사반 및 각 지역의 공무원·새마을지도자 방문<br>·1971년 8월 5일 월간경제동향 보고에서 문성마을 사례 보고<br>·1971년 9월 17일 전국시장군수 비교행정회의 후 문성마을 시찰(전국 시장군수 참석)<br>·1971년 9월 23일 청와대비서실이 공문을 통해 "전국 시장·군수는 현지에 돌아가서 문성동 부락과 같이 지도하고 실천하여 새마을 정신 즉 자조, 자립, 협동하는 정신 주입에 점화 역할을 할 것"이라는 내용 전달 |
| 핵심<br>자료 | ·대통령비서실, 『새마을운동: 박정희 대통령 연설문집』, 1978, 38쪽<br>·대통령비서실, 『국토보존』 9월호의 화보<br>·대통령비서실, 『새마을』, 1975 | ·1970년 9월 17일 비교행정회의 대통령 유시 내용<br>·대비정 150-68(1971. 9. 23) 문서 |

※ 출처: 청도군 새마을발상지 관련 문서(http://firstsaemaul.com) 및 포항시청(http://
www.ipohang.org) 새마을발상지 관련 문서를 참조하여 작성.

[48] 새마을발상지 논쟁은 관광객과 연수생의 유치, 박정희와 관련된 지역정서 등과 연결할
수 있다. 최근 새마을운동 관련 단체가 새마을운동의 국제화를 추진하면서 중국, 베트남,
몽골 지역의 농촌개발담당자가 이 지역을 방문하고 있다. 중국의 후진타오 국가주석은
2006년 2월 베이징 공산당중앙학교에서 신농촌사회 건설의 중요성과 긴박성을 역설하였
으며, 이후 공산당 간부 200여 명이 '신농촌건설' 토론회를 열어 새마을운동을 중국이 본
받아야할 운동으로 규정하였다. 이후 중국 각지의 공무원이 경북지역을 방문하고 있다.

의 연결 과정을 잘 보여주고, 포항 문성마을의 사례는 시멘트와 슬레이트의 공급체계 확립과 새마을가꾸기 사업의 확대 과정을 잘 보여준다. 또한 공통적으로 두 마을을 통해 초기 새마을운동의 추진 과정에서 박정희, 지방공무원, 모범마을의 역할을 이해할 수 있다.

신도마을은 1950년대 후반 이후 사과를 재배하면서 경제적으로 윤택한 마을로 성장하였다. 소득수준이 향상되면서 마을주민은 자체적으로 마을 안길 정비, 지붕 개량, 담장 보수, 소하천 정비 등의 사업을 전개하였다. 1967년 6월에는 신도리에 간이역(신거역)이 개통되었다. 주민은 신거역을 건설하기 위해 등짐을 지고 플랫폼을 만들었으며, 철도청과 마을 주민이 비용을 절반씩 부담하였다. 신거역은 하루에 2차례씩 통일호 열차가 서는 역이었다. 역이 완공된 후 마을에 청와대 직원 및 지방공무원이 상주하면서 마을가꾸기를 독려하였으며, 그 지원책의 하나로 전기와 전화가 1968년 9월에 가설되었다. 이후 전국의 지방자치단체에서 선출된 각 기관의 직원이 방문하여 견학하는 마을이 되었다. 1969년 수해를 입었으나 다시 복구가 완료될 무렵 박정희가 신도마을을 방문하였다.[49] 박정희가 신도마을을 방문할 때의 상황[50]은 김정렴과 이의근의 회고를 통해 정리할 수 있다.

경상북도는 중국에서 약 35만 명의 연수생이 올 것으로 예측하고 있으며, 연수생의 교육을 위해 구미의 경운대와 새마을교육 협약을 맺었다. 경운대에 설치된 새마을연구소는 새마을교육계획 수립 및 시행, 교과과정 개발, 전문강사 확보 등의 역할을 하고 있다. 경북지역은 박정희와의 연관성을 강조할수록 선거나 정치에서 유리하다고 볼 수 있다. 따라서 지역의 단체장은 박정희와의 연관성을 강조하는 하나의 방법으로 새마을운동을 높게 평가하고, 각종 활동을 지원하는 일에 적극적이라고 생각된다. 두 지역은 전국 모범마을 중에서 특별히 다른 점이 있거나 사업을 잘 해서 선택된 마을이 아니었다. 이와 유사한 정도로 마을 개발을 추진한 마을은 전국에 산재해 있었다.

[49] 『매일신문』은 2006년 4월 25일부터 동년 6월 16일까지 새마을운동에 관한 기사를 16회 연재하였다. 담당기자는 황재성, 노진규, 마경대, 황이주 등이었으며, 기사의 대부분은 새마을운동에 참여했던 경북지역의 주민, 지도자, 담당 공무원의 회고담을 중심으로 작성되었다. 새마을운동을 높게 평가하는 내용이 대부분이어서 한계가 있으나 일부 내용은 당시의 상황을 잘 반영하고 있다. 후반기 3편은 중국, 몽골, 베트남 지역의 농촌개발 담당자들의 방문 기사가 실렸다. 청도 신도마을의 개발에 대해서는 「1950년대부터 길 넓히고 담 고치고: 발상지 청도마을」(『매일신문』 2006년 4월 27일자) 참고.

1969년 7월 경남북 일원은 혹심한 수해를 입었다. 이 해 8월 4일 박 대통령은 경남북 수해지구를 시찰하던 중 경북 청도군 청도읍 신도1리를 돌아보았는데, 이 마을은 다른 마을과 달리 수해복구뿐 아니라 마을 안길이 넓혀져 있었고 지붕이 개량되어 있었으며 담장 역시 말끔히 다듬어져 있는 등 생활환경이 크게 개선돼 있었다. 이것을 본 대통령은 그 경위를 물었다. 대답은 "마을사람들이 기왕 수해로 쓰러진 마을을 복구하는 기회에 환경을 좀 더 잘 가꾸어 깨끗하고 살기 좋은 마을로 만들어 보자고 마을총회에서 결의했고, 이에 따라 정부 지원 이상으로 마을 주민이 자진해 협동으로 이루었다"는 것이었다.[51]

대통령, 공무원 이의근, 신도리, 1969년, 관련이 없어 보이는 네 조각 퍼즐을 맞춰보자. 신도리는 내 고향 청도의 작은 촌락이고, 나는 1969년 경북도청을 떠나 내무부로 갔다. 그해 여름 박정희 대통령은 기차로 경남 수해현장을 가다가 신도리에 들렀다. 주민들이 제방과 안길을 보수하는 것을 보고 기차를 멈춰 세운 곳이다. 이듬해 4월 박 대통령은 지방장관회의 도중 신도리에서 느낀 것을 말하면서 농촌 잘 살기 운동을 펼칠 것을 지시했고, 나는 내무부 첫 새마을 기획계장을 했으니 퍼즐의 답은 '새마을'이다.[52]

김정렴과 이의근은 두 사람 모두 1969년 수해복구현장을 시찰하다가 우연히 신도리를 방문한 것으로 회고하고 있다. 그러나 이의근의 회고 내용 중 경상북도에 근무하다가 청와대에서 새마을운동을 기획한 사실, 이의근

---

[50] 박정희가 방문할 당시 신도마을의 지도자였던 김봉영(1927년생, 현재 청도군 노인 회장)은 최근 신도마을의 새마을가꾸기 사업에 대해 증언하였다. 그는 신도마을의 새마을가꾸기 사업은 수해를 입은 후 새로 시작한 것이 아니라 1950년대 후반부터 꾸준히 지속되었다고 증언하였다. 또한 포항시청의 인터넷 게시판의 지도자 일대기에도 박정희 방문 이전 신도마을의 발전 과정이 자세히 소개되어 있다. 신도마을의 가옥들은 1970년대에 2층 양옥집으로 신축되었으며, 이를 통해 선진적인 새마을부락의 상징으로 홍보되었다.

[51] 『한국 경제정책30년사: 김정렴 회고록』, 223쪽.

[52] 이의근, 「이의근 지사 칼럼: 인생에는 은퇴가 없다: Forever 새마을」, 『매일신문』 2005년 8월 22일자.

의 고향이 청도군 대곡리라는 점, 간이 기차역의 신설 등을 통해 준비된 방문이었다는 사실을 알 수 있다. 이의근은 의도적으로 박정희를 마을개발의 사례가 잘 나타나는 신도마을로 안내했다고 볼 수 있다.[53]

1960년대 후반 신도마을과 같이 모범마을로 표준화되어 가는 마을은 전국 여러 곳에 있었다. 청도군 지역만 하더라도 신도마을 외에도 모범마을이 여러 지역에 존재하고 있었다. 이러한 사실은 1960년대 후반 청도군 농촌지도소에서 근무했던 박위출의 상록수공무원 수기에서도 확인할 수 있다. 박위출의 수기에 소개된 모범마을은 신도마을 인근에 있는 부야동(현재는 청도읍 부야동) 지역이었다. 박위출은 청도군 지역 중 92호가 살고 있던 부야동을 중심으로 농촌 개발을 담당하였다. 그가 추진한 사업은 4H부원을 중심으로 야간교육 실시, 농업서적 중심의 마을문고 설치, 4H부원을 위한 회관건립(건평 4평), 2000평의 마을 뒷산 개간, 천수답을 위한 소류지 신설, 건답직파지도,[54] 면화이식재배 교육, 하천부지를 이용한 개량 포플러 재배 등이었다. 특히 주목되는 내용은 "66년도에는 부엌개선 및 장독대 개수 등을 위해 부원 농가마다 시멘트 7포씩을 순번에 따라 배부하였으며, 29동은 기와, 2동은 스레이트, 2동은 도동(돌기와)으로 지붕개량을 실시하였다"는 부분이다.[55] 집집마다 시멘트를 공

---

[53] 이의근은 1961년 대구시청에서 공무원 생활을 시작하였다. 군사정변 이후 청도군청에서 근무하던 중 공무원소양시험 성적이 우수하여 경상북도 도청에서 근무하였다. 도청 근무 중 공무원소양고사 성적이 우수하여 도 대표로 선발되었으며, 이후 내무부와 청와대에서 근무하였다. 청와대와 내무부 근무 중 고건과 함께 새마을운동 업무를 담당하였다. 1975년 1월에는 초대 새마을기획계장이 되면서 새마을운동을 총괄하였다. 경북 도지사를 3회 역임하였으며, 2008년 5월 새마을운동중앙회 회장에 취임하였다. 필자는 이의근과 여러 차례 인터뷰를 시도하였다. 그러나 건강이 좋지 않아 인터뷰를 하지 못했고 2009년 작고하였다. 이의근의 공직생활과 일대기는 이의근, 『히말라야시다의 증언을 들으리라: 이의근의 목민실서(牧民實書)』, 한울, 2006 참고.

[54] 수량이 불안정한 천수답 지대에서 봄에 미리 직파하는 농법이다. 1960년대에는 천수답 개선책의 하나로 재인식되어 보급되었다.

[55] 『지방행정』 1968년 7월호, 72~81쪽.

급하고 지붕개량을 중심으로 새마을가꾸기 사업을 실시하고 있다는 사실을 알 수 있다. 모범마을에는 중앙 및 지방공무원, 인근 지역 주민의 견학이 계속되었다. 이러한 모범마을 중 간이역의 설치, 새마을기획계장 이의근과의 인연 등에 의해 신도마을이 다른 마을보다 더 주목을 받았다고 할 수 있다.

박정희의 신도마을 방문이 준비된 방문이라는 사실 외에 또 하나의 중요한 사실을 발견할 수 있다. 그것은 내무부 계통 지방공무원이 모범마을을 표준화하는 과정에서 핵심적인 역할을 담당했다는 사실이다. 앞장에서 서술한 바와 같이 모범마을의 등장에는 여러 농촌 관련 기관의 역할이 중요하였다. 그러나 모범마을을 표준화하고 박정희와 연결을 주도한 공무원은 내무부 계통의 지방공무원이었다. 내무부가 초기에 새마을운동을 주도한 이유는 종합적인 농촌개발을 담당할 수 있는 조직이라는 사실과 더불어 모범마을의 발굴 과정에서 핵심적인 역할을 하였기 때문이었다. 내무부의 행정조직을 이용하여 농촌 근대화를 추진하려는 구상은 1970년 3월 12일 개최된 제5차 전국 시장군수회의에서 행한 박정희의 연설에 잘 나타난다.

> 지난 2월 9일부터 약 1주일 동안 지방 각 시도를 방문했습니다. 연초 지방 각 기관을 방문한 종합적인 소감을 간단히 말한다면 행정 일선에서 일하고 있는 우리 공무원들이 자기가 맡은 일에 대해서 대단히 열성적이고 중앙에서 하달된 시정방침이 지방말단행정기관까지 비교적 잘 침투되고 있었습니다. …이 자리에서 여러분에게 또 한 번 강조하고자 하는 것은 우리가 농촌근대화의 목표와 방향을 설정하고 정부가 많은 자원을 농촌에 투입하려고 하고 있지만 몇 가지 우리가 관심을 가져야할 문제가 있다는 것입니다. 첫째로 농촌행정에 종사하는 우리들의 자세가 바로 서야 되겠다는 것입니다. 즉 우리나라의 농촌을 기어코 근대화된 농촌으로 만들어보겠다는 전공무원의 열정이 없어서는 다른 모든 조건이 갖추어 지더라도 우리의 농촌문제는 해결이 안 됩니다.[56]

　위의 연설은 내무부에 속한 시장과 군수 앞에서 이루어졌다. 1960년대 말 1970년대 초 박정희는 지속적인 농촌방문을 통해 농촌개발에 대한 구상을 구체화해 나갈 수 있었다. 특히 신도마을과 같은 모범마을을 방문하면서 모범마을의 확산을 위해 내무부 소속의 지방공무원 동원이 필수적이라는 사실을 인식하고 있었다. 박정희는 1970년 4월 22일[57] '농민과 관계기관 및 지역사회 지도자 간의 협조를 전제로 하는 농어촌자조노력의 진작방안을 강구하라'라는 제목의 연설을 다음과 같이 하였다.

> 　그 다음 지방을 다니면서 보면 어떤 부락, 어떤 농촌은 몇 년 전에는 기와집이 한 채도 없던 동네가 최근에 보면 거의 기와로 다 이어졌거나 기와로 잇지 못한 집도 작년 가을에 추수한 볏짚을 가지고 깨끗하게 이어서 처마를 하고 담장도 깨끗이 하고 …그러나 그런 농촌은 몇 군데 눈에 안 띄고 대부분 그와 반대입니다. 지붕은 언제 이었는지 썩어서 한쪽이 허물어져 내려오고 담이 무너져 흙과 돌이 마당에 뒹굴고 …아주 의욕이 있는 부락이 자꾸 늘어나고 처음에는 숫자가 적다가 몇 해 후에 가면 (다른 마을도) 대부분 그런(모범부락) 동네가 되고 아주 게으른 사람들만 모여 사는 동네만이 낙후되어 보기 싫은 동네가 가끔 보일 정도로 거꾸로 이런 현상이 나타나야 하지 않겠느냐 하는 것입니다. 중앙에서도 이런 연구를 하고 있지만 지사들도 한 번 연구를 해 보는 게 좋겠습니다. 모범적인 부락도 여러 군데 있는데 특히 경산, 청도 같은 데를 한번 보십시오.[58] 그리고 천안, 대전 부근에 있는 뻘건 농촌하고 비교를 해 보십시오. 같은 농촌인데 왜 이렇게 달라지겠습니까?[59]

---

56) 『매일경제』 1970년 3월 12일자.

57) 2010년 7월부터 4월 22일을 새마을의 날로 정하기 위한 백만인 서명운동이 전개되었다. 그 결과 2011년 2월 국회는 '새마을운동조직육성법 일부 개정 법률안'을 통과시켰다. 이 법률안에 의해 4월 22일이 국가기념일의 하나인 새마을의 날로 지정되었다.

58) 발상지 논쟁을 하는 청도군은 연설문에 나오는 청도의 지명을 강조하고, 포항시는 청도 외에 경산도 있으므로 청도군이 제시하는 근거는 타당성이 없다고 주장하고 있다.

59) 문화공보부, 『새마을운동』, 1973, 236~242쪽.

위 연설문의 핵심은 첫째, 모범 부락이 전국 여러 지역에 있고, 그런 마을을 본받아서 발전하는 마을이 늘어나고 있다는 점을 우선 강조하고 있다. 둘째, 중앙정부, 농업 관련 기관, 지역사회의 지도자가 중심이 되어 모범부락을 확산시키기 위해 정책을 개발하고 있다고 언급한 점이라고 할 수 있다. 이후 박정희는 "농민·관계기관·지도원이 서로 협조해서 새마을가꾸기 사업을 벌여보자"고 하였다. 1970년 3월과 4월에 행한 박정희의 연설에는 모범마을을 모델로 한 새마을가꾸기 사업을 강력하게 추진하겠다는 의지가 잘 나타나있다. 그리고 내무부를 중심으로 공무원의 동원이 현실화되기 시작하였다.

## 2) 시멘트·슬레이트의 공급과 새마을가꾸기 사업의 전국화

앞에서 말한 바와 같이 내무부가 중심이 되어 1970년 3월과 4월 새마을가꾸기 사업을 구체화하고 있었다. 그런데 1970년 여름을 전후하여 우연한 기회에 시멘트를 무상으로 마을에 공급하는 방안이 논의되었는데, 그 과정은 다음과 같다.

> 김성곤(민주공화당 재정위원장)의원은 당무보고가 끝난 다음 박대통령에게 시멘트의 과잉재고로 인한 시멘트업계의 자금난을 호소하고 특별재고융자의 배려[60]를 요청했다. 박대통령은 '남아도는 시멘트를 부진한 새마을가꾸기 운동에 돌릴 수 있는 방안을 강구해 보라'고 나에

---

[60] 이에 대해 박진도·한도현은 새마을운동이 "시멘트업계의 심각한 불황을 타개하기 위한 수단으로 활용"되었다고 비판하였다. 새마을운동의 시작단계에서 시멘트의 무상공급이 중요한 계기가 된 것은 분명하다. 1960년대 말과 1970년의 전후 상황을 전체적으로 파악하면 시멘트의 공급은 하나의 우연한 사건이라는 측면과 이전부터 준비된 계획이라는 측면을 동시에 가지고 있다. 시멘트의 무상공급이 1970년대 초반, 다시 말해 적절한 시기에 이루어졌다는 점도 중요하다. 1970년대 산업발전수준, 농촌의 변화, 정부의 농촌개발계획 등이 갖추어지는 시점에 시멘트가 공급되었기 때문에 새마을가꾸기 사업이 확산되었다고 생각한다.

게 분부했다. 나는 김현옥 내무부 장관과 내무부 예산을 전면 스크린해 보았으나 시멘트를 관에서 구입할 여지가 없었다. 김학렬 부총리와 상 의해 보았더니 무리하면 30억 원 정도를 갹출할 수 있다는 것이다. 박 대통령은 다음 날 김학렬 부총리와 김현옥 내무장관을 불러 장시간 협 의 끝에 30억 원 한도 내에서 시멘트를 새마을가꾸기 운동에 투입하기 로 방침을 세웠다.[61]

위의 증언 중 주목되는 점은 우선 쌍용양회를 설립하여 시멘트 산업을 육성하였던 김성곤이 시멘트의 과잉재고 문제를 호소했다는 점이다. 이에 박정희가 시멘트를 농촌에 공급하는 방안을 강구하라고 지시했다고 김정 렴은 증언[62]하고 있다. 그러나 환경개선사업에 필수적인 시멘트와 슬레이 트의 공급은 1960년대 초반부터 점진적으로 준비되고 있었다. 시멘트의 재 고 문제를 해결하기 위해 시멘트 무상 공급 방안이 마련된 것은 분명하지 만, 그 이전에도 김성곤과 김인득은 시멘트와 슬레이트를 농촌에 보급할 준비를 하고 있었다.

---

[61] 『한국경제정책30년사: 김정렴 회고록』, 188~189쪽.

[62] 김정렴의 증언은 일부 오류가 있다. 1970년 6월부터 10월까지 내무부 장관은 오치성이 었다. 김성곤 의원이 시멘트의 과잉재고 문제를 제기한 시점은 7월경(여름)으로 판단된 다. 시멘트의 공급계획이 1차로 작성된 시기는 1970년 7월 24일이고, 그 계획에 따른 추진현황이 보고된 시기는 1970년 9월 21일이었다. 따라서 시멘트 무상공급 계획이 입 안된 시기는 오치성 내무부 장관 시기이고, 실제 분배된 시기는 김현옥 장관 시기라고 할 수 있다. 1971 새마을가꾸기 사업의 기본 구상은 1970년 4월 22일부터 10월까지 단 계적으로 진행되었다. 김정렴은 이러한 단계를 생략하고 증언하여 초기 추진 과정에 혼동이 발생할 여지가 많다. 김현옥은 와우아파트붕괴사고 책임을 지고 1970년 4월 15 일 서울시장직에서 떠나 있었고, 그해 10월 7일 내무부 장관에 기용되었다. 김현옥은 시장직에서 물러난 후 1971년 5월 25일 실시된 제8대 국회의원 선거(마포구)에 출마하 였다가 낙선하였다. 김현옥이 1968년 '신농촌개발계획'을 보고한 사실로 미루어볼 때, 서울시장직에서 물러난 이후 새마을가꾸기 사업에 관여했을 가능성은 충분하다고 보인 다. 김성곤은 1965년 공화당재정위원장이 된 이후 정치자금의 관리자 역할을 하였다. 그러나 이른바 10 · 2 항명파동으로 1970년 10월 7일 의원직에서 해임되었다. 이에 대 한 자세한 내용은 대통령비서실, 「새마을가꾸기 사업 추진현황보고(2차)」, 보고번호 생 략, 보고일자: 1970년 9월 21일 및 최성모, 「서울의 스카이라인을 바꾼 정열의 행정가: 김현옥론」, 『전환시대의 행정가』, 나남출판, 1994 참고.

1960년대 경제개발계획이 추진되면서 정부는 국가 기간산업인 시멘트와 철강 산업을 집중 육성하였다. 시멘트와 철강 산업이 발전하면서 건축 자재로 사용되는 시멘트, 슬레이트, 함석, 철근 등이 서서히 보급되기 시작하였다. 또한 화학산업의 성장에 따른 비닐의 생산, 농업에 필요한 농약과 비료산업의 발전, 경운기나 동력분무기의 생산 등은 환경개선이나 소득향상의 중요한 배경이 되었다. 특히 1970년대 초반 전국적으로 보급된 비닐하우스는 농촌의 농업환경을 크게 바꾸고 소득증대에 이바지하였다. 이곳에서는 시멘트와 슬레이트의 산업발전 및 공급 과정을 중심으로 살펴보고자 한다.

1950년대 시멘트 제조회사는 동양시멘트와 대한양회가 대표적이었다.[63] 1950년 말 시멘트 생산량은 46만 4,265톤이었으나, 당년 시멘트 수요량은 52만 2,085톤으로 5만 7,810톤을 수입하지 않을 수 없었다. 시멘트의 수입의존도는 1960년 11.1%에서 1963년 26.2%로 늘어나고 있었다. 경제개발계획이 추진되면서 시멘트 수요가 급증하기 시작하였기 때문이었다. 이에 쌍용, 한일, 현대 등이 시멘트 공장을 강원지역에 설립하기 시작하였다.[64]

1962년 5월 김성곤은 쌍용양회를 설립하였다. 독일에서 차관을 도입해 영월에 공장을 건설하기 시작했으며, 1964년 4월 40만 톤 규모의 공장이 완성되었다. 1964년 쌍용양회가 시멘트 생산을 시작하면서 시멘트의 자급자족이 가능해졌으며, 처음으로 해외에 시멘트를 수출하기도 하였다. 수출

---

63) 해방이후 시멘트 제조공장은 북한 지역에 6개, 남한 지역에 1개가 있었다. 남한 지역에 있던 삼척시멘트 공장은 불하 과정에서 나타난 문제점으로 인해 1953년까지 제대로 가동되지 못했다. 1953년 삼척시멘트 공장의 관리인이 된 강순직은 운크라 원조자금으로 공장을 보수한 후 생산을 시작했다. 1956년 이양구가 인수한 후 동양시멘트주식회사로 상호를 변경하였으며, 생산규모는 1년 30만 톤 규모였다. 자세한 내용은 조기준, 「한국시멘트공업의 전개와 쌍용양회」, 『경제사학』 1987년 12월호, 152쪽 참고.

64) 조기준, 「한국시멘트공업의 전개와 쌍용양회」, 『경제사학』 1987년 12월호, 153~154쪽.

까지 가능했던 이유는 1963년 77만 8,298만 톤이었던 시멘트 생산량이 1964년 124만 2,784톤(1963년 대비 59,6% 증가)에 이르렀기 때문이었다.[65] 그러나 공급량이 갑자기 늘어나 1964년에는 최초로 시멘트 공급과잉이 발생했으며, 이로 인해 각 사간 판매경쟁이 심화되었다. 과열경쟁으로 인해 시멘트 가격이 하락하고 공장이 도산하면서 해외차관의 원리금 상환도 어렵게 되었다. 특히 해외 수출에서도 경쟁이 발생할 위험성이 있었다. 이에 시멘트 회사는 한국양회공판주식회사를 설립하여 공동판매망을 통해 과열경쟁국면을 해결하려 하였다. 당시 공동판매에 참여한 회사는 동양, 대한, 쌍용, 한일, 현대 등 5개 회사였다. 그러나 회원사 간의 마찰로 인해 공동판매는 1965년 4월 해체되었다. 대신 한국양회수출주식회사를 설립하여 수출에 있어 출혈경쟁을 방지하려하였다.[66]

1966년에는 시멘트 수요가 예측을 훨씬 초과하면서 시멘트 부족 사태가 다시 나타났다. 특히 1967년에는 산업의 수요뿐만 아니라 대통령 선거까지 겹치면서 시멘트 부족 상황은 더욱 심각해졌다. 1967년 시멘트 생산량은 총 244만 7,026톤이었으나 소비량은 296만 5,812톤이나 되었다. 1966년에 비해 생산증가는 29.9%였으나 소비 증가는 45.7%에 이르고 있었다. 이에 시멘트 회사는 1960년대 말 단위시설규모를 급속히 확장하기 시작하였다. 정부로서도 시멘트의 수급안정이 중요한 정책과제가 되었다. 이런 상황에서 쌍용양회는 1966년 8월 동해에 년산 170만 톤 규모의 대단위공장을 설립하기 시작하여 1968년 10월 준공식을 가졌다. 박정희는 기공식과 준공식에 모두 참여하여 다음과 같이 축사와 치사를 하였다.

> 동양 최대규모의 대단위공장을 세우게 된 것을 기쁘게 생각하며, 앞으로 연산 200만 톤이 생산되면 농민들에게 싼값으로 공급하여 초가집

---

65) 이정환, 「시멘트공업의 발전과 과제」, 『시멘트』 27, 1968년 12월호, 19~20쪽.
66) 쌍용양회 사사(社史) 편집실, 『쌍용양회30년사』, 1992, 117~120쪽.

이 기와집이 되고 다리가 노여지고 도로가 포장되는 등 그 혜택이 올 것입니다.[67]

우리나라는 지난 1년 전만 하더라도 불과 국내에서 생산되는 시멘트가 한 사오십만 톤밖에 되지 않았습니다.[68] …오늘 이 공장이 준공됨으로써 또 내달 11월 말에 완공을 보게 될 현대시멘트 공장의 준공으로 말미암아 이 나라에는 연간 500만 톤의 시멘트를 생산하게 되었습니다. 내년 말에 가면 460만 톤 규모의 시멘트가 더 생산됩니다. 지금 건설 중에 있고 확장 중에 있는 공장들이 1971년에 가서 완공이 되면 우리나라의 시멘트 생산이 1,000만 톤을 넘게 됩니다. 1,000만 톤을 생산하게 되면 오늘날 선진 공업 국가의 수준을 우리나라는 따라 가게 되는 것입니다.[69]

기공식에는 국내외 귀빈뿐만 아니라 주변 지역의 농민이 참석하고 있었다. 박정희는 이 자리에서 시멘트 산업이 발전하여 가격이 저렴해지면 농민이 마을가꾸기사업을 전개할 수 있다는 점을 강조하고 있다. 1960년 대에 슬레이트나 시멘트 업계에 진출한 사업가들은 장차 농촌개발을 염두에 두고 있었다. 적당한 시기가 되면 농촌이 슬레이트나 시멘트의 중요 시장이 될 것으로 예상하였으며, 정부 역시 이러한 생각을 가지고 있었다. 그리고 실질적으로 1960년대 각 마을은 자체적으로 슬레이트나 시멘트 기와를 이용해 지붕을 개량하고 다리를 건설하고 있었다. 준공식 치사의 내용에서는 선진 공업국가로 발전하기 위해서는 시멘트의 생산 확대가 필수적이라는 점과 시멘트 공장의 증설이 지속되어야한다는 점을 강조하고 있다.

1960년대 말은 시멘트의 생산규모가 가장 급속하게 팽창된 시기라고 할

---

[67] 『쌍용양회30년사』, 138쪽에서 재인용.

[68] 1967년 시멘트 생산량은 244만 7,026톤이었다. 사오십만 톤은 1960년의 시멘트 생산량을 의미한다고 볼 수 있다.

[69] 박정희 저, 신범식 편저, 『박정희 대통령 선집』 6, 지문각, 1969, 259~260쪽.

수 있다. 시멘트 생산량은 1967년 244만여 톤, 1968년 498만여 톤, 1969년 692만여 톤에 이르고 있었다. 특히 쌍용양회는 부흥부 장관 출신이었던 신현확이 사장으로 취임하고, 생산시설의 확장에 앞장서면서 1969년 시장점유율이 내수 43%, 수출 57%에 이르고 있었다.[70]

그러나 1970년 시멘트 업계의 위기가 찾아왔다. 위기의 원인은 석유가격의 지속적 인상과 시멘트의 과잉재고로 발생하였다. 특히 시멘트는 생산과정에서 에너지가 많이 소비되어 원가가 상승하였다. 여기에 1970년 초부터 정부의 정책방향이 고도성장정책에서 안정·긴축 정책으로 전환되면서 고층건물의 신축이 억제되었다. 민간부문의 건설의욕이 감퇴하고 30~40% 성장했던 내수증가율이 1970년 25%, 1971년 15%로 둔화되었다. 각 시멘트 회사는 자사 시멘트의 판매를 늘리기 위해 덤핑 판매를 시작하였고, 시멘트의 공장도 가격이 대당(袋當) 296원 이하가 되었다. 1971년에는 대당 170~180원까지 하락하고 있었다. 여기에다가 1971년 6월 환율인상, 자재가격의 상승 등이 겹치면서 시멘트 업계는 자금난에 시달리게 되었다. 당시 쌍용양회의 내수 판매는 1969년 186만 톤, 1970년 191만 톤, 1971년 194만 톤으로 증가율이 2~3%에 그치고 있었다.[71]

위에서 서술한 바와 같이 1970년 초반 시멘트 업계의 위기 속에서 시멘트가 농촌마을에 공급되었다. 농촌마을에 시멘트를 공급한 사건을 '우연한 사건'으로 설명하는 경우가 많다. 그러나 당시의 상황을 면밀히 살펴보면 1960년대 후반 이후 환경개선사업을 전개할 수 있는 여건이 형성되어 있었다는 사실을 발견할 수 있다. 이미 업계에서는 농촌의 환경개선에 필요한 시멘트와 슬레이트를 공급하기 위해 여러 가지 측면에서 준비를 하고 있었다. 비료와 농약 등의 여러 가지 농자재는 농협을 통해 공급되고, 환경개선

---

[70] 「시멘트공업의 발전과 과제」 21쪽 및 『쌍용양회30년사』, 149~150쪽.
[71] 『쌍용양회30년사』, 148~151쪽.

에 필요한 자재는 농협과 시장을 통해 마을에 공급되고 있었다.[72] 농촌은 이제 시장경제에 더 가까워졌으며, 산업자본가는 농촌으로 시장을 확대해 나갈 수 있는 기반을 마련하였다. 이후 환경개선사업이 활발하게 진행되면서 1970년대 초반 시멘트업계의 불황은 1972년이 되면서 해소되었다.[73]

슬레이트는 시멘트와 석면의 합성물이며, 선진국에서도 각광받는 건축자재였다. 보통 시멘트 생산량의 10% 정도는 슬레이트를 만드는 재료로 사용되었다. 슬레이트는 지붕재료뿐만 아니라 강도가 강해 벽면으로 널리 사용되기도 하였다. 1958년 김인득[74]은 한국 슬레이트, 정주영의 동생 정상영은 금강슬레이트를 설립하였고 1960년 전반기에는 고려·제일 슬레이트 회사가 설립되었다. 슬레이트 제품은 주원료가 한국에 풍부하게 매장된 시멘트라는 점과 해외 수출에서 경쟁력 확보가 비교적 쉽다는 사실 때문에 1960년대 경제개발사업 시기에 집중 육성되었다. 또한 농촌의 지붕개량을 위해

[72] 시멘트와 슬레이트는 농협을 통해 공급되는 경우가 많았지만 시장에서 구입하는 경우도 있다. 조정래의 소설『한강』9에는 국회의원 강기수가 자기 아들에게 자신의 지역구에서 시멘트 사업을 하도록 하는 장면이 나온다. 작가는 새마을운동 시기를 '시멘트 시대'라고 표현하고 있다. 소설에는 "그 일(시멘트와 슬레이트 판매상)을 시킨 건 새마을운동으로 농촌의 지붕과 담을 개량하는 데 맞춘 거였다. 그 대대적인 사업에 물자를 대는 것은 그야말로 땅 짚고 헤엄치기 돈벌이였다. 다른 지역에는 눈 돌리지 않더라도 자신의 선거구만 장악해도 그건 보통 노다지가 아니었다."라고 서술하고 있다. 조정래는 소설에서 새마을운동을 부정적으로 인식하였다. 자세한 내용은 조정래의『한강』9 (해냄, 2002) 49쪽 참고. 한편, 조정래는 1974년 12월 월간잡지『새마을』(대한공론사)에 '숨 쉴 수 있는 땅'이라는 단편소설을 발표하였다. 이 소설에서 주인공 봉길이 도시는 '숨 쉴 수 없는 땅'이라고 말하면서 맘껏 '숨 쉴 수 있는 농촌'으로 내려가겠다고 결심하는 이야기가 나온다. 1974년 조정래의 소설은 '도시부정 — 농촌희망'이라는 전형적인 '새마을소설'의 양식을 보여주고 있어 주목된다. 새마을소설의 내용구조에 대해서는 정홍섭, 「새마을소설에 나타난 근대화 담론의 자기 모순성」,『1960~70년대 한국문학과 지배: 저항 이념의 헤게모니』, 도서출판 역락, 2007 참고.

[73] 『쌍용양회30년사』, 177쪽.

[74] 김인득의 아들 김희용은 박상희(박정희의 형)의 딸 박설자와 결혼하였다. 한국 슬레이트의 성장은 1960년대 경제개발사업, 새마을운동의 전개 등이 중요한 요인이었을 뿐만 아니라 박정희와의 관계도 중요하게 작용했다고 볼 수 있다. 한국 슬레이트는 1991년 3월 벽산건설(주)로 상호를 변경하여 오늘에 이르고 있다. 현재 김희용의 형 김희철은 벽산그룹 회장이며, 김희용은 계열사인 동양물산의 대표이사이다.

서 반드시 필요한 산업으로 인식하고 있었다. 1963년에 김인득은 한국 슬레이트 공업의 발전이 농촌에 미칠 영향에 대해 다음과 같이 언급하였다.

> 우리나라의 농촌의 주택은 비문화적이고 비위생적이라는 사실은 누구나가 아는 일이지만 아울러 짚으로 덮는 지붕이 매우 비경제적이라는 점은 흔히 간과되어 있다. 초가의 지붕은 짚으로 덮이고 이 짚은 매년 갱신하여야만 하기 때문에 그 비용은 눈에 안 띄게 많이 들게 마련이다. 만일에 초가의 지붕을 슬레이트로 갈아 덮는다면 해마다 상당량의 짚을 절약하게 될 것이며 이 절약되는 짚으로 여러 가지 고공품을 부업으로 만들어 팔 수 있을 것이다. …현 단계에 있어서는 슬레이트 제품이 농촌에 보급할 수 있을 정도로 저렴하다고 볼 수는 없으나 앞으로 제품개량과 경영합리화를 통한 원가인하에 노력하며 당국의 적절한 정책적 뒷받침만 있으면 적정한 가격으로 공급할 수 있을 것으로 생각된다.[75]

우선 지붕개량이 경제적으로 유리하다는 주장이 주목된다. 초가지붕이 비위생적일 뿐만 아니라 경제성에도 불리하다는 주장은 당시 선진적인 주장이었다. 매년 새로 지붕을 이어야하기 때문에 노동력이 많이 필요할 뿐만 아니라 짚을 이용한 고공품 생산에 차질이 생긴다는 점을 지적하였다.[76] 그러나 농촌 마을에서 슬레이트로 지붕을 개량하는 데는 많은 비용

---

75) 김인득, 「한국 슬레이트 공업의 앞날」, 『비지네스』 1963년 3월호, 67~68쪽.
76) 김인득은 농촌의 초가지붕 개량에 처음 관심을 가진 이유에 대해 "농어촌지붕개량사업에 처음 관심을 가진 것은 66년 해외여행 때였다. 이 해 미국에서 원자력공학박사학위를 받은 희철의 결혼식을 치르기 위해 시카고로 건너 간 나는 그곳에서 가족동반 유럽여행을 떠났다. 역사와 전통이 살아 숨 쉬는 유럽 여러 나라를 둘러보는 동안 건자재업을 하는 나의 관심은 오직 빌딩이나 주택의 건축자재가 무엇인가였다. 인도에 들렀을 때다. 인도의 시골집은 밀대(소맥의 볏짚)지붕과 토담 등 주택양식이 우리 농촌과 비슷했다. 매년 또는 2년마다 새로 이엉을 덮어야 하는 초가지붕을 반영구적인 슬레이트 지붕으로 바꾸기만 한다면 시간과 수고, 그리고 경제적으로 엄청난 실익을 얻을 수 있다."라고 회고하였다. 그러나 1963년 『비지네스』에 기고한 글을 통해 이 회고는 사실과 다르다는 점을 알 수 있다. 김인득은 황금알을 낳는 사업 분야인 단성사와 반도극장을 처분하고 슬레이트 공장을 인수할 때부터 슬레이트의 사업성을 알고 있었다고 보인다. 자세한 내용은 「벽산 김인득 벽산그룹명예회장: 나의 기업 인생 50」, 『경향신문』 3월 29일자 참고.

이 발생하는 문제점이 있었다. 한번 개량하면 계속해서 지붕을 새로 이지 않아도 되었지만, 처음 공사에 들어가는 비용을 감당할 수 있는 농가는 많지 않았던 것이다. 대신 도시지역의 창고, 공장, 공공건물, 학교 등을 중심으로 슬레이트가 지붕 및 건축자재로 점점 사용되기 시작하였다. 1960년 슬레이트 생산량은 150,000매(6·5mm×720m), 1963년 1,200,000매, 1965년 4,000,000매로 급속 성장하고 있었다. 슬레이트 생산이 급증하면서 슬레이트의 가격도 점점 저렴해지기 시작하였다. 1965년의 경우 평당 지붕개량에 들어가는 비용은 슬레이트 1,050원, 함석 1,690원, 시멘트 기와 1,350원 정도로 환산되고 있었다. 슬레이트가 점점 지붕개량의 재료로 널리 사용될 수 있는 바탕이 마련되었다고 할 수 있었다. 슬레이트의 생산 기반은 마련되었지만 여전히 주택의 지붕재료로 사용되지 못하고 있었다. 일반 농민은 슬레이트로 지붕 개량하는 것을 꺼리고 있었다. 슬레이트로 지붕을 개량하면 볏짚을 생산적인 일에 사용할 수 있고 노동을 줄일 수 있으나 열관리에 어려움이 많았다. 슬레이트 지붕은 겨울에는 춥고 여름에 덥다는 약점이 있었다.[77] 한국 슬레이트는 1963년에 처음으로 슬레이트 재료를 이용한 견본주택을 지어 한강변과 해수욕장에 전시하였다. 슬레이트 지붕은 도시에서 점차 보급되었지만, 농촌에서는 거의 사용되지 않고 있었다.[78] 이러한 상황은 1965년 전국 지붕재료의 현황에 다음과 같이 잘 나타나 있다.

---

[77] 슬레이트 지붕의 문제점에 대한 질문에 김제 지역의 한 농민은 "볏짚이 좋은 것도 있었지, 여름에는 시원하고 겨울에는 따뜻하고 …그런데 슬레이트는 그게 아니었거든"이라는 반응을 보였다. 이에 대한 자세한 내용은 이승훈, 「1970년대 농촌주택개량사업: 주생활의 변화와 농민의 반응」, 『정신문화 연구』, 1996년 겨울호, 246쪽.

[78] 김상범(한국 슬레이트 공업주식회사 공장장), 「한국 슬레이트 공업의 현황과 전망」, 『양회공업』, 1966년 6월호, 21~26쪽.

<표 2-3> 전국 지붕 재료 현황(1965년 기준)

| 지붕 재료별 | 동 수 | 비율(%) |
|---|---|---|
| 초가 | 2,985,035 | 71.3 |
| 시멘트 기와 | 428,965 | 10.3 |
| 점토 기와 | 369,520 | 8.8 |
| 철판(함석) | 240,435 | 5.7 |
| 석면 슬레이트 | 20,860 | 0.5 |
| 미상 | 21,840 | 2.5 |
| 기타 | 120,480 | 2.9 |
| 계 | 4,187,135 | 100 |

※ 출처: 김상범(한국 슬레이트 공업주식회사 공장장), 「한국 슬레이트 공업의 현황과 전망」, 『양회공업』, 1966년 6월호, 24쪽.

〈표 2-3〉에서와 같이 1960년대 전반기에는 슬레이트를 사용하는 지붕재료의 비중이 매우 낮다는 사실을 알 수 있다. 대신 기와와 함석이 널리 사용되고 있음을 알 수 있다. 기와는 점토 기와와 시멘트 기와가 사용되었다. 점토기와는 시멘트 기와 등장 이전에 널리 사용된 지붕개량 자재였다. 점토기와는 굽는 과정에서 목재가 많이 사용되어 산림을 벌채하는 경우가 많이 발생하였다. 이로 인해 점토기와는 점점 사라지고 시멘트 기와가 널리 보급되기 시작하였다. 그러나 농가주택은 기둥이나 벽체가 튼튼하지 못해 기와지붕이 적합하지 못한 주택이 많았다. 허술한 주택에 기와지붕을 올리다가 무너지는 사례가 종종 발생하고 있었다. 따라서 정부는 슬레이트와 함석을 이용한 지붕개량 정책을 추진하게 되었다.

슬레이트가 지붕재료로 널리 보급된 시기는 1960년대 말이었다. 1960년대 말 슬레이트가 널리 보급된 배경은 크게 두 가지로 설명할 수 있다. 첫째, 한국 슬레이트가 농촌지역에 견본주택을 건설하여 전시하기 시작한 점이다. 한국 슬레이트는 1966년 초가집 1채를 빌려 시범적으로 지붕개량을 하였다. 초가지붕을 걷어내고 그 위에 슬레이트를 덮자 집 모양이 납작해져서 볼품이 없어 보였다. 이에 지붕 위에 1m 높이의 기둥을 세우고 서까래를 놓은 다음 그 위에 슬레이트를 덮는 방식을 사용하게 되었다. 이러한 형태는 현재 농촌 주택의 표준이 되었다. 둘째, 한국 슬레이트는 견본 주택의 개발에 성공한 후 슬레이트 견본 주택의 장점을 정부 당국자에게 적극적으로 홍보하기 시작하였다. 이에 대해 김인득은 다음과 같이 회고하였다.

> 슬레이트지붕 견본주택 제작에 성공한 나는 정부의 주무당국을 찾아 그동안의 결과를 놓고 농어촌지붕개량사업에 관한 솔직한 의견을 개진했다. "우리나라 총 농가가 약 2백 50만 호가 넘는데 아직도 대부분 초가지붕을 면치 못하고 있습니다. 초가지붕을 모두 반영구적인 슬레이트지붕으로 개량한다면, 남는 볏짚으로 공산품을 제조할 수 있고 축산사료로도 쓸 수 있으며 양송이재배나 볏짚펄프, 퇴비 등으로도 이용, 대략 6백억~7백억 원의 농가소득증대를 꾀할 수 있다는 계산이 나옵니다."라고 설득하자 한동안 침묵을 지키던 당국자가 입을 열었다. "말씀은 쉽지만 사업규모가 워낙 방대해서 섣불리 판단할 수가 없습니다. 그냥 서류를 두고 가시지요. 시간을 내서 다시 한 번 검토하겠습니다."라고 하였다. 나는 "알았다"고 말하고 힘없이 사무실을 나왔다. 당국자의 말은 "노"라는 뜻이었다. 낙심과 실망이 컸다. 그렇다고 그냥 물러날 수는 없었다. 나는 가능한 모든 방법을 동원, 농어촌 지붕개량사업을 추진했다. 3년여의 세월이 흘렀다. 마침내 오랜 숙원이 풀렸다. '농어촌지붕개량촉진법'이 제정되고 대통령의 재가를 얻어 공포되었다.[79]

회고의 내용 중 주목되는 내용은 김인득이 정부 당국자를 찾아가 설득했다는 점이고, 처음에는 실패하였으나 계속해서 모든 가능한 수단을 동원해 정부 당국자를 만났다는 사실이다. 경제개발 과정에서 성장한 기업가는 농촌을 공산품의 중요한 소비시장으로 인식하였으며, 농촌 소비시장을 장악하기 위해 기업 간 경쟁을 치열하게 전개하기도 하였다. 새마을운동이 시작된 후 지붕개량이 대대적으로 전개되자 김인득은 대전에 월 100만장

---

79) 「벽산 김인득 벽산그룹명예회장: 나의 기업 인생 51회」, 『경향신문』 1994년 4월 5일자.

규모의 대단위 슬레이트 공장을 건설함과 동시에 경영이 부실한 소규모의 슬레이트 공장을 인수하여 사업을 확장할 수 있었다.[80]

　이상에서와 같이 시멘트와 슬레이트 공급기반이 마련된 것은 1960년대 1·2차 경제개발을 추진하는 과정에서 시멘트와 슬레이트 산업이 급속하게 발전하였기 때문이었다. 그리고 생산된 시멘트와 슬레이트의 소비가 도시뿐만 아니라 농촌으로 보급되는 과정과 밀접한 관련이 있다고 할 수 있다. 이러한 배경 속에서 1970년 7월경 남아도는 시멘트를 농촌에 무상으로 공급하는 방침이 확정되었다. 이에 따라 내무부의 제2지방행정국에서는 시멘트의 무상공급계획 및 운송, 보관, 관리 계획이 2차례에 걸쳐 작성되어 청와대에 보고되었다. 당시 보고 문서에 나타난 시멘트의 총량은 다음과 같다.

〈표 2-4〉 시멘트 지원총량

| 구분 | | 계 | 시멘트 | 수송비 |
|---|---|---|---|---|
| 전국 | 수량 | 11,177,712대(袋) | 11,177,712대 | |
| | 금액 | 3,554,512,000원 | 3,219,181,000원 | 335,331,000원 |
| 1개 동리 수 | 수량 | 336대 | 336대 | |
| | 금액 | 106,848원 | 96,768원 | 10,080원 |

※ 소요예산 35억 원은 지방비로 충당하되 1970에 20억, 1971에 15억을 상환.
※ 지원리동(里洞)수 전국 33,267리동, 단가(1포당 가격) 288원.
※ 출처: 대통령비서실, 「새마을가꾸기 사업 추진현황보고(2차)」, 보고번호 생략, 보고일자 (1970년 9월 21일).

　〈표 2-4〉에서와 같이 정부는 마을 당 지급할 시멘트의 양과 수송비까지

---

[80] 「벽산 김인득 벽산그룹명예회장: 나의 기업 인생 52회」, 『경향신문』 1994년 4월 12일자. 이후 김인득은 슬레이트 공장의 증설과 더불어 농업기계도 본격적으로 생산하기 시작하였다. 농업기계의 생산은 초기에 많은 어려움이 있었다. 농업규모가 영세하여 농업기계가 널리 보급되기 어려웠기 때문이다. 동양물산에서 생산한 농업기계가 호황기를 맞이한 것은 1972년 이후였다. 농로가 확장되면서 재고로 쌓였던 동력분무기, 미스트기, 콤바인, 경운기, 트랙터 등이 농촌에 보급되기 시작하였다.

포함하여 예산을 책정하고 있다. 당시 한국양회공업협회는 생산한 시멘트를 각 지방의 철도역까지 운반하고 대한통운은 이 시멘트를 각 마을까지 운반하도록 계획하였다. 그리고 의정부와 시흥군의 2개면 지역에서는 시범적으로 운송훈련이 실시되었다. 운송된 시멘트가 마을에 도착하면 마을 주민이 모두 도착한 시멘트를 확인하도록 하였으며, 이장이나 개발위원 3인 이상이 연대책임을 지고 관리하도록 지시하고 있다. 시멘트의 무상공급 계획이 세부적으로 작성되었다는 사실을 알 수 있다.

▌시멘트 하차 작업 광경

▌한일시멘트 단양 공장 모습(1964년)

※ 출처: http://theme.archives.go.kr/next/semaul/gallery(국가기록원); http://www.cbinews.co.kr.

시멘트가 내무부를 통해 마을에 실제 공급된 시기는 1970년 10월부터 1971년 3월까지였다. 전국 33,267개 행정리와 동에 속한 마을에 시멘트 336부대씩을 제공[81]하였다. 시멘트를 제공하면서 내무부는 1970년 10월 1일 20개의 사업을 지정하여 주고, 이 사업 중 각 마을의 사정에 따라 적당

---

[81] 1971년부터 78년까지 정부가 마을 단위에 지원해준 시멘트와 철근을 연평균으로 환산하면 마을당 시멘트 240포대와 철골 340Kg이 된다. 이것을 다시 1974년 시가로 환산하면 마을당 연간 250만 원 정도가 된다. 한 마을의 세대수를 100호로 가정하면 한 농가당 연간 25,000원 정도이다. 자세한 내용은 박진환, 『한국경제 근대화와 새마을운동』, (사)박정희대통령기념사업회, 2008, 108쪽 참고.

한 사업을 추진하라고 권장하였다. 20개 사업에는 마을진입로 확장, 작은 교량 건설, 농가지붕 개량, 작은 하천의 둑 개조, 공동빨래터 만들기 등이었다. 이러한 사업은 모범마을에서 일반적으로 시행했던 사업이었다. 당시 박정희와 내무부는 정부가 제공한 시멘트를 이용해 신도리와 같이 마을을 가꾸라는 의미였다고 볼 수 있다.[82]

당시 내무부는 새마을가꾸기 사업의 추진을 위한 지도 방안을 마련하여 시행하였는데, 그 구체적인 내용은 다음과 같다. 첫째, 각 지방공무원, 리·동 개발위원회 위원장 및 위원뿐만 아니라 마을의 비공식지도자를 대상으로 교육을 실시하였다. 둘째, 행정지도의 효율화를 위하여 각 공무원이 일개의 리·동을 전담하도록 하고, 담당 공무원이 마을 주민을 설득하고 독려하도록 하였다. 셋째, 마을주민의 참여를 높이기 위하여 사업의 홍보를 강화하도록 하였다. 사업 활동 소개, 현수막 게시, 공무원의 작업 현장 시찰, 매스컴과 정부기관지를 통한 홍보 등이 권장되었다. 넷째, 시·군당 1개 리·동씩 새마을가꾸기 선진·시범 부락을 선정하고, 이 선진마을의 사례가 타 지역에도 확산될 수 있도록 하였다. 구체적으로 선진 마을의 선정 기준도 제시하였다.[83]

위의 방침에 의해 실시된 1970~71 새마을가꾸기 사업은 주로 마을의 외형을 가꾸는 사업이었다. 1970년 10월 내무부가 새마을가꾸기 사업을 지시하면서 예시한 10대사업[84]과 마을자체에서 실시한 사업을 비교하면 다음과 같다.

---


82) 『한국 경제정책30년사: 김정렴 회고록』, 189쪽.

83) 내무부, 『새마을가꾸기 길잡이』, 1970, 10쪽

84) 새마을가꾸기 10대 사업과 대만에서 실시된 '社區開發' 사업은 사업항목에서 유사성이 있다. '社區開發' 사업의 사업유형은 巷道改修, 배수구개수, 가호위생개선, 厠所建築, 주위청소 등이었다. 자세한 내용은 최창호, 「우리나라 새마을가꾸기 사업의 실태와 문제점」, 건국대 학술지 제13권 1호, 1972, 302쪽 참고.

〈표 2-5〉 새마을가꾸기 10대 사업과 마을 자체 사업 비교

| 구분 | 새마을가꾸기 10대 사업 | 1970~71년<br>새마을가꾸기 마을 자체 사업 |
| --- | --- | --- |
| 사업 내용 | · 마을산 푸르게 만들기<br>· 마을에 들어오는 길 넓히기<br>· 마을 앞 소하천 뚝 보수<br>· 퇴비장 만들기<br>· 소류지 모래파내기<br>· 관정보수 및 관리하기<br>· 마을청소 및 하수구 파내기<br>· 공동우물 만들기<br>· 공동빨래터 만들기<br>· 쥐 없는 마을 만들기 | 가로수 심기, 담장 고치기, 꽃밭 만들기, 가정의례준칙 지키기, 변소개량, 지붕개량, 부엌개량, 국기 게양, 소독 및 오물통 설치하기, 공동 목욕탕 만들기, 농업용수 시설 보수와 관리, 공동창고 만들기, 쥐 없는 마을 만들기 |

※ 출처: 내무부, 『새마을가꾸기 길잡이』, 1970, 10쪽; 최창호, 「우리나라 새마을가꾸기 사업의 실태와 문제점」, 건국대 학술지 제13권 1호, 1972, 301쪽.

〈표 2-5〉에서와 같이 각 마을은 자신의 수준에 맞거나 손쉽게 할 수 있는 일뿐만 아니라 정부가 권장하는 협동사업을 자체적으로 실시하였다. 새마을가꾸기 사업은 정부의 의도보다 큰 성공을 거두는 경우가 많았다. 물론 시멘트와 철근을 효과적으로 사용하지 못하고 실패하는 경우도 있었다. 내무부는 지방공무원에게 새마을가꾸기 사업의 실적을 계속 보고하도록 지시하였다. 공무원은 10가지 사업 중 가장 성공한 분야는 마을 길 넓히기이며 시멘트의 48.4%가 마을길을 넓히는 데 사용되었다고 보고하였다.[85]

1970~71년 새마을가꾸기 사업은 기대 이상의 성과를 거두었다고 판단되었다. 많은 경우 주민은 정부에서 배분한 시멘트를 가지고 자신의 자금과 노동을 제공하면서 마을 공동사업을 전개하였다. 지방행정기관의 조사에는 전국 3만 4천 개 마을 중 1만 6천여 마을이 정부에서 예시한 각종 사업을 성공적으로 실시하고 있었다. 이러한 마을 중 포항시 문성마을은 가장 성공한 마을로 주목을 받았다. 이후 내무부는 문성마을을 1970년대 초반

---

85) 『지방행정』 1971년 8월호, 34~36쪽.

새마을가꾸기 사업의 모델로 적극 활용하고 표준화하였다.

문성마을은 홍선표와 이석걸을 중심으로 새마을가꾸기 사업을 전개하였다. 이석걸[86]은 기계면 현내리에서 방앗간, 이발소, 목욕탕을 경영하던 중 1970년 면장 김두락의 권유로 전국의 산업단지와 선진마을을 견학하게 되었다. 1970년 여름 경북은 녹화사업의 일환으로 읍·면 지도자 1명씩을 선발하여 4박 5일 일정으로 선진지역을 견학하고 있었는데, 이석걸이 추천된 것이다. 특히 감명을 받은 지역은 경북 청도의 신도마을과 논산의 오야마을이었다. 이후 영일군청에서는 군 자체적으로 145명의 예비지도자를 선발하여 자비로 선진마을을 견학하였으며, 군청 자체적으로 군용막사를 빌려 1박 2일간 새마을교육을 실시하였다. 선진지역 시찰과 교육을 마친 이석걸은 기계면 대곡리를 시범부락으로 선정하고 새마을사업을 추진하려 하였으나, 마을 주민의 협조가 부족하여 실패하였다. 이에 이석걸은 자기 마을로부터 3km 떨어진 문성동의 홍선표를 찾아갔으며, 홍선표와 문성마을 주민의 협조로 새마을가꾸기 사업이 추진되었다.[87]

홍선표는 1962년부터 문성마을(인구 592명, 96호의 산촌)의 이장이 된 사람이었다. 홍선표는 1967년부터 마을공동사업을 전개하였다. 대표적인 공동사업은 3가지였다. 첫째, 가뭄의 피해가 심해 농사짓기 어려운 천수답 12정보를 주민의 공동노동을 통해 상전으로 전환하는 사업을 이끌었다. 둘째, 1967년 극심한 가뭄이 들자 마을 하천에 집수암거(集水巖居)를 개발하고 30마력의 양수기를 구입해 천수답을 수리안전답으로 바꾸는 공사를 추진하였다. 셋째, 양계와 홀치기[88] 등의 부업을 장려하여 마을의 소득을 향

---

86) 기록영화에는 이석걸이 노름과 술로 방탕한 생활을 하다가 선진지역을 견학한 후 마을 발전을 위해 헌신하기로 결심했다는 내용이 나온다. 영화에 극적인 요소를 강조하기 위해 설정된 것으로 보인다. 자세한 내용은 20분 분량의 기록영화 「자조마을 문성동」(국립영화제작소 제작) 참조.

87) 홍선표, 「새마을사업 성공사례: 지도자의 집념으로 일어선 문성동」, 『지방행정』 1974년 1월호, 82~85쪽.

상시킨 일 등이었다. 이석걸은 자신의 마을을 떠나 마을 협동사업에 성공한 경험과 지도자가 있는 문성마을에서 새마을사업을 추진하게 된 것이다.

홍선표와 이석걸을 중심으로 문성마을은 1970년 10월부터 1971년 5월까지 7개월 동안 대대적으로 새마을가꾸기 사업을 추진하였다. 정부는 문성마을에 시멘트 355부대를 지원하였는데, 당시 시멘트 355부대를 시중가격으로 환산하면 약 96,400원 정도였다. 문성동 주민은 정부지원을 바탕으로 748평의 토지를 희사 받아 마을 진입로를 폭 5m, 길이 800m로 개설하고 농로 1,600m를 보수하였다. 이 외에도 마을회관 건립, 3개의 공동우물 정비, 공동빨래터 2개소 설치, 변소개량 42개소, 151가구 중 116가구의 지붕개량사업 등을 전개하였다. 가장 어려웠던 사업은 지붕개량사업이었다. 지붕개량에 필요한 슬레이트를 마을 실정상 외상으로 구입해야했으나, 모든 회사가 외상 판매를 꺼리고 있었다. 이석걸은 슬레이트를 외상으로 구입하기 위해 슬레이트 회사(한국, 제일, 금강)를 여러 차례 방문하였다. 결국 한국 슬레이트는 36명이 연대보증을 서는 조건으로 외상판매를 하였다. 이는 새마을사업을 추진하는 과정에서 농협의 융자제도가 정비되지 않았다는 사실과 지붕개량이 농민에게 경제적으로 큰 부담이었다는 사실을 잘 보여준다.[89]

문성마을에서 농한기 새마을가꾸기 사업이 추진되는 동안 경북지사와 2군 사령관 등이 여러 차례 방문하였으며, 1970년 12월 23일에는 경북 도내 읍·면장 전원이 참석한 가운데 새마을가꾸기 사업에 대한 회의가 열렸다. 이후 관련 단체의 공무원이 순번제로 문성마을을 방문하였다. 당시 군청

---

[88] 1960~70년대 섬유산업이 발전하면서 나타난 여성의 부업으로 경상북도 지역에서 인기가 많았다. 홀치기는 나염방법의 하나로 주로 일본인의 기모노의류를 만드는 과정에 사용되었다. 홀치기 방법은 먼저 염색하고자하는 천에 밑그림을 그리고 모양을 나타내 고자하는 부분을 실로 매우 강하게 매듭하고 매듭한 부분에는 염료가 스미지 않도록 하여 염색하는 방법이다. 홀치기는 여성의 대표적인 부업이었다.

[89] 홍선표, 「새마을사업 성공사례: 지도자의 집념으로 일어선 문성동」, 『지방행정』 1974년 1월호, 82~85쪽.

새마을담당 직원이었던 정환성은 마을에 출근하여 방문하는 공무원과 견학하는 사람을 위해 사업설명과 마을소개를 담당하였다. 1971년 여름에는 중앙부처 합동 심사반과 경제기획원 오경세 사무관이 문성마을을 현지답사하고 마을의 상황을 청와대에 보고하였다. 1971년 8월 5일에는 경제기획원에서 경제동향보고회가 있었고, 이 자리에서 문성마을의 새마을사업 추진실적이 대통령에게 보고되었다. 이 회의에서 영일군수 박준무는 45분간 사업설명을 하였으며 정환성은 슬라이드를 통해 마을의 발전상황을 소개하였다. 문성마을 새마을사업 추진과 관련되어 면장 김두락, 군청 새마을담당 정환성, 영일군수 박준무, 이석걸과 홍선표는 훈장이나 포장을 수여받았다. 문화공보부는 이석걸을 주인공으로 하여 '자조마을 문성동'이라는 제목의 영화를 제작하여 보급하였다.[90]

문성마을은 모범마을의 탄생과 희생적인 지도자, 농한기 새마을사업의 대대적 추진, 행정공무원의 지원과 사례보고, 대통령의 표창과 방문, 훈장과 포장 수여, 지역숙원사업 해결, 홍보매체를 통한 대대적 홍보로 이어지는 과정을 잘 보여주고 있다. 또한 최고지도자 박정희와 단위마을의 지도자가 연결되는 과정도 나타난다. 단위 마을에는 마을개발을 지도하는 지도자가 있고, 이 지도자는 지방공무원이나 농업 관련 기관의 공무원에 의해 최고지도자와 연결되고 있다.

이상에서와 같이 1960년대 전국에 등장한 모범마을, 다양한 모범마을 중 신도마을과 중앙정부의 연결, 신도마을의 박정희 방문, 1970년 4월 22일 박정희의 새마을가꾸기 사업 방침 지시, 1970년 여름 새마을가꾸기 사업 방침 확정과 시멘트무상공급 계획 확립, 시멘트의 무상공급, 1970년 10월

---

[90] 홍선표, 「새마을사업 성공사례: 지도자의 집념으로 일어선 문성동」, 『지방행정』 1974년 1월호, 82~85쪽; 정환성, 「새마을운동의 요람이자 발상지인 문성마을 성공사례 회고록」, 포항시청 인터넷 문서; 이석걸, 「새마을운동 발상지 문성동을 생각하며」, 포항시청 인터넷 문서.

부터 시작된 새마을가꾸기 사업, 새마을가꾸기 성공 마을 중 문성마을의 표준화 및 전국적 홍보 과정을 거치면서 모범마을과 새마을가꾸기 사업은 연결되었다. 그리고 새마을가꾸기 사업은 1971년 9월 비교행정회의를 전후로 하여 역사 이래 최대 규모의 농민동원체제인 새마을운동으로 전환되기 시작하였다.

### 3) 새마을가꾸기 사업에서 새마을운동으로의 전환

1970~71년 새마을가꾸기 사업에서 새마을운동으로의 전환 과정은 1971년 경제동향보고회의,[91] 1971년 9월 전국 시장·군수 비교행정회의, 2차년도 새마을가꾸기 사업의 추진, 새마을지도자 교육의 실시, 세부사업으로서 지붕개량 사업과 새마을나무심기 계획 마련, 새마을여름학교의 개최, 새마을운동 이론정립을 위한 연구사업 계획, 새마을운동 국민대회의 개최, 새마을 포상마을의 특집보도 계획 등을 통해 살펴볼 수 있다. 전환 과정에서 확립된 새마을운동추진협의체의 성립이나 동원체제의 확립은 다음 절에서 살펴보기로 한다.

1970~71년 새마을가꾸기 사업 이후 전국비교행정회의 이전에 경제동향보고회의에서 보고된 지역과 마을은 간이상수도 사업을 실시한 경남 거창군(1971. 6. 7), 담양의 도개마을(1971. 7. 5),[92] 영일 문성마을(1971. 8. 5),

---

[91] 박정희는 1971년 6월부터 경제동향보고회의에 "농촌을 발전시킨 독농가, 연료를 개발한 사람, 특용작물을 개발한 사람 등"을 참석시켜 이들의 창의적 활동을 뒷받침하라고 지시하였다. 자세한 내용은『경향신문』1971년 6월 7일자 참고.

[92] 박정희는 1971년 7월 30일 지방장관 유시에서 거창군과 도개마을의 사례를 성공사례로 소개하였다. 유시에는 "간이 급수 시설을 만들어 해발 450미터 고지대의 식수난을 해결한 경남 거창군의 강 판영 군수나, 부락 공동 재산을 마련하여 주부의 생활방식과 영농환경을 근대화한 전남 담양군 월산면에 사는 정 회원씨의 성공담은, 널리 알리고 본받아야할 귀중한 교훈이요 본보기라고 생각합니다."라고 소개하고 있다. 자세한 내용은 대통령비서실, 「지방장관 회의 유시(1970년 7월 30일)」,『박정희 대통령연설문집』8집, 대통령공보비서관실, 1979, 390쪽.

청원 석화마을(1971. 9. 6) 등이었다.[93]

담양군 도개마을의 사례보고자는 정회원이었다. 정회원은 1956년 담양군 월산면장에 선출된 이후 대규모저수지공사를 추진하다 실패하면서 1962년 면장직을 사임하였다. 이후 도개마을자원지도자, 농촌진흥청 농촌지도사로서 고등원예·양계·창신계의 조직, 마을 진입로 및 담장 개설, 지붕개량, 1969년부터 비육우 사업 등을 지도하였다. 특히 그는 전국에서 최초로 도개마을에 메탄가스 설치를 주도한 인물이었다. 메탄가스 설치에 성공하자 당시 농림부 장관이 마을을 직접 방문하여 시설을 점검하였다. 그는 이러한 공로로 경제동향보고회의에서 사례보고를 하였으며, 모범농촌지도자로서 국민훈장 목련장을 수여받았다.[94] 석화마을의 사례보고자는 하상돈이었다. 그는 공무원 생활을 그만두고 1960년 석화마을에 정착한 이후 1만 5천 평의 뽕나무 단지 개간, 각종 마을가꾸기 사업의 추진, 생활개선사업 등을 주도한 인물이었다. 앞장에서 설명한 바와 같이 석화마을은 잠업으로 가난을 물리친 마을이었고, 마을지도자 하상돈은 소득증대특별사업 성공사례를 발표하면서 널리 알려진 인물이었다. 사례보고 당시 그는 청원 양잠협동조합장이었다. 사례보고 중에 그는 환경개선에 필요한 슬라브 등의 자재는 면단위로 생산해야 효과적이라고 건의하였고, 이는 정책으로 채택되었다.[95] 도개마을과 석화마을은 새마을가꾸기 사업보다 소득증대사업에서 모범을 보인 마을이었고, 이들은 농촌지도사와 조합장의 신분으로 사례보고를 하였다. 이에 반해 내무부는 문성마을이 1970년에 보급된 시멘트를 이용해 새마을가꾸기 사업을 집중적으로 추진한 점, 지도자가 자원지도자라는 점, 마을이 경북 지역[96]에 위치한다는 점 등을 고려하여 표준마을로 선정하였다고 볼

93) 『새마을운동30년자료집』, 316쪽.
94) 『매일경제』 1971년 7월 6일자 및 『경향신문』 1975년 9월 13일자.
95) 『경향신문』 1971년 9월 8일자.

수 있다. 또한 소득증대보다 새마을가꾸기 사업을 중점적으로 추진하려는 정부의 의도도 작용했다고 보인다.

정부는 전국 시장·군수 비교행정 회의를 1971년 9월 17~18일 경북일대에서 개최하였다. 17일 경북도청회의실에서 개최된 회의(참석인원 355명)에서 박정희는 새마을가꾸기 사업의 전국적 전개, 물가안정대책, 예비군훈련강화, 서정쇄신 등의 문제에 대해 연설한 후 문성동, 경산군 하양면, 포항 영일군을 방문하였다. 영일군 방문 때에는 서울~동경 간 정기항로 통과지역에 특수조림을 지시하였고, 경주지역에서는 경주와 포항 간 도로 주변에 있는 초가를 옮겨 도로주변의 환경을 정비하도록 지시하였다. 18일에는 도시개발과 관련된 시장 세미나를 개최하고 거창군을 시찰하였다. 문성마을을 시찰하면서 박정희는 ① 전국 시장과 군수는 문성동과 같은 새마을을 만들어라 ② 자조, 자립, 협동 정신이 곧 새마을 정신이다 ③ 농어촌 개발에 있어 먼저 부락지도자를 발굴하고 육성하는 데 힘써라 ④ 문성동에 전기를 먼저 넣어주라 ⑤ 문성동 앞 교량1개소는 우선 주민의 힘으로 할 수 있는 데까지 하게 하라 ⑥ 부강한 농촌을 만들기 위해서는 정부의 지원만으로 절대로 불가능하니 새마을정신 고취에 전력하라 등의 지시사항을 구두로 전달하였고, 이 내용은 9월 21일 문서로 작성되어 전국에 다시 전달되었다.[97]

---

[96] 채영택(박정희리더십연구원 선임연구위원)은 대구경북연구원 주최 세미나에서 「근대화와 경북의 역할」이란 제목으로 강연(2010년 8월 23일)을 하였다. 이 강연에서 채영택은 한국의 근대화와 발전에서 경북이 주도적인 역할을 했다고 주장하였다. 특히 경북이 새마을운동을 주도하였고, 이는 조국 근대화의 밑바탕이 되었다고 주장하였다. 또한 영남대에는 박정희 리더십연구원과 새마을대학원을 설립하였다. 이 대학원에는 새마을학과와 공공정책리더십학과가 있다. 모집 대상은 새마을운동 등 한국의 개발 모델을 연구하려는 개발도상국 관계자와 내국인, 외국인이다. 대학원의 설립 취지는 영남대를 세운 박 전 대통령의 개발 경험과 지식을 제3세계에 이전해주고 그의 리더십이나 정치철학을 연구할 수 있도록 돕기 위해서라고 밝혔다. 자세한 내용은 『연합뉴스』(2011년 7월 29일자) 참고.

[97] 대통령비서실, 「전국 시장 군수 비교행정회의 결과 보고」, 보고번호: 제71-571호. 보고일자: 1971년 9월 20일.

새마을운동의 초기 전개 과정에서 비교행정회의가 중요한 이유는 새마을운동의 기본적인 방침이 제시되었기 때문이다. 우선 내무부 소관 전국의 시장과 군수가 문성마을을 모두 시찰했다는 점이 중요하다. 시장과 군수는 문성마을의 뒷산 조림, 마을 안의 환경개선, 지도자의 존재, 군·면·마을의 협조체계 등을 직접 확인할 수 있었다. 또한 새마을가꾸기에 앞장서는 마을부터 전기, 전화 등을 공급한다는 사실도 확인하였다. 전기의 가설은 전선이 지나가는 가까운 곳부터 설치해야 경제적이다. 그러나 정부는 경제적 원칙보다 새마을가꾸기 사업의 빠른 확산을 위해 새마을가꾸기 사업과 전기·전화가설을 연결하였다. 농어촌 전화사업계획을 보면 "잘된 부락을 일일이 조사하여 지원한다는 내용을 홍보하여 새마을의 사기를 고무시키는 방향으로 추진한다"고 명시하고 있다.[98] 마을주민이 전기나 전화, 교량건설 등 자신의 숙원사업을 해결하려면 최소한 새마을가꾸기 사업에 적극 참여해야 하였다. 1970년대 마을주민의 최대 숙원사업은 전기, 전화, 교량건설이었고, 이러한 숙원사업은 선거 때마다 공약으로 제시되고 있었다. 그러나 이러한 사업은 주민자체사업과 정부지원사업의 구분이 명확하지 않았다. 마을 진입로 개설은 개인이 희사하는 방식으로 추진하고 있었으나 지붕개량, 교량건설 등에서는 어느 정도 지원해야 하는지 정해지지 못하고 있었다.

지붕개량[99]에 대한 지원계획이 확정된 시기는 1971년 12월경이었다. 내무부는 1972년부터 1976년까지 지붕개량의 목표 호수, 정부 보조금과 융자

---

98) 대통령비서실, 「농어촌전화사업계획」, 보고일자: 1973년 5월.

99) 임방현의 구술증언 중에는 "내가(박정희) 집권을 오래 하기는 했지만 우리 농촌이 혁명 초에 가서 봤던 독일의 농촌처럼 그림책에 나오는 농가처럼 되기까지는 내가 좀 더 일해야겠어"라는 내용이 나온다. 박정희는 1964년 12월 독일을 방문하였다. 독일 농촌풍경을 보고 농촌 환경개선에 대한 의지를 갖게 되었다고 해석할 수 있다. 1973년 이후 주택개량사업, 1974년 새마을화보집 발간과도 연관성이 있어 보인다. 자세한 내용은 한국정신문화연구원 편, 『내가 겪은 한국전쟁과 박정희 정부』(구술자료총서 4), 선인, 2004, 370쪽 참고.

금의 범위, 1977년 이후 융자금의 회수 방안 등을 마련하였다. 지붕개량 목표 호수는 1972~74년은 20만 호 정도이고 1975~76년은 30만 호 정도였다. 소요비용은 1개 동당 4만 원으로 산정하고 보조 8천 원, 융자 1만 6천 원, 개인부담 1만 6천 원으로 확정하였다. 또한 지붕개량에 필요한 시멘트 기와와 슬레이트의 소요량을 판단하고 공급계획을 마련하였다.[100]

1972년 3월 내무부는 새마을 나무심기 계획을 작성하여 국무회의에 상정하였다. 이 계획에서는 마을 뒷산, 마을 공지, 학교 주변 등의 조림계획과 수종선택 기준, 정부지원과 자체부담의 비율 등을 확정하였다. 마을 주변에는 밤, 감, 호두, 잣, 은행, 대추 등의 유실수를 심고 산지에는 연료림을 조성하도록 하였다. 내무부는 세부적인 조림계획과 더불어 정부의 지원 방침을 확정했던 것이다.[101]

1972년도에는 우수마을 우선 지원의 원칙에 따라 33,267개 마을 중 16,600개 마을에 시멘트 500포와 철근 1톤씩을 균일[102]하게 지원하였다. 정부의 차등적 지원 원칙은 새마을가꾸기 사업의 확산에 큰 공헌을 하였다. 그러나 부작용도 많았다. 1972년 4월『동아일보』특별취재반의 기획기사인 '새마을을 가다'에는 차등적 지원과 조급한 추진으로 인한 문제점이 잘 나타나있다. 내무부는 1972년 4월까지 1차 새마을가꾸기 사업을 평가하고 우수한 마을 700개를 선정하여 150만 원 보조금 지원을 약속하고 있었다. 그리고 실적이 부진한 마을에 대해서는 마을의 행정책임자를 문책하겠다고 엄포를 놓았다. 1971년 겨울부터 각 마을은 우수마을로 선정받기 위하여 조

---

[100] 내무부, 「농가지붕 개량사업 년차별 지원계획」, 보고번호: 제71-7호, 결재일자: 1971년 12월 23일.

[101] 내무부, 「새마을 나무심기 계획」, 국무회의 의안번호: 312호, 제출일자: 1972년 3월.

[102] 마을마다 여건이 다름에도 불구하고 시멘트와 철근의 양을 모든 마을에 균일하게 지급한 점은 특이하다. 양이 다를 때 나타나는 마을 간의 갈등을 염두에 두었거나 부정을 차단하기 위한 조치로 파악된다. 박진환은 부정을 예방하는 데 큰 도움이 되었다고 회고하였다. 자세한 내용은 박진환, 『한국경제 근대화와 새마을운동』, (사)박정희대통령 기념사업회, 2010, 109쪽 참고.

급하게 각종 활동을 전개하였고, 행정 책임자는 성과를 올리기 위해 주민을 독려하기 시작하였다.[103] 『동아일보』 기사에서 확인할 수 있는 사실은 새마을가꾸기 사업에 대한 공무원의 태도가 완전히 변했다는 사실이다.

1972년 새마을가꾸기 사업은 청와대부터 면직원에 이르기까지 공무원 동원체제가 가동되면서 진행되었다. 그 결과 1972~73년에 새마을가꾸기 사업의 성과가 두드러지게 나타났다. 지붕개량의 경우 1972년에는 20만 호를 목표로 하였으나 41만 3천호를 달성하였고, 1973년에는 20만 7천호 목표에 47만 6천호를 달성하였다. 이 외에도 농어촌 전화, 메탄가스 설치, 마을 안길 사업 등이 1974년 이후보다 높은 실적을 보였다.[104] 1972년에는 새마을가꾸기 사업이 추진됨과 동시에 독농가와 새마을지도자 연수 교육, 새마을 여름학교 교육이 실시되었다. 새마을 여름학교는 1972년 여름방학 기간 동안 전국의 1,616개 학교에서 2일간 실시되었다. 새마을지도자뿐만 아니라 일반인이 대상이었으며 교관은 중앙에서 파견하였다. 교재는 시청 각 교재를 사용하도록 하였으며, 대상인원은 16만 5천 명 이상(실제교육 인원: 178,730명)이 되도록 하였다. 새마을 여름학교 교육은 새마을교육이 일반 농민을 대상으로 이루어지기 시작했다는 점에서 의미가 있다.[105]

1972년 여름을 전후하여 새마을가꾸기 사업은 새마을운동으로 전환하였다. 새마을운동 3대 중점사업의 틀이 정비되었고, 무엇보다 이전 사업에 비해 새마을운동에서는 정신적인 측면을 강조하기 시작하였다. 교육과 미디어를 통한 대국민 선전은 유사 이래 가장 대규모로 이루어졌다고 할 수 있다. 근면, 자조, 협동, 인내 등과 미신을 타파하고 과학적인 사고를 하는 농민의 모습이 새 농민상으로 제시되었다. 새마을가꾸기 사업에서는 마을의 환경개선과 소득증대가 중점이었으며, 새마을운동 단계에 들어와서는

---

103) 「새마을을 가다」, 『동아일보』 1972년 4월 11, 12일자.

104) 『새마을운동10년사』, 485쪽.

105) 대통령비서실, 「새마을여름학교설치지침 시달」, 보고일자: 1972년 6월 9일.

새마을정신을 농민에게 내면화시키기 위한 정신계발사업도 함께 추진되었다. 정신계발사업의 구체적인 내용은 다음 장에서 설명하기로 하고 이곳에서는 이와 같은 홍보가 해외를 대상으로 계획되고 실행된 사실을 밝히고자 한다. 1972년 5월에는 재일교포 여소도(呂小道)가 경북 달성군 유가면 음동 마을의 교량가설을 위해 65만 원의 성금을 기탁하였다. 여소도는 "자신의 고향을 방문해 보니 마을 사람이 새마을운동에 열심인 모습을 보고 감명"을 받았고, 일본으로 돌아간 후 주일대사에게 성금을 기탁하였다. 주일대사는 성금과 성금기탁 사유를 청와대에 보고 하였고, 박정희는 비서실장을 통해 여소도를 치하하였다. 보고서에는 "주일대사로 하여금 본인을 만나 치하하여 주고 교포신문에 홍보하여 교포의 새마을운동 참가를 촉진"하도록 하겠다는 내용이 나온다. 이러한 일이 계기가 되어 1973년 7월에는 재일거류민단 중앙본부 및 산하단체와 농촌마을 간의 자매결연 사업이 추진되었다. 당시 일본에서 참여한 단체는 44개였으며 전국에서 선발된 농촌마을은 114개였다. 자매결연이 성립된 마을은 100~300만 원의 성금을 받았고, 성금의 용도는 소득증대사업에 한정하도록 방침이 결정되었다. 1973년 자매결연을 통해 기탁된 성금은 4억 7백 34만 원(엔화 275,230,000)이었으며 공식적으로 밝혀진 새마을성금으로는 가장 큰 규모였다.[106] 또한 1973년 12월에는 유네스코 한국위원회 주최로 지역사회개발에 관한 세미나가 개최되었고, 이 세미나에서는 공동결의로 한국의 새마을운동을 다른 나라의 지역개발과 비교연구하기로 결정하였다. 이후 정부는 새마을운동을 지역사회개발의 새로운 모형으로 제시하기 위해 해외 저명한 학자와 국내 학자와의 공동 연구개발사업을 추진하였다. 데이비드 앱터(David Apter: 미국 예일대 교수), 에우겐 퓨지스(Eugen Pusis: 유고 자그래브대 교수), 빈센

---

106) 대통령비서실, 「재일교포 여소도씨의 새마을성금 접수 보고」, 보고번호: 제72-380호, 보고일자: 1972년 5월 및 대통령비서실, 「재일거류민단과 본국새마을 자매결연 계획」, 보고번호: 제72-413호, 보고일자: 1973년 7월 6일.

트 브란트(Vincent Brandt: 미국 하버드대 교수), 자진스카 카니아(Jasinska Kania: 폴란드 와르샤와대 교수) 등이 참여하였으며, 이들은 정부의 지원을 받아 훼비안형(Fabian Model: 인도), 탄자니아형, 중공형 모델과 새마을운동을 비교하여 연구보고서를 제출하였다. 당시 해외학자와 국내학자가 새마을운동이 진행되는 지역을 현지 조사하여 보고서를 제출하였으며, 이후 『한국의 지역사회개발: 4개 새마을부락의 사례연구』(한국유네스코위원회, 1979년 발간)라는 책으로 발간되었다.[107] 이와 더불어 1973년부터 새마을운동에 관한 책자를 영어, 일본어, 스페인어, 프랑스어, 중국어 등으로 발행하였다. 새마을운동 홍보체제가 국내뿐만 아니라 해외를 대상으로 전개된 것이다. 정부가 재일교포를 대상으로 한 홍보활동에 더욱 적극적이었던 이유는 북한과의 체제 경쟁을 의식했기 때문일 것이다. 또한 해외학자를 유치하여 새마을운동을 홍보한 것은 국내외 지식인 사이에서 나타났던 당시 정치상황에 대한 불만을 약화시키려는 의도도 작용했다고 볼 수 있다. 이후 대학에서는 수많은 새마을연구소를 만들고 경쟁적으로 새마을운동에 대한 논문을 발표하였다. 1970년대 새마을 운동에 관한 공동·개별연구와 자료집은 당시 지식인의 동원을 잘 설명해 준다.[108]

1973년 11월에 광주에서 개최된 전국새마을지도자대회[109]와 지방대회는 새마을가꾸기 사업이 새마을운동으로 완전히 전환했다는 사실을 국내외에 공포한 대회였다. 또한 이 대회는 공무원과 농민동원체제가 사실상 완성된 사실을 공포하는 대회라고 할 수 있다. 이 대회를 처음부터 기획하고 주관한 부서는 내무부였으며, 당시 내무부 장관 김현옥, 새마을담당관

---

107) 대통령비서실, 「새마을운동의 이론정립을 위한 연구사업계획」, 보고일자: 1974년 7월 10일자(1973년 12월부터 추진된 사업을 1974년에 보고함).

108) 새마을운동에 관한 각종 학술연구집 및 문헌은 『새마을운동30년자료집』, 137~301쪽 참고.

109) 당시 집회의 명칭은 제1안으로 '새마을운동 국민대회'였고 제2안은 '전국 새마을지도자 대회'였다. 박정희는 '전국 새마을지도자 대회'라는 명칭을 사용하도록 지시하였다.

실 정종택이 실무책임자였다. 이 대회는 1973년 10월부터 준비되었으며 참석인원을 4,200명으로 계획하였다. 참석대상은 남녀새마을지도자, 독농가, 독림가 등 민간인 2,514명, 중앙과 지방의 기관장 914명, 합창단 772명 등이었다. 지방행사는 전국대회 2~3일 후에 지방의 읍면단위로 실시하며, 행사내용은 전국대회 행사를 참고하도록 하였다. 당시 내무부가 행사를 준비하면서 작성한 보고서에는 "우수새마을 우선지원 원칙의 본보기가 되기 위해 읍면별로 최우수 마을 1개씩 선정하여 1,461개 마을을 시상하고, 특별히 소득증대에 모범을 보인 부락에 대해 특별지원금을 하사"한다는 내용이 나온다. 소득증대사업은 식량증산, 퇴비증산, 한우, 양돈, 잠업, 농가부업, 수산양식, 농어촌저축 등 8개 분야로 나누어졌으며, 각 시도지사가 최우수 마을을 분야별로 추천하면 중앙에서 심사하여 훈장과 특별지원금을 하사하는 방식이었다. 새마을지도자대회를 통해 환경개선을 넘어 소득증대사업을 보다 더 강력하게 추진하려는 의도가 반영되었다고 할 수 있다.[110]

철저하게 준비된 제1회 새마을지도자대회는 계획된 인원이 참석한 가운데 1973년 11월 22일 개최되었다. 참석자가 서있는 가운데 대통령이 입장하고, 실내에는 대형 새마을기와 각종 단체의 깃발이 펄럭이는 가운데 새마을노래를 합창하였다. 대회에서 가장 중요한 순서는 성공사례 발표, 우수마을 시상, 훈장 수여 등이었다. 우수마을은 계획보다 더 많은 1,645개 마을이었으며, 각 마을에 100만 원씩 상금이 지급되었다. 새마을훈장과 포장은 54명이었고 대통령 표창은 재일거류민단 등 4개 단체가 받았다. 훈장과 포장 대상은 새마을지도자 11명, 10대 대표사업시범마을 대표자 10명, 공무원 11명, 공헌자 33명이었다. 공헌자 중에는 재일교포 11명, 성금기탁자11명, 새마을운동 헌신자 11명이었다.[111] 대회의 모습이 TV로 중계되고

---

110) 대통령비서실, 「새마을운동 국민대회 개최계획 보고(내무부)」, 보고번호: 제73-793호 보고일자: 1973년 10월 18일.
111) 『경향신문』 1973년 11월 22일자.

모든 신문에 중요기사로 다루어진 점도 중요하지만, 시상이 철저하게 시도별로 안배되고 마을 단위로 이루어진 점이 중요하다고 할 수 있다. 1,645개 마을에 균등하게 100만 원씩 지급된 사실, 훈장이나 포장 수여가 개인상이 아니라 마을을 대표하여 이루어진 점이 이를 잘 보여준다.[112] 농민에게 주로 수여되었던 다수확상이나 소득증대특별사업에서의 시상이 개인적 성격이라는 점과는 대조적이다. 이는 지역적 차이로 나타날 수 있는 불만을 없애고 새마을운동을 철저하게 마을단위로 전개하고자 하는 정부의 의도가 반영되고 할 수 있다.

■ 제1회 전국 새마을지도자 대회 모습(1973년)

※ 출처 :http://theme.archives.go.kr/next/semaul/gallery(국가기록원).

---

112) 새마을운동에 대한 포상대책은 1972년 5월에 새마을담당관실에서 작성하여 청와대에 보고하였다. 포상의 원칙은 '개인보다는 새마을부락에 역점을 둔다.'였으며, 이 방침에 의해 포상규정을 확정하도록 관계부처에 지시하였다. 자세한 내용은 대통령비서실, 「새마을운동 포상대책」, 보고번호: 제72-341호, 보고일자: 1972년 5월 16일 참조.

이상과 같이 새마을가꾸기 사업은 1971~1972년 지붕개량, 우수마을 중심의 자재공급 계획 등과 같은 세부 사업을 확정하면서 새마을운동으로 전환되었다. 또한 1972년 전반기를 전후하여 새마을가꾸기 사업이 대대적인 농민동원체제의 성격을 지닌 새마을운동으로 전환하였다. 이러한 사실은 다음 절에서 서술할 1972년 독농가연수반 교육, 7월 이후의 새마을지도자반 교육, 1972년 3월 청와대비서실 직원의 현지확인조사, 1972년 3월 새마을운동 중앙협의회의 구성 등을 통해서도 확인할 수 있다. 그리고 그 전환을 주도한 곳은 청와대비서실과 내무부였다. 새마을운동과 관련된 모든 내용은 청와대비서실을 통해 박정희에게 보고되었다. 그리고 중요한 원칙이 다시 비서실을 통해 실무부서, 특히 지방행정기관에 전달되었다.

## 제2절 새마을운동 동원체제의 확립

### 1. 새마을운동 동원체제의 확립 배경

앞 절에서 서술한 바와 같이 새마을가꾸기 사업은 1972년 전반기를 전후로 하여 새마을운동으로 전환되었다. 따라서 새마을운동의 배경은 1972년 동원체제 확립 이전과 이후로 나누어서 살펴 볼 필요가 있다. 새마을운동의 배경을 성격 변화와 관련 없이 전체적으로 설명하게 되면 1970년대 초반의 모든 상황이 새마을운동의 배경이 되는 모순이 발생하게 된다.

동원체제가 성립되기 이전 새마을가꾸기 사업은 1970년 4월 22일 박정희의 연설부터 1970~71년 새마을가꾸기 사업 기간이라고 볼 수 있다. 실제적으로는 1970~71 새마을가꾸기 사업이 된다. 이 시기에 새마을가꾸기 사업을 실시한 배경은 우선 1971년 양대 선거를 들 수 있다. 적지 않은 양의 시멘트를 무상으로 균일하게 나누어준 사실은 사전 선거운동의 측면을 가지고 있다.[113] 1969년 11월 이후 40대 기수론의 등장, 1970년 10월 김대중의 대선공약 제시, 대중경제론의 등장 등을 고려하면 어느 정도 설득력이 있다.[114] 그러나 시멘트와 슬레이트의 공급이 처음부터 정부가 계획한 사업이 아니라는 점, 양대 선거 이후 새마을가꾸기 사업이 보다 더 체계적으로 전개되었다는 사실 등을 고려할 필요성이 있다.

도시와 농촌의 소득격차도 하나의 배경으로 고려할 수 있다. 정부는 1960년대 경제개발계획을 추진하는 과정에서 공업과 도시부문에 자본을 집중적으로 투자하였다. 그 결과 1960년대 후반 도시근로자의 소득과 농촌의 농가소득을 단순 비교하여 볼 때, 1965년 전국 근로자 소득의 81.6%였던 농가소득이 1969년에는 60.7%로 격감하고 있었다. 당시 서울근로자소득과 비교하면 1965년 71.4였던 것이 1969년 51.5%로 감소하였다. 따라서 농민의 소득을 증대할 수 있는 방안이 필요하였고, 이와 같은 배경에 의해 새마을운동이 시작되었다고 할 수 있다.[115] 그러나 1967년 이후 소득증대특별사업이 시행 중에 있었고 초기 새마을운동이 환경개선에 중점을 두었다는 사실 등을 고려한다면, 설득력이 약하다고 할 수 있다. 또한 정부는 환경개선사업의 추진 과정에서 농촌에 대한 재정 투자를 최소화하기 위해 농민의 자발적인 토지희사, 무상의 노동력 동원을 유도하였다. 이러한 방식은 직접적으로 소득증대에 기여하지 못하였으며, 오히려 농가부채가 증가하는 요인으로 작용하였다.

도시와 농촌 간의 생활환경의 격차 혹은 농촌의 열악한 생활환경도 새마을운동의 주요 배경으로 언급된다. 1960년대 산업화의 영향으로 도시의 생활환경은 개선되고 있었으나 농촌은 1950년대 이후 크게 달라진 것이 없

---

113) 임경택, 「한국 권위주의체제의 동원과 통제에 관한 연구: 새마을운동을 중심으로」, 고려대학교 정치외교학과 박사학위논문, 1991, 92~93쪽.

114) 서중석, 『대한민국 선거이야기: 1948년 제헌선거에서 2007년 대선까지』, 역사비평사, 2008, 156~161쪽.

115) 하재훈, 「박정희체제의 대중통치: 새마을운동의 구조·행위자 상호작용을 중심으로」, 경북대학교 정치학과 박사학위논문, 2006, 115~116쪽.

었다. 제한된 지역에서 자력개발이 추진되는 경우를 제외하고 농촌은 약 80%가 초가지붕이었고, 전기가 들어간 마을은 20% 정도였다. 지방도로로부터 마을까지 자동차가 들어갈 수 있는 마을이 절반 정도에 불과하였고, 특히 마을 안길은 동력경운기가 지나갈 수 없는 마을이 대부분이었다. 농촌의 열악한 환경 속에서 청장년층은 1960년대 후반 이후 빠르게 농촌을 떠나고 있었다. 이러한 상황에서 정부나 농촌주민 모두 환경개선의 필요성을 절감하고 있었다. 여기에다가 정부는 남한의 농촌 환경이 북한에 비해 열악하다는 사실을 잘 알고 있었다.[116] 그럼에도 불구하고 당시 정부는 중앙정부 차원에서 농촌의 환경을 개선하기 위한 계획을 마련하지 못하고 있었다. 앞에서 서술한 바와 같이 1968년 지방예산을 이용하여 새마을가꾸기를 시범적으로 실시하는 정도에 머무르고 있었다. 3차 경제개발계획안을 작성한 부서 중에서 농촌 환경개선에 대한 계획이나 예산을 신청한 부서는 없었다.[117] 따라서 환경개선을 위한 새마을가꾸기 사업은 비계획사업으로 출발하였다가 1972년 청와대비서실과 내무부가 새마을운동을 주관하면서 전국적 단위의 환경개선사업으로 전환했다고 할 수 있다.

박정희의 통치철학과 농촌근대화에 대한 의지 등도 중요한 배경으로 취급할 수 있다. 박정희는 정치에서 절차적 민주주의나 계급 간에 나타나는 갈등의 조절 등에 대해서는 관심이 희박했다. 그가 독일의 경제성장에 대해 언급하면서 "정치란 별것이 아니다. 떠들고 싸우고, 영좌에 앉아 족보에 벼슬의 이름을 남기는 것이 아니고, 봉사하는 기간 중에 땀 흘리고, 단 한 푼의 돈이라도 많이 벌어들이고, 잘 입히고 잘 먹게 하는 것 이외 아무것도 아니다."라고 말한 부분은 이를 잘 보여준다.[118] 그는 정치에서 정책의 효

---

116) 『새마을운동10년사』, 54쪽.

117) 박진환, 「1970년대의 새마을운동」, 『농정반세기 증언』, 농림부, 1999, 272쪽.

118) 박정희, 「지상 최대의 비극과 패전국 독일」, 『국가와 혁명과 나』, 도서출판 지구촌, 1997, 221쪽.

율적 추진과 성과를 우선시하였기 때문에 당과 의회의 역할을 무시하였다.[119) 새마을운동의 추진 과정에서 의회나 당의 역할은 보이지 않는다. 또한 박정희는 자신을 가난한 농민의 아들로 자처하였으며 농촌 근대화를 자신의 사명이라고 자주 언급한 점도 주목된다. 군사정변 이후 박정희는 한국의 농촌과 근대화의 필요성에 대해 다음과 같이 언급하였다.

> 곡가(穀價)의 적정가격 조정, 농지의 개량과 확장, 영농기술의 보급과 종자의 개선, 그리고 영농자금의 적기 방출, 수리 관계시설의 충실, 농촌구조의 현대적 합리화, 이밖에 이루 헤아릴 수 없이 많고도 시급한 제(諸) 문제에는 아랑곳없이 오직 그들이 직접 간접으로 연관되는 산업부문에 값싼 처분을 부여하여 국정의 기본인 농정을 자의로 농락하였다. …오늘 이 마당에 아무리 돌려 생각하여 보아도 시급하고도 근본적인 것은 농촌이 우선되어야 한다는 것이다.[120)

박정희는 군사정변 이후부터 농촌 근대화를 정부의 시급한 과제라고 인식하였다. 그의 이러한 인식은 경제개발계획 초기 내포적 공업화로 연결되었으며, 구체적으로는 재건국민운동, 소득증대특별사업 등으로 나타났다.[121) 새마을운동은 1961년 집권이후부터 지속되었던 다양한 동원의 경

---


119) 박정희와 당시 민주화 세력은 완전히 다른 정통성 논리와 민주주의에 대한 이해를 가지고 있었다. 한국에서 이러한 '두 개의 민주주의' 대립은 분단국가 성립 이후부터 존재한 현상이었다. 하나는 공산주의와의 투쟁에서 승리하기 위해 자유와 민주주의에 대한 일정한 제한이 필요하다고 생각하였고, 다른 하나는 충분히 발달된 민주주의를 이룩할 때 공산주의와의 경쟁에서 승리할 수 있다는 생각이다. 이에 대한 자세한 내용은 박명림, 「한국현대사와 박정희·박정희 시대: 통치철학과 사상, 국가전략, 그리고 민주주의 문제」, 『박정희 시대와 한국 현대사』, 선인, 2007, 51~57쪽 참고.

120) 박정희, 「30억 달러 수원(受援)의 내역과 그 전말」, 『국가와 혁명과 나』, 도서출판 지구촌, 1997, 54~55쪽.

121) 박진환은 "새마을운동은 박정희 자신이 농촌부흥을 위해 세 번째 시도한 운동"이라고 여러 번 증언하였다. 박진환뿐만 아니라 대부분 연구자들도 재건국민운동과 소득증대특별사업을 새마을운동의 배경으로 중요하게 취급한다. 재건국민운동과 소득증대특별사업에 대해 임경택은 '농촌 근대화에 대한 정치적 의지', 박진도와 한도현은

험적 산물 혹은 농촌 근대화 정책의 연장선상으로 이해할 수 있다. 새마을운동의 전 과정은 박정희 개인의 의지와 분리할 수 없다는 점에서도 중요배경이라고 할 수 있다. 그러나 최고 지도자의 의지를 지나치게 강조하면당시의 정치 사회적 조건이 소홀하게 다루어지고, 1972년 전반기에 동원체제로 급속하게 변화한 이유에 대한 설명이 어렵게 된다.

위에서 서술한 동원체제 성립 이전 새마을운동의 배경은 동원체제 성립이후에도 일정 정도 영향을 준다고 할 수 있다. 따라서 새마을운동의 배경은 크게 농촌 내부의 사정, 경제상황과 경제정책의 변화, 박정희를 중심으로 한 중앙정부와 지방정부의 영향력, 1972년을 전후한 시기의 대외적 상황, 유신체제의 성립 등을 종합적으로 고려해야 한다. 또한 대내외적 상황의 변화에 따라 새마을운동이 농촌 근대화 전략에서 유신체제의 동원 혹은국민정신 동원으로 전환한 과정도 포함해야 한다. 이러한 다양한 상황을나열하는 수준을 떠나 종합적으로 분석하면 다음과 같이 설명할 수 있다.

1960년대 말부터 1970년대 초반은 새마을운동이 시작될 수 있는 조건이성숙되어 있었다. 보통 연구자가 배경이라는 용어를 사용하지만 구체적으로는 '조건의 성숙'이라는 표현이 적합하다고 생각한다. 여기에 해당하는조건은 앞에서 서술한 내용을 바탕으로 크게 세 가지로 요약할 수 있다.첫째, 농촌사회 내부에 변화가 나타났다. 그 내부 변화의 대표적 존재가바로 모범농민과 마을이라고 할 수 있다. 1960년대 성장한 모범농민과 마을, 마을 내의 다양한 자치기구 등의 존재가 새마을운동이 발생하는 가장중요한 조건을 제공하였다. 둘째, 마을과 농민을 중앙정부와 연결하는 모범공무원이 존재했다는 사실이다. 1970년대를 전후로 하여 농업 관련 단

---

'새마을운동의 전사(前史)', 하재훈은 '최고통치자의 통치 전략적 경험' 등의 표현을 사용하였다. 자세한 내용은 하재훈, 「박정희체제의 대중통치: 새마을운동의 구조·행위자 상호작용을 중심으로」, 경북대학교 정치학과 박사학위논문, 2006, 104~108쪽 및 박진도·한도현, 「새마을운동과 유신체제」, 『역사비평』, 1999, 40~43쪽 참고.

체, 지방공무원, 내무부와 농림부, 청와대 등의 관료는 농민동원을 현실화할 수 있는 기술적인 능력을 소유하고 있었다. 이들은 농촌의 변화를 인식하고 최고 통치자 박정희 및 중앙정부와 연결하고 있었다.[122] 셋째, 시멘트, 슬레이트, 철근 등 환경개선에 필요한 각종 자재의 공급체계 확립과 비닐하우스, 농약, 비료 등의 농업자재 공급체계 확립도 중요한 조건이었다. 환경개선과 농업자재의 공급능력이 확립되지 않았다면 1970년대 새마을운동도 1960년대 재건국민운동이나 소득증대사업의 수준에 머물렀을 것이다.

농촌사회 내부, 중앙과 지방 정부, 산업의 변화 등 세 가지 부문에 나타난 조건의 성숙과 더불어 1970~71년 새마을가꾸기 사업의 성공도 새마을운동이 발생하는 중요한 계기가 되었다. 특히 새마을가꾸기 사업의 성공이 확인된 시기와 유신체제의 준비 시기가 일치한다는 사실이 중요하였다. 1971년 4월 대선과 5월 총선은 집권 세력에게 위기감을 주기에 충분하였다. 박정희는 대통령선거에서 간신히 당선되었고, 국회의원 선거에서는 야당인 신민당이 이전의 44석에서 개헌저지선인 69석을 상회하는 89석을 차지하였다. 또한 3공화국 시기 국회의원 선거에서 공화당이 농촌지역에서 얻은 지지율은 1963년 67.2%, 1967년 67.1%였으나 1971년에는 58.2%로 급감하였다. 지역별로는 강원도와 제주도를 제외하고 모든 농촌지역에서 지지율이 하락하였다.[123] 농촌에서의 지지기반 상실과 더불어 3선 개헌 이후

---

[122] 근대화 이전 한국의 농촌사회는 지주를 중심으로 전통적 권위와 규율이 유지되었다. 그러나 농지개혁과 한국전쟁 이후에는 지주층이 몰락하면서 농촌사회를 지탱해 오던 전통적 권위와 규율이 약화되었고, 농촌 사회의 구성원은 공동체의 구성원을 벗어나 개별화되었다. 1950년대 이승만 정부는 개별화된 농민을 국가의 통치체제 속으로 끌어들이는 데 실패하였다. 그러나 1960년대 박정희 정부는 다양한 농업정책을 통해 국가의 힘 혹은 행정력을 개별 농민에게 미칠 수 있는 바탕을 마련하였다. 이에 대해서는 고원, 「박정희 정권 시기 농촌 새마을운동과 '근대적 국민 만들기'」, 『경제와 사회』 69호, 2006, 184쪽 참고.

[123] 전재호, 『박정희 체제의 민족주의 연구: 담론과 정책을 중심으로』, 서강대학교 박사학위논문, 1998, 155~159쪽 및 황연수, 「농촌 새마을운동의 재조명」, 『농업사연구』 제5권 2호, 2006년, 24~25쪽 참고.

학생, 지식인의 저항이 현실화되고 있었다. 1971년의 민주화운동은 교련반대운동, 부정선거를 막기 위한 선거참관운동, 언론인의 언론자유수호 선언, 대학 교수의 대학 자주화 선언 등이 대표적이었다. 박정희 정권과 공화당은 3선 개헌으로 정상적인 민주주의의 경로를 벗어나 있었기 때문에 저항세력의 결집은 정권의 위기로 작용할 수밖에 없었다.[124]

이런 상황 속에서 유신체제를 준비하던 박정희 정부는 크게 두 가지를 정치적으로 이용하였다. 그 두 가지는 남북대화와 새마을운동이었다. 남북대화는 1971년 8월 12일 한국적십자사가 북한에 '천만이산가족 찾기 운동'을 제안하고, 이에 북한이 8월 14일 응답하면서 시작되었다. 그리고 1972년 7·4 남북공동성명의 체결로 이어졌다. 그러나 남북한은 이후 대화나 화해보다는 정치적인 경쟁에 돌입하였다. 북한은 미군철수를 요구하고 남한은 점진적인 교류와 협력을 주장하면서 체제의 강화에 이용하였다.[125] 박정희 정부는 남북대화를 뒷받침하기 위한 체제정비의 필요성을 역설하면서 유신을 단행할 수 있었다. 또한 남북대화 자체도 북한의 실체를 국민에게 일깨우려는 계몽적인 성격을 갖고 진행하였다. 박정희 정부는 남북대화를 실제 대화로 연결하지 않았지만, 일시적으로 대중의 지지를 결집할 수 있었다.[126]

---

[124] 신광영, 「1970년대 전반기 한국의 민주화운동」, 『1970년대 전반기의 정치사회변동』, 백산서당, 1999, 253~263쪽.

[125] 남북대화 시기에 김일성과 박정희 모두 자신의 체제에 몰입되어 있었다. 김일성은 3선 개헌, 1971년 선거 이후 약화된 박정희 정부를 공격하기 위해 남북대화를 이용하였다. 김일성은 남북대화를 통해 박정희와 남한 정부를 비난할 구실을 찾고 대남선전을 강화하였다. 이에 대해 박정희는 반공체제를 강화하고 1971년 11월 11일부터 오원철, 김정렴 등을 중심으로 방위산업을 육성하기 위한 계획에 착수하였다. 이러한 점에서 남북대화는 '엄청난 역설'이었다. 이에 대해서는 김형아 지음·신명주 옮김, 『박정희의 양날의 선택: 유신과 중화학 공업』, 일조각, 2005, 218~222쪽 참고.

[126] 배긍찬, 「1970년대 전반기의 국제환경 변화와 남북관계」, 『1970년대 전반기의 정치사회변동』, 백산서당, 1999, 30~44쪽 및 우승지, 「박정희 시기 남북화해 원인에 관한 연구」, 『박정희 시대와 한국 현대사』, 선인, 2007, 282~290쪽 참고.

1970~71년의 새마을가꾸기 사업의 성공은 박정희 정부가 대중의 지지를 결집할 수 있는 또 다른 기회였다. 농촌의 변화가 외형적으로 현저하게 나타난다면 강압적인 유신체제 속에서도 대중의 지지를 확보할 수 있었기 때문이다. 새마을가꾸기 사업에서 기대이상의 성과가 나타나자, 정부는 새마을가꾸기 사업을 하나의 사업영역으로 확보하면서 새마을운동을 기획할 수 있었다. 새마을운동은 기존의 새마을가꾸기 사업과 소득증대특별사업을 사업 영역으로 흡수하고, 정신계발사업을 새롭게 정립해 나가는 수준이었다. 남북대화를 계속 정치적으로 이용하기 어려운 상황에서 새마을운동은 대중의 지지를 계속적으로 이끌어낼 수 있는 통로가 되었다. 따라서 새마을운동은 외형적으로 눈에 보이는 성과를 국민에게 보여 주어야했다. 그 대표적인 사업이 환경개선사업과 통일벼 보급을 통한 소득의 증대였다. 두 가지 외형적 성과를 바탕으로 새마을사업을 국민정신동원으로 확대하고, 그 범위도 도시와 공장으로 확산할 수 있었다.

새마을운동의 동원체제 확립과 변화 과정에서 중화학공업의 육성도 중요하게 영향을 주었다. 1971년 3차 경제개발계획(1972~1976)을 계획할 당시 정부는 안정과 균형을 경제정책의 기조로 하고 있었으며, 급속한 중화학공업화 정책을 추진할 계획을 가지고 있지 않았다. 박정희 정부는 유신체제의 성립과 더불어 1980년대 초에 1인당 국민소득 1천 달러, 수출액 100억 달러 달성을 장기 목표로 제시하였다. 그리고 1973년 1월의 중화학공업화 선언, 5월 중화학공업화 추진위원회 설치, 9월 중화학공업화위원회 기획단을 설치하면서 중화학공업화를 적극적으로 추진하였다.[127] 중화학

---

[127] 박정희 정부 시기에는 유능한 전문가와 관료를 선발해 비서실을 강화하였으며, 특정 업무에 관해서는 비서실 안에 일종의 전담반(task force)을 두어 그 추진을 독려하였다. 대표적으로는 경부고속도로 건설, 울산공단 건설, 중화학공업화 추진, 새마을운동 등이었다. 중화학공업화 정책은 1973년 발표되었지만, 실질적 계획은 1971년 11월 이후 오원철, 김정렴 등에 의해 구체화되기 시작하였다. 자세한 내용은 한영환, 「한국의 경제발전과 행정체제의 대응능력」, 『행정과 나라 만들기』, 박영사, 1996, 242~245쪽 참고.

공업화는 자본 집약도가 높고 시설 또한 대규모이기 때문에 투자의 성과가 나타나려면 상당한 기간이 필요했다.[128] 당시 중화학공업화에 들어가는 소요예산은 100억 달러로 추정되었고, 그 비용은 차관에 의존해야했다. 대신 박정희는 중화학공업화에 성공한다면 산업과 군사 분야에서 북한에 비해 전면적 우위에 설 수 있다고 판단하고 있었다. 이후 박정희 정부의 최대 과업은 중화학공업화 정책으로 전환되었으며, 이른바 '박정희의 지시'에 의해 군사작전과 같이 전격적으로 강행되었다.[129]

중화학공업화 정책이 정부의 최우선 정책이 되면서 새마을운동의 추진에도 변화가 나타났다. 첫째, 새마을운동의 외형적 성과가 더 절실하게 되었다. 중화학공업화 정책은 자본의 집약도와 효율성을 높이기 위해 대중의 경제적 욕구를 억제해야했다. 이로 인해 나타나는 불만을 해소하기 위해 새마을운동의 성과를 적극 홍보하는 사업을 더욱 강화하였다. 특히 대중매체를 통해 새마을운동의 성과를 과대 포장하였다.[130] 둘째, 새마을지도자연수원의 교육 기능을 대폭 강화하였다. 1973년 5월 농민회관 확장공사를 완료하였고, 1972년 1,409명이었던 새마을지도자 교육 인원이 1973년에는 4,354명으로 증가하였다. 교과에서도 유신이나 국가관을 강조하는 내용이 추가되었으며, 점차 새마을교육의 대상도 지방공무원, 사회지도층으로 확대되었다.[131] 셋째, 정부는 선전과는 다르게 농업정책을 점차 부차적이거나 중화학공업화를 뒷받침하는 데 이용하였

128) 최용호, 「1970년대 전반기의 경제정책과 산업구조의 변화」, 『1970년대 전반기의 정치 사회변동』, 백산서당, 1999, 92~119쪽.

129) 오원철은 "중화학공업화가 유신이고 유신이 중화학공업화"라고 증언하였다. 그는 한국이 중화학공업화에 성공한 이유는 유신체제 하에서 국가의 모든 조직과 국민을 통제하였기 때문이라고 보았다. 즉, 유신과 중화학공업화의 성공은 분리해서 이해할 수 없다는 입장을 취했다. 이에 대해서는 『박정희의 양날의 선택: 유신과 중화학 공업』, 291~314쪽 참고.

130) 『박정희 체제의 민족주의 연구: 담론과 정책을 중심으로』, 156쪽.

131) 『새마을지도자연수원10년사』, 159쪽.

다. 박정희 정부는 중화학공업화 정책 실시 이전에는 공업화를 중시하면서도 여전히 개량적인 농업지원 정책을 실시하였다. 관료는 공업화 중시 정책을 실시하면서도 농업문제를 고려하지 않을 수 없었다. 그러나 중화학공업화 정책 이후에는 점점 식량안보 차원의 농업정책 외에 새로운 농업지원 정책을 구상하지 않았다. 사실상 농업 포기에 가깝다고 할 수 있었다.[132] 그 결과 농민을 '근대화의 기수'로 내세우고 선전하면서도 농업 자체의 경쟁력, 농업의 구조조정, 농민 양성 등의 '진정한 농업정책'은 실시하지 않았다.

이상에서와 같이 새마을운동의 동원체제 확립 과정은 3가지 조건의 성숙과 유신체제의 성립 과정에서 나타난 정부의 대응양식 속에서 파악할 수 있다. 박정희 정부는 유신체제를 안정시키고 대중의 지지를 결집하는 과정에서 남북대화, 새마을운동을 적절히 활용하였다. 또한 1973년 중화학공업화 정책을 추진하는 과정에서도 새마을운동의 외형적 성과를 적극적으로 활용하였다. 1970년대 초반에는 새마을운동이 유신체제의 유지에 그렇게 많이 공헌할 수 있을 것이라고 예상하지 못했을 것이다. 박정희와 관료기구는 새마을운동을 추진하는 과정에서 이 사실을 정확히 알게 되었다. 이후 박정희 정부는 농촌사회와 농민의 지지 뿐만 아니라 도시 주민, 공장의 노동자, 지식인의 저항을 약화시키기 위해 새마을운동을 적극 활용하였다. 농촌지도자 중심의 새마을교육에 공무원, 대학교수, 사회지도층을 참여시키고 새마을운동의 범위를 도시와 공장으로 확대하였다. 이로 인해 새마을운동은 농촌 근대화 정책의 성격을 점점 상실하게 되었다. 초기에는 농촌의 환경개선, 농촌 근대화 정책의 성격을 어느 정도 유지했으나, 유신체제 성립 이후에는 대중의 지지를 통한 정권의 안정, 유신체제 이데올로기의 전파 경로 등

---

[132] 조희연, 『동원된 근대화: 박정희 개발동원체제의 정치사회적 이중성』, 후마니타스, 2010, 392~395쪽.

으로 활용되었다. 결과적으로 유신체제 아래서의 새마을운동은 농촌 지역에 적용했던 근대화 혹은 농촌개발운동이 아니었다. 유신 이후의 새마을운동은 국가주도의 중공업화를 위한, 그리고 유신체제의 유지에 필요한 이데올로기를 주입하기 위한 범국가적인 정신운동으로 변질되었다.

## 2. 새마을운동 동원체제의 확립 과정과 실상

### 1) 추진기구의 확립

박정희와 모범마을·농민이 연결된 후 새마을운동은 청와대가 주도하였고, 사업의 실질적 주무부서는 내무부와 농림부[133]였다. 환경개선사업이 활발하게 추진된 1970년대 초기에는 내무부가 중심이었고, 1970년대 중반 이후에는 소득증대사업이 중요해지면서 농수산부의 역할이 중시되었다. 실무부서는 청와대의 제2정무관실과 내무부의 새마을 담당관실이었다. 초기 새마을운동의 실무 담당자는 청와대 제2 정무관실의 정종택,[134] 특별보좌관 박진환, 내무부 새마을담당관실의 고건과 이의근 등이 대표적이라고 할 수 있다. 새마을운동이 점차 환경개선, 정신계발, 소득증대 등으로 확대되고, 종합적인 개발의 성격을 갖게 되면서 모든 정부가 참여하는 방식으

---

[133] 8·15해방 이후 농상국(農商局: 미군정 초기), 농무국(農務局 : 1946. 2. 13), 농무부(1946. 3. 29), 농림부(정부수립 후)라고 불렀다. 1973년 3월 28일 농수산부로, 1987년 1월 1일 농림수산부로 명칭이 바뀌었다. 본 연구에서는 1973년 3월을 기준으로 이전은 농림부, 이후는 농수산부로 표기하였다.

[134] 정종택은 1971년 7월부터 1974년 11월까지 대통령 정무비서관겸 새마을담당 비서관을 역임하였다. 1971년 7월 홍성철 정무수석비서관은 정종택을 대통령에게 소개하였으며, 대통령은 정종택에게 각 부처에서 능력 있는 인물 10명 정도를 발탁하여 새마을운동을 기획하도록 지시하였다. 당시 발탁된 인물은 송언종, 이원종, 한호선, 유태영 등이었다고 회고하였다. 자세한 내용은 정종택, 「성공을 하려면 인식과 발상의 전환이 필요하다」, 『우연한 성공은 없다』, 제이비컴, 2004, 222~228쪽.

로 발전하였다. 이런 상황에서 청와대 제2 정무관실과 내무부 새마을 담당 관실은 각 부서의 업무를 조정하고 총괄하였다. 고건은 1975년 11월 전라 남도 지사로 부임하기 전까지 주로 내무부의 새마을담당관, 지방행정담당 관, 지방국장으로 근무하면서 새마을운동에 관한 실무를 담당하였다. 새마 을담당관실에서 근무하는 직원은 사생활과 공직생활의 구분 없이 밤낮을 함께 생활하는 경우가 많았다.[135]

박정희 정부는 새마을운동을 추진하면서 새마을운동을 주관하는 새로 운 부서를 만들지 않았다.[136] 중앙으로부터 마을단위까지 행정체계를 수 립하고, 각 단계마다 협의회를 두어 새마을사업을 추진하도록 하였다. 내 무부 소속의 중앙협의회는 1972년 3월 7일 대통령령 제6140호에 의해 구 성되었다. 내무부 장관이 의장이 되고 15개 부처의 차관이 참여하여 새마 을운동의 시책과 계획을 조정하였다. 또한 시도협의회, 시군협의회, 읍 · 면추진위원회, 리 · 동 개발위원회를 두어 새마을운동의 과정을 조정하도 록 하였다. 실질적인 사업은 내무부, 농림부 등의 중앙부처가 중심이 되어 추진하되, 각 부처의 협조가 필요한 경우 중앙협의회에서 논의하도록 하 였다.

중앙협의회를 뒷받침하기 위한 행정지도 체계는 다음과 같다.

---

[135] 김영평, 「권위주의 시대의 반권위주의 행정가: 고건론」, 『전환시대의 행정가:한국형지 도자론』, 나남출판, 1994, 222~228쪽.

[136] 5 · 16 군사혁명 직후 시작된 재건국민운동에서는 '재건국민운동 본부'가 조직되었다. 중앙본부에는 총무과, 기획국, 운영국, 지도국, 계몽국, 훈련소 등을 두었으며, 시 · 도 지부 및 읍 · 면 지부에도 운동을 담당하는 본부가 조직되었다. 박정희는 재건운동이 실패한 원인 중에 하나가 강력한 지도력 부재라고 생각하였다. 이 문제를 해결하기 위해 내무부 주도의 새마을운동을 계획했다고 볼 수 있다. 새마을운동중앙본부는 전 두환 정부시기에 설립되었다. 자세한 내용은 「재건국민운동의 사회교육활동에 대한 재조명」, 34~41쪽 참조.

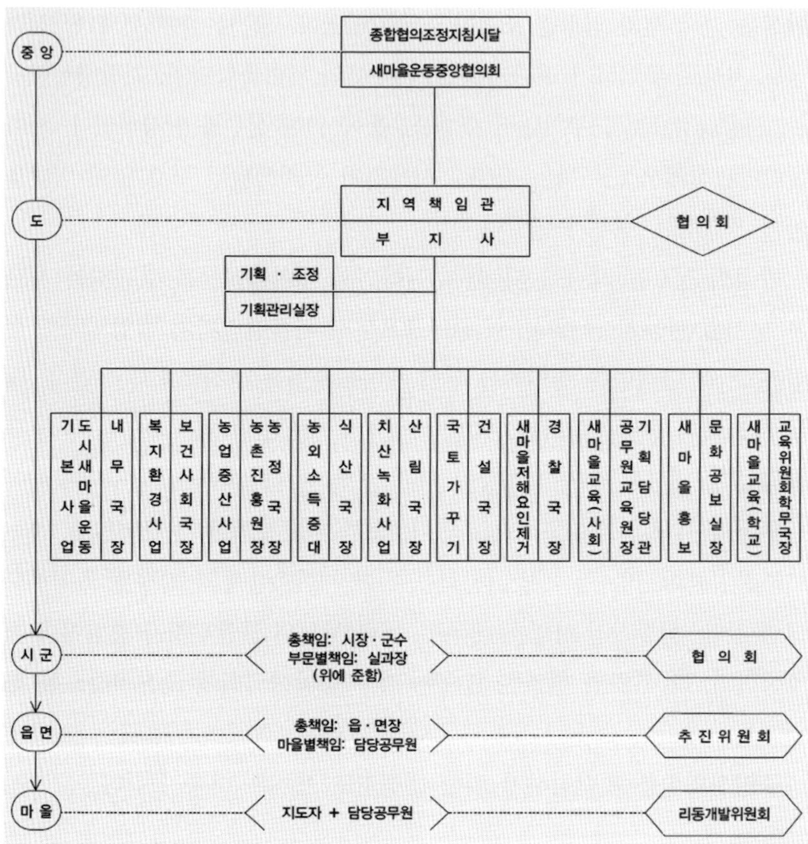


※ 출처: 『새마을운동10년사』, 184쪽.

위 그림에서와 같이 협의회는 중앙으로부터 마을 단위까지 수직적으로 구성되었다. 또한 협의회의 단위는 지방행정조직체계에 따라 구성되었다. 1973년을 기준으로 할 때, 새마을운동 중앙협의회의 의장은 내무부 장관이 되고 각부차관, 제2무임소장관보좌관, 산림청장, 조달청장, 농촌진흥청장, 농협중앙회부회장, 수협중앙회 부회장 등이 구성원이 되었다. 시도의 경우 농업 관련 단체장 외에도 교육감, 지방방송국장, 한전지점장, 농고교사 등이 위원이 되었으며, 시군의 경우 경찰서장이 위원으로 참가하였다.[137] 중앙협의회를 뒷받침하기 위하여 각 부처의 국장급을 중심으로 '새마을운동 실무협의회'가 구성되었다. 새마을사업의 구상은 실무협의회에서 실질적으로 이루어졌다. 실무협의회에서 정해진 방향에 따라 각 부처의 세부사업도 조정되었다. 1975년 11월까지 실무협의회의 실장은 고건이었다.[138] 협의회 구성원 중 농민은 새마을지도자가 유일하였다. 명목상 농민의 대표자라고 할 수 있는 농협의 기관장은 협의회 구성원에서 제외되었다. 필요한 경우 회의에 배석할 수 있었지만 의결권이 없었다. 농촌 개발을 위한 사업이면서도 농민은 동원의 대상일 뿐이었으며, 자신의 권익신장을 위한 활동은 원천적으로 봉쇄되어 있었다.[139] 새마을운동 시기에 나타나는 권위주의적 · 획일적 · 대중동원적 · 관료주의적 성격은 새마을운동의 행정체계와 밀접한 관련이 있다고 볼 수 있다. 새마을운동은 대통령과 청와대 − 내무부 − 지방행정기관과 협의회 − 마을로 연결되면서, 공무원 · 새마을지도자 · 농민의 동원은 점점 일상화되었다.[140]

각 협의회의 구성 외에도 새마을운동을 강력히 추진하기 위한 지방행정기구의 조정이 1973년 2~3월에 이루어졌다. 기구조정의 핵심은 새마을사

---

137) 협의회의 구성원은 시기에 따라 변화하였다. 1973년 협의회의 구성원에 관한 내용은 내무부, 『새마을운동: 시작에서 오늘까지』, 1973년, 37쪽 참고.

138) 「권위주의 시대의 반권위주의 행정가: 고건론」, 226쪽.

139) 1960년대의 농민단체에는 전국 농업기술자협회, 한국 가톨릭노동청년회 소속의 농촌청소년부(1971년 가톨릭 농민회로 개칭) 등이 대표적이었고, 유신체제 시기에는 가톨릭 농민회, 크리스천 아카데미 사회교육원, 전남 기독교 농민회, 크리스천 아카데미 등이 대표적이었다. 농민운동이 활성화되는 시기는 1970년대 중반 이후였다. 자세한 내용은 최민호 · 정지웅 · 김성수 · 최여찬, 『농민조직론』, 서울대학교출판부, 1997, 74~86쪽 참고.

140) 필자의 아버지는 새마을운동 시기 리 · 동 개발위원회 위원이었으며, 이러한 사실을 평생 자랑스럽게 생각하였다. 필자가 살았던 마을도 1972년부터 약 2km 농로를 개설하였으며 초가지붕을 개량하였다. 그리고 1973년 마을에 전기가 들어왔다. 전기가 들어온 날 변압기가 있는 전봇대 아래에서 친구들과 함께 밤을 새며 놀았다.

업 전담기구를 시, 군, 읍·면에 설치하고, 이에 따라 인원과 기능을 조정하는 일이었다. 구체적 내용으로는 ① 시에는 새마을과를 신설하고 새마을과 아래에 새마을계와 지역개발계를 둔다. ② 군에는 새마을과와 계발계를 신설한다. ③ 군의 사회계와 부녀아동계를 통합하여 복지부녀계를 설치한다. ④ 읍·면에는 새마을지도관을 신설하고 부읍·면장이 겸직한다 등이었다.[141] 이러한 지방행정기구의 조정은 새마을운동이 종합개발의 성격을 갖게 되면서 전담부서와 담당 인원의 증원이 절대적으로 필요했기 때문이었다. 기구 및 인원조정과 더불어 중앙에서부터 마을에 이르기까지 담당공무원을 배치하였다. 시와 도 지역에는 내무부 본부 과장급 이상 공무원, 시와 군은 시도 과장급 이상 공무원, 읍·면·동에는 읍·면·동 소속의 공무원을 배치하였다. 읍·면·동 소속의 공무원은 매월 1일 해당 마을에 출장을 나갔다.[142]

1975년에는 새마을운동중앙협의회의 참여부서가 15개 부처에서 22개 부처로 확대되었으며, 마을단위의 모든 조직이 새마을협의회에 흡수 통합되었다. 그리고 하급단위의 새마을단체와 중앙부처와의 자매결연사업도 추진되었다. 이후에는 농촌을 대상으로 하는 모든 사업이 새마을운동이라는 이름으로 추진되었다. 농림부의 농업정책, 보건사회부의 여성정책 등도 모두 새마을운동이라는 이름으로 추진되었다.

1975년도에는 지방행정체계에 큰 변화가 있었다. 1975년까지 지방단위의 새마을사업 추진업무를 종합·조정하는 기구는 군청에 설치된 새마을과였다. 그러나 군청의 새마을과는 타 기관과의 관계가 원활하지 못했다고 하면서 부군수제를 신설하여 새마을사업을 담당하게 하였다.[143] 부군수는

---


141) 전라북도, 「새마을사업 강력 추진을 위한 지방 행정기구 조정」, 문서번호: 지방200-160호, 발송일시: 1973년 2월 5일.

142) 『새마을운동10년사』, 182~183쪽.

143) 『새마을운동10년사』, 175쪽.

새마을운동에 관한 군정시책을 종합적으로 계획하고 조정하였으며, 구체적인 담당업무는 예산과 감사 사무의 운용, 예산반영, 사업의 추진확인, 새마을상담, 새마을협의회 운영, 각종 민간단체 및 직장새마을운동지도 등이었다. 부군수는 지방서기관(지방 3갑)으로 하고 새마을 담당부서에 인력을 보강하였다. 이로 인해 새마을담당부서에 276명(각 군당 2명)의 인력이 보충되었다. 또한 1975년에는 새마을사업의 추진상황과 문제점을 파악하기 위하여 내무부, 각도와 시 등에 새마을 상황실을 설치하고 담당 인원을 배치하였다.[144]

## 2) 중앙과 지방 공무원의 동원

새마을운동 추진기구가 정비됨과 동시에 중앙과 지방공무원의 동원체제도 확립되었다. 특히 중앙공무원보다는 지방공무원의 동원이 일상화되었다. 새마을운동의 주무부서가 내무부가 되면서 내무부의 지시를 받는 지방행정기관과 각종 산하기관이 새마을운동에 동원되었다.

박정희는 모내기, 권농일 행사, 벼 베기 등의 농업 관련 행사에 자주 참석하였다. 신문에서는 논밭에 서서 막걸리를 마시거나 농민과 대화하는 모습의 사진을 자주 보도하였다. 헬기를 타고 전국을 일주하였으며, 어떤 경우에는 여러 날 연속해서 농촌을 방문하였다. 방문하는 마을은 소외감에 젖어있는 벽지인 경우도 많았다. 마을을 방문하여 숙원사업에 대한 지원을 약속하고, 대통령하사품을 전달하였다. 대통령비서실은 방문한 마을에 대해 사후관리도 하였다. 방문한 마을을 카드로 정리하고 향후 지원 사업에 우선권을 주었으며, 계속적으로 마을의 상황을 보고하게 하였다. 박정희는 1972년 11개 마을에 8,215만 원, 1973년 23개 마을에 1억 8,376만 원을 특

---

144) 문용원, 「새마을운동과 지도자에 관한 연구」, 중앙대학교 사회개발연구원 석사학위논문, 1976, 59~60쪽.

별하사금 형식으로 지원하였다.[145]

대통령뿐만 아니라 청와대 및 내무부 직원의 마을방문도 일상화되었다. 1972년 3월 새마을담당관실에서 작성한 「새마을운동에 관한 교육 및 현지확인계획」은 당시의 상황을 잘 보여준다. 보고서에는 청와대 직원에 대한 새마을교육 내용과 현지확인계획이 잘 나타나있다. 교육내용은 새마을운동의 기본 방향, 1972년도 새마을사업과 현지 확인 사항, 덴마크와 이스라엘의 새마을운동, 영화상영 등이었다. 상영된 영화 4편중에는 '자조의 마을'이 있는데, '자조의 마을'은 문성마을을 말한다. 현지확인계획에는 시찰자 명단과 분담지역, 현지확인 시 유의사항, 점검 확인표 등이 첨부되어 있다. 청와대비서실에 근무하는 비서관 9명, 행정관 17명이 모두 3일간(1972. 4. 6~8) 출장을 나가 마을의 실태를 보고하였다. 직원은 3일간 2개의 군과 면, 6개의 마을을 방문하고 '새마을운동추진상황 점검 확인표'에 따라 4단계로 나누어 평가를 실시하였다. 평가항목은 부락민의 참여도, 지도자의 선정 여부, 부락내의 각종 조직 결성 정도, 환경개선사업을 위해 정부에서 지원한 물품의 품질과 자재의 수급 상황, 각종 새마을가꾸기 사업 진척 상황, 소득증대를 위한 각종 사업계획 실태, 지방공무원의 지도실태와 협조태도 등이었다. 비서실의 직원이 출동하여 새마을운동의 추진실태를 점검했다는 사실을 확인할 수 있다.[146]

1972년 4월 3일간 출장을 마친 청와대비서실 직원은 현지확인조사를 바탕으로 보고서를 작성하여 제출하였다. 보고서에서 주목되는 내용은 크게 3가지이다. 첫째, 마을 주민이 마을가꾸기 사업을 새마을운동의 전부라고 인식한다는 점을 지적하고, 새마을운동을 홍보하기 위한 교육체제의 확립이 필요하다고 보고하고 있다. 이 문제를 해결하기 위해 새마을 여름·겨

---

[145] 「박정희체제의 대중통치: 새마을운동의 구조·행위자 상호작용을 중심으로」, 115~116쪽.
[146] 대통령비서실, 「새마을운동에 관한 교육 및 현지확인 계획」, 보고번호: 제72-207호, 보고일자: 1972년 3월 8일.

울 학교의 설치와 지도자양성을 위한 장기교육체제를 건의하고 있다. 장기교육체제 확립의 방안으로 당시 3월부터 시작된 독농가연수원을 확대해야 한다고 건의하고 있다. 독농가연수원이 새마을지도자를 훈련, 양성, 배출하는 기관이 되어야하며, 이를 통해 정부에서 시작한 새마을운동을 민간주로로 추진해야 한다고 건의하고 있다. 둘째, 새마을가꾸기 사업이 급속하게 추진되면서 필요한 자재와 정부자금지원이 제때에 이루어지지 못하고 있다고 보고하고 있다. 지역에 따라서는 무리한 계획으로 인해 농번기 이전에 사업을 마치기 어려운 지역이 많다고 보고하였다. 셋째, 새마을사업이 소득증대와 연결되지 못하고 있다고 하면서 소득증대사업에 대한 구체적 계획이 필요하다고 보고한 사실이다.[147] 위의 건의와 지적 사항은 점차 새마을운동의 정책 방향에 모두 반영되었다고 할 수 있다. 새마을여름학교 계획이 7월에 마련되어 8월에 실시된 사실, 독농가교육이 7월부터 새마을교육으로 개편된 사실, 1972년부터 소득증대사업의 구체적 방안이 모색된 점 등이 이를 잘 보여준다.

새마을운동에 대한 공무원의 대대적인 동원이 시행되기 시작한 시점은 1972년 3~4월경이었다. 청와대와 중앙공무원의 동원은 곧바로 지방공무원의 일상적인 동원으로 연결되었다. 당시『동아일보』의 기사는 지방공무원의 동원이 어느 정도였는지를 잘 보여 준다.

> 충남 논산 군청의 아침 팔시 광경. 약 칠십 여 명의 군청직원들은 모두 잠바차림에 「새마을운동」이라고 쓰여 진 주황색 모자를 쓰고 자기 담당 마을 새마을사업지도를 위해 분주히 출장을 떠나고 있다. 같은 날 오후 전북 익산 군청과 다음 날 오후 김제 군청은 직원들이 모두 새마을사업장에 나가 청사가 텅 비어 있었다. 이런 현상은 여러 곳에서도 볼 수 있었는데 군청직원들만 이렇게 새마을사업에 나선 것이 아니다. 읍면사

147) 대통령비서실, 「새마을운동추진상황 확인결과보고」, 보고번호: 제72-300호, 보고일자: 1972년 4월 17일.

무소 교육청 및 농협직원 교사 학생 경찰 소방대원 라이온즈클럽 청년회 의소회원 등 그 지역사회의 거의 모든 공사기관이 직접 혹은 간접으로 새마을 사업에 총동원되다 시피하고 있다. … 어쨌든 지역사회의 힘이 이만큼 또 한꺼번에 농민을 위해 동원되기는 지극히 드문 일이다.[148]

농업 관련 공무원뿐만 아니라 경찰이나 소방공무원, 심지어 시민단체의 회원까지 동원되고 있다는 점이 주목된다. 또한 동원이 본격화된 시점과 청와대 및 중앙공무원의 동원이 시작된 시기와 큰 차이가 없다는 점이다. 이런 사실을 바탕으로 하면 대대적인 중앙과 지방의 공무원 동원은 1972년 3월을 전후한 시기라고 할 수 있다. 그리고 청와대비서실은 공무원의 동원이 제대로 이루어지고 있는지를 파악하기 위해 현지조사를 했다는 사실을 「새마을운동에 관한 교육 및 현지확인계획」에서 알 수 있다. 1972년 3~4월경 시작된 공무원의 동원이 얼마나 강력하였는가는 청와대에 접수된 진정서에도 잘 나타난다. 전남 장성지역의 농촌주민(박철수, 당시 36세)이 청와대와 새마을담당관에게 보낸 진정서의 내용은 다음과 같다.

면직원이 총동원되어 그 책임자는 토지 또는 건물주인과 설전을 벌리고 그 틈을 타서 직원들의 손에 의해 지장물이 말끔히 헐려버립니다. …이 작전은 본 군수님으로부터 '박력있는 처사'라고 칭찬받고 권장된 아이디어랍니다. …면직원들은 열등의식에 사로잡혀 있습니다. 상급관서에서 독찰반이니 감독관이니 담당관이라는 분들이 군림하는 자세를 고쳐야겠습니다. 땀 흘려 면민들과 같이 일하고 있는 사업장에 승용차를 타고 인사 한마디 없이 나타나서 주민을 꾸짖고 관계직원들을 불러 호통을 칩니다. …이런 명령에는 예외 없이 단서가 붙어 있습니다. '이유 없다 인재는 얼마든지 있다' 혹은 '며칠 안으로 끝내놓지 않으면 직위해제 시킨다' 이런 명령 중에는 고도의 기술과 상당한 재정적인 뒷받침이 없이는 이루지 못할 것이 많습니다.[149]

---

148) 『동아일보』 1972년 3월 18일자.

진정서의 내용을 보면 공무원 동원의 강도가 가장 심한 곳은 면사무소였다. 직원이 현장에서 일하고 있는 곳에 상급 기관의 담당자가 방문하여 사업을 강압적으로 독려하고 있다는 사실이 확인된다. 진정인은 '면직원은 새마을운동의 최전선'이라고 언급하면서 면직원의 사기를 높이기 위해 수당을 지급해 주어야한다고 건의[150]하기도 하였다. 또한 주민이 자력으로 실시하기 어려운 사업도 강압적으로 추진하고 있다는 사실도 확인된다.

중앙공무원과 일선행정기관의 확인행정이 강조되면서 기관장과 일선 공무원은 사무실에서 명령과 지시만 하지 않고 마을과 사업현장에서 각종 사업을 독려하기 시작하였다. 일선 공무원은 타 지역과의 경쟁, 청와대와 고위관료의 예고 없는 지방순시에 대비하여 현장에서 사업을 독려하였다. 이런 과정에서 농민과 숙식을 같이하기도 하였다. 공무원은 일 년에 한두 번 정도 방문하다가 새마을운동이 시작되면서 일주일이 멀다하고 마을을 방문하였다.[151] 새마을운동 기간 중 중앙과 일선공무원, 주변 군부대 및 각종 사회단체의 방문 과정은 다음의 사례에서 잘 나타난다.

> 이 지역(문막)이 강원도 대표 새마을 부락으로 선정된 것은 1972년 3월 말이다. … 본 대표 새마을 부락은 정부의 새마을 운동의 일환사업으로 각도에 1개소씩 지정, 80년대의 이 나라 농촌의 미래상을 앞당겨 건설함으로써 전 농촌에 이를 파급시킬 목적으로 … 이창석 군수님과 1군 사령관 한신 장군께서는 딱하게 생각한 끝에 가능한 한 최대의 장비를 지원, 단시일 내에 진흙으로 하는 객토가 아니라 30cm의 적토를

---

149) 대통령비서실, 「새마을운동에 관한 진정 보고」, 문서번호: 제72-354호, 보고일자: 1972년 5월 19일, 진정인 진정서 작성일: 1972년 4월 23일.

150) 당시 청와대비서실은 진정인의 진정내용 및 건의사항 요약본, 진정내용 전체, 건의사항에 대한 해결방안 등을 보고하였다. 박정희는 수당지급은 여건상 어려우므로 면 직원에게 운동화를 한 켤레씩 지급하도록 지시하였다.

151) 김일철, 「영세농과 지역사회개발」, 『사회구조와 사회행위론』, 도서출판 전예원, 1986, 159~163쪽.

끝내니 옥토가 되었고 … 주택 개량 시험을 나왔던 내무부 담당직원은
과연 이 부락민은 새마을이 신앙화되었다고 격찬을 했다. … 전동빈 사
무관은 몸소 '새싹' 탁아소로 명명하고 틈틈이 보모와 직접 지도했다.
… 서울감리교 신학대학을 위시한 봉사대가 낮에는 탁아소와 주부들을
지도하며 밤에는 노래 불러 위문하고 국민개창운동의 틀을 잡아 주고
내 모교인 서울고교 동기동창의 위로방문은 잊을 수 없는 추억이다.[152]

사례에 나오는 마을이 대표마을이 된 이유는 강원도 지역 중 서울과 가
깝고 영동고속도로 진입이 편리하다는 점이 크게 작용한 것으로 보인다.
강원도를 대표하는 마을로 선정된 후 마을 단위의 새마을 사업이 추진되었
고, 일선 공무원, 인근 부대, 각종 단체 등의 방문이 줄을 이었다. 마을 주
민의 노력과 마을에 대한 각종 지원에 의해 지붕개량, 농경지 정리, 제방공
사, 탁아소 설치, 마을 회관 설치, 조림사업 등을 빠르게 완성할 수 있었다.
환경개선사업이 추진되는 과정과 완성된 이후 강원도 지역뿐만 아니라 타
지역의 공무원도 마을을 방문하였다. 새마을지도자연수원과 거리가 가깝
기 때문에 새마을지도자교육을 받는 연수생도 자주 견학하였다.

대통령, 고위공무원 및 상급자의 지시, 사업진행에 대한 끊임없는 확인,
마을단위의 경쟁 등이 가열되면서 지방 공무원은 실적을 높이고 보여주기
위해 이전과는 다르게 업무를 추진하기 시작하였다. 각종 새마을사업이
추진되면서 군수와 부군수는 관내 전 지역을 항상 순회하고 사업진행 과
정을 독려하였다. 면이나 읍 단위의 공무원도 각각 담당마을을 순회하며
농민과 빈번하게 접촉하였다. 군이나 읍 단위의 직원은 2일에 한 번 혹은
매일 마을을 방문하였다. 특히 새마을사업의 실적이 부진한 마을은 매일
방문하여 지도자를 만나고 주민을 회유하였다. 마을 단위의 사업이 이루
어질 때, 담당 공무원은 주민회의에 참석하였다. 당시 지방공무원에 대한

---

152) 허영(새마을지도자), 「새마을 건설의 깃발을 높이 달고」, 『국민회의보』 6호, 1974,
165~168쪽.

동원의 실상은 다음 자료에 잘 나타난다.[153]

> 지난 15년 동안 근무한 것보다 3년간에 한 일이 더 많았을 뿐 아니
> 라 … 정해진 하루일과 8시간 그러나 16시간 근무가 보통이다. 계획의
> 수립, 지시, … 어느 일을 먼저 해야 할지 몰라 어느 때는 멍하니 서
> 있을 때가 한 두 번이 아니다.[154]

> 나의 새마을운동 지도신조를 10% 지시, 90% 임장지도로 삼고 365일
> 의 90%는 새마을에서 살고 있는 셈이다.[155]

> 새마을사업이 영속적인 사업임을 깨닫고 …자기마을이 우수마을로
> 지정되기 위해 온갖 심혈을 다 기울이는 열성적인 공복이 되어지는 것
> 이다.[156]

위에서와 같이 새마을담당 공무원은 군이나 면에서 근무하는 시간보다 새마을운동 현장에서 대부분 시간을 보냈다. 당연히 격무에 시달릴 수밖에 없는 환경이었다. 서천군 종천면장 노승문은 새마을운동 현장 순시 중 순직하였으며, 천원군 입장면 총무과장 윤병희는 과로로 의자에서 굴러 떨어져 부상을 당하기도 하였다. 담당 공무원은 위에서는 실적을 올리라고 다그치고 주민은 더 많은 지원을 요구하고 있었다. 공무원이 책임을 다하지 못하면 파면하겠다고 엄포를 놓자, 자신이 사채를 직접 빌려 마을주민의 사업에 지원을 하는 경우도 있었다.[157]

---


153) 한병진, 「1970년대 국가와 농민관계에 관한 연구: 새마을운동이 농민의 정치적 태도에 미친 영향을 중심으로」 서울대학교대학원 외교학과 석사학위논문, 1995, 41~42쪽.

154) 심강환, 「새마을지도과장의 365일」, 『지방행정』 1974년 6월호, 84~85쪽.

155) 김윤기, 「새마을지도과장의 365일」, 『지방행정』 1974년 7월호, 68쪽.

156) 신동호, 「새마을 주유여록」, 『세대』, 내무부, 1974. 9, 209쪽.

157) 『동아일보』 1972년 4월 14일자.

정부는 위의 자료와 같이 새마을운동에 열성인 공무원에게 각종 혜택을 제공하였다. 새마을담당부서에 우수공무원을 배치하고 근무평가 가점제, 2년 근무 년한제 및 우선 승진제도를 적용하였다. 지방공무원은 새마을사업의 성공적 추진을 통하여 자신의 능력을 상급자에게 인정받을 수 있었다. 지방공무원은 빈번하게 농촌을 방문했을 뿐만 아니라 주민을 대하는 태도 역시 이전과는 다른 모습을 보여 주었다. 고압적이고 강제적인 태도 대신 회유, 협상, 설득의 자세를 가지고 주민과 접촉하였을 뿐만 아니라 주민의 요구사항을 충족시키기 위해 자신의 능력을 발휘하였다.

> 72년 2월에 각도 내무국장회의시에 각도에 주택개량을 목적으로 하는 시범취락을 한 도에 한 마을 씩 건설하도록 지시를 받았다. …노인을 설득하고 …지주를 찾아가 간청해서 겨우 해결을 하여 집을 짓기도 하였다.[158]

> 박씨 부부는 여기서 만족해서는 안된다고 생각했다. 초가집 13채를 깨끗이 마저 헐어내고 새집을 짓기 위한 돈을 마련하기 위해 군 농협으로, 도사회과를 부지런히 찾아다닌 덕에 오는 10일까지는 1백만 원을 융자해주겠다는 농협의 확답과 시멘트 2백 포를 지원하겠다는 도시 사회과장의 언질을 받았다.[159]

새마을운동은 점차 지방공무원에게는 승진, 주민에게는 더 많은 지원을 받기 위한 수단이 되었다. 반대로 새마을운동에 비협조적거나 사업실적이 미진한 공무원에 대해서는 다음 표와 같이 징계나 해임조치가 내려졌다.

---

158) 심강환, 「새마을지도과장의 365일」, 『지방행정』 1974년 6월호, 84~85쪽.
159) 『주간 새마을』 1973년 4월 14일자.

<표 2-6> 새마을운동에 비협조적인 공무원 징계 내용

| 일자 | 지역 | 처분 내용 |
| --- | --- | --- |
| 1972. 3. 16 | 충남 | 면장 2명 면직 |
| 1972. 3. 16 | 경기 | 군 내무과장 1명 직위해제 |
| 1972. 3. 18 | 경기 | 면장 2명 해직 |
| 1972. 3. 23 | 경기 | 면장 2명 해임 |
| 1972. 3. 23 | 경북 | 면직원 5명 해임 |
| 1972. 3. 23 | 전북 | 면직원 2명 해임 |
| 1972. 3. 23 | 충북 | 동장 10명 해임 |
| 1972. 3. 22 | 강원 | 새마을사업지도자 80명 교체 결정 |
| 1972. 5. 19 | 광주 | 건설과장 직위 해제 |

※ 출처:『조선일보』1972년 3월 18·21·24·26일자 및 5월 21일자.

<표 2-6>에서와 같이 1972년 3월 15일부터 23일까지 새마을사업 관련 해임 공무원의 수는 20명에 달했다. 내무부 장관은 새마을사업이 부진할 경우 각 도지사까지 책임을 묻겠다는 방침을 밝히고, 내무부 산하 치안국에 새마을운동 풍토 조성을 저해하는 공무원에 대한 단속을 전담할 '비위공무원단속지휘본부'를 설치하였다. 공무원에 대한 인사권 행사는 새마을운동이 진행되는 시기에 지방행정조직 사이의 과열경쟁을 일으켰다.[160]

공무원 동원체제는 새마을운동의 확산에 결정적으로 중요한 역할을 하였으나 부작용도 속출하였다. 가장 일반적인 부작용은 이른바 '성과 부풀리기' 혹은 '윗사람에게 무조건 잘 보이기' 등이 대표적이었다. 다음의 시에는 전시행정적인 새마을운동의 모습이 잘 표현되어 있다.

> 그 작전이라는 것을 벌이는디 / 며칠 전부터/ 신작로 도랑치고 / 신작로 풀 베고 / 품삯없이 청소하고 / 아스팔트 길을 내어 농사철에 꽃길 조성, / 신작로 가상 농 피사리 / 신작로 가상 집들 뻥끼칠허기 / 뭣이 훌비허게 날리덜을 쳐대더니, / 아니나 다를까 군수님이 손수 퇴비증산작전을 지휘하러 온다더라. / 군수가 오는 날 / 마을마다 동네마다 / 그 놈의 확

---

160) 「박정희체제의 대중통치: 새마을운동의 구조·행위자 상호작용을 중심으로」, 124쪽.

성기 소리 / 왕왕 웅웅 와글와글 시끌벅적 / 삼동네 사동네가 떠나가는디
당최 뭔 소린지 모르겠더라. / 풀 한 주먹을 베어 들고 / 귀를 쫑긋 세워
들어보니 / 군수한테 잘못 뵈면 주민들만 손해보니 / 민주적으로다가 청
소허고 퇴비허고 어쩌고저쩌고 이래라저래라 정신 못 차리게 울려대며 /
이장 반장 교대로 숨이 넘어가고 군서기 면서기가 / 교대교대로 숨이 넘
어가더라.161)

군수의 마을 방문 이전 담당 공무원, 마을지도자의 활동모습이 잘 나타
나있다. 또한 영문도 모르고 여러 가지 일에 시달리는 주민의 모습을 시에
서 표현하고 있다. 실적이 부진하면 실직이나 좌천, 혹은 무능한 공무원이
라고 낙인이 찍혔기 때문에 공무원은 성과를 보이고 부풀리는 데에도 능력
을 발휘하였다. 주민의 소득증대나 환경개선을 위한 사업이 아니라 공무원
의 '실적 부풀리기'의 대상이 되기도 하였다. 고위 공무원의 직접 방문뿐만
아니라 어느 지역을 지나가기만해도 주민을 동원하는 경우가 허다하였다.
지나가는 길에 고위 공무원이 어느 지역의 새마을사업에 대해 한마디 말을
할 수 있었기 때문이었다. 누군가가 고위 공무원이 지나 가는 길을 알려주
면, 길 주변의 마을은 다음 작품과 같이 동원의 대상이 되었다.

이장이 얼른 틈을 내어 하던 말을 이었다. "어제는 농수산부 무엇이
라나 허는 것이 지나간다구 새벽버텀 어찌나 볶아대는지, 시 부락 사람
들이 죄 분무기를 지구 나와 설랑 해전 내 논배미에 들어가 후덩거렸더
라. 공동방제하는 시늉을 내라니 벨 수 있남. 분무기에 맹물만 한 짐씩
지구 나와설랑 신작로 가생이 냄의 논에 들어가 애매헌 베포기만 짓밟
었다는 얘기여. 위서 허라는 것은 세상읎어두 못 배기니께."162)

'윗사람에게 잘 보이기'나 '성과 부풀리기'는 도로 주변과 같이 눈에 잘

161) 김용택, 「풀피리」, 『맑은 날』, 창작과 비평사, 1986, 108~109쪽.
162) 『우리 동네』, 62쪽.

보이는 곳이 주요 대상이었다. 새마을운동 시기에 중요 도로 주변은 농민이 농사를 짓지 않아도 공무원이 알아서 농사를 져준다는 말이 등장할 정도였다. 땅 소유주가 게으름을 피워도 공무원·이장·새마을지도자가 앞장서서 농사를 지어주기도 하였다. 실질적인 사업만큼이나 중요했던 것은 상부 기관에 보고하고 잘 보이는 일이었다. 중앙단위의 행정기관뿐만 아니라 마을 단위까지 전시행정의 폐해가 나타나게 된 것이다.

### 3) 새마을지도자의 동원

새마을운동 이전에도 앞장에서 서술한 바와 같이 이장, 개발위원회 등이 조직되어 있었다. 또한 마을의 중요한 일을 결정하는 마을회의가 존재하고 있었다. 그러나 정부는 새마을운동을 전개하기 위해 시·군·읍·면에 새마을운동을 전담하는 기구를 설치함과 동시에 마을 단위에서는 새마을지도자를 선발하도록 하였다. 1972년 4월 청와대비서실 직원의 현지시찰조사에는 약 80% 정도의 마을이 새마을지도자를 선발했다고 보고하고 있다.[163] 새마을가꾸기 사업에 관심이 없는 도시주변의 마을을 제외하고 새마을지도자 선발을 마쳤다고 볼 수 있다. 마을에서 새마을지도자를 빠르게 선정될 수 있었던 이유는 농촌 마을 내부에 다양한 자치조직과 모범농민이 형성되어 있었기 때문이었다. 정부는 1972년 6월부터 매월 열리는 경제동향보고회에서 새마을지도자가 성공사례를 발표하도록 하고 포상하였다. 그리고 언론에서는 성공사례를 발표한 새마을지도자의 수기를 기사화하기 시작하였다. 1973년부터는 단위 마을마다 남녀 지도자를 선발하도록 함으로써 남녀 새마을지도자 제도가 정착하게 되었다.[164] 1975년 6월 농촌지역 새마을지도자의 수

---

[163] 대통령비서실, 「새마을운동에 관한 교육 및 현지확인 계획」, 보고번호: 제72-207호, 보고일자: 1972년 3월 8일.

[164] 한국농촌경제연구원, 『농촌 새마을운동의 사회적 성과 분석: 중간보고서』, 1978, 93쪽.

는 남성 34,809명, 여성 34,809명이었다.[165] 3년 정도 재임했다고 한다면 1971~1979년 사이에 배출된 새마을지도자는 20만 명 정도에 해당된다.[166]

새마을지도자의 선발과 교육은 새마을운동의 확산에 중요한 계기가 되었다. 정부는 1972년 1~3월 독농가연수반 교육, 7월 이후 새마을지도자반 교육을 통해 새마을지도자 교육의 기본적인 틀을 만들었다. 새마을지도자는 이전의 경험도 중요했지만 지도자가 된 이후의 교육과 마을사업을 전개해가면서 자신의 정체성을 확립해 갔다. 배출된 새마을 지도자의 수가 많다는 사실과 더불어 새마을지도자는 동원의 주체인 관과 동원의 대상인 주민을 연결한다는 점에서 중요한 의미가 있다.

새마을지도자의 선발은 1972년 독농가연수반 교육 실시를 전후로 대대적으로 이루어졌다. 새마을지도자가 되는 경로는 크게 3가지 정도였다. 첫째, 이장으로 활동한 경력을 바탕으로 새마을지도자가 되는 경우이다. 이런 경우 이장과 새마을지도자를 겸직하는 사례가 많았다. 둘째, 모범농민 혹은 마을개발에 참여하다가 추천되어 새마을지도자교육을 받고 새마을지도자가 되는 경우이다. 초기 독농가연수반 교육을 받은 사람은 정착지도사를 거쳐 새마을지도자로 활약하는 경우가 많았다. 셋째, 면에서 새마을지도자를 권유하거나 추천하여 새마을지도자가 되는 경우이다. 일반적으로 새마을지도자는 자원자보다 마을주민이나 주변의 권유에 의해 추대된 경우가 많았다.[167] 일반적으로 새마을지도자는 이장, 공무원이나 농협조합

---

165) 내무부, 『새마을운동: 시작에서 오늘까지』, 1975, 80~81쪽.

166) 한도현, 「1970년대 새마을운동에서 마을 지도자들의 경험세계: 남성 지도자들을 중심으로」, 『사회와 역사』 88집, 2010, 273~274쪽.

167) 최순식은 1974년 새마을지도자가 된 이유에 대한 설문조사를 하였다. 이 설문조사 통계에 의하면 자발적인 참여 7.5%, 비자발적인 참여 78%, 무응답이 14.5%로 나타났다. 특히 행정관계기관의 일선공무원의 권유가 많은 영향을 준 것으로 나타났다. 자세한 내용은 최순식, 「새마을 지도자의 유형 고찰」, 서울대학교 행정대학원 석사논문, 1974, 64쪽 참조. 1976년의 경우 자진하여 지도자가 된 경우는 24%, 선거에 의해 선출된 지도자는 76%였다. 또한 새마을지도자 중 기존에 마을단위의 지도자로 활약한

장, 4-H회장, 개발위원, 소득증대에 모범을 보인 농민 중에서 선출되었다. 연령대는 군경험이 있는 40~50대가 많았으며, 새로운 영농기술인 비닐하우스, 양잠, 양식 등을 보급하면서 소득증대에 기여한 농민이 새마을지도자로 다수 선발되었다고 할 수 있다.[168]

1973년을 전후로 새마을지도자는 남자 지도자 외에 부녀지도자도 선출하였다. 내무부와 보건사회부가 중심이 되어 새마을부녀지도자 중앙연수교육계획(내무부지도 1194-6137호, 보사부 부녀 1480-6098호)이 마련되고, 1973년 6월부터 부녀지도자반 교육이 시작되었다.[169] 부녀지도자는 여성에게 적합한 특별과제수행을 위해 부녀자를 조직하는 일과 남성지도자가 새마을운동을 추진하는 데 도움을 주는 역할을 하였다. 부녀지도자가 중심이 되어 추진한 대표적 사업은 마을 공동구판장 설치와 운영이었다. 소규모의 마을구판장은 부녀자가 일상용품을 구입하기 위해 자주 시장에 나가는 수고를 덜어 주었다.[170]

새마을지도자는 기존의 마을지도자인 이장이나 반장과는 다른 역할이 부여되었다. 이장이나 반장은 면행정기관이 마을에 내리는 지시사항을 마을주민에게 전달하고, 그 지시를 실천하는 소극적인 역할을 수행하였다. 반면, 새마을지도자는 마을개발계획의 수립, 필요한 예산의 확보, 주민의 노동력과 물자조달, 마을회의 개최, 사업추진을 위한 주민의 설득, 집단 간

---

사람은 24%였다. 자세한 내용은 문용원, 「새마을운동과 지도자에 관한 연구」, 중앙대학교 사회개발연구원 석사학위논문, 1976, 99쪽 참조.

[168] 1974년 이전 경기도 지역의 새마을 지도자 8,224명을 대상으로 설문조사를 실시한 결과를 보면 이장이나 반장 경력은 14.9%, 개발위원은 11.4%, 농업종사자는 58%였다. 자세한 내용은 최순식, 「새마을 지도자의 유형 고찰」, 서울대학교 행정대학원 석사학위논문, 1974, 56쪽 참조.

[169] 『새마을지도자연수원10년사』, 167~172쪽.

[170] 최인이, 「근대적 시간관념 및 이윤 개념: 새마을지도자의 노동활동 경험」, 『박정희시대 새마을운동과 근대적 국민: 주체의 형성』, 성공회대학교 민주주의연구소 편, 2011, 5~12쪽.

의 갈등해결, 정부의 창구 역할, 군이나 면에서 열리는 새마을지도자협의
회 참석 등의 역할을 담당하였다. 따라서 역할이 많고 힘든 일이었으며 공
동사업을 전개하기 위해 솔선수범과 희생적 봉사정신, 책임감, 개척정신
등이 요구되었다.[171] 1971년부터 시작된 새마을가꾸기 사업의 성패가 새
마을지도자에게 달려있다고 정부는 판단하고 있었다. 새마을가꾸기 사업
을 추진하기 위한 중앙협의회, 지방행정조직이 정비되면서 새마을지도자
는 정부와 일반 주민을 연결하는 역할이 부여되었다. 새마을지도자의 가장
중요한 역할은 새마을사업과 관련된 정부의 지시를 효과적으로 전달하고
실천하는 일이었다. 공무원의 뒤를 이어 새마을지도자에 대한 대대적 동원
이 이루어진 것이다.

정부는 새마을지도자에 대한 대대적 동원을 위해 새마을지도자 교육을
강력하게 추진하였다. 새마을지도자에 대한 교육은 새마을지도자를 '운동
의 주체'로 만드는 데 중요한 역할을 하였다. 당시 새마을교육에 참가한 지
도자의 연수기와 구술(이진수, 1949년생)은 교육의 영향이 어떠했는가를
잘 보여준다.

> 교육을 마치고 고향에 돌아와서도 얼마 동안은 연수원의 감명이 가
> 슴속에서 떠나지 않았다. …옥천마을은 논 1만 평 밭 1만 5천 평 이상의
> 농토가 십년 이상 거의 원시적인 영농방법으로 경작되어 왔고 농로가
> 없기 때문에 많은 사람들이 농토를 버렸다. …2백만 원의 새마을융자금
> 을 받아, 내가 관리인이 되어 집을 짓고 청년 두 사람과 상주하게 되었
> 다. 올해 목표는 7천 평의 땅을 개답(開畓)하는 것이다. 아침 안개가 사
> 라지면 동리 사람들이 새마을노래를 합창하며 옥천으로 올라온다.[172]

> 거기 강사들이 이야기하는 게 진짜 심금을 울리는, 진짜 그 심훈의 상록

---

171) 황연수, 「농촌 새마을운동의 재조명」, 『농업사연구』 제5권 2호, 2006년, 27쪽.
172) 이윤섭(전남 담양), 「서호의 물오리 떼」, 『새마을지도자연수원10년사』, 331쪽.

새마을운동 이전에도 이장이나 마을 주민은 다양한 농민교육을 받았다.
그러나 장기간 이루어진 연수원의 합숙교육보다 농민에게 실질적 영향을
준 교육은 없었다. 개인에 따라 받은 영향의 정도가 다르다할지라도 이전의
농민교육보다 더 많은 동기부여를 하였다. 새마을교육이 이전의 교육과 다
른 점은 교육내용 외에도 교육생에 대한 대우에서 차이가 났다. 장관이나
차관과 같은 고위직 공무원 부인의 점심 준비, 대통령의 잦은 방문, 사회지
도층 인사의 교육 참가 등이 대표적이라고 할 수 있다. 소외받던 농민출신
의 연수생은 자신이 받은 대우를 통해 자신의 존재감을 높일 수 있었다.[174)

연수원의 교육 외에도 새마을지도자에 대한 다양한 혜택도 동원의 중요
한 수단이었다. 정부는 새마을지도자의 사기앙양을 위해 내무부 장관 및 도지사 공동명의의 지도자증 발급, 관공서 출입의 편의제공, 새마을통신잡지 우선 제공, 영농자금 우선 지원, 새마을사업을 목적으로 출장 가는 경우 교통비 할

**▌ 표창장과 훈장을 받은 새마을지도자 가족의 모습**

※ 출처: 『1970년대 사진자료집: 새마을운동을 만든 사람
들 새마을운동이 만든 사람들, 성공회대학교 민
주주의 연구소 새마을연구팀.

---

173) 윤충로, 「구술을 통해본 1970년대 새마을운동: 새마을지도자 '만들기'와 '되기' 사이에
서」, 『박정희시대 새마을운동과 근대적 국민: 주체의 형성』, 56쪽에서 재인용.

174) 장미경, 「개발국가 시기, 새마을운동 부녀 지도자의 정체성의 형성과 변화: 부녀지도
자의 성공사례 수기를 중심으로」, 『사회과학 연구』 16집 1호, 2008년, 434~438쪽.

인, 자녀에게 장학금 지급, 지도자 모임주선, 법률상담제, 공무원 특채 등을 실시하였다. 또한 개인시상은 아니었다할지라도 훈장과 포장 수여, 우수마을에 지급되는 포상금 등도 중요한 수단이었다.[175]

그러나 교육이나 지도자에게 주어진 여러 가지 혜택으로 새마을지도자의 광범위한 동원을 설명하기 어렵다. 최근 연구자 사이에서 동원의 중요 수단으로 주목을 받는 분야는 심리적 동원이다. 대통령과 지도자 사이에서 형성되는 '교감'과 각종 상징적인 의례를 통해 지도자는 자신을 '근대화의 주체'라고 인식하였다. 대통령을 비롯해 언론과 홍보 매체는 지도자를 '근대화의 역군', '인간 상록수', '민족사의 주체'로 호명하였다. 또한 자조마을과 기초마을 간의 지도자 교류도 전반적인 동원에 이바지하였다. 기초마을과 자조마을 지도자는 동시에 연수원에서 교육을 시작하였다. 첫째 주에는 1주일간 동일한 연수를 받고, 둘째 주에는 기초마을 지도자가 자립마을에서 숙박을 하며 연수를 받았다. 연수원에서는 충청·경기·강원도의 자립마을 20여 개를 현지 실습마을로 정하고, 기초마을 지도자가 숙식을 함께 하며 교육을 받도록 하였다.[176]

새마을지도자의 동원체제가 확립되면서 각 사례집에 등장하는 새마을지도자는 1960년대 모범농민과 다른 모습이 강조된다. 소득증대특별사업 성공사례와 새마을지도자의 성공사례를 비교해 보면, 이와 같은 모습이 잘 나타난다. 소득증대특별사업에 소개된 성공사례의 전형적인 유형은 다음과 같다.

여가만 있으면 농업서적을 탐독했고 농촌지도소 군청 면사무소를
찾아다니며 올 고추농사에 만반의 준비를 했습니다. 진천농고 시절부

---

175) 문용원, 「새마을운동과 지도자에 관한 연구」, 중앙대학교 사회개발연구원 석사학위논
문, 1976, 117쪽.
176) 박진환, 『한국경제근대화와 새마을운동』, 168~171쪽.

터 배워온 농업기술의 터전위에 더 배우고 손수 손이 부르트고 피가 나
도록 일한 보람이 있어 나는 내 스스로 실농군임을 자부하게 됐고 이웃
사람들도 나를 칭송하기에 이르렀습니다. 1969년 고추농사 1,500평에
건과생산량 1,350kg 조수익 70여만 원을 올렸습니다. …그럼 여기서 저
의 고추농사 성공담을 엮어 소개해보겠습니다. …구태의연한 영농방식
을 추방하고 용기와 인내로 연구노력 자급자족의 영농에서 탈피 경제
성 상품화 농업으로 전환합시다.[177]

1960년대는 개인의 노력, 농업기술의 습득 과정, 특수작물 재배 방법, 정
부에 건의하고 싶은 내용 등이 중심을 이루었다. 성공농민은 대부분 식량
작물보다 특수작물을 재배해서 소득을 올리는 농민으로 제시되었다. 특히
'경제성 상품화 농업'의 표현에서와 같이 장기적으로 농업경영을 합리화하
거나 기업농을 추구하는 농민이 강조되었다.

새마을지도자는 정부의 지시를 받아 마을주민을 효과적으로 동원해야하
는 역할이 중요하였다. 성공사례에는 농민의 모습보다는 지도자의 모습이
강조된다. 새마을지도자 수기에 나타난 성공사례의 대표적인 유형은 다음
과 같다.

72년 8월 마을 앞 제방 가꾸기 사업에서부터 전부락민들은 모든 힘
과 정성을 모아 장장 2.3Km의 제방을 굳건히 구축함으로써 …이장을
비롯한 마을유지 일동은 마을의 소득증대 사업이 없는가 하고 항상 연
구하며 염려하던 끝에 수익성이 높은 양묘사업으로 소득을 증대하는
것이 좋다고 합의를 보고 주민 전체회의를 개최하게 되었으며 양묘사
업자금은 부락 공동기금으로 조성한 2백만 원으로 한다고 결의하고 여
기서 나온 수익금은 마을공동사업에 투자하기로 하였다.[178]

---

177) 『농어민소득증대특별사업 성공사례(1970)』, 135~142쪽.

178) 오장호(경남 양산군 철마면 기림리 새마을지도자), 「소득복차사업성공사례」, 분당 새
마을연수원 성공사례 발표원고, 작성일자: 1973년 8월.

　　공사비 2천여만 원에 달하는 이 거대한 교량사업을 2년차 계획으로 환성할 것을 목표로 72년도까지 어머니회 구판장 수입과 50만 원 절미저축에서 30만 원 본동과 인근 세장동 등 260호에서 호당 2,000원~3,000원을 각출하여 70만 원 등 연말까지 150만 원을 적립하였다. …계획보다 앞당겨 9월 20일에 200m의 교량이 완성되었다. 여기에 소요된 자재로서 양회 5,000포, 철근 48톤, 자갈모래만도 1,000여 트럭에 해당된다. 그 동안 지도자인 나 개인은 금년도 농사는 전폐하다시피 해가며 공사장에서 불철주야 3개월을 보내면서 교량 하나하나가 이룩될 때마다 육중한 콘크리트 기둥을 부둥켜안고 눈물을 흘린 적도 한두 번이 아니었다.[179]

　　첫 번째 사례는 복차소득증대사업의 성공사례임에도 불구하고 새마을가꾸기 사업이 먼저 등장한다. 양묘사업은 정부에서 지정한 사업이 아니라 자신이 결정하였으며, 이 사업에서 얻은 수익금은 마을 공동사업에 투자한다는 내용이다. 두 번째 사례는 교량건설을 위해 마을기금을 조성한다는 내용이며, 이런 사업 때문에 지도자는 자신의 농사를 전폐했다는 내용이다. 환경개선사업과 소득증대사업에서 마을 공동기금은 마을 평가에서 중요한 요소였다. 마을이 감당하기 어려운 공동사업을 위해 기금을 조성하기도 하고, 공동사업을 통해 기금을 마련한 후 새로운 공동사업을 전개하였다. 1960~70년대 최대의 선거공약 중 하나는 교량건설이었다. 첫 번째 사례에 나오는 광덕동 역시 선거 때마다 정치인이 공약으로 제시하고 있었다. 정부가 담당해야 할 사회간접자본의 투자가 농민에게 전가되고 있지만, 지도자나 농민은 이에 불만을 보이기보다 자신들의 힘으로 교량건설에 나서고 있다. 정부는 새마을지도자를 통해 주민의 현금, 노력, 토지 등의 자원을 효과적으로 동원할 수 있었다.

---

[179] 권영설(경북 청송군 진보면 광덕동 새마을지도자), 「새마을사업성공사례: 마을기금조성 및 효율적인 관리」, 분당 새마을연수원 성공사례 발표원고, 작성일자: 1973년 10월.

이상에서와 같이 새마을지도자에게는 교육, 다양한 혜택, 보상 체계 등이 마련되어 있었으나 구조적으로 정부 지시와 주민 협조 사이에서 갈등하는 존재였다. 새마을지도자는 1년마다 선출하는 것이 원칙이었으나 특별한 일이 없는 한 연임하고 있었다.[180] 새마을운동 기간 중 지도자가 사임한 이유를 살펴보면 당시 새마을지도자가 처한 상황을 이해할 수 있다. 새마을지도자의 사임사유는 다음과 같다.

〈표 2-7〉 새마을지도자의 사임 사유

[( )는 %]

| 마을<br>구분 | 계 | 월급<br>미지급 | 사생활<br>침해 | 능력<br>부족 | 관료의<br>비협조 | 마을주민의<br>반발 | 사업실패의<br>책임 | 무응답 |
|---|---|---|---|---|---|---|---|---|
| 기초마을 | 70 | 7 | 17 | 22 | 2 | 6 | 4 | 12 |
| 자조마을 | 65 | 8 | 16 | 21 | 2 | 4 | 5 | 9 |
| 자립마을 | 65 | 10 | 15 | 18 | 3 | 2 | 6 | 11 |
| 계 | 200 | 25(12.5) | 48(24) | 61(30.5) | 7(2.5) | 12(6.0) | 15(7.5) | 35(16.6) |

※ 출처: 최순식, 앞의 논문, 63쪽; 최진아, 「새마을운동에 나타난 자조에 관한 연구: 새마을지도자의 수기를 중심으로」, 서울대대학원 석사학위 논문, 2003, 58쪽에서 재인용.

200개 마을의 표본조사이지만, 〈표 2-7〉에서와 같이 사임 사유에서 가장 두드러지는 것은 능력부족, 사생활침해, 월급 미지급 등이었다. 정부는 새마을지도자에게 개인의 사적인 이익보다 희생을 요구하는 경우가 많았고, 주민 역시 새마을지도자에게 지나치게 무리한 요구를 하고 있었다. 이러한 사례는 다음에 잘 나타난다.

나에게 꿈이 있다면, 어떻게 해서라도 농사를 충분히 지을 수 있는
내 농토 열 마지기만 있어 가지고 남의 땅 신세를 면해보는 것이었고
돈 좀 벌어가지고 이자 질어 가는 빚 갚고 사는 것이었다. 그리고 보다

---

180) 새마을지도자의 근속연한은 보통 3년 이내가 75% 정도였다.

나은 농업기술을 개발해서 마을사람들에게 봉사하고 나와 같은 처지의 농민들을 정신적으로나 물질적으로 도와 줄 수 있었으면 하는 생각뿐 이었다. 이것은 나 혼자만의 생각도 아니었다. 당시의 농촌지도자로 일 어섰던 수많은 사람들의 희망이기도 했다. 선진농업기술을 도입하여 증산의 비결을 지도하고 마을을 위해서는 어떻든 정부의 시책에 적극 호응하여 다른 마을 보다 한 푼의 지원이라도 더 따오는 것이 유능한 지도자였으며, 가난한 사람들을 도와주고 그들이 당면한 어려움을 앞 장서서 해결해 주는 것이 당시의 훌륭한 농촌 지도자상이었다.[181]

훌륭한 농촌 지도자는 정부의 시책에 적극 협조하고 다른 마을보다 지 원을 더 많이 받아오는 지도자였다. 주민의 요구는 지도자의 처신을 어렵 게 했다고 볼 수 있다. 이러한 상황 가운데 일부 지도자는 새마을지도자 경력과 관료와의 유대를 통해 사회·경제적 지위 향상을 시도하였다. 새마 을지도자는 정부 인사와의 접촉을 통해 자신의 위신을 높일 수 있었다. 지 역사회의 존경을 받으려는 욕구는 새마을지도자에게 효과적인 자극제였 다. 우수지도자 중 일부는 읍면 또는 시군공무원으로 채용되기도 하였으 며, 특히 농협의 직원으로 특채되는 경우도 많았다.[182] 또한 지도자 경력 을 발판으로 소수이지만 통일주체국민회의의 대의원으로 진출하였다. 1975 년의 경우 농촌지역 새마을지도자 6만 9천여 명 중에서 새마을지도자 출신 통일주체국민회의 대의원 수는 41명이었다.[183]

---

[181] 노금노, 『땅의 아들』, 돌베개, 1986, 174쪽.

[182] 1976년 말 현재 농협의 새마을 지도자 기용 현황은 다음과 같다.

〈표 2-8〉 농협의 새마을지도자 기용 현황(1976)

| 구분 | 기용 인원수(명) |
| --- | --- |
| 군 조합원 | 77 |
| 단위조합인원 | 555 |
| 단위조합직원 | 384 |
| 계 | 1,016 |

※ 출처: 농협중앙회 기획실, 「77업무계획」.

새마을운동에서 활약한 이장, 새마을지도자 중 일부는 공화당의 당원이 되기도 하였다. 이장이나 새마을지도자가 공화당원이 되면 마을 주민의 의사를 잘 반영할 수 있다는 장점이 있었고, 하급 행정기관에서는 효과적으로 정부의 정책을 농민에게 행사할 수 있었다. 박정희는 표면적으로 새마을지도자가 정치화하는 것을 반대하였으나, 실질적으로 이장이나 새마을지도자가 통일주체국민회의 대의원이나 공화당원이 되는 것을 막을 수 없었다. 마을 지도자가 공화당의 활동가로 포섭되는 현상이 나타난 것이다. 선거철이 되면 이장이나 새마을지도자가 공화당의 선거운동원으로 활약하였다.[184]

위와 같은 현상이 나타나면서 지도자는 개인의 노력을 통해 소득을 증대하여 잘사는 농민의 길과 멀어지기 시작하였다. 새마을운동은 환경개선사업 중심이었기 때문에 개인의 소득증대보다는 외형적 사업에 치중하였다. 환경개선사업과 소득증대는 사실상 거리가 멀었다. 또한 새마을 사업에 대한 평가가 외형에 치우치면서 새마을지도자는 환경개선사업 등 마을 공동사업의 성과를 부풀리기 시작하였다. 이에 대해 관료는 승진하기 위해 성과 부풀리기를 묵인하였다. 농민을 공동작업장에 몰아넣은 후 면사무소에 연락하여 방문을 요청하고 공동작업의 현장을 사진으로 남겨 행정기관에 보내는 등 새마을운동의 성과를 부풀리기 시작하였다.[185]

새마을지도자는 점차 새마을운동의 성과를 부풀리면서 자신의 능력범위를 넘어 정부와 농협으로부터 직접 대출을 받거나 주변 농민의 대출을 알선하기도 하였다. 대출받은 돈으로 상품작물을 재배하거나 농업과 관련된 2차, 3차 산업에 투자하였다. 이런 경우 외형적으로 성공한 농민으로 보이

---

183) 김대영, 「박정희 국가동원 메커니즘에 대한 연구」, 『경제와 사회』 61호, 2004, 194쪽.
184) 『그들의 새마을 운동』, 215~223쪽
185) 최진아, 「새마을운동에 나타난 자조에 관한 연구: 새마을지도자의 수기를 중심으로」, 서울대대학원 석사학위 논문, 2003, 60쪽.

기도 하지만, 시장상황의 변화에 의해 투자손실을 보는 경우가 대부분이었
다. 이들의 모험적인 투자는 농가부채로 연결되었다. 더욱 심각한 것은 대
출의 용도나 목적과는 다르게 자금을 사용하는 경우가 빈번했다는 점이다.

# 제3장

# 새마을운동 3대 역점사업의 전개 과정과 영향

## 제1절 환경개선10대사업의 전개와 영향

### 1. 환경개선10대사업의 정착

1970~71년 새마을가꾸기 사업이 성공적으로 실시된 후에도 구체적인 사업 내용과 방법, 지원 기준이 마련된 것은 아니었다. 새마을가꾸기 사업의 내용이 어느 정도 정착되고 표준화된 시기는 1972년 제4기 새마을지도자반 교육에서부터였다. 제4기 새마을교육은 1972년 7월부터 시작되었으며, 이때의 새마을교육은 환경개선10대사업을 중심으로 실시되었다. 제4기부터의 새마을교육은 내무부가 주관하였으며, 교육내용도 영농기술이나 협동조합사업 대신 환경개선사업이 중요하게 취급되었다. 또한 새마을가꾸기 사업이라는 용어보다 환경개선사업이라는 용어가 더 널리 사용되었다. 새마을지도자반 교육에서 이루어진 환경개선10대사업과 실제 마을 자체적으로 이루어진 사업은 다음과 같다.

〈표 3-1〉 환경개선10대사업 내용의 정착 과정

| 구분 | 1972년<br>새마을지도자반 교육에서 이루어진<br>환경개선사업 | 1972~73년<br>마을 자체적으로 추진된 환경개선사업 |
|---|---|---|
| 교육<br>내용 | · 농로개설(안길, 진입로)<br>· 새마을나무 심기<br>· 지붕개량<br>· 새마을하천정리<br>· 국도주변정리<br>· 농촌안전급수<br>· 부엌개량<br>· 메탄가스 이용시설<br>· 새마을금고<br>· 건설공사 기본(교량, 회관) | 농로개설, 농로 양편 가로수 심기, 마을 안 간선 하수구 만들기, 마을 뒷산에 유실수 가꾸기, 마을 비터에 꽃밭 가꾸기, 마을회관 세우기, 공동빨래터 만들기, 담장개량, 지붕개량, 퇴비장 만들기, 간이 상수도 시설 만들기, 부엌개량(아궁이, 조리대, 찬장) |

※ 출처: 『새마을지도자연수원10년사』, 154~155쪽; 김정길, 「새마을운동의 3대 지표에 대한 사업실태와 문제 요인 규명에 관한 연구」, 군산대 논문집 7권, 1974, 166쪽.

〈표 3-1〉에서와 같이 1972년 환경개선사업에서는 1971년 새마을가꾸기 사업(표 2-5 참고)에 비해 지붕개량, 부엌개량, 메탄가스 이용시설 등이 추가되고 쥐 없는 마을 가꾸기 사업은 제외되었다. 1971년 새마을가꾸기 사업에서 문성마을을 비롯한 전국의 여러 마을이 지붕·담장·부엌 개량을 하고, 이러한 사업이 모범사례로 선정되면서 중요사업으로 편입되었다고 할 수 있다. 또한 시멘트와 슬레이트의 공급체제 정비도 지붕·부엌개량이 추가되는 주요 원인이었다.

정부는 1972년 환경개선10대 사업을 실시하면서 마을 단위의 경쟁체제를 도입하기 시작하였다. 우선 우수마을 우선 지원원칙을 적용하였다. 모든 마을에 시멘트를 제공하지 않고 1971년 새마을가꾸기 우수마을에 시멘트 500포와 철근 1톤을 제공하였다. 당시 시멘트와 철근이 공급된 마을은 16,600개 마을이었다. 1972년 정부는 새마을운동을 추진하기 위해 중앙부터 지방행정의 말단에 이르기까지 위계적으로 조직을 정비하였다. 하지만 새마을운동의 단위는 각 마을이었다. 각 마을의 새마을지도자, 이장, 개발위원회 등이 중심이 되어 각 마을단위로 각종 사업이 추진되었다. 군이나 면단위 전체가 협력하여 사업을 전개하는 경우는 매우 드물었다. 대부분의 새마을사업은 리(里) 단위 이하에서 전개되었다. 리 아래에 구(區)가 나누어져있는 경우 구 단위로 새마을사업이 추진되었다.

단위 마을을 경쟁의 단위로 하면서 경쟁의 원칙도 확립하여 갔다. 첫째, '우수마을 우선지원' 원칙 아래 새마을사업에 적극적으로 참여하고 또 마을개발에 열성적으로 노력하는 마을부터 지원한다. 둘째, 마을개발에 대한 열성 정도에 따라 마을별로 기초적인 환경개선사업부터 착수하여 농업생산기반 조성사업, 농가소득 증대사업의 순으로 추진한다. 셋째, 정부의 재정적 지원은 사업의 총비용중 반액 이상을 부담할 능력이 있는 마을에 한한다. 넷째, 마을단위의 사업은 전주민의 합의하에 모든 주민에게 혜택이 돌아갈 수 있는 사업을 선정한다 등이었다.[1]

위의 원칙에서 가장 핵심적인 내용은 우수마을 우선지원 원칙이었다. 지원은 일반적으로 낙후된 지역을 대상으로 한다. 그러나 새마을운동에서는 우수마을에 먼저 지원을 하였으며, 여기에 더하여 우수마을에 더 많은 지원을 하였다. 이러한 원칙은 박정희의 연설에서도 확인된다.

> 앞으로 정부가 농촌에다 투자를 하는 데 있어서도 주민들의 자조정신, 참여의식, 협동심, 단결심, 근로정신이 왕성한 농민들에게 우선적으로 투자해야 되겠습니다. 왜냐하면 그런 농민들에게 투자의 효과가 나타나기 때문입니다. 모든 것을 남에게만 의지하고 정부에만 의존하는 자조정신이 박약한 농민들에게는 투자를 해 보았자 성과가 나타나지 않는 것입니다.[2]

---

[1] 「1970년대 국가와 농민관계에 관한 연구: 새마을운동이 농민의 정치적 태도에 미친 영향을 중심으로」, 35~40쪽.

[2] 대한공론사, 『새마을』, 1978, 21~22쪽.

정부의 차등적 지원 원칙은 초기 새마을가꾸기 사업의 전국적 확산에 중요한 역할을 하였다. 이러한 실정은 다음과 같은 성공사례 발표에서도 확인된다.

> 취약부락으로 1년이 지난 72년 가을에 이웃마을인 봉암2리가 새마을사업을 잘하여 자립마을이라는 영광을 차지하였다는 것이며 대통령 각하의 표창을 받았다는 소문이 있는가 하면 자립마을이 되어야 정부나 군에서 지원을 하고 새마을사업을 하지 않는 부락은 일체의 정부의 혜택이 없다는 이장의 말에 마을 주민들은 이제야 늦은 감이 있으나 새마을 사업을 딴 마을과 같이 가꾸어 보겠다는 신념과 각오를 하게 되었던 것입니다.[3]

위 사례에서와 같이 어느 마을이 새마을사업을 통해 표창을 받고 지원금을 받으면 주변 마을도 새마을사업을 추진할 수밖에 없었다. 마을의 지도자는 주변 마을의 새마을사업을 예로 들면서 주민을 설득하였다.

1972년부터 마을 간 경쟁의 원칙이 적용되면서 부작용도 나타났다. 우선 행정당국 간의 경쟁은 마을선정 과정에서부터 나타나기 시작했다. 여러 마을 중 비교적 마을가꾸기가 이미 잘 이루어진 마을이 새마을운동 대상 부락으로 선정되는 경우가 많았다. 도로 주변, 읍 소재지에서 가까운 지역, 각종 지원이나 자력에 의해 지붕개량 등이 어느 정도 완성된 마을이 새마을운동 대상부락으로 선정되었다. 선정된 마을 중에서도 실적을 더 올리기 위해 분수에 맞지 않는 사업을 무리하게 진행하는 경우도 많았다. 칠곡군 180호 662명이 사는 어느 마을 사업계획은 대표적인 예로 보도되었다. 이 마을은 지붕개량 30채, 마을안길 750m, 담장보수 1,500m, 하수구 700m, 간이상수도 93호, 다리 10m, 놀이터 200평, 꽃길

---

800m, 조림 20ha에 들어가는 비용이 총 5,523,000원 정도로 예상되었다. 정부 보조 1,524,000원, 3,500명의 노력동원으로 1,776,000원을 감당하고 가옥 7채 등을 희사 받아도 130,000원의 마을 빚을 져야하는 사업을 추진하고 있었다. 각 마을 간에 정도의 차이는 있었지만 대부분 마을은 무리한 사업으로 부채가 증가할 수밖에 없었다. 그러나 사업을 포기하는 마을은 드물었다. 부담이 과중해도 붐이 일어났을 때에 추진해야 한다거나 정부의 지원이 있을 때 한꺼번에 해야 한다는 분위기가 지배적이었기 때문이었다. 담당 공무원은 사업의 부담이 점점 커져 마을 사람이 중간에 사업을 그만둘까 노심초사하였다.[4]

　행정공무원의 조급한 추진도 문제였다. 행정공무원이 마을을 방문하여 사업 착수가 늦느냐고 질책하면 별 필요도 없는 공사를 하는 경우도 있었다. 제공받은 시멘트로 마을 입구에 충무공 동상을 만든 다음 '충무공 정신으로 새마을을 이룩하겠다'는 마을이 있는가 하면 폭 4m의 길을 5m의 기준에 맞추기 위해 주변의 오래된 가로수를 베어 내기도 하였다. 실적을 빨리 올리고 보여주기 위해 마을의 실정과 거리가 먼 사업을 무리하게 추진하였던 것이다. 또한 대부분의 사업도 판에 박은 듯이 전개되었다. 함석이나 슬레이트로 지붕개량, 마을 길 넓히기, 담장개량 등은 어느 지역이나 똑같은 모습으로 전개되었으며, 심지어 뒷산에 심는 과실나무의 수종도 전국이 거의 동일했다. 경북의 군수는 이런 획일적 사업에 대해 "물론 열매나무 심기, 채소심기 등은 훌륭한 소득증대의 방편이 될 수 있습니다. 그러나 전국의 모든 마을이 밤나무, 감나무를 심고 호박을 가꿀 때, 판로가 심각해질 것입니다"라며 걱정할 정도였다.[5]

---

[4] 「새마을을 가다」, 『동아일보』 1972년 4월 11 · 12일자.
[5] 「새마을을 가다」, 『동아일보』 1972년 4월 13일자.

마을길 넓히기

지붕개량(전북 부안군 우덕면, 1972년)

※ 출처:『중앙일보』 2011년 5월 13일자; http://theme.archives.go.kr/next/semaul/gallery(국가
기록원).

일부 주민은 모범마을만이 보상을 받고 지원을 더 많이 받는다는 사실에
불만을 가지고 있었다. 전남 승주군의 양연승은『경향신문』'소리'란에 모
범부락만이 보상을 받는 현실에 대해 아쉬움을 표현하는 글을 기고하였다.

> 우리 마을은 1961년 4H클럽을 발족시켜 오늘에 이르기까지 역경을
> 딛고 마련한 4H자금으로 농로개설 등 마을에 많은 도움을 주었다고 자
> 부한다. 그러기에 새마을가꾸기 운동은 아마도 우리의 꿈이었고 … 우
> 리 마을의 새마을운동은 이번에도 4H자금으로 완공한 도로가 제 기능
> 을 발휘하자면 2개의 큰 콘크리트 다리가 필요, 이 다리만을 관에서 부
> 담해줄 것을 진정했다. 그러나 모범마을에 끼지 못한다는 데서 결국은
> 거절되고 말았다. 한편 제정된 모범마을이라는 데는 남아돌아가지 않
> 을까하는 다량의 시멘트가 공급되면서 사업이 착공되는 것을 보니 부
> 럽기만 한데다 한마을에 그렇게 집중 보조하는 것 보다는 새마을가꾸
> 기에 열 올리는 각 마을에 균등하게 지원하는 것이 더욱 합리적 방안이
> 아닐까하는 느낌도 갖게 됐다.[6]

---

6)『경향신문』 1972년 4월 6일자.

　1960년대나 새마을운동이 시작된 후 마을 단위의 협동사업추진은 어느 한 지역만의 현상이 아니었다. 정도의 차이는 있으나 어느 마을이나 각종 조직을 중심으로 마을가꾸기 사업을 전개하고 있었다. 양연승이 사는 마을에서도 4H를 중심으로 마을길을 넓히는 새마을가꾸기 사업을 전개하였다. 그러나 2개의 다리는 완성하지 못해 마을길이 제 구실을 하지 못했다. 아마도 이 마을이 주민의 힘을 모아 2개의 다리를 무리하게 건설했다면 모범마을로 선정되었을 것이다. 시멘트와 철근이 필요한 곳에 공급되기보다 모범마을에 일방적으로 공급되면서 부작용이 발생할 수 있었다. 지역에 따라 시멘트가 남아도는 마을이 있고, 어느 지역은 필요해도 공급되지 않아 사업추진이 어려워지는 문제점이 발생하였다. 섬마을의 경우 시멘트가 공급되어도 모래나 자갈의 운반비가 많이 들어 사업시행이 어려운 경우도 있었다.

　위의 몇 가지 보도 사례는 경쟁체제의 도입에 일부 문제가 있다는 사실을 보여준다. 특히 새마을가꾸기 사업이 마을 간 과열 경쟁을 초래하고 소득증대와는 거리가 멀다는 점이 가장 큰 문제였다. 마을 간 과열경쟁의 문제점은 박철수의 진정서에 다음과 같이 나타난다.

> 　새마을운동을 우리가 원하는 미래상과 차질이 없도록 유도하고 이끌기 위해서는 그 평가가 아주 중요하다고 봅니다. 그렇기 때문에 새마을 사업평가는 종전의 방법과 같이 등수제로 하지 말고 기준제로 하였으면 좋겠습니다. 1등, 2등, 3등 …보다 '아주 잘했다', '참 잘했다', '잘했다',로 강평하는 것이 좋다고 봅니다. …과열경쟁은 설익은 나락(벼－필자) 목을 빼어놓은 욕속부달(欲速不達)의 과오를 범하기 쉽고 마을 간의 화목을 헤칠 수도 있으며 끝번일 경우 사기저하와 열등의식을 불러일으키기 쉽기 때문입니다.[7]

---

7) 대통령비서실, 「새마을운동에 관한 진정 보고」, 문서번호: 제72-354호, 보고일자: 1972년 5월 19일, 진정인(전남 장성 박철수, 36세) 진정서 작성일: 1972년 4월 23일.

진정서에는 마을평가에서 등수제보다는 기준제가 적합하다고 진정하고 있다. 공무원이나 해당 마을 간의 과열경쟁도 문제지만, 한국인의 정서에서 중요한 마을 간 화목이나 주민의 사기를 고려해야 한다는 주장이다. 마을 평가에서 박철수의 진정 때문에 등수제 대신 기준제가 적용되었는지 판단하기는 어렵다. 당시 보고서의 건의사항 요약본에는 '등수제 대신 기준제로 할 것'이 명시되어 있다. 기준제를 적용해도 새마을사업은 여전히 환경개선에 치중해 소득증대와 거리가 멀었다. 이러한 문제를 해결하는 과정은 당시 새마을담당관이었던 정종택이 1973년 대통령에게 보고한 문서를 통해 알 수 있다.

> 각하께서 분부하신 바에 따라 … 소하천정비 노임소득사업에 대하여는 우수부락을 엄격히 선정하여 사업비를 지원토록 하고 … 영농시설 근대화 지원계획은 군당 1개소씩 우수시범부락을 대상으로 하여, 열심히 일한 마을은 각하의 특별한 지원으로 보람과 긍지를 느끼게 하고, 인근 타부락들은 자극과 분발로 일깨워주도록 하겠습니다.[8]

마을 간 차등지원을 통해 경쟁을 유발하는 정책이 계속 유지되고 있음을 확인할 수 있다. 그러면서도 영농시설 근대화와 같이 환경개선10대사업과는 다른 내용이 추가되고 있다는 사실이 주목된다. 새로운 사업이 추가되는 이유는 1972년부터 환경개선 외에 소득증대사업이 필요했기 때문이었다. 환경개선이 새마을사업의 전부라고 생각하는 농민이 많았고, 이에 대한 문제점이 여러 차례 지적되고 있었다. 따라서 환경개선을 중시하면서도 소득증대를 추가하여 경쟁을 유발하는 정책이 필요하였다. 정부는 이러한 배경 속에서 1973년에 전국 마을을 3단계로 구분하는 정책을 확정하였

---

8) 대통령비서실, 「새마을노임소득사업비 지원(2차분)」, 보고번호: 제73-745호, 보고일자: 1973 및 김보현, 「박정희시대 지배체제의 통치전략과 기술: 1970년대 농촌새마을운동을 중심으로」, 111쪽 재인용.

다. 전국 마을의 단계별 구분은 다음과 같다.

〈표 3-2〉 승급을 위한 필수기준사업

| 사업별 | 기초 | 자조 | 자립 |
|---|---|---|---|
| 안길 | 간선안길 | 지선안길 | - |
| 농로 | 마을진입농로 | 경작농로 | - |
| 소하천 | 마을 안 세천 | 마을 간 세천 및 소천 | 마을 밖 소천 및 중천 |
| 농업용수 | 수리율 70% | 수리률 80%[9] | 수리률 85% |
| 농업기계 | - | 동력방제기 | 동력경운기 및 탈곡기 |
| 협동영농 | 협동작업반 | 협동생산사업 | 협동생산사업 |
| 마을기금 | 마을당 30만 원 | 마을당 50만 원 | 마을당 100만 원 |
| 호당소득 | 50만 원 | 80만 원 | 140만 원 |

※ 출처: 『새마을운동10년사』, 215쪽.

〈표 3-2〉에서와 같이 마을 평가는 기준제를 적용하여 기초, 자조, 자립의 3단계로 구분되고 있다. 그리고 구체적 사업은 크게 환경개선과 소득증대로 구성되고 있음을 확인할 수 있다. 내무부 중심의 환경개선사업과 농수산부 중심의 소득증대 사업이 필수 기준사업이었다. 정부는 각각의 마을을 기초, 자조, 자립 단계 중 하나로 분류하고, 각 마을에 대한 지원을 차등적으로 실시하였다. 기초마을은 새마을사업이 시작된 마을로 농로확장, 지붕개량, 소하천보수, 공동빨래터 만들기 등 새마을가꾸기 사업을 주로 하는 마을이었다. 보통 시멘트 500부대와 철근 1톤이 지급되었다. 자조마을은 소하천 가꾸기, 다목적 소류지 등의 사업과 더불어 노임사업, 공동육묘장, 공동농장을 통하여 마을공동기금 50만 원 조성을 목표로 하였다. 자조마을은 일률적으로 정해진 지원금이 지급된 것이 아니라 사업의 진척에 따라 지원을 달리하였다. 자립마을은 소득사업과 문화복지사업 추진에 역점을 두며 마을공동기금 100만 원 이상을 목표로 하였다. 마을이 승급하기

---

9) 『새마을운동10년사』에는 수리율이 70%로 제시되어 있으나, 다른 자료와 비교해보면 80%가 맞는 것으로 보인다.

위해서는 필수적인 기준사업을 완료해야 했다.[10]

자조마을 단계부터 강조한 농업기계, 협동영농, 마을기금조성 등의 사업은 마을협동사업의 성격이 강했다. 동력방제기, 경운기, 탈곡기 등의 농기계는 개인이 구입했다할지라도 마을 사람이 공동으로 사용해야 비용부담이 적었다. 마을기금조성 사업도 환경개선사업에 들어가는 공동비용을 마련하기 위한 사업이 대부분이었다. 내무부 새마을담당관, 지방행정담당관 지방 국장으로서 새마을운동에 관여하였던 고건은 새마을운동 시기 각종 사업 부문에서 농민에게 자율권을 주었기 때문에 성공할 수 있었다고 회고하였다.[11] 그러나 전국적으로 전개된 마을기금조성 사업은 획일적이었다. 뒷산에 유실수 심기, 양묘, 양어장 설치, 구판장 사업, 정부지원을 통한 공동 양계, 양돈, 비육우 사업 등이 대표적인 마을기금조성사업이었다. 또한 포상금을 받은 마을에서는 포상금의 공동 관리를 위해 실시된 사업도 많았다.

새마을운동이 가장 활발하게 전국단위로 실시된 1973년도에는 마을당 평균 49만 4천 원의 정부 자금이 지원되었는데, 우수마을 우선지원 원칙에 따라 발전 수준별로 정부지원규모는 차이가 있었다. 1973년도에 기초마을은 41만 4천 원, 자조마을은 27만 7천 원, 자립마을은 2백 44만 6천 원의 정부 자금이 각각 지원되었다. 자립마을은 기초마을에 비해 5배 가까운 정부지원을 받게 되었다. 자조마을의 지원 규모가 낮은 이유는 사업의 규모가 비교적 기초마을에 비해 소규모였기 때문이었다. 이에 반해 자립마을은 사업의 규모가 크고 마을에서 자체부담의 비중이 낮았기 때문에 지원금이 많았다. 1973년의 경우 자체부담비중이 보통 80% 정도였으나 자립마을은 60%에도 미치지 못하고 있었다.[12] 새마을운동 기간 중 지원의 규모가 다

---

[10] 『새마을운동10년사』, 213~215쪽.

[11] 김영평, 「권위주의 시대의 반권위주의 행정가: 고건론」, 『전환시대의 행정가:한국형지도자론』, 나남출판, 1994, 222~228쪽.

르다고할지라도 보통 정부지원 30%, 자체부담 70% 정도였다.[13]

우수마을은 정부 지원규모가 많다는 점 외에도 전기나 전화를 우선적으로 공급받을 수 있었다. 정부는 새마을운동을 잘하는 마을에 우선 전기와 전화를 공급한다고 홍보하였다. 1970년대 전반기에는 전기, 후반기에는 전화가 농촌마을에 널리 보급되었다. 새마을운동 직전 농촌의 전기 보급률은 12%에 불과했으나 1977년 99%에 이르고 있었다. 전기의 가설은 정부 지원이 20%에 불과하였으나 주민은 전기 가설에 적극적이었다. 전기가설에 들어가는 농가호당 평균 비용은 1971년 24,800원, 1972년 25,300원 정도였으며, 지붕개량보다 평균비용이 적게 들었다.[14] 정부는 전기가설을 이용하여 환경개선사업의 확산을 유도하였다. 또한 정부의 고위관료는 마을을 방문하는 기회를 이용하여 이른바 선심행정을 베풀 수 있었다. 새마을운동에 모범적인 마을을 방문하여 마을의 애로사항이나 숙원사업을 파악하는 경우가 많았다. 보통의 마을은 전기 가설과 교량가설을 숙원사업으로 제시하였고, 방문한 지도자는 마을의 숙원사업을 해결하기 위해 지원을 약속하였다. 전기가 들어오는 날은 어느 마을이나 잔칫날이었다. 전기는 마을과 중앙·지방 행정가를 연결하는 정치적 통로가 될 수 있었다.

정부지원은 대부분 행정절차에 의해 이루어졌으나 행정적 절차 없이 박정희나 육영수가 직접 우수마을에 특별지원금을 하사하는 경우도 있었다. 성공사례 발표 후 혹은 각종 포상을 지급하는 자리에서 대통령은 각 마을의 애로사항을 직접 파악하고 특별지원금을 하사하였다. 이러한 사례는 다음에 잘 나타난다.[15]

---

12) 『새마을운동10년사』, 433쪽.

13) 황연수, 「농촌 새마을운동의 재조명」, 『농업사연구』 제5권 2호, 2006년, 37쪽.

14) 『한국경제근대화와 새마을운동』, 126~127쪽.

15) 「한국 권위주의체제의 동원과 통제에 관한 연구: 새마을운동을 중심으로」, 82~83쪽.

1971년 7월 5일, 경제기획원에서 열린 월간경제동향보고회의 석상
에서 … 참 좋은 계획이라고 말씀하시면서 한우를 더 기르고 싶다면
특별자금을 마련해 주도록 하시겠다고 말씀해 주셨습니다. 그 말씀에
따라 72년 봄 4월에 한우 1백 두 자금 1천 5백만 원을 내려 주셔서 이제
우리 마을에는 2백 두 가까운 한우를 가진 한우 마을이 되었습니다.[16]

월간경제동향보고를 할 때와 우수 마을을 방문한 후 특별하사금을 지급
하는 것은 관행이었다. 특별하사금은 애로 사항이나 숙원사업이 무엇인지
질문한 후 직접 돈이나 물품으로 지급하는 경우가 많았다. 1972년 칠곡군
동명면 남원2리의 경우가 대표적인 예였다. 남원2리는 수해로 마을 전체가
큰 피해를 입자 마을을 아래쪽으로 옮겨 새로운 마을을 형성하였다. 자비
로 초가지붕을 기와지붕으로 만들고 마을길을 정비하는 등 마을의 모습이
개조되었다. 육영수는 이 마을을 방문한 후 애로 사항을 질문하자 농민은
전기가설이라고 대답하였다. 이 마을은 한 달 만에 전격적으로 전기가 들
어왔다.[17]

새마을사업의 집행단위가 도나 군이 아닌 마을단위로 추진되면서 마을
내의 주민은 다른 지역의 성과에 의해 자기 마을이 혜택을 받을 수 없게
되었다. 마을 단위의 사업 추진과 마을 단위의 지원이 이루어지면서 마을
간 경쟁이 발생하였다.

모든 국가 시책이 새마을사업을 위해 동원되고 있으며 하지 않으면
국가시책에 역행하는 마을이 된다. 물어볼 필요도 없이 새마을사업을
하지 않으면 찍히는 마을이 될 것이니 알아서 하라는 것이다.[18]

---

16) 새생활문고편집위원회, 『끝내 이룬 자활의 터: 집념의 실천가 정희원』, 노벨문화사,
    1972, 190쪽.

17) 『매일신문』 2006년 5월 9일자.

18) 『땅의 아들』, 137쪽.

위에서 설명한 바와 같이 마을 간의 경쟁 전략은 공동노동을 중심으로 하는 환경개선사업에는 다소 유리한 측면이 많았다. 정부는 마을 간의 지원을 차등화하면서 경쟁을 유발하였다. 그러나 경쟁은 지방 공무원이 새마을운동과 관련된 각종 실적을 부풀려 보고한다는 문제점이 있었으며, 무엇보다 소득증대사업의 전략으로 적절하지 않았다. 새마을운동을 추진하는 원동력이나 전략 그 자체 내에 한계와 모순이 잠재해 있었다고 할 수 있다.

## 2. 환경개선10대사업의 전개와 확산요인

환경개선10대 사업은 간선 도로와 마을 안길을 연결하는 사업[19]에서 시작되어 지붕개량, 마을회관 건립, 소하천 정비 등으로 발전하였다. 10대 사업 중 비교적 성공한 사업으로 평가되는 지붕개량, 마을 안길 및 농로확장 등에 대해 살펴보고, 실패한 사업으로는 메탄가스 설치를 분석하기로 한다.

새마을운동은 개인 혹은 가구단위가 아니라 마을을 단위로 추진되었다. 마을 단위의 사업 중 가장 대표적인 사업은 마을 안길 및 농로확장이었다. 마을 안길 및 농로확장을 위해서는 토지, 노동, 자재의 문제가 해결되어야 했다. 확장에 필요한 비용의 비율은 다음과 같다.

---

[19] 1960년대 이후 한국의 교통체계는 철도중심에서 도로중심으로 변화하고 있었다. 이후 농촌지역의 선거 공약 중 교량의 건설이 많은 비중을 차지하게 되었으며, 간선도로가 건설되면 간선도로를 따라 새로운 농업이 보급되었다. 당시 정부는 간선도로의 건설에 재정을 투자하였지만 마을과 간선도로의 연결은 마을주민이 담당하도록 유도하였다고 볼 수 있다. 철도교통에서 도로교통으로의 변화, 선거와 교량건설, 시장권의 변화에 대한 마을 사례에 대해서는 충남대학교 마을연구단, 『연기 솔올마을: 근현대 촌락사의 축도(縮圖), 대원사, 2006, 99~125쪽 참고.

<표 3-3> 마을안길 및 농로확장 시 토지·노동·자재의 비율

[단위: %]

| 자원 | 시업 내용 | | |
|---|---|---|---|
| | 마을진입로 | 농로 | 소량교 |
| 토지 | 34.6 | 45.6 | - |
| 노동 | 52.5 | 45.0 | 49.2 |
| 자재 | 13.0 | 9.4 | 50.8 |
| 계 | 100 | 100 | 100 |

※ 출처: 반성집, 「새마을운동과 농촌사회간접자본의 형성」, 『새마을운동의 이론과 실제』, 310쪽에서 재인용.

<표 3-3>에서와 같이 마을진입로나 농로건설 비용에는 편입되는 토지와 노동의 비율이 높고, 소량교의 건설에는 상대적으로 자재와 노동의 비용이 많이 든다. 자재는 정부에서 공급받는 경우가 대부분이고 노동은 자체적으로 해결하였다. 초기의 노동력 제공은 동원의 성격이 강했으나 점차 취로사업으로 일정한 보수가 지급되기도 하였다. 취로사업으로 추진되는 경우 일당은 600~800원 정도였다. 마을주민은 토지희사, 노동, 자재문제를 해결하기 위해 밤마다 사랑방이나 회관에 모여 사업을 협의해야 했다.

대부분 마을의 편입 토지 문제는 마을공동사업이라는 성격이 강조되면서 심각한 갈등으로 번지는 경우는 드물었다. 담당 공무원이나 새마을지도자가 길을 내기 위해 토지에 줄을 긋고 말뚝을 세우면 그 길을 따라 길이 만들어지는 경우가 일반적이었다. 설사 토지의 편입이 마음에 들지 않는다 하여도 반대를 하는 경우, 마을 주민으로부터 받을 소외를 두려워해 반대를 표현하기 어려웠다. 토지희사에 반대한 경우에도 마을 주민의 설득과 일부의 보상, 마지막에는 표결에 의해 해결되었다. 『영광의 발자취』 1·2집에 수록된 성공마을의 사례에서도 토지희사의 방식은 크게 두 가지로 나타난다. 첫째는 갈등이 없는 경우, 혹은 갈등이 표면적으로 드러나지 않게 해결하는 방식이다. 이 방식은 편입토지에 대한 보상이 일부 있었고 대부분은 지도자나 주민의 계속적인 설득으로 문제를 해결하였다. 둘째는 편입

토지 지주가 완강하게 거부하는 경우였다. 이런 경우에는 마을유지가 먼저 토지를 희사하는 모범을 보인 후에 반대자들에 대한 설득과 강제를 통해 문제를 해결하였다.[20]

토지희사 문제가 해결되고 난 후에는 온 주민이 모여 함께 일해야 했다. 밤낮으로 일한 체험은 새마을사업을 더욱 새마을사업답게 하였으며 새마을운동에서 가장 극적인 장면이었다. 마을길을 넓히는 작업은 좁은 소로에 차가 다닐 수 있도록 길을 넓히는 작업 외에도 다리를 놓는 일도 중요했다. 징검다리, 외나무다리, 구멍 뚫린 철판다리 대신 시멘트와 철골을 이용한 콘크리트 다리를 만드는 일은 노동력뿐만 아니라 기술도 중요하였다. 영주시 단산면에서 새마을운동을 담당하였던 김도형은 "낮에 농사일에 지친 주민들이 밤에 횃불을 들고 나와 시멘트를 비벼 넣고 자갈·모레를 나르면서 밤새 공사를 했지요"라고 회고하였다. 박위훈은 "다리도 정부가 이·동 단위별로 100~1,000포씩 무상지원한 시멘트를 이용, 남녀노소를 불문하고 소매를 걷어 붙이고 나와 밤새 불을 켜 양수기를 돌려가며 가설공사를 했다"라고 증언하였다. 1971~75년 사이 전국에 만들어진 다리는 6만 5천 개에 달했다. 마을 당 2개의 다리가 만들어진 것이며, 이 다리들 중 100m 이상의 다리도 주민의 노력에 의해 만들어졌다.[21]

마을길 넓히기는 다른 환경개선사업과 다르게 개인의 토지희사와 노동력 제공이 필수적이었다. 1970년대 도시 지역에서 길을 넓힌다고 토지희사나 노동력을 요구하는 경우는 생각하기도 어려웠다. 마을길 넓히기가 새마을 운동의 상징이 된 이유는 상품작물의 재배 확대, 마을주민의 사회적 유대관계, 마을 내의 풍부한 노동력 등으로 나누어 살펴볼 수 있다.

1970년대 초중반은 마을 주민 대다수가 상업적 영농으로 전환하는 시기

---

20) 김혜진, 「새마을운동의 기반형성과 전개양상에 관한 인류학적 연구: 경기도 안성시 한 농촌마을의 사례를 중심으로」 서울대학교 대학원 인류학과 석사학위논문, 2007, 79~80쪽.
21) 「주민들 횃불 들고 밤샘 '부역': 마을길 넓히기」, 『매일신문』 2006년 5월 6일자.

였다. 유통로의 정비는 마을주민 모두에게 요구되는 사업이었다. 농로가 확장되기 전에는 자신이 재배한 작물을 자신이 직접 시장에 가지고 가서 팔아야했다. 시외버스를 타거나 자전거에 상품을 실어 나르는 일은 대단히 번거로운 일이었다. 농로가 확장되면 도매하는 사람이 마을 안까지 들어올 수 있었다. 마을 주민은 트럭을 통해 작물을 출하할 수 있었다. 국도와 마을길의 연결은 주민 모두에게 생계와 관련된 사업이었다.[22]

한국의 농촌은 기본적으로 마을을 중심으로 사회경제생활이 이루어졌으며 생산을 위한 노동은 가족 중심이었다. 오랜 기간 동안 사회경제적 질서가 마을단위에서 형성되었기 때문에 주민은 마을주민과의 사회적 유대관계를 떠나 생활하기 어려웠다. 이러한 예는 다음의 사례에서도 확인된다.

> 땅에 대한 애착은 거의 신앙에 가까워 자기 땅 한 평이라도 무상으로 진입로에 편입되는 것을 기를 쓰고 반대하는 것이었다. 지도자의 끈질긴 설득으로 조태언씨가 16만 원 상당의 옥답 100평을 희사하자 토지문제는 어느 정도 실마리가 풀리는 듯 하더니 … 정희문씨는 "한 푼의 보상금도 없이 남의 집을 헐고 길을 내는 법이 어디 있어. 마음대로 해보시오."하며 회의장을 퇴장했다. … (정희문)씨의 일은 전주민이 도와주지도 말고 새로 생긴 길로 못 다니도록 길을 차단하였다. … 하루는 지도자의 집을 방문하여 자신의 행위를 뉘우치고 마을 일에 적극 협조할 터이니 제발 길 좀 뚫어달라고 조르는 것이었다.[23]

사례에서와 같이 마을길 넓히기를 추진하는 과정에서 마을 내에 갈등이 나타나는 경우가 있었다. 가난한 농민이 노동력 제공을 거부하거나 토지소유자가 토지희사를 반대하는 경우가 있었다. 이러한 일이 발생할 경우 대부분 지방행정공무원이나 행정기구가 관여하지 않고 마을자체 내에서

---

[22] 「새마을운동의 기반형성과 전개양상에 관한 인류학적 연구: 경기도 안성시 한 농촌마을의 사례를 중심으로」, 81쪽.

[23] 마을문고본부, 『영광의 발자취: 마을단위 새마을운동 추진사 제1집』, 1978, 101쪽.

해결하고 있음을 알 수 있다. 마을 주민 간 유대가 중요했고 마을에서 인심을 잃으면 살아가기 어려웠기 때문에 어쩔 수 없이 토지를 제공하였던 것이다.

마을공동사업추진에 가장 중요한 요소는 주민의 노동력과 물자제공이었다. 마을수준을 결정하는 마을 안길·농로·소하천 정비 및 마을회관 건립 등의 사업을 추진하려면 주민을 동원해야하고, 토지의 희사나 물자의 제공이 필수적이었다. 새마을지도자와 사업에 적극적인 주민은 다른 마을에 뒤떨어져서는 안 된다며 반대하는 주민을 설득하였다. 지원금을 받지 못한 마을은 다른 마을의 활동에 자극을 받아 단계별로 사업을 추진하기 시작하였다.

> 무엇을 어떻게 왜 하느냐하는 이론보다는 우리 마을을 위하여 또 남이 하니까 우리도 아니 할 수 없다는 경쟁심에서 … 사소한 불평과 불만은 큰 흐름에 묻히고 가려졌다. 마을 안길을 확장할 때 가옥 아홉 채가 부서지고 일 백여 평의 땅이 징발되었다. 그러나 마을을 위하여 후손을 위하여 란 절대명분에 눌려 어쩔 수 없었다.[24]

마을주민과의 유대관계를 유지하려면 자신의 경제적 손실도 감수해야했다. 더군다나 농촌의 인구가 도시로 이동하고 있었으나 여전히 농촌의 노동력은 바쁜 농사철을 제외하고 풍부했다. 잠재적 실업이 여전히 존재하고 있었으며 노동력과 농가의 경영규모가 대개 반비례하는 경우가 많았다. 농한기의 노동력 동원은 쉽게 이루어졌으며, 각종 지방행정기구나 마을 자치기구에 의해 결정된 사업은 협동노동을 통해 이룩되었다.

농촌주택개량사업은 1970년대 전반기에는 지붕과 부엌개량에 중점을 두었고, 중반 이후에는 도시형 양옥의 신축을 추진하였다. 지붕개량은 묵은

---

24) 정연주 외, 「르뽀 새마을운동」, 『신동아』 1972년 7월호, 183쪽.

짚을 제거하고 시멘트 기와, 함석, 슬레이트[25]로 지붕을 교체하는 일이었다. 시멘트 기와로 지붕을 개량하려면 집의 기둥이 튼튼해야했다. 마을주민은 기와를 찍는 공동작업장을 설치하고 기와를 찍는 기술자를 외부에서 초빙하였다. 주민이 지붕에 흙을 올리는 기본적인 작업을 담당하고 기술자는 기와를 올리는 일을 하였다. 새마을운동 초기 지붕개량의 재료는 슬레이트가 가장 많았다. 슬레이트로 지붕개량을 하려면 각목으로 헛집을 지은 뒤 못질을 하여 올렸다. 따라서 지붕개량을 하려면 슬레이트 외에 각목이 많이 필요하였다. 벌목이 금지되어 있는 상황에서 각목을 구하기는 어려웠다. 당시 농촌 마을의 논두렁이나 길에는 미루나무가 많이 자라고 있었다. 농민이 미루나무를 베어 각목을 만들면서 농촌에서 미루나무가 사라졌다. 미루나무 각목을 만들고 헛집을 짓는 일은 전문적인 목수가 담당했으며, 그런 기술자가 없는 마을에서는 다른 지역에서 기술자를 초빙했다. 슬레이트나 못 등은 마을 주민이 공동으로 구입하여 사용하였다. 정명모는 군청에서 슬레이트를 공급받았다고 회고하였고 박치석은 인천으로 나가 구매하여 마을에 공급하였다고 회고하였다. 군청이나 면사무소에서 공동구입하여 공급하는 경우도 있었고 마을지도자가 대도시에 직접 나가 구입하기도 하였다.[26]

지붕개량은 정부가 일부 보조를 했으나 대부분 자가 비용으로 충당해야 했다. 지붕개량은 새마을운동 이전에도 개인적으로 혹은 마을 공동사업으로 추진되었다. 새마을운동이 시작된 1970년 이후에는 지붕개량이 빠른 속도로 진행되었으며, 특히 1972년 겨울부터 1973년 봄에 가장 많이 이루어졌다. 지붕개량은 건설부가 주무 부서였으며, 1972년의 경우 정부

---

25) 슬레이트에는 발암물질인 석면이 10±3% 포함되어 있다. 이로 인해 국가지정환경 폐기물로 지정되었으며 폐기처리에 많은 비용이 들어 사회문제가 되고 있다.

26) 정명모(충남 금남면 새마을지도자)·박치석(경기도 광주군지역 면사무소 근무) 인터뷰, 2009년 1월 19일 및 21일.

지원 41억 원, 주민자체자금 87억 원, 합계 128억 원을 투입하여 413,000 동의 지붕을 개량하였다. 앞장에서 설명한 바와 같이 1972년 정부는 1개 동 당 소요비용을 4만 원으로 산정하고 보조 8천 원, 융자 1만 6천 원, 개인부담 1만 6천 원으로 확정하였다. 지붕개량의 실제 비용과 지원은 지역에 따라 차이가 있었다. 『조선일보』는 지붕개량사업에 호당 정부보조금 5,000원, 지방예산 융자금 10,000원이 책정되었다고 보도하였다. 따라서 각 농민이 부담하는 비용은 총 40,000원 중 35,000원 정도였다.[27] 1972~73년에 지붕개량을 각 마을이 대대적으로 추진하게 되면서 자재 가격이 폭등하였다. 1972년 지붕개량을 한 신안군 어느 마을의 경우 융자 20,000원을 제외하고도 실제 부담은 45,000원이었다. 시멘트와 노동력을 제외하고도 실제 비용이 65,000원이었다는 사실은 예상보다 농민의 부담이 가중되었다고 할 수 있다.[28] 지붕개량은 마을의 실정이나 개인의 경제적 형편을 고려하지 않고 강제성을 가지고 급속하게 이루어졌다. 너무 급속하게 이루어져 초가지붕을 거두어내지 못하고 슬레이트를 올린 경우도 있었다.[29] 지붕개량 실적은 1972년 413,000동, 1973년 476,000동, 1974년 401,000동, 1975년 338,000동이었으며, 1975년까지 총 162만 8천 동의 지붕개량이 추진되었다.[30]

　지붕개량은 마을 도로 건설이후 가장 핵심적으로 추진된 사업이었다.

---

[27] 『조선일보』 1972년 10월 4일자.

[28] 「새마을을 가다」, 『동아일보』 1972년 4월 12일자.

[29] 새마을운동 시기 활동한 공무원, 새마을지도자와 인터뷰를 한 결과 초가지붕을 강제로 철거한 경우가 생각보다 많이 있었다. 경기도 광주에서 공무원으로 근무했던 안병욱 (2009년 1월 17일, 광주 자택에서 인터뷰)은 자신도 초가지붕을 헐었다고 하였다. 당시 공무원들은 새벽부터 일어나 마을 현장에서 새마을운동을 독려하였다고 회고하였다. 상부의 지시에 의해 마을주민들을 지나치게 동원해야 하고, 강제로 지붕을 철거하면서 주민들과 갈등이 발생했다고 하였다. 지나친 공무원 동원과 주민에 대한 강제적 사업 진행으로 갈등하던 안병욱은 1973년 공무원 생활을 그만두었다고 회고하였다.

[30] 『새마을운동10년사』, 485쪽.

따라서 지방공무원, 마을지도자는 마을 주민에게 지붕개량을 독려하였다. 지붕개량은 새마을운동의 실제적인 성과를 눈으로 보게 할 수 있는 사업인데다가 공무원들이 자신의 실적을 쌓기 위해서도 적극적으로 추진하였다. 지붕개량 시범마을로 선정되었던 경북 의성 비안면 서부 1리에서는 100여 가구가 슬레이트 지붕을 청색으로 칠했다가 정부 관계자가 지붕이 어둡다고 지적하자 오렌지색으로 다시 칠하는 일도 벌어졌다.[31] 일부 지역에서는 농민의 의사와 관계없이 강제로 진행되었다.

> 마을 사람들은 대부분 보리갈이 등 가을일을 마무리 짓기 위해 들판에 나가고 없던 오전 11시경, 읍사무소 직원 6명, 군청직원 2명, 도합 8명이 3m 이상 되는 갈고리 1개와 철제 사다리 1개를 차에 싣고 들이닥쳤다. 이들은 차에서 내리자마자 마을 앞 광장에서 제일 가까운 재열 씨 집으로 들어가 철제 사다리를 받치고 초가지붕에 올라가 갈쿠리로 꼭대기부터 파헤치기 시작했다. 마을이 소란해지자 마을에 남아 있던 노인들이 공무원들을 붙잡고 … 항의를 했으나 군청 및 읍사무소 직원들은 노인들의 충고는 들은 척도 않고, 계속해서 초가지붕만을 닥치는 대로 허물어 버렸다는 것이다. 12시쯤 우리 집을 포함하여 본채만도 다섯 채(당시 우리 마을 초가는 16호였다)나 허물어 버렸다.[32]

위에서와 같이 일부 농민이 지붕개량에 소극적이면 공무원이 직접적으로 강제적인 수단을 동원했다. 그러나 이러한 경우는 일부에 한정되었고 실질적으로 설득과 회유가 더 많았다. 지붕개량을 하지 않으면 공무원, 이장, 새마을지도자들이 지속적으로 해당 농민을 방문하여 설득하였다. 1970년대 경북 울진군에서 지붕개량업무를 담당했던 최기탁은 "공무원별 담당 마을을 지정, 실적 점검과 보고를 하도록 해 독려한 것도 있지만 초가지붕

---

31) 『매일신문』 2006년 5월 16일자.
32) 『땅의 아들』, 322쪽.

이 근사한 슬레이트 지붕으로 변한다는 사실 그 자체에 매료돼 밤늦도록 주민을 만나 막걸리 잔을 기울이며 설득하였다"라고 회고하였으며, 경북 영주에서 근무했던 강진성은 "지붕개량을 완강히 버티는 노인을 설득하기 위해 산림공무원까지 동원해 집 앞에 불법으로 쌓아놓은 나뭇더미를 빌미로 항복을 받아내기도 했다"라고 당시를 회상하고 있다.[33] 지붕개량은 주로 마을 단위로 이루어졌다. 자재를 공동구입한 후 순차적으로 개량을 하였다. 이런 경우 필요한 자금 중 일부는 농협에서 융자를 받고, 나머지는 빚을 내는 경우가 일반적이었다. 농민이 지붕개량의 필요성을 절감하였다 할지라도 들어가는 비용이 문제였다.

> 지붕개량에 부담이 많지 않았느냐는 질문에 유씨는 "빚은 없다"고 시치미를 뚝 뗀다. 그러다가 동네를 한 바퀴 돌고 나올 때, 빚은 없다던 얘기가 무의식중 엔지 지나치는 말끝에 "지붕개량으로 2, 3만 원씩 진 빚은 보리 때 보리가마니나 내고 가을에 벼가마니나 내면 되니까"라면서 "별 부담이 안된다"라는 말에 꼬리를 달았다. 이상할 것도 없다. "빚이 없다"는 거짓말은 어느 새마을에서도 처음 나오는 말이 아니었다. "빚이 노출된 마을은 시상 대상에서 제외된다"는 소문으로 서로들 진 빚을 감추는 것이다.[34]

농가 평균 소득은 1970년 255,000원, 1974년 674,000원 정도였다. 당시 농가소득에 비해 지출이 많아 부채가 늘어나고 있던 상황이었으므로 지붕개량은 농민에게 부담이 되었다. 동시다발적으로 지붕개량이 이루어져 자재 값이 폭등하고 있었으므로 비용은 갈수록 더 많이 부담되었다. 공무원이나 새마을지도자는 자재를 먼저 공급받기 위해 철물점 사장에게 로비를 하고, 지붕개량비 조달에 보증을 서기도 하였다.

---

[33] 『매일신문』 2006년 5월 16일자.
[34] 정연주 외, 「르뽀 새마을」, 『신동아』 1972년 7월호, 185쪽.

초가지붕을 이을 때에는 솜씨 있는 이웃 주민을 10명 정도 사야 했다. 이영을 엮는 사람 7명, 지붕을 올리는 사람 3명 정도가 있어야 했으며 지붕을 올리는 사람의 품삯은 더 많이 주어야했다. 10명 인부의 품삯과 식사제공은 큰 부담이었다. 그러나 지붕개량은 많은 땔감 문제를 해결하였다. 겨울의 난방은 마을주민에게 큰 부담을 주었다. 지붕개량을 하면 볏짚을 연료로 사용할 수 있었다. 연료문제가 골칫거리인 상황에서 지붕개량은 고정적으로 소비되는 볏짚의 수요를 줄여줌으로써 어느 정도 연료의 문제를 해결할 수 있었다.[35] 1973년 서울신문 공동연구 교수팀의 지붕개량 평가서는 이러한 사실을 잘 보여 준다.

> 보통 4칸 자리 한 채 지붕을 슬레이트로 바꾸는 데 4만 원 정도를 잡는다. 해마다 지붕을 갈 때 드는 볏짚이 약 400단, 한단에 25원씩 쳐 그 값이 10,000원 꼴이다. 이영을 만들고 헌 지붕을 벗기고 새 이영을 까는 데 필요한 품삯과 밥값 등 인건비가 약 6천 원 든다. …그러나 한 번 지붕개량을 하면 한 채에 들어가는 볏짚을 가지고도 가마니 새끼 등 고공품을 만들어 수 만 원의 수입을 올릴 수 있다.[36]

초가지붕 개량은 비용이 많이 들어 농민이 꺼리는 경우가 있었지만 편리한 점이 많았다. 초가지붕은 벌레가 끼고 비가 새는 불편함도 있고 무엇보다 격년마다 지붕을 이어야했다. 또한 볏짚을 이용해 고공품을 생산하려는 농민은 지붕개량에 적극적이었다. 지붕개량을 일찍 한 주민이 대체적으로 만족하였기 때문에 사업추진이 순조로웠던 것이다.

1970년대 통일벼의 보급과도 관련이 많다. 통일벼는 볏짚의 대가 약해 지붕재료로 쓸 수 없었다. 통일벼의 보급 확대와 지붕개량의 대대적인 추

---

[35] 「새마을운동의 기반형성과 전개양상에 관한 인류학적 연구: 경기도 안성시 한 농촌마을의 사례를 중심으로」, 69~79쪽.
[36] 「새마을 오늘의 평가: 지붕개량」, 『서울신문』 1973년 3월 3일자.

진 시기가 일치하는 이유가 여기에 있다고 할 수 있었다. 또한 지붕재료로 사용된 짚은 걷어낸 후 거름으로 사용할 수 있었다. 지붕이 슬레이트나 기와로 개량되면서 퇴비증산운동 또한 활발하게 진행되었다. 따라서 통일벼 보급, 지붕개량, 퇴비증산운동 등은 서로 깊은 연관성을 가지고 추진되었다고 할 수 있다.

재래식 부엌은 땔감 보관, 취사, 난방의 기능과 더불어 가내 수공업의 작업 공간이었다. 주택 내부에 있는 방과의 연결성보다 마당과 연결이 더 중요했으며, 보통 마당의 높이와 부엌의 높이가 일치하였다. 1960년대에는 불편한 농촌부엌을 부분적으로 개량하고 있었다. 당시 부엌개량의 방향은 '부엌의 쓸모'라는 제목의 동아일보 기사에 잘 나타나 있다. 기사에는 부뚜막 면이 안방 평면과 일직선이어서 주부가 엎드려 일하는 것과 부엌에서 신을 신어 불편하다는 점을 지적하였다. 이런 문제를 해결하려면 부엌 면을 다른 방이나 대청높이로 올리고 마루를 깔아야 한다고 보도하고 있다.[37] 새마을운동 시기 부엌 개량도 부엌 바닥과 방의 높이를 일치시키고 가사노동의 편리를 위해 조리대를 입식 형태로 바꾸는 방향으로 개량되었다. 이를 위해서는 마을 단위로 상수도를 설치하거나 개별 가구가 우물물을 모터로 끌어올려 부엌의 조리대와 연결해야 했다. 그러나 화장실이나 욕실은 여전히 주택 내부에 설치하기 어려웠다. 따라서 부엌개량은 입식부엌의 형태를 취하고 찬장을 설치하는 방식이 일반적이었다.[38]

초기의 부엌개량은 전시행정적인 요소도 다분히 많았다. 가사노동의 동선을 최소화하고 여성이 서서 설거지를 할 수 있도록 시멘트로 설거지통을 만들었으나 하수배관을 설치하지 않아 무용지물인 경우도 있었다. 그러나

---

[37] 『동아일보』 1968년 2월 3일자.
[38] 이승훈, 「1970년대 농촌주택개량사업: 주생활의 변화와 농민의 반응」, 『정신문화 연구』, 1996년 겨울호, 244쪽.

전체적으로 여성의 일상을 개선하는 방향으로 발전하였다. 특히 상수도의 설치는 여성의 가사노동을 크게 줄였다. 여성은 보통 물을 먼 곳에서 길어다가 쓰는 경우가 많았다. 집 주변에 펌프나 우물이 있더라도 부엌까지 물을 길어다가 사용해야 했다. 여성에게 이러한 일은 매우 고된 일상이었다. 따라서 여성은 상수도의 설치에 적극적이었다. 당시 상수도 설치 사업에 참여했던 한 여성은 다음과 같이 회고하였다.

> 73년인가 간이 상수도를 하자고 해서 드들 각자 나와서 몇 십 미터씩 팠지요. 신기하잖아요. 죽을 동 살 동 하면서 판 거예요. 여자들도 죽을 동 살 동 하면서 팠지요. 내가 잊어버리지 않는 다니까 왜냐하면 그날 예방접종을 하고 왔어요 장질주사인가 맞고 아파 죽겠는데도 들어오면서 판 거예요. 너무 좋아서 너무 좋으니까. 언젠가 한 번 천안을 가게 되었는데 수도꼭지를 틀었는데 물이 줄줄 줄 나오더라구. 어떻게 좋아 뵈든지 우리 마을은 언제 저런 물을 먹을까 그런 생각을 갖고 있었는데 물을 먹게 파니까 얼마나 좋아요.[39]

도시에서 수도 시설을 경험한 여성이 마을에 돌아와 상수도 설치에 보인 열성이 잘 나타나있다. 도시와 접촉하면서 자신의 주택을 도시 주택과 비교할 수 있는 기회가 이전보다 많아졌다는 점을 알 수 있다. 또한 1960년대 생활개선사업의 일환으로 부엌개량의 필요성이 지속적으로 홍보된 점도 부엌개량의 속도에 영향을 주었다.

메탄가스 설치 사업은 1960년대 후반 생활개선사업의 일환으로 보급되기 시작하였다. 1968년 동아일보의 기사에는 "집집마다 전기, 전화가 있고 TV를 가진 집만도 두 집, 미륵산 중계탑으로 TV화면은 서울처럼 선명하다.

---

[39] 유정미, 「국가 주도 발전에 참여한 여성들의 경험에 관한 연구: 새마을 부녀지도자들의 사례를 중심으로」, 이화여자대학교 여성학과 석사학위논문, 2001년, 28~29쪽에서 재인용.

또 돼지분뇨를 이용한 메탄가스로 연료를 쓰는 이곳은 서울의 어느 문화촌 부럽지 않은 이상농촌이다"라는 내용이 나온다. 농촌에서 부유한 문화생활의 상징은 전기·전화의 보급, TV 등 가전제품의 사용과 더불어 메탄가스의 설치도 포함되고 있다.[40]

메탄가스 설치는 전남 지역의 경우 담양군 월산면 도개부락에 1968년 처음 설치되었다. 메탄가스 발생장치는 화장실의 인분이나 가축의 분뇨를 탱크에 모아 놓고, 여기에서 발생하는 가스를 호스로 연결해 부엌에서 연료로 사용하는 방식이었다. 시범사업 초기에 농촌진흥청 직원은 메탄가스 사용에 대한 슬라이드를 보여주고, 그 편리성을 홍보하였다. 그러나 주민은 "어떻게 똥으로 밥을 해먹으며 선영에게 불길한 똥으로 음식을 만들어 제사지내느냐"라며 반대하였다. 메탄가스 발생 장치를 설치하기 위해서는 주민을 설득하는 일부터 시작해야 했다. 주민을 설득하는 방법은 주로 시범적으로 설치된 농가를 직접 방문한 후 설득하는 방식으로 진행되었다. 도개마을의 경우 농촌진흥청의 지원을 받아가며 40가구가 메탄가스를 설치하였다.[41]

메탄가스 설치 사업은 1960년대 시범적으로 극히 일부지역에서 실시되다가 정부의 강력한 의지에 의해 보급되기 시작하였다. 메탄가스 설치 사업은 농민의 생활편리나 경제성보다 당시 정부가 강력하게 추진한 치산녹화사업을 위해 필요하다고 인식했기 때문이었다. 이러한 배경 속에서 쥐잡기 운동을 대신해 10대 사업으로 선정되었던 것이다. 일단 이 사업은 축산업에 종사하는 마을이나 개인이 추진할 수 있는 사업이었다. 마을 단위의 공동사업으로 전개되는 경우도 있고, 개인이 보조를 받아 실시하기도 하였다. 공동사업은 다음 사례와 같이 추진되었다.

---

[40] 「보람에 산다 2: 희망지대 익산 개간촌」, 『동아일보』 1968년 1월 4일자.

[41] 이용채(담양군 농촌지도소 지도원), 「젊은 성심을 농촌개발에 바쳤다」, 『연구와 지도』 1970년 하계호, 68쪽.

1973년 4월에 9호가 메탄가스 시설을 했다. 호당 2만 원의 보조와 자기 자금 1만 6천 원이 소요되었다. 농촌지도소에서 기술 지도를 하고 가스버너 등 기자재 일체를 일괄 구입했다. 메탄가스는 농촌에 연료혁명을 가져오게 했다. 축산만 하는 집이면 연료 걱정이 필요 없고 1년 내내 쓸 수 있다. 더구나 취사할 때 이외에는 불이 필요 없는 여름철에는 땔감을 절약할 수 있어 아주 편리하다. … 동막 마을에서는 김씨를 비롯한 개발위원 전원이 1차로 가설했는데 그 성능이 훌륭하고 사용하기 편하기 때문에 올해는 10여 호가 시설을 준비하고 있다.[42]

위 사례에서는 메탄가스 사업이 성공적이었다고 서술하고 있으나 개발위원이 메탄가스 설치에 앞장서고 있다는 사실을 발견할 수 있다. 이 사업은 희망자가 부족한 경우가 대부분이어서 시설을 설치하도록 설득하거나 마을의 책임자가 어쩔 수 없이 자기 집에 설치하는 경우가 많았다. 이러한 사실은 "메탄가스 시설은 극히 적은 5%의 실천결과인데 연료난의 해결과 가급적 문화적인 생활양식을 갖기 위하여 필요한 사업이다. 메탄가스 시설의 제조기술 이용에 대하여는 일반 사람이 미지의 상태이기 때문에 적극적인 지식 기능을 부여하고 시설자재도 대여하는 방향으로 나가야 할 것이다."에서도 확인할 수 있다.[43]

메탄가스 사업은 지붕개량 사업처럼 주민 스스로에게 들어간 노력만큼 혜택이 주어지는 사업이 아니었다. 지붕개량에 들어가는 비용과 비슷하면서도 실질적인 도움이 별로 없었던 것이다. 그럼에도 불구하고 사업은 지역별로 일률적으로 실시되었다. 1970년대 초반 메탄가스를 설치하여 사용하였던 안병구는 "날씨가 추워지면 가스가 안 올라왔다" 혹은 "동네 사람들이 구경을 오면 메탄가스를 사용해 음식을 만들어 대접

<hr>

42) 김종원, 「동막에 동이 튼다」, 『흙과 땀과 훈장』, 세대사편, 1974, 237쪽.

43) 김정길, 「새마을운동의 3대 지표에 대한 사업실태와 문제 요인 규명에 관한 연구」, 『군산대 논문집』 7권, 1974, 171쪽.

해야 했다"라고 회고하였다.[44] 문화생활을 한다는 자부심이나 자랑거리는 되었으나 실질적으로 사용하는 데 불편하였다. 이후 메탄가스 설치 사업은 1970년대 후반 농촌에 연탄, 가스레인지가 보급되면서 별 쓸모 없이 비용만 많이 들어간 사업이 되어 버렸다. 또한 메탄가스 사업은 설치하는 데 기술적인 어려움이 많았다. 개별적인 노동력의 투입으로 해결하기 어려웠다. 따라서 실제적으로는 설치 기술자를 초빙하여 가설 되는 경우가 많았다. 마을 주민의 협동이나 노동력 제공과는 별 관계없 이 기술자에 의해 이루어지는 사업이었다. 메탄가스 설치 사업은 협동 노동을 통해 해결하기 어렵고 개인에게 유익함이 적었기 때문에 확산되 기 어려웠다.

## 3. 환경개선10대사업의 영향과 문제점

앞에서 서술한 바와 같이 환경개선사업은 1970년대 초반 새마을운동 의 핵심 사업이었으며 가장 성공적인 새마을운동으로 평가하고 있다.[45] 마을길 넓히기, 지붕개량 등의 사업은 목표량을 초과하여 달성했고 정부 의 지원에 비해 성과가 컸다. 환경개선의 실적은 다음의 표에 잘 나타나 있다.

---

[44] 안병구(농촌진흥청 근무), 2009년 1월 21일 인터뷰.

[45] 최근 간행된 김대중 자서전에서는 농촌새마을 운동에 대해 "농촌에서 새마을운동을 대 대적으로 벌였다. 아침마다 마을에는 새마을노래가 울려 퍼졌다. 그러나 정작 농촌은 골병이 들고 있었다. 초가지붕을 슬레이트 지붕으로 바꾼 것 외에 농촌은 변한 것이 없었다. 모든 것이 도시로 몰렸다. 농민은 정든 고향을 떠나야 했다. 새마을운동으로 농촌이 잘살게 되었다는 선전은 속임수에 불과했다. 이때부터 농촌은 몰락하기 시작했 다."고 평가하였다. 환경개선사업에서 일부 성과가 있었지만, 소득증대사업에서는 실패 한 사업으로 평가했다고 볼 수 있다. 자세한 내용은 김대중, 『김대중 자서전 1』, 삼인, 2010년, 384쪽 참고.

<표 3-4> 주요 환경개선사업 실적

|  | 1971 | 1972 | 1973 | 1974 | 1975 |
|---|---|---|---|---|---|
| 지붕개량(단위: 천 동) |  | 413 | 477 | 400 | 293 |
| 농어촌 전화(단위: 천 호) |  | 164 | 308 | 177 | 150 |
| 간이급수시설 |  | 2,620 | 2,556 | 4,557 | 3,014 |
| 메탄까스 |  | 12,539 | 11,175 | 261 | 4,000 |
| 농촌표준주택 |  |  | 4,407 | 9,154 | 4,750 |
| 마을안길(km) | 6,046 | 12,000 | 10,842 | 5,379 | 1,815 |
| 하수구시설(km) | 788 | 1,904 | 3,864 | 2,304 |  |
| 공동우물 | 65,419 | 20,350 | 19,533 | 4,373 | 2,493 |
| 공동빨래터 | 24,129 | 9,035 | 14,049 | 4,984 | 3,965 |

※ 출처: 『새마을운동10년사: 자료편』에서 재구성.

<표 3-4>에서와 같이 환경개선사업의 주요 실적이 높았던 시기는 1972~73년이었다. 정부의 지원에 비해 이러한 성공이 가능했던 이유는 동원 체제 구축, 마을 간의 경쟁, 환경개선에 필요한 자재의 원활한 공급 등으로 요약할 수 있다. 그러나 이러한 조건이 모두 갖추어졌다고 할지라도 모든 사업이 성공한 것은 아니었다. 대표적인 사례로 대표메탄가스 설치 사업을 들 수 있다. 성공의 가장 중요한 이유는 각 사업들이 실제 농민에게 직접 도움을 주었기 때문이었다. 새마을노래 가사에는 "초가집도 없애고 마을길도 넓혀서"라는 내용이 있다. 이 사업은 농민 각자에게 실질적인 도움이 되었기 때문에 대대적인 추진이 가능했다고 할 수 있다.

환경개선사업은 한국 농촌의 모습을 불과 몇 년 사이에 크게 변화시켰다. 그러나 환경개선사업이 진행되는 기간과 이후 농민과 농촌에는 어떤 일이 일어났는지 살펴보아야 한다. 환경개선사업 기간 중 자본가와 기업의 농촌 진출이 본격화되었다. 다시 말해 자본가와 기업은 환경개선사업을 통해 농촌에 이전보다 편리하게 진출하였다. 지게를 질 수밖에 없는 농로, 분산되어 있는 농경지, 사람의 힘으로 해결하기 힘든 농업용수, 등잔불 아래의 농촌생활 등은 농촌에 사는 농민뿐만 아니라 기업가들도 농촌마을에

접근하기 어렵게 만들었다. 이러한 상황에서 환경개선사업은 자본과 기업가들의 농촌 진출을 더욱 편하게 하였다.[46]

마을길이 넓어지면서 우마차가 간신히 다니던 길에 자동차나 트럭이 들어오기 시작하였다. 1974년 발간된 새마을운동 화보집을 통해 마을의 모습이 새마을운동 이후 얼마나 많이 변화했는지 실감할 수 있다.

**❙ 환경개선사업으로 변화된 마을의 모습**

※ 출처: 『1970년대 사진자료집: 새마을운동을 만든 사람들 새마을운동이 만든 사람들』, 성공회대학교 민주주의 연구소 새마을연구팀.

당시 초등학교의 두 어린이도 자신의 마을을 자랑스럽게 생각하며 다음과 같은 시를 쓰고 있다.

---

[46] 백용찬, 「식량자급책과 고미가 정책의 도입(1967~69)」, 『한국경제정책30년사』, 전국경제인연합회 편, 1975년, 650쪽.

손(감성 국교 6, 박숙희)

아빠 손 / 못 박힌 손 / 마을 안길 넓힌 손
엄마 손 / 거칠어진 손 /부엌 아궁이 고친 손
"새마음 새마을"/ 아가는 / 말로 한 몫
나는 야 / 호미 들고 / 꽃길 만들지


내 동네(조치원 대동국교 5, 이옥화)

내 동네 / 쭉 뻗은 길
마음껏 달려본다. / 꽃으로 싸인 동네 / 오래 살고 싶다.[47]


작품에서와 같이 한 어린이는 아버지와 어머니의 손이 거칠어졌지만 자랑스러워했으며, 또 한 어린이는 달라진 마을이 좋아 오래 살고 싶다는 소망을 표현하였다. 두 시에는 분명히 희망이 넘치고 있다. 또한 농민은 이 길을 통해 자신이 생산한 작물을 보다 편리하게 시장에 공급하여 수입을 올릴 수 있었다. 당시 마을에서 소득을 올리기 위해 부지런히 일하는 모습은 다음 작품에 잘 묘사되고 있다.

동살이 퍼지자 들대도 더불어 들썩거렸다. 제 땅이 없는 사람은 저절로 앙물한 지경으로 집집마다 일을 나오고 있었다. 마차에 퇴비장을 헐어 싣고 봇도랑 옆배미로 몰아가는 것은 유승팔이었다. 이낙필은 터 앞머리에다 고구마 묘판을 꾸미는지 맷방석만한 비닐을 씌우느라 딴전 볼 틈이 없고, 배래 위에 일은 까치놀처럼 희번득여 눈부신 변차섭이네 비닐하우스에서는, 그새 고춧모가 북주게 자랐는지 아까부터 사람 소리가 새어나오고 있었다. 이동화는 지난 장마에 고쳐온 경운기로 봄부치 부칠 터앞을 가는 중이요, 홍순각이네 마당에서는 홍의 작은 아들이 양수기 고치기에 부산했으며, 오치균이 안식구와 큰며느리는 엊그제

<hr>

47) 연기군교육청, 「교육의 향토화를 위한 교육과정운영」, 『새마을교육 성공사례』, 문교부, 1974, 53~54쪽.

낳은 젖소 새끼에게 분유를 타먹이느라고 동네가 시끄러운데, 언덕배
기 마을 앞 빈터에서도 제일유업에서 보낸 얼룩소 무늬의 집유차가 들
어와, 오서방네 목동이 내온 우유를 받아 싣느라고 어지간히 시끌덤벙
하였다.[48]

마을주민 모두 농업노동에 얼마나 열심이었는지 잘 묘사하고 있다.[49]
또한 농업자체도 식량작물재배보다는 현금 소득을 위한 상업 작물이나 축
산이 널리 유행하고 있다는 사실도 알 수 있다. 생산한 물건이 도시와 시장
으로 팔려나감과 동시에 도시의 문화와 자본이 농촌에 다음과 같이 전달되
었다.

병시 엄니 시방 우리에게 계가 몇 개나 있는 중 알구나 그려? 우리만
해두 하루에 두 번 시 번 달력을 봐야 제날짜를 안 넘기는 판인디, 볼
려? 여자들끼리 허는 금반지계, 법랑세트계, 이불계, 즌자재봉틀계, 은
수저계, 한복계, 세탁기계, 꽃놀이계, 이쁜이수술계, 그말구두 쌨을겨.
남자덜찌리 붓는 계는 … 경운기계, 카세트계, 예비군계, 민방위계, 양
수기계…[50]

마을에 처음으로 텔레비전이 선을 보이던 날, 눈부신 과학문명의 이
기 앞에 온 마을 사람들은 넋을 잃었다. 눈과 귀를 동시에 사로잡은 텔
레비전 화면이 그저 신기하기만 했다. 그동안 먼 나라 이야기처럼 들리
던 삐까번쩍한 옷차림과 … 감수성이 예민한 시골 처녀 총각들은 무조
건적인 서울의 환상에 빠져들게 했다. … 읍내에 새로 들어선 페인트로

---

48) 『우리동네』, 152~153쪽.

49) 필자의 어머니 박기례(1923년생)는 1960년대에 비해 1970년대 이후 훨씬 더 많이 일했
다고 회고하였다. 1950~60년대에는 나이는 젊었지만 농번기 외에는 별로 할 일이 없어
동네 나무 그늘에 앉아있는 시간이 많았다고 하였다. 특히 나이가 들고 자식이 결혼한
후에도 일을 하면 동네 사람들이 욕했다고 회고하였다. 그러나 1970년대 이후에는 누
구나 들판에 나가 열심히 일했다는 말을 자주하였다.

50) 『우리동네』, 358쪽.

단장된 상회에는 텔레비전에서 선전하는 온갖 것들이 진열되고, 작년
에 읍내지역 5개 리동조합을 통합하여 사무실을 차린 농협에서도 이에
뒤질세라 연쇄점인가 하는 것을 개업해 가지고 미원, 설탕, 그리고 각
종 전기제품을 쌓아놓고 농민들의 발걸음을 유혹한다. 돈이 없으면 서
류에 도장만 찍어 주면 가을 내기 외상으로 준다고 한다.[51]

각종 전자제품과 농기계 등이 농촌에 보급되고, 이를 마련하기 위해 각
종 계가 성행하고 있음을 알 수 있다. 특히 새마을운동 시기에는 농촌 지역
에 TV 열풍이 불었다.[52] TV는 단순한 문화적 기호품이 아니라 근대문화와
자본주의의 소통 통로였다. 상업주의적 매스컴의 영향이 일방적으로 전달
되었다. 자급자족적이고 극도로 소비를 억제하며 생활할 수밖에 없던 농촌
주민에게 산업화로 인한 상품이 유입되면서 소비의 양상이 크게 변화하였
다. 농민은 자극적인 소비에 노출되었다. 길과 전기를 통해 농촌과 자본의
연결이 강화된 이후 농촌의 붕괴는 다음의 시와 같이 현실로 나타났다.

> 웬수놈의 새마을길 / 저놈의 새마을길
> 문전옥답 다 들어간 / 저놈의 새마을길
> 우리 자식 우리 벗님 / 우리 곡식 우리 과일
> 삼륜차로 실어간 길 / 우리 동네 부서지고
> 우리 동네 망친 길 / 우린 걸어 댕기고
> 저근 차로 달리는 / 저놈의 새마을 길[53]

---

51) 『땅의 아들』, 110쪽.

52) TV가 널리 보급된 이유 중의 하나는 개구리 남편(MBC-TV, 1969), 아씨(TBC-TV, 1970),
여로(1972) 등과 같은 드라마의 인기가 높았기 때문이다. 1975년 TV 보급률을 세계적
상황과 비교해보면 미국 55.6%, 캐나다 34%, 스웨덴 34.7%, 영국 31.7%, 서독 31.2%,
한국 30.4%였다. 소득수준에 비해 한국의 TV 보급률이 매우 높다고 할 수 있다. 특히
1974년 TV 수상기의 가격을 대중화한 이른바 새마을 TV의 보급도 TV 대중화에 큰 역
할을 하였다. 자세한 내용은 김수정, 「1970년대 텔레비전 드라마에 대한 신문담론과 헤
게모니 구성」, 『1960~70년대 한국문학과 지배: 저항 이념의 헤게모니』, 도서출판 역락,
2007, 209~232쪽 참고.

자랑스럽게 달리고 싶던 길로 자식, 청년, 이웃집이 도시로 떠나 버렸다. 곡식과 과일을 열심히 생산하고 가축을 길러 내다 팔았지만 동네는 부서지고 망해버렸다. 쭉 뻗은 희망의 길이 웬수의 길이 되어 버렸다고 시인은 절규하고 있다. 청년의 모습은 사라지고 늙은이들이 농촌을 지키게 되었다. 마을을 지키던 농민은 가난해지고 빚에 시달리고 있는 반면 외지로 나간 사람들 중 일부는 자가용을 타고 마을을 방문하였다.

산업화 과정에서 농촌의 붕괴를 저지하는 일은 쉽지 않다. 공산품과 농산품의 부등가 교환, 이농, 도시인의 농촌지역에 대한 부동산 투기 등은 산업화 과정에서 나타나는 보편적 현상이기 때문이다. 그러나 한국의 경우 농촌 환경이 개선되고 소득이 증대하면서 농촌붕괴가 가속되었다는 점이 특징적이라고 할 수 있다. 농가 소득은 증대하면서도 농업자체의 경쟁력이 약화되었다. 그러한 이유에 대해 이문구의 소설에는 다음과 같이 설명하고 있다.

> 비육우를 비롯한 양돈 양계 고등소채 등의 부업마저, 농협의 농축산물 수입과 계통판매로 외래품에 치어버려 밑천도 못 추린 악몽에 넌더리가 나면서, 가장 믿을 수 없는 직업이 농업이란 사실을 그들이 터득한 까닭이었다. …여태껏 몸서리나게 받아온 차별과 업신여김을 팔자 소관으로 돌려가면서까지 그대로 농사에 매달려 덧없이 죽어갈 생각은 조금도 없었던 것이다.[54]

농민 스스로 농업을 가장 믿을 수 없는 직업이라 여겼으며 할 수만 있다면 농촌을 떠나고 싶어 했다. 새마을운동 시기 단위 마을이 3만 5천 개 정도이고 100가구가 거주한다고 할 때, 100가구 중 1~2가구는 농업자체의 경

---


53) 김용택, 「풀피리」, 『맑은 날』, 창작과 비평사, 1986, 130쪽.
54) 『우리동네』, 320쪽.

쟁력을 갖추고 성장해야 하였다. 그러나 100가구 모두 혹은 마을 주민 대부분이 농업을 그만두려 하였다. 농업에 종사하면서도 농촌을 떠나지 못해 할 수 없이 운명이라고 여기며 농업에 종사하는 현상이 나타났다. 이러한 상황은 1960년대 유석창의 5만 선도 농가나 1970년대 김용기의 153개 가족 농장 건설에도 미치지 못한다고 할 수 있다. 농업 경쟁력을 갖춘 최소한의 농민 양성마저 실패하였다.

농업 경시 풍조 속에서 급격하게 진행된 도시로의 인구이동은 농촌 사회의 붕괴를 촉진시켰다. 1960년대 후반부터 산업의 발전으로 일어난 막대한 이농현상과 인구의 도시집중 현상은 농촌사회의 급격한 변화를 초래하였다. 농촌사회에 나타난 인구구조의 급격한 변화는 농촌 변화의 기초를 형성하였다. 특히 인구의 대량이동은 청소년 및 장년 남녀 중심으로 일어났기 때문에 농촌사회는 생산연령층의 급속한 감소와 노인인구의 상대적 증가를 가져왔다. 농민에게 이웃 사람, 친척, 가족원의 이동으로 나타난 불안은 이만저만한 것이 아니었다. 인구의 대량이동으로 나타난 물리적·심리적 공백은 일종의 '버려진 사람'과 '버려진 사회'와 비슷한 것이었다. 많은 사람들이 기회만 있으면 또 여건만 되면 농촌을 떠나고 싶은 탈농심리가 농민과 농촌을 풍미하였다. 새마을운동이 이러한 현상을 완화시켰다고 일부에서 주장하지만, 실제로 인구이동이 가장 급격하게 전개된 것은 1970년대 후반이었다.


## 제2절 새마을소득증대사업의 전개와 영향

### 1. 새마을소득증대사업의 정착 과정

1960년대 농림부가 지속적으로 추진한 정책은 식량증산과 농가소득증대였다. 이를 위해 1차 경제개발계획(1962~66) 기간에는 수리사업 등 토지기반조성과 영농 다각화 정책을 집중적으로 추진하였다. 이에 따라 수리안전답 면적이 늘어나고 축산, 양잠, 특수작물의 재배가 증가하였다. 제2차 경제개발계획(1967~1971) 기간에는 농업용수개발과 경지정리 등 토지기반조성사업과 제1차 소득증대특별사업을 전개하였다.[55] 앞장에서 서술한 바와 같이 영농다각화, 소득증대특별사업은 모범농민의 등장과 확산에 크게 기여하였다.

새마을가꾸기 사업은 2차 경제개발계획이 끝나는 시점에서 시작되었다. 새마을가꾸기 사업은 어느 정도 성공하고 정착했으나 소득증대사업은 뚜렷한 성과가 나타나지 않았다. 박정희가 1972년 3월 지방장관회의에서 "겉치레만 번드레해지고 생산과 직결이 되지 않고 소득증대에 이바지하지 않는 소위 외형적이고 전시효과만 노리는 그런 사업이 되어서는 안 되겠다 하는 이야기입니다. 이 사업이 생산과 직결되고 주민의 소득증대에 이바지해서 농가마다 소득이 불어난다하는 재미를 느껴야만 이 운동에 대한 농민의 열의가 식지 않는다."[56]라고 지적한 바와 같이 새마을운동은 점차 소득증대사업이 주요 사업이 되어야했다.

1972년부터는 새마을가꾸기 사업과 소득증대사업의 조화가 중요한 문제가 되었다. 따라서 환경개선10대사업과 기존 농림부가 추진한 식량증산, 소득증대특별사업과의 연관성이 중시되었다. 우선 환경개선 외에 소득증대사업이 중시되면서 정부의 재정투자의 방향이 다음과 같이 전환하기 시작하였다.

---

55) 백용찬, 「식량자급책과 고미가 정책의 도입(1967~69)」, 『한국경제정책30년사』, 전국경제인연합회 편, 1975년, 632~647쪽.
56) 농수산부농특사업국, 『새마을소득증대』, 1975, 70쪽.

<표 3-5> 투자액 경향(1971~1974)

| | | 1971 | 1972 | 1973 | 1974 |
|---|---|---|---|---|---|
| 전체투자액(10억) | | 12.2 | 31.3 | 98.4 | 132.8 |
| 정부투자액(10억) | | 4.1 | 3.3 | 21.5 | 30.8 |
| 농촌지역에 대한 투자비율 | 환경개선 | 100.0% | 97.3% | 81.0% | 52.7% |
| | 소득과 생산성 증대 | - | 2.7% | 19.0% | 44.7% |
| | 정신계발 | - | - | - | 2.6% |
| | 계 | 100 | 100 | 100 | 100 |

※ 출처: 농수산부, 「농수산부연감」, 1976, 86쪽.

〈표 3-5〉에서와 같이 1973년 이후 환경개선사업에 대한 정부의 지원은 줄어들고 소득증대사업에 대한 지원은 늘어나고 있다. 소득증대 관련 사업은 농수산부, 농촌진흥청, 농협 등이 주관해야했다. 그러므로 농업 관련 부서의 예산 비율은 증가하고 내무부의 예산 비율은 감소할 수밖에 없었다. 1973년과 1976년의 각 부처별 시행된 사업의 종류와 예산액은 다음과 같다.

<표 3-6> 부처별 사업의 종류와 예산 비교

| 부처별 | 사업의 종류 | 1976 | | 1973 |
|---|---|---|---|---|
| | | 예산액 (백만 원) | 전체예산에 대한 비율(%) | 전체예산에 대한 비율(%) |
| 내무부 | 18종의 기본적인 개발사업 | 43,493 | 25.1 | 48.4 |
| 농수산부 | 소득증대를 위한 18가지 사업 | 19,457 | 11.2 | 23.9 |
| 상공부 | 전화사업과 같은 5가지 사업 | 22,244 | 12.8 | 10.5 |
| 보건사회부 | 용수공급과 관련된 7가지 사업 | 23,535 | 13.6 | 5.5 |
| 농촌진흥청 | 소득증대를 위한 6가지 사업 | 1,002 | 0.6 | 1.2 |
| 농업협동조합 | 농산물 증대와 같은 17가지 사업 | 39,709 | 22.0 | - |

※ 출처: 한국유네스코위원회, 『한국의 지역사회개발』, 39~40쪽에서 재편집.

〈표 3-6〉에서와 같이 내무부와 농수산부의 예산 비율은 감소하고 농협과 보건사회부의 예산 비율은 증가하고 있음을 알 수 있다. 구체적으로는 내무부와 농수산부의 전체 예산액은 증가하였으나, 전체 예산의 비율은 감소하고 있다. 보건사회부가 주관하는 사업은 새마을노임소득사업, 농어촌

간이급수시설, 가족계획, 부녀지도자새마을교육, 이동진료 및 의료보호 등이 대표적이었다. 보건사회부 사업은 일부 지원이 아니라 무상지원이 많아 예산투입이 많았다고 볼 수 있다. 농협의 사업은 농산물유통구조개선, 농산물집하장 주변 단지조성, 생산협동사업, 부녀지도사업 등이 대표적이었다. 그러나 이러한 사업보다는 농민에 대한 각종 융자사업이 대부분을 차지했다. 따라서 예산증가의 가장 큰 이유는 농업금융이었다.

새마을운동에서 환경개선사업 외에 소득증대사업이 중요해지면서 나타난 변화는 크게 두 가지였다. 첫째, 내무부가 새마을운동을 주도하기 어렵게 되었다는 점이다. 이에 각종 사업들은 사업의 성격에 따라 정부부서에 배정되기 시작하였다. 사업의 기능별 단계화는 사업의 성격에 따라 생산기반 사업, 복지환경 사업, 소득증대 사업, 정신계발 사업 등으로 구분하였으며, 이에 따라 사업을 지원하는 정부부서도 정해졌다. 기존의 환경개선사업은 주로 내무부가 담당을 하고, 소득증대사업은 농수산부와 상공부, 정신계발사업은 내무·문교·문화공보부, 복지환경부문은 보건사회부가 담당하였다.[57] 소득증대사업이 새마을운동의 핵심이 되면서 새마을운동의 중심부서가 점차 농수산부와 농협 등 농업 관련 부서로 이동했다고 할 수 있다.[58] 둘째, 농수산부가 추진하고 있었던 소득증대특별사업과 새마을운동을 어떻게 연결하는가가 중요한 문제가 되었다. 환경개선사업은 마을단위로 추진되었고 방식은 협동노동이었다. 그러나 소득증대특별사업은 지역단위로 추진되었고 가족 구성원의 개별적 노동이 중심이었다. 새마을운동의 추진방식을 소득증대

---

[57] 새마을운동의 각 사업 담당 및 지원부서는 1975년에 이르러서야 정착하였다. 그 이전에는 각 사업을 담당하는 부서에 일부 혼선이 있었다. 137개에 이르는 각 사업의 담당 및 지원 부서에 대한 내용은 『새마을운동10년사』, 185~203쪽 참조.

[58] 1972년 『새마을로 가는 길』 2집 집필에 참여했던 이재형은 "초기의 새마을운동 해서 저기할 적에는 주로 내무부가 주관을 했었는데, 나 때부터 농림부가 주관이 된 거야"라고 증언하였다. 이재형은 농촌운동, 농협운동을 하다가 이천조합장이 된 인물이다. 1972년 3월 경제동향보고회에서 농협의 방향에 대한 보고를 하였고 국민포장을 받았다. 이후 독농가연수반에서 농협운동 성공사례를 발표하였으며, 1991년 경기도 도의원이 되었다.

사업에 적용하는 데는 많은 문제점이 있었다고 할 수 있다.

1972년에는 1차 소득증대특별사업이 종료되고 2차(복차) 소득증대특별사업(1972~76)이 시작되고 있었다. 2차 소득증대특별사업에서는 축산, 잠업, 경제작물과 수산양식물, 밤, 표고, 임산물 등 도합 21개 품목을 대상으로 군단위 137개 지구 75만 호의 농어가를 참여시켜 사업을 실시하려 하고 있었다. 수출전망이 밝은 생사, 양송이, 굴, 백합, 표고 등과 국내수요의 증가가 뚜렷한 육류, 과채류에 중점을 두었으며, 사업대상자는 1차에 비해 많은 농가를 참여시키는 것을 원칙으로 하고 있었다. 1972년과 1973년에는 2차 소득증대특별사업이 계획대로 추진되고 사업의 이름도 그대였다. 1974년부터는 소득증대특별사업이 새마을운동의 소득증대사업으로 전환되고 소득증대특별사업이라는 용어 대신 새마을소득증대사업이라는 용어를 사용하였다.[59]

소득증대특별사업이 새마을운동과 결합하는 과정과 더불어 중요하게 생각할 문제는 농약, 비료, 비닐하우스 등의 보급이다. 사실 이 시기에 소득이 증대한 가장 중요한 배경은 농업자재의 안정적 보급이었다. 1960년대에는 앞장에서 서술한 바와 같이 소수의 농민이 농업자재를 사용하였으며, 여전히 가격이 비싸 경제성에 문제가 많았다. 1970년대에는 시멘트와 슬레이트처럼 농업자재도 경제성의 문제가 해결되기 시작했으며, 이로 인해 일반농민도 농약, 비료, 비닐하우스 등을 많이 사용할 수 있었다.

1960년대 후반 농약사용이 늘어나면서 불량농약의 증가, 수급 불안정 등의 문제가 발생하였다. 이에 정부는 1969년 1월 '농약의 보급 및 정비요강'(농림부 고시 제1889호)을 제정 고시하였다. 이 요강에 의해 정부는 매년 1회 이상 품목별 농약의 보급실적을 조사하여 실적이 부진하면, 다음 해부터 허가를 취소하였다. 1968년 481종이었던 농약제품은 1969년에 168개 품목으로 축소되어 불량농약 문제는 어느 정도 해소되었다. 또한 1969

---

59) 농수산부특별사업국, 『새마을소득증대』, 1975, 66~72쪽.

년 5월 농약관리법을 개정(법률 제2115호)하여 정부가 판매 또는 공급가격
을 조정하고 농약원제의 수입관세를 면세 조치하였다. 이로 인해 농약이
농협을 통해 안정적으로 공급되고 농민에게 판매되는 농약의 가격도 22.5%
하향 조정되었다. 정부가 가격을 통제하고 농협, 원예조합, 시장을 통해 농
약이 공급된 것이다. 이후 농약공급량은 1969년 2,469톤, 1970년 3,719톤,
1971년 4,018톤, 1972년 5,102톤, 1973년 6,729톤, 1974년 5,845톤, 1975년
8,619톤 등으로 증가하였다.[60]

화학비료는 영남화학, 진해화학 등 대단위 공장이 설립되면서 1967년 말
비료 생산능력이 113만 2,000톤에 이르렀으며, 국내 수요는 물론 해외 수
출을 시작할 정도로 발전하고 있었다. 비료는 생산과 농민의 수요를 일치
시키는 공급 정책과 유통체계의 확립이 중요한 과제였다. 1960년대 비료
공급은 작물별 할당판매제도였다. 이 제도는 비료 수요기 전에 군 조합이
이동조합에 비료를 할당하고, 이동조합장이 농민에게 판매하는 방법이었
다. 이 과정에서 이동조합장은 농민에게 대금을 받은 후 판매대금을 유용
하거나, 농민은 비료를 외상으로 구입한 후 대금을 갚지 않는 경우가 발생
하였다. 비료 판매는 1970년부터 판매기준조에 의한 자유판매제로 전환하
였다. 이 제도는 질소질, 인산질, 가리질의 연중판매 비율을 5：3：2가 되도
록 규정하고, 농민이 원하면 이 비율에 따라 무제한 판매하는 방식이었다.
이후 판매방식을 시기에 맞게 조정하면서 비료는 농협을 통해 안정적으로
공급되었다.[61] 1970년대에는 현재의 입장에서 보았을 때, 전반적으로 비료
와 농약의 부족보다 과다사용이 오히려 문제였다고 할 수 있다.[62]

---

[60] 『한국농정50년사』 1, 486~488쪽 및 514~534쪽.

[61] 『한국농정50년사』 1, 428~444쪽.

[62] 1970년대 초반에도 농약과 비료의 과다사용으로 인한 환경오염을 우려하고 있었다. 농
약과 비료를 사용하더라도 절제하는 방법, 유기농법에 대한 관심과 연구 등이 필요하다
고 주장한 내용은 주목된다. 자세한 내용은 『동아일보』 1973년 4월 25일자 참고.

1960년대 비닐하우스를 이용한 농법은 제한된 지역에서 일부 농민이 사용하는 농법이었다. 비닐하우스를 이용해 재배한 채소는 일반 도시민보다는 미군 부대, 일부 부유층의 소비를 만족하는 수준이었다. 1970년대는 도시를 중심으로 소비자 계층이 늘어나고 비닐하우스의 설치비용이 낮아지면서 비닐하우스가 널리 확산되었다. 비닐을 이용한 농법은 크고 작은 터널식 하우스를 만드는 방법과 비닐 멀칭 기술을 이용한 방법으로 나눌 수 있다. 터널식 하우스는 대나무, PVC, 파이프 등과 비닐을 이용해 온실을 만들어 작물을 재배하는 방식이고, 비닐 멀칭 기법은 두둑을 만들고 비닐을 씌운 다음 구멍을 뚫어 작물을 심는 방법이었다. 특히 비닐 멀칭 방식은 잡초제거에 필요한 노동력을 절약하고 작물이 자라는 속도가 빠르다는 장점이 있었다.[63] 비닐을 이용한 농법의 급속한 보급은 현금이 필요한 농민의 입장과 도시에 거주하는 소비자의 필요가 일치하였기 때문이었다. 1970년대 농민은 자녀 교육뿐만 아니라 각종 전자제품을 적극적으로 구입하는 시기였기 때문에 현금이 필요한 상황이었다.[64]

이상에서와 같이 새마을소득증대사업은 1972년부터 시작하여 1974년 정착하였다. 이 과정에서 소득증대특별사업과 새마을운동이 결합되었다. 또한 1970년대에 농약, 비료, 비닐하우스 등의 농업자재가 일반 농민에게 확대 보급된 점도 중요하였다. 농업자재의 원활한 보급이 없었다면 새마을운동 방식을 적용한 소득증대사업은 외형적 성과를 거두기 어려웠을 것이다. 1970년대에 농민의 소득이 증대한 중요한 배경은 새마을방식의 적용과 더불어 농업자재가 잘 공급되었기 때문이었다.

---

[63] 『한국농정50년사』 1, 719쪽.

[64] 필자의 경험으로도 1970년대는 '비닐 만능시대'였다. 돈이 되는 모든 작물은 비닐을 이용해 재배하였다. 특히 비닐 멀칭 기법은 노동력이 부족해지는 농촌에서 획기적 농법이었다. 터널식 비닐하우스에서 모종을 키우고, 비닐 멀칭 방식으로 고추, 담배 등을 밭에 심었다. 그리고 두둑 사이에 잡초가 자라지 않도록 제초제를 뿌렸다. 농산물을 판매하여 얻은 현금 수입은 도시로 나간 자녀의 교육비로 대부분 사용되었다.

## 2. 새마을소득증대사업의 전개

새마을소득증대사업은 1974년 농가소득 기본목표를 제시하면서 다양하게 전개되었다. 1974년 제시한 농가 소득의 목표는 도시와의 격차를 줄이는데 중점을 두었으며, 농가소득의 증대는 새마을운동의 성공을 확인하고 홍보하는 역할을 하였다. 1981년 농가소득의 목표는 다음과 같이 제시되었다.

〈표 3-7〉 1981년 농가소득목표

[단위: 천 원]

| 구분 | 1974년 | | 1981년 | |
|---|---|---|---|---|
| | 금액 | % | 금액 | % |
| 농가소득 | 674 | 100.0 | 1,400 | 100.0 |
| 농업소득 | 542 | 80.3 | 701 | 50.0 |
| 농외소득 | 132 | 19.7 | 699 | 50.0 |

※ 출처: 농수산부 농특사업국편, 『새마을소득증대』, 81쪽에서 재인용.

〈표 3-7〉에서 주목되는 점은 농업소득보다는 농외소득 증대에 중점을 두고 있다는 사실이다. 농외소득은 겸업,[65] 농한기 농가부업, 노임사업을 통해 소득을 증대하는 사업을 말하며, 1981년의 목표는 농업소득과 거의 동일한 비율로 책정되었다.[66]

새마을소득증대사업의 가장 중요한 목표는 농외소득의 획기적인 증대였다고 할 수 있다. 농외소득을 증대하기 위해 집중적으로 추진된 정책은 겸업의 확대였다. 농촌에 새마을공장을 유치하여 노임소득을 확대하거나 농

---

[65] 겸업은 농업생산과는 완전히 다른 산업에 종사하여 소득을 올리는 것을 말한다. 우리나라 농가의 겸업은 농업경영규모가 영세하여 노동력이 남고, 그 남는 노동력을 다른 산업에 종사하여 가계수입을 올리는 경우가 대부분이었다.

[66] 1990년 농업소득 비중은 56.8%, 2010년 31% 수준이다. 농촌에서 농업소득의 비중이 점점 줄어들고 있다는 사실을 알 수 있다. 2008년 농가소득은 3,052만 원이고, 이 중 농업소득 31%, 농외소득 37%, 연금과 같은 이전소득 17%, 일시적 소득인 비경상소득은 14%를 차지하였다. 자세한 내용은 『농업신문』 2009년 11월 9일자.

민이 농촌에 거주하면서 도시 산업부문에 취업하는 방식이 대표적이라고 할 수 있었다.[67] 농업소득은 쌀, 보리, 과실, 채소, 양잠, 축산 등을 통해 얻은 소득의 합을 말한다. 따라서 농업소득의 향상은 식량증산과 소득증대 특별사업에 의해 가능하다고 할 수 있다. 식량증산을 위해서 정부가 추진한 사업은 토지기반사업, 통일벼의 보급, 농약과 비료 사용의 확대, 이중 곡가제의 실시 등으로 요약할 수 있다. 이 사업들 중 새마을운동 시기 통일벼의 보급과 이중 곡가제[68]는 다른 시기에 비해 식량증산과 밀접하게 연결되어 있다. 이중 미가제는 1969~71년의 경우 매입가격과 방출가격의 차이가 많지 않았다. 본격적인 이중 미가제는 1972년부터 시작되었으며, 이후 가격격차는 점점 확대되었다. 1975년산의 경우 매입가격이 19,500원인데 반해 방출가격은 16,730원이었다. 가마당 2,770원의 가격격차와 1,996원의 중간경비를 합치면 가마당 4,766원의 손실이 발생하고 있었다. 가마당 손실의 판매원가(수매가+중간경비)에 대한 비율을 보면 1972년산의 경우 11%이던 것이 1975년에는 22%에 이르렀다. 쌀이 부족했던 1970년대 이중 곡가제 실시는 식량증산, 농가소득증대, 소비자 가계보호, 물가안정이라는 정책목표를 비교적 효과적으로 달성할 수 있게 하였다.[69]

전국 단위로 소득증대사업이 전개되는 가운데 마을 단위의 소득증대사업이 어떻게 추진되는지 살펴볼 필요가 있다. 전북 순창에서 새마을 소득증대 시범마을[70]로 선정된 마을(농가 38호, 비농가 4호, 인구 238명)

---

[67] 『새마을운동10년사』, 393~480쪽.

[68] 보리는 가마당 손실의 판매원가(수매가+중간경비)에 대한 비율은 1970년산의 경우 27%였으며, 이후 가격격차가 커지면서 1980년산의 경우 52%에 이르렀다.

[69] 한국농정50년사』 제Ⅱ권, 1432~1437쪽.

[70] 소득증대사업을 선도하기 위해 지정된 시범마을은 154개 마을이었는데, 이 중 138개 마을은 각 군의 자립마을 중 1개 마을이 추천되었다. 이 마을에는 이전의 농촌지도사 중 우수지도자를 선발 교육하여 파견하였다. 자세한 내용은 김영모, 『새마을운동연구』, 2003(1973년에 작성된 보고서였으나 실제 간행은 2003년), 45~47쪽 참고.

의 연차별 농가소득 계획과 실적 및 농외소득 증대 계획을 보면 다음과
같다.

〈표 3-8〉 연차별 농가소득 계획 및 실적

[단위: 천 원]

| 구분 | 72년 기준 | 73 | 74 | 75 | 76 |
|---|---|---|---|---|---|
| 계획 | | 604 | 771 | 1,026 | 1,173 |
| 실적 | 428 | 587 | 1,006 | 1,569(추정) | |

〈표 3-9〉 1975년 농외소득 증대 계획

| 구분 | 참여 농가 수 | 규모 | 연간 생산량 | 조수입 | 경영비 | 소득 |
|---|---|---|---|---|---|---|
| 공무원, 회사원 | 11호 | 11명 | | 4,400천 원 | 천 원 | 4,400천 원 |
| 도·소매 상업 | 3 | 3 | | 700 | | 700 |
| 기계 사용료 수입 경운, 탈곡, 타맥, 운반 | 3 | 경운기 2 탈곡기 3 타맥기 2 | | 1,200 | 450 | 750 |
| 건설업 토목, 토공, 부력공 | 3 | 3 | | 450 | 50 | 400 |
| 녹사료 판매 아까시아잎 채취 | 10 | 10 | 2000kg | 80 | | 80 |
| 수예 | 20 | 22 | 2,200켤레 | 286 | 88 | 198 |
| 대나무 판매 | 1 | 2ha | 60속 | 90 | | 90 |
| 유실수 판매 | 5 | 15ha | 80입(叺) | 2,400 | 325 | 2,075 |
| 느타리버섯 판매 | 2 | 15평 | 675kg | 168 | 82 | 86 |
| 취로사업 수입 | 38 | 100m | | 600 | 200 | 400 |
| 계 | | | | 10,374 | 1,195 | 9,179 (농가호당 21만 8천 원) |

※ 출처: 양광선(전북 순창군 풍산면 용내리 주재지도사), 「새마을소득증대 시범마을의 소
득증대 방안」, 『새마을소득증대』, 농수산부 농특사업국, 1975, 1419·1422쪽.

위의 〈표 3-8〉과 〈표 3-9〉를 보면 마을의 소득목표가 전국 평균보다
매우 높다. 또한, 1973년 이후 실제 농가소득이 비정상적으로 증가하고
있다. 정부가 1981년 목표로 한 140만 원을 1975년에 달성하고 있다.

1972년을 기준으로 할 때, 3년 만에 3배 이상 소득이 증대하고 있다. 마을 소득증대 활동방향으로는 "논에는 통일벼, 감자육아재배, 사료작물인 아타리안라이그라스를 확대재배하고 밭에는 고추, 연초, 참깨 등 경제작물의 종자갱신과 재배기술의 과학화로 소득증대를 기하고 연초재배 후에는 청예옥수수, 풋콩, 고구마, 가을감자 육아재배로 비육우의 자급사료를 생산 축산소득을 올릴 계획"이라고 소개하고 있다. 실제 소득이 증가한 이유는 다양한 경제작물의 재배, 축산, 통일벼의 재배확대로 요약할 수 있다. 1973년 통일벼 재배 면적은 전체 논 30.9ha 중 50%인 14.7ha였으며, 점차 재배면적이 1974년 80%, 1975년 95%로 증가하였다. 또한, 1973년 개인 다수확농가 12호로 인한 시상금 160만 원, 1974년 개인다수확 농가 11호, 통일벼 집단재배 전북 1위로 인한 상금 160만 원(11호 농가 110만 원, 집단재배 50만 원) 등도 소득증대의 주요원인이었다. 농업소득이 증가한 이유는 이전부터 해오던 각종 경제작물과 축산도 중요하지만 통일벼의 재배가 결정적이었다. 농외소득은 새마을공장이 없는 가운데서 소득을 증대할 수 있는 모든 수단이 동원되고 있다. 농외소득 중 농촌에 거주하는 공무원, 회사원의 수입 비중이 높고, 유실수 판매나 기계 사용료 수입 등 다양한 종류의 수입이 농외소득에 포함된다는 사실을 확인할 수 있다. 농외소득의 비중은 1974~75년을 기준으로 할 때, 전국 평균과 큰 차이가 없다.[71)

정부는 겸업수입의 확대를 위해 농어촌부업단지 확충, 새마을공장의 유치 등을 추진하였다. 1973년부터 정부가 핵심적으로 추진한 정책은 새마을공장의 유치였다. 새마을공장의 유치와 사업 전개 과정은 다음의 사례를 통해 살펴 볼 수 있다.

---

71) 양광선(전북 순창군 풍산면 용내리 주재지도사), 「새마을소득증대 시범마을의 소득증대 방안」, 『새마을소득증대』, 농수산부 농특사업국, 1975, 1419~1422쪽.

도정공장 옆 45평의 부지를 확보한 안씨는 반제품 부채공장을 설립하여 그 제품을 수출함으로써 외화를 벌어들이기로 결심하였다. …군내의 실업자와 부녀자 70명을 입사시켜 기술을 습득하게 하였다. 72년 6월 5일 반제품 부채 15만 본을 처음으로 일본 야마다 상사에 수출하여 5,250불(210만 원)의 외화를 벌어들일 수 있었다. …상공부의 지정을 받아 새로운 부지 2,500평에 건평 650평 규모로 국고보조금 100만 원과 산업합리화시설자금 2,300만 원, 그리고 자체자금 1,800만 원을 합한 도합 4,200만 원을 투자하여 공장건물을 시설케 된 것이다.[72]

사례에는 구례군 지역에 풍부한 대나무를 이용한 소규모 부채공장의 설립, 정부 지원에 의한 대규모 공장으로의 확대 과정이 소개되고 있다. 1972년 마을 내에서 소규모로 시작한 부채공장이 1년 만에 종업원 600명(상근 450명)에 이르는 대규모 공장이 되고 있다. 상공부가 겸업수입의 확대를 위해 새마을공장의 설립에 적극적이었다는 사실을 알 수 있다.

소득증대사업의 주도적 역할은 농협이 담당해야 했다. 1960년대 이후 농협은 농촌운동가를 가장 많이 배출하고 광범위한 조직으로 성장했기 때문이다. 당시 정책담당자도 농협의 역할이 중요하다고 인식하고 있었다. 그럼에도 불구하고 농협이 담당하고 지원한 사업은 농업의 협업화였다. 영세 농가는 기계의 도입이나 경영규모의 확대가 불가능하므로 협업경영에 의해 어려움을 극복해야 한다고 판단하였다. 사업 분야는 협업생산을 위한 공동축산, 마을양묘, 집단조림, 공동개간과 경지정리 등이 대표적이었으며, 작목반의 내실화나 공동취사장의 운영 등도 포함되었다. 협업이 성공하기 위해서는 농협이 농산물의 생산, 판매를 마을 단위로 통합해야 했다. 그러나 농협은 마을단위의 생산과 판매를 조직하는 일보다는 공동

---

[72] 안기호(전남 구례군 구례읍 백련리 새마을지도자), 「첩첩 산골에 세워진 수출공장」, 『새마을운동: 시작에서 오늘까지』, 내무부, 1975, 419~426쪽.

소비나 상부상조를 위해 구판장 설치,73) 마을금고 설치, 모내기철 협업노동74) 등에 치중하였다.

협업화에서 중요한 마을 단위 재배작물 선정, 협동노동에 의한 공동 재배, 공동판매 등은 고랭지 채소 재배, 감귤농업 등 특수한 경우를 제외하고 실시되지 못하고 있었다. 작물의 선택, 재배, 판매는 각 개별농가 중심이었으며, 특히 노동은 가족 중심으로 이루어지고 있었다. 농한기의 노동력동원은 불만이 별로 없었으나 생산 과정을 협업화하는 것은 사실상 불가능하였다. 새마을운동 시기 농협은 농민에게 영농자금과 생활자금의 대부, 농자재와 소비제품의 판매에 주력하였다. 농협이 감당해야 할 농산물의 공동매입과 공동판매는 이익을 남기기 어렵고 힘이 드는 사업이어서 하지 않으려 했다.75)

이상에서와 같이 새마을소득증대사업은 겸업, 농한기 부업을 통한 농외소득의 증대, 통일벼의 보급과 확대에 의한 식량증산, 복차소득증대특별사업을 통한 영농다각화 등을 통해 소득을 증대하려는 정책이었다. 소득을 증대하기 위한 구체적인 방법으로는 겸업소득을 위한 새마을공장의 유치,

---

73) 최인이는 농촌 부녀자가 새마을구판장 사업을 통해 자본주의적 개인으로 성장하는 데 필요한 이윤, 시간개념, 금욕적 생활태도 등을 갖게 되었다고 주장하였다. 자본주의 시스템에서 제외되었던 농촌부녀자가 구판장이나 수익사업에 참여하면서 근대화의 주체로 성장한 측면을 강조하였다. 구체적 내용은 최인이, 「근대적 시간관념 및 이윤 개념: 새마을지도자의 노동활동 경험」, 『박정희시대 새마을운동과 근대적 국민: 주체의 형성』, 성공회대학교 민주주의연구소 편, 2011 참조.

74) 경기도 안성의 사례연구에서 '새마을운동 중 가장 기억에 남고 효과가 큰 일이 무엇이었느냐'라는 질문에 대해 주민은 모내기철의 '논두렁 넘기기'라고 답변하였다. 농민들은 자신들이 힘을 합쳐 함께 노동하는 것을 의미 있는 일이라고 생각하는 경우가 많다. 특히 모내기철에 힘을 합치지 않으면 단기간에 모내기를 끝내기 힘들었다. 새마을운동 이전에도 이러한 전통이 강했으며, 새마을운동 시기에는 모내기철의 공동 노동이나 환경개선사업을 새마을운동의 중요 사업으로 인식하였다. 자세한 내용은 김혜진, 「새마을운동의 기반형성과 전개양상에 관한 인류학적 연구: 경기도 안성시 한 농촌마을의 사례를 중심으로」 서울대학교 대학원 인류학과 석사학위논문, 2007, 81쪽 참조.

75) 농협이 점점 농민의 권익과 멀어지면서 농협에 대한 불만이 고조되었다. 1970년대 후반 농협에 대한 불만이 현실적으로 폭발한 것은 1976년부터 3년간 지속된 함평고구마 사건이었다. 한국에서 농협이 농민의 권익을 대변하지 못한 것은 한국 농민에게 커다란 불행이었다.

통일벼 집단재배, 농협이 중심이 된 협업 등이 추진되었다. 이 사업 중 통일벼 재배로 인한 미곡의 증산과 이중 곡가제는 소득증대에 크게 기여하였다. 그러나 새마을공장의 유치는 농업의 경쟁력 강화보다는 자본의 농촌진출 통로로 사용되었다. 또한 불합리한 유통구조, 수요와 공급의 불일치로 인한 가격변동이 심해 소득증대에 성과를 거두기 어려웠다.

자본주의가 발전하는 과정에서 농민이 생존을 위해 선택하는 가장 대표적인 방식은 겸업이었다. 겸업은 농가소득을 효과적으로 증대할 수 있으나 농업자체의 경쟁력 강화와는 거리가 멀었다. 따라서 새마을소득증대사업은 계획단계부터 농업의 경쟁력 강화나 구조조정을 목표로 삼지 않았다고 볼 수 있다. 또한 소득 증대와 농업 경영규모 확대 혹은 기업농 육성과 밀접하게 연결된 사업이 아니었다. 농민 소득의 평준화나 평등화가 더 중요한 목표였다. 농촌에 거주하는 농민 대다수가 1981년 농가소득 140만 원에 도달하는 것이라고 할 수 있었다. 합리적인 농업경영과 농업기술의 적용으로 경영규모를 확대하는 농민 육성과는 거리가 멀었다. 기업농 육성을 목표로 제시한 소득증대특별사업보다도 후퇴한 정책이었다. 이러한 이유로 새마을소득증대사업은 통일벼 보급과 더불어 마을공동기금 조성, 마을금고 설치, 새마을공장의 유치 등에 집중되었다.

1975년 농수산부농특사업국에서 발행한 소득증대성공사례집을 분석해 보면 소득증대사업의 방향이 얼마나 혼돈스럽고 정체적인지 잘 알 수 있다. 성공사례 발표자 중 김성보(제주도 서귀포), 이희(전북 옥구), 박종안(전남 고흥), 김용환(전남 승주), 정환문(충북 청원) 등과 같이 이미 널리 알려진 인물이 성공사례를 다시 쓰고 있다. 사례집에는 "잠업 농가에서는 앞으로의 정책을 매우 궁금히 여기고 있으며 일부 농가에서 80% 혜택으로 심은 뽕나무를 파버리고 과수원을 조성"하고 있다는 내용이 나온다. 경쟁력을 점점 상실해 가는 잠업과 같은 분야에 대해 농민이 불안해하고 있었으나, 정부와 농협은 대책을 마련하거나 방향을 제시하기보다는 '융자금의

회수'에 더 관심이 많았다.[76]

따라서 환경개선사업이 성과를 거둔 후 새마을운동이 계속 성공하고 있다는 사실을 보여주고 홍보하기 위해서는 통일벼의 보급과 확산, 이중 곡가제의 유지가 필수적이었다. 통일벼 보급에 의한 식량문제 해결 및 농가의 평균소득 향상에 실패한다면, 새마을운동의 실패뿐만 아니라 유신체제의 유지도 어렵게 되는 상황이었다고 판단된다.

1960년대 후반 정부의 식량정책은 식량의 자급자족 정책에서 주곡의 자급자족으로 후퇴하였다. 정부의 강력한 주곡자급정책에 의해 주곡의 생산량이 점차 증가하였으나 인구 증가를 따라가지 못하였다. 그리하여 1966~70년 동안 연간 쌀 평균 수입량은 33만 톤이고 톤당 쌀 수입가는 400달러 선에 이르고 있었다. 수입가가 1억 3천만 달러에 이르러 당시 수출 총액의 13%를 차지하고 있었다. 이에 정부는 1967년부터 혼·분식 운동을 대대적으로 전개하였으며, 1968년에는 음식판매업소도 25%의 혼식을 의무화하였다. 1971년 쌀 자급률은 82.5%여서 나머지는 수입에 의존해야 했다.[77]

이와 같은 상황에서 주곡인 쌀 자급을 위해 정부가 추진한 핵심정책은 다수확 품종의 개발이었다. 1960년대에는 전 세계적으로 새로운 품종을 개발하여 곡물생산을 획기적으로 증산하기 위해 노력하였다.[78] 정부는

---

[76] 농수산부농특사업국, 『새마을소득증대』, 1975, 1333~1435쪽.

[77] 1960년대 전체 식량생산량은 감소하고 있었다. 1967년 -10%, 1968년 -0.5%, 1969년 13.9%, 1970년 -3.3% 등으로 1969년을 제외하면 감소추세였다. 양곡생산이 감소한 이유는 1967~68년 가뭄과 같은 기상조건 악화와 농지면적 감소 때문이었다. 이에 대한 자세한 내용은 『한국농정50년사』, 40~41쪽 참고.

[78] 1964년에 국제 옥수수 밀 연구소(CIMMYT)에서 보로그(Borlaug) 박사가 육성한 밀품종 'Sonora 64'와 1965년 국제미작연구소(IRRI)에서 비첼(Beachell) 박사가 개발한 기적의 볍씨 'IR8'은 대표적인 신품종이었다. 이러한 신품종은 반왜성(半矮性)유전자를 가졌는데, 이러한 유전자를 가진 식물체는 작은 키에 이파리가 곧게 서고 경사진 초형으로 광합성 효율이 높았다. 밀과 벼의 반왜성 유전자는 아시아뿐만 아니라 아프리카와 미 대륙에서 식량증산을 주도하였다. 이에 대한 자세한 내용은 허문회, 「통일벼 품종 개발」, 『농정반세기 증언』, 1999, 337~345쪽 참고.

특히 주곡인 쌀 자급을 위해 다수확 신품종 개발을 적극 추진하였다. 이 시기 가장 중요한 역할을 한 인물은 허문회와 김인환이었다. 허문회는 1964년 7월부터 국제미작연구소(IRRI)에 머물면서 신품종개발에 착수하였으며, 1967년 IR667(통일)[79]이라는 신품종을 가지고 입국하였다. 1968년 6월 농촌진흥청장에 취임한 김인환은 12월에 국제미작연구소와 기술협약을 체결하였으며, 정부의 예산지원을 받으며 신품종의 실용화를 추진하였다.[80] 당시 통일벼는 밥맛이 좋지 않고 끈기가 없어 소비자의 기호에 맞지 않는다는 단점이 지적되고 재배기술이 아직 미흡하여 농가보급에 신중해야 한다는 주장도 있었다. 또한 농민은 생소한 품종인 통일벼 재배를 망설였다. 따라서 통일벼의 재배와 보급은 1960년대에 정비된 지방행정체계와 농촌지도소, 농협 등 모든 농업 관련 단체의 총동원에 의해 가능하였다.

1971년에 농촌진흥청은 지도소 직원과 시범단지 농민을 대상으로 3일간 통일벼 재배교육을 실시하였으며, 시범단지 농민을 대상으로 통일벼 재배를 적극 설득하였다. 통일벼가 집단 재배된 시범단지의 농민은 벼종자 담그기, 싹틔우기, 보온못자리 설치, 병충해 예방 등 각종 재배기술을 농촌지도소 직원으로부터 지도받았다. 1971년 광주군 농촌지도소에서 근무하였던 지도원의 회고에는 다음과 같이 당시의 상황을 전하고 있다.

> 1971년 4월 10일, 행정·지도소·농협 등이 주체가 되어 밤 낮 없이
> 노란모자 쓰고 장화신고 푸른 지도 완장 차고 온도계, 확대경, 줄자 휴대

---

79) 통일벼는 허문회가 1966년을 전후하여 국제미작연구소(IRRI)에서 개발한 품종 IR677(통일)과 이후에 등장한 유신, 노풍, 밀양21호, 밀양23호 등 인디카 벼의 형질을 가진 품종을 말한다. 이 논문에서는 통일벼로 통칭하여 부르기로 한다. 이에 대한 자세한 내용은 김태호, 「통일벼와 증산체제의 성쇠: 1970년대 "녹색혁명"에 대한 과학기술사적 접근」, 『역사와 현실』 74집, 2009, 113~114쪽 및 허문회, 「통일벼 품종 개발」, 1999 참고.
80) 「통일벼와 증산체제의 성쇠: 1970년대 "녹색혁명"에 대한 과학기술사적 접근」, 113~117쪽.

하고 녹색오토바이 자전거 타고 시범포 설치된 곳으로 향했다. 집 아기보다 더 귀하게 모를 키우고 못자리에 달라붙어 앉아서 떠나질 못했다.[81]

농촌지도소 공무원이 시범단지 통일벼 재배의 성공을 위해 기울인 노력의 정도가 어느 정도였는지 짐작할 수 있게 하는 내용이다. 담당공무원, 농민은 통일벼 재배의 전 과정에 정성을 쏟았다. 시범단지를 책임진 농촌지도소 직원은 통일벼 재배의 성공에 사활을 걸었다. 통일벼의 싹을 틔울 때는 방에 불을 지피고 보초를 섰으며, 못자리를 설치하고 모를 키울 때에는 못자리를 떠날 수 없었다. 모내기 이후에는 적고(赤枯)현상, 도열병, 이화명충 등의 병충해 예방 및 거름주기, 피사리 등의 모든 작업에 세심한 주의를 기울였다. 농촌지도소 직원이나 농민에게 있어 초기의 통일벼는 '금쌀'이라는 말이 통용될 정도였다. 쌀 증산 나아가 주곡자급이 통일벼 재배의 성공에 달려 있었기 때문이었다. 이 외에 보다 실질적인 이유는 통일벼 재배에 실패하면 담당 공무원은 실직을 면하지 못할 것으로 생각했기 때문이었다.[82]

1971년 통일벼 시범단지는 550개소였다. 1971년 수확은 550개 단지에서 평균 10a당 500.9kg이었다. 1970년 10a당 평균 수확량이 327kg, 일본이 407kg인 점을 감안하면 획기적인 수확량이라고 할 수 있었다. 1971년도에 확보한 통일벼 종자로는 1972년에 약 30만 정보(전체 벼 재배 면적의 25%)를 재배할 수 있었다. 하지만 단일 품종을 한 해에 20% 이상 재배하는 것은 위험하다는 의견이 많았으며, 이에 정부는 1972년도에 20만 정보에 통일벼를 재배하기로 하였다. 시범단지가 아닌 일반 농민에게 통일벼를 보급하는 일은 쉬운 일이 아니었다. 당시 통일벼의 보급은 공무원에게 있어 전쟁[83]이었다. 1972년 4월 농촌은 통일벼 보급에 내몰린 공무원과 이에 대한

81) 안병구, 「농촌지도소장 퇴임사」, 2000년 10월.
82) 안병구(농촌지도소 근무) 인터뷰, 2009년 1월 21~22일.

불신으로 기피하는 농민의 숨바꼭질이 연일 계속되었다. 당시 통일벼 재배를 농가에 보급하는 과정은 다음의 회고에 잘 나타나 있다.

> 1971년 기적의 볍씨 IR667이 각 시군마다 채종 겸 시범재배단지용으로 공급되었다. 일반 물못자리 형태로 재배한 기적의 벼는 그런대로 수확량은 증수되었으나 농민들로부터 호감을 사지는 못한 상황 속에서 1972년도에 확대재배가 시작되었다. 계획면적 확보를 위한 종자팔기 작전이 전개되었다. 담당부락에 지도원이 배치되고 약장수와 같이 떠들어댔다. 이 기적의 볍씨는 심기만 하면 단당 500kg은 생산된다고 입에 침이 마르도록 떠들어댔다.[84]

> 경북월성군내남면의 한 직원은 지난 봄 통일벼재배권장을 위해 농민들에게 막걸리까지 대접했다. 할당량의 재배를 시키려니 권장만으로는 안 되어 주머니를 털어 술을 샀는가하면 친척들에게는 강권까지 하였다. 통일벼의 재배면적이 각 면단위로 할당된 지난 봄 대부분의 농촌에선 지도원과 농민들 간에 실랑이가 많았다. 재배를 꺼리는 농민과 상부에서 내린 배정책임량을 달성하려는 면직원이나 지도원들 간의 마찰이었다.[85]

농민이 통일벼 재배를 꺼리는 상황이었기 때문에 농촌 관련 공무원은 통일벼의 재배를 적극적으로 권장하였다. 지역에 배당된 할당량을 채우기

---

[83] 박치석(광주군 실촌면 면사무소 새마을담당 공무원, 2009년 1월 21~22일 인터뷰)은 통일벼 보급은 공무원에게 있어서 '전쟁'이었다고 회고하였다. 그는 "실촌면 하오양리(담당마을)에서 거의 살다시피 했어. 장가를 71년도에 들었는데 새벽 2시전에 들어가 본 적이 없어. 면사무소에서도 실적이 부진하다고 싶으면 모두 출장 나가 마을에서 살았어. 이장이 착하고 순해 빠져서 마을 사람을 독려하질 않아서 더 고생했어."라고 회고하였다. 통일벼를 심지 않으면 어떻게 했느냐고 질문하자 "심지어 일반벼를 심은 모판에 들어가 질겅질겅 밟고 다녔어. 욕도 많이 얻어먹었지. 하지만 어쩔 수 없는 일이었어. 그러지 않으면 말을 듣지 않는 사람이 많았거든."이라고 회고하였다.

[84] 전세창, 「다수확 신품종 보급」, 『농정반세기 증언』, 1999, 374쪽.

[85] 『조선일보』 1972년 10월 11일자.

위해 공무원은 회유와 강제 등 모든 수단을 강구하였다. 공무원의 노력에 의해 1972년 통일벼 단지 수는 2만 2,945개, 18만 7,471정보, 62만 5,172농가가 재배에 참여하였다. 농촌진흥청은 전체 단지회장, 재배·방제·수리반장 등을 모아 도 단위 농촌진흥원에서 교육을 실시하였으며, 시군의 농촌지도소는 통일벼 재배 전 농가를 대상으로 교육을 실시하였다. 또한 1971년 겨울에는 통일벼재배법(부제: 녹색혁명의 길) 교재 75만 부가 제작되어 농가에 보급되었다.[86]

그러나 영농교육이나 책자를 보급하는 정도로 통일벼 재배에 성공할 수 없었다. 기후 조건상 한국은 통일벼 재배가 불리하였다. 1972년 불리한 기후조건을 극복하기 위해 통일벼 재배에 물못자리 대신 보온절충못자리가 처음 보급되었다. 보온절충못자리는 약 2주 정도 모내기를 앞당겨 냉해 피해를 덜 본다는 장점이 있었기 때문이었다. 처음 도입되는 방법이었기 때문에 전적으로 농민이 농촌지도소 직원의 지도를 잘 따라야했다. 또한 농촌지도소 직원 역시 자신이 교육받은 방법 그대로를 현장에 적용해야했다. 보통 중요한 농업기술은 10년 정도 걸려야 보편화가 가능하였다.[87] 보온절충못자리의 경우는 시험결과를 제대로 거치지 않고 바로 일반 농민에게 적용하는 방법이라고 할 수 있었다. 농촌지도소 직원은 농민에게 자신의 방법을 그대로 따를 것을 강조하였다. 그러나 농민은 자신이 사용했던 고유의 방법을 포기하기 힘들었다. 이문구는 이러한 상황을 "하여간 누가 뭐래도 베농사를 얹었다 잦혔다 허는 것은 볍씨가 아니라 날씨유. ……농사기술은 책상물림헌티 배우는 게 아니라 흙허구 물헌티 즉접 배워야 쓰는

---

86) 「다수확 신품종 보급」, 359쪽.

87) 안병구는 인터뷰(2009년 1월 21~22일)에서 "농업기술은 농촌지도소가 10년을 먼저 앞서간다고 할 수 있지. 흔히 직원은 10년 먼저 미친다고들 해. 10년이 지나면 직원의 말이 옳다는 걸 알아"라고 하였다. 그러면서 새로운 농업기술은 두 부류의 사람이 일찍 받아들인다고 하였다. 첫째 부류는 흔히 "많이 배우지 못했지만 머리가 좋거나 깨인 사람"이고 둘째 부류는 "잘 몰라도 우리가 하라는 대로 하는 사람"이라고 답변하였다.

규.”라고 표현하였다. 농촌지도소 직원은 “농촌지도소에서 허시라는 것만 허셔. 그게 애국입니다유.”라고 농민을 설득하면 농민은 “농사를 망치면 누가 책임을 질겨”라고 하면서 서로 실랑이를 하였다. 결과적으로 보온절충 못자리 기술이 제대로 보급되지 않아 모기르기에 실패하는 농가가 속출하였으며, 9월에는 냉해의 피해를 보는 농가가 많았다.[88] 이로 인해 담당 공무원이 농민의 비난을 받았을 뿐만 아니라 언론도 통일벼재배에 부정적 반응을 보이며 문제점을 보도하기 시작하였다.

> 정부가 올해 전국에 장려해 대규모로 심은 통일벼가 많은 감수를 가져올 것으로 예상되고 있다. 출수기가 지난 9월 중순 전국의 평균 감수 예상량은 약 20%로 집계되고 있다. 감수현상은 가장 피해가 적은 강원의 8.5%에서부터 경기의 20~90%까지 큰 격차를 보이고 있다. …… 전반적으로 8월 초순부터 검은 반점이 생기고 쭉정이가 늘어났다. 출수기가 20여 일 지난 현재까지 벼가 패지 않은 곳도 많다. …… 농촌진흥청은 이와 같은 통일벼 이상 성장을 출수기의 일기불순이라고 밝혔다.[89]

> 한마디로 남방품종으로 우리 기온에 맞추려면 좀 더 연구기간이 길었어야 했다. 그래서 통일벼가 일부 실패한 원인은 볍씨가 지니고 있는 내재적 특성 때문으로 풀이되고 있는 것이다. 원래 새 품종은 8세대가 지나야 하며 그 후에도 수 년 동안 결점을 보완하는 연구가 따랐어야하는데 통일벼는 명목상 9대는 경과했으나 실제는 3년을 단축, 인공온실재배를 거쳐 3년을 무리하게 보급된 것이다. ……더구나 보급에 앞서 생산력 검정을 수원, 이리, 밀양 등 3개 작물시험장에서만 했으며 지역적응시험도 평야지대인 각도 농촌진흥원 시험답(試驗畓)에서만 실시한 것이었다.[90]

---

88) 『우리 동네』, 125쪽.
89) 『조선일보』 1972년 9월 21일자.
90) 『조선일보』 1972년 10월 11일자.

당시 언론은 통일벼가 미숙한 품종 혹은 한국풍토에 맞지 않는다고 보도하였다. 정부가 수확량이 많다는 이유로 성급하게 보급하여 일부 지역의 농민이 농사를 망쳤다는 내용이 많았다. 1972년 일부지역에서 벼가 이삭을 펴지 않거나 출수되지 않아 폐농하는 경우가 발생했다. 이런 영향에 의해 통일벼 보급률이 1972년 15.9%에서 1973년 10.4%로 줄어들었다. 통일벼 보급과 확대가 순탄하지 못했다는 사실을 잘 보여준다. 그러나 통일벼 재배에 실패한 지역[91]이 일부 있었지만, 성공한 지역에서 통일벼의 수확량은 일반벼보다 훨씬 많았다.[92] 당진군 전대리 시범단지의 경우 단당 738kg을 수확하여 '기적의 볍씨'임이 증명되었다. 초기 통일벼의 재배는 여러 가지 위험성이 있어 '세 번 울고 세 번 웃는 농사'라는 말이 유행했다. 재배에 성공하면 수확량이 급증한다는 사실이 확실해지면서 정부는 통일벼 재배 면적을 더욱 확대하기 시작하였다.

1973년에는 벼농사 150일 작전과 다수확시상제도가 실시되었다. 벼농사 150일 작전은 모내기부터 수확기까지 중요 영농작업에 대해 작전단계를 설정하고, 그 단계에 따라 세부 실천 내용을 규정하여 생산량을 증가시키기 위해 실시되었다. 영농작전은 다음과 같이 5단계[93]로 설정되었다.

---

[91] 1972년 일부 지역에서 통일벼 재배에 실패하였으나 담당 공무원을 문책하지 않았다. 담당 공무원의 기술적인 잘못이 아니라 냉해의 피해가 많았기 때문이었다. 1973년에는 해발 300m 이상, 일조가 부족한 농지, 냉수 유입지 등에서는 재배하지 않도록 지도하였다. 이로 인해 1973년 통일벼의 재배 면적 비율은 16%에서 10%로 줄어들었다.

[92] 통일계 벼품종은 일반벼 품종 보다 해에 따라 다르지만 120~149%의 증수효과가 있었다. 통일벼 보급률은 1974년 15.2%, 1975년 22.9%, 1976년 43.9%, 1977년 54.6%였다.

[93] 1974년에는 7단계로 다시 세분화되었다. 7단계는 영농준비 작전(3. 1~4. 20), 못자리작전(4. 10~5. 20), 모내기 작전(5. 20~6. 30), 병충해 박멸 작전(6. 1~9. 20), 풀베기 작전(7. 20~9. 30), 보리파종 작전(10. 10~11. 10) 등으로 구분되었다. 1974년도에는 모내기 이전 벼 품종의 선택, 못자리 설치 등이 추가되었다고 할 수 있다. 이는 통일벼 재배가 보편화되면서 보온 못자리 설치가 중요해졌기 때문이었다.

<표 3-10> 벼농사 다수확을 위한 작전단계

| 단계별 | 작전 기간 | 작전 명칭 |
|---|---|---|
| 제1단계 | 5.20~6.30 | 모내기 2주일 앞당기기 작전<br>보리 조기 예취(刈取) 작전<br>논두렁 콩 심기 작전[94] |
| 제2단계 | 6.10~9.5 | 병해충 박멸작전 |
| 제3단계 | 8.20~9.10 | 풀베기 작전 |
| 제4단계 | 9.10~9.30 | 피사리 작전 |
| 제5단계 | 9.25~10.20 | 벼 베기 작전 |

※ 출처: 문화공보부, 『새마을운동』, 1973, 166~168쪽.

〈표 3-10〉에서와 같이 5단계는 크게 모내기, 병충해 방제, 피사리, 벼베기 등과 풀베기로 구분되었다. 각 단계는 공동작업 혹은 협업이 권장되었다. 모든 공무원, 농민뿐만 아니라 학생도 영농에 투입되었다. 지역과 기후에 따라 정해진 날짜 안에 작업을 완료해야 했다. 면사무소에는 작전 상황실이 설치되었으며, 공무원은 담당 마을의 추진상황을 매일, 10일 간격, 분기로 상급자에게 보고하였다. 이른바 '벼농사 작전 일일·십일·분기 보고'가 실시되었다. 상급자가 방문하면 그 지역의 실적을 항상 보고해야 했다. 따라서 실적이 부족하다고 판단되면 모든 면사무소의 직원은 3~4일간 출장을 나가 마을에서 지냈다.[95]

풀베기 작전은 가장 더운 여름철에 실시되었다. 비교적 이 시기는 농촌에서 바쁜 일이 없었기 때문에 대대적으로 퇴비증산운동을 하기에 적합하였다. 풀베기 작전의 구체적 실천 내용은 부락별 농가별 퇴비생산 목표량 부

---

94) 1960년대에 논두렁에 콩을 심는 경우는 드물었다. 안병구와 박치석은 박정희가 농촌을 시찰하던 중 논두렁 콩 심기를 지시하였고, 이후 전국적으로 실시되기 시작했다고 회고하였다. 전국에서 논두렁 콩 심기가 시작되자 심을 콩이 부족해 난리가 났었다고 회고하였다. 필자 가정의 논에도 1970년대에 논두렁에 콩을 심어 2가마니 정도를 수확하였다. 논두렁에 콩을 심으면 농약을 줄 때나 논두렁을 걸을 때 불편하였다. 특히 콩 사이에 뱀이 많아 논두렁을 다닐 때는 장화를 신고 다녀야했다.

95) 박치석 인터뷰, 2009년 1월 21~22일.

여, 퇴비사 설치 및 정비, 입산금지 해제 조치, 면단위 풀베기 대회 개최, 풀베기 일손돕기운동 전개, 공동 작업에 의한 풀베기 추진 등이었다.[96] 마을안길, 지붕개량, 퇴비장 설치 등은 전시적인 효과가 크고 눈으로 확인이 가능한 사업이었다. 이로 인해 담당공무원이나 마을지도자는 퇴비증산에 더욱 적극적이었다. 당시 퇴비증산의 과정은 다음 작품에 잘 표현되어 있다.

> 퇴비들을 쌓실 때는 몇 가지 유의를 해주시라 이겝니다. 위에서 누가 원제 와서 보자구 헐는지 알 수 읇으닝께, 퇴비장 앞에는 반드시 패찰과 척봉(尺棒)을 꽂으시구, 지붕 개량허구 남는 썩은새나 그타 여러 가지 찌끄레기루 쌓신 분들은 흔해터진 풀 좀 벼다가 이쁘구 날씬허게 미장을 해주서유. 정월 보름날 투가리에 시래기 무쳐 담듯 허지 마시구, 혼인 때 쓸 두붓모처럼 깨끗허게 쌓주시라 이겝니다. 퇴비가 일 헥타(1ha)당 몇 키로(kg) 이상이라는 것은 잘들 아시구 기실 중 믿습니다마는, 아무쪼록 식전에 두 짐 저녁에 두 짐쓱, 반드시 비시도록 당부하는 것입니다.[97]

작품에 묘사된 장면은 군수가 마을을 방문해 주민에게 퇴비증산을 독려하는 장면이다. 작품에서와 같이 퇴비장은 정해진 규격에 의해 설치되고 퇴비는 네모반듯하게 쌓아야 했다. 높이 그리고 보기 좋게 쌓기 위해 사다리를 놓고 올라가 베어온 풀을 쌓았다. 담당 공무원은 줄자를 가지고 다니며 퇴비장의 넓이와 높이를 재면서 증산을 독려하였다. 퇴비증산은 마을 간의 경쟁이 가장 치열한 사업 중 하나였다. 농촌에서는 아침 식사 전 어른부터 아이까지 지게를 지고 나가 풀을 베다가 퇴비를 쌓아올렸다. 이 시기에는 입산금지조치가 해제되어 누구든지 산에 들어가 풀을 벨 수가 있었다. 온 마을이 풀베기에 열심이다 보니 풀이 가까운 지역에 없어 멀리 나가다 보면 다른 마을 사람과 충돌이 생기기도 하였다.[98]

---

96) 문화공보부, 『새마을운동』, 1973, 167쪽.
97) 『우리 동네』, 39쪽.

1973년 김보현 농수산부 장관은 중앙 4-H경진대회에서 10a당 쌀 600kg을 생산한 농가에게는 10만 원씩 상금을 주기로 발표하였으며, 시상인원은 100명 정도로 예상하였다. 영농기 전에 다수확재배농가로 신고된 농가는 2만 124명이었다. 심사결과 3천 768명이 다수확농가로 선정되어 예상을 훨씬 초과하였으며 최고 수확량을 올린 서천의 조권구씨는 은탑 산업훈장까지 받았다. 시상금을 받은 농민 중 일반벼 재배농가는 19농가에 불과했으며, 나머지 농가는 모두 통일벼 재배 농가였다. 행정공무원은 재배지역의 확대에 중요한 역할을 하였고 농촌지도소 지도원은 기술적인 문제를 해결하였다. 1973년 시군 및 농촌지도소에 근무한 공무원들은 통일벼 보급에 공헌한 공로로 봉급의 200%에 해당하는 상여금을 받았다.[99]

1974년에는 쌀 3,000만 석을 돌파하여 주곡을 자급자족한다는 목표를 세웠다. 이를 위해 정부는 모든 식량작물의 재배작업에 대하여 시한영농제와 다수확시상제도를 확대하여 실시하였다. 농촌지도소, 농협에 3,000만 석 돌파 작전상황실을 설치하고 계획된 날짜 안에 모든 영농작업을 마치도록 독려하였다. 다음의 사례는 당시 동원의 실상이 어떠하였는지 잘 보여준다.

> 1974년 6월 4일에는 고산리에 거주하는 이세철씨가 찾아와서 "금년도에 실시하는 6·10작전을 성공시켜야겠는데 농촌에 일손이 모자라 모판에서 통일벼 묘가 너무 자라 야단났소. 도와줄 수 없습니까?"하며 일손 돕기를 요청해왔다. …… 교장의 허락을 얻어 5,6학년 학생 160명에게 봉사 활동의 필요성을 강조하고 모심는 방법을 자세히 설명하여

---

[98] 필자는 1972년에 초등학교에 입학하였다. 따라서 필자 역시 초등학교 시절 새마을운동의 여러 과정을 체험하였다. 필자도 퇴비증산에 동원되었다. 필자의 집은 논두렁이 많아 풀을 벨 수 있는 곳이 많아 비교적 수월하게 목표량을 채울 수 있었다. 그러나 그렇지 못한 집에서는 목표를 채우기 위해 편법을 동원하기도 하였다. 가장 많이 사용한 방법은 퇴비장의 중심을 비우고 쌓은 후 맨 위에 나무 가지를 걸치고 약간의 풀을 쌓는 식이었다. 목표를 채우지 못하면 주변 농민, 새마을지도자와 이장, 공무원 등이 많은 비난을 받았기 때문이었다.

[99] 『농정반세기 증언』, 371~372쪽.

정조식에 의한 이앙 작업을 실시하여 봉사활동을 하였다.[100]

작전이라는 용어뿐만 아니라 모심기의 진행방식이 '군사적 돌격주의'와 유사하다는 사실을 확인할 수 있다. 또한 초등학교 5~6학년까지 모심기에 동원되고 있다. 성공사례집에 초등학생의 동원을 자랑스럽게 소개한다는 사실이 당시의 실상을 잘 보여준다.

1974년 겨울 다수확 시상은 '무더기 시상'이라는 보도가 나올 정도로 대규모로 이루어졌다. 이와 같은 대규모 시상은 1975년 2월 12일 유신헌법 찬반 국민투표를 앞둔 시기였다는 점에서 더욱 주목된다.[101] 동아일보의 다음 기사는 당시의 상황을 잘 전해주고 있다.

> 한겨울 때 아닌 취로사업과 다수확시상금의 무더기 수상 등으로 서부 경남 농촌지방에서는 농한기인데도 음식점과 구판장에 몰려든 주민들로 흥청대는 등 호경기를 누리고 있다. 예년에 없던 농촌지방의 이 같은 호경기는 국민투표를 앞둔 요즘 취로사업이 거의 한 부락 당 1건 꼴로 착수되어 노임이 살포되는 데다 농수산부가 12월 28일 1개 시군 당 1백~2백 50명의 다수확농민을 뽑아 1명에게 10만~25만 원씩의 상금을 지급했고 많은 부락들이 새마을 자립 자조 기초 마을 등으로 뽑혀 몇 백만 원을 상금을 받았기 때문으로 풀이되고 있다. 특히 다수확농민의 경우 종전에는 1개 군에서 2, 3명의 증산왕이 뽑혀 상을 받던 것이 이번에는 수 백 명으로 늘어났고 …… 일부 농민이 취로 사업장에 나가 한 시간 일하고 두 시간 휴식을 취하면서 …… 퇴폐적인 생활태도를 조성한다는 비판도 따르고 있다.[102]

---

[100] 전영록, 「벽지에 꽃 피운 새마을교육」, 『새마을운동』, 문교부, 1975, 476쪽.

[101] 박정희는 1975년 1월 22일 야당과 일부 재야세력의 헌법논쟁에 따른 정국의 혼란을 예방하고 국론통일을 위해 유신헌법과 유신체제 유지 여부를 묻는 국민투표를 실시하겠다고 발표하였다. 음력설 다음날인 1975년 2월 12일 유신체제의 찬반을 묻는 국민투표가 실시되었다. 총유권자 1천 6백 78만 8천 8백 39명 중 1천 3백 40만 4천 2백 45명이 투표해 이 중 73.1%인 9백 80만 2백 6명이 찬성표를 던졌다.

[102] 『동아일보』 1975년 2월 5일자.

기사에서 언급된 바와 같이 1974년 겨울의 다수확 시상은 국민투표와 깊은 연관이 있다. 또한 다수확시상뿐만 아니라 취로사업, 마을별로 지급된 상금은 단기적으로는 유신헌법 찬반 투표, 장기적으로는 유신체제의 유지와 밀접한 연관이 있다고 할 수 있다. 새마을운동 관련자가 조합장, 공무원, 공화당원, 통일주체국민회의의원, 심지어 유신정우회 예비위원 등으로 진출하고 있었다. 새마을운동은 가난한 농민으로부터 지도자들에 이르기까지 자신의 이익이나 위치를 새롭게 만들 수 있는 기회를 제공하였다.[103]

1950년대 이후 벼, 보리 등의 다수확농민에게 시상을 하는 것은 정부의 대표적인 사업이었다. 많은 농민은 근대적인 농업방법을 도입하여 생산량을 증가시키고 정부로부터 상을 받았다. 초기의 다수확 농민은 '1년에 2년 혹은 3년 농사'를 짓는 경우도 많았다. 다수확 시상이나 통일벼의 보급은 쌀의 자급과 농민의 소득증대에 기여하였다. 1970년대 후반이 되면 단위면적당 쌀의 생산량이 일본과 비슷하거나 추월하는 경우도 나타났다.[104] 그러나 일부 지역에서 다수확 시상은 상금, 공무원에 대한 평가와 연관되면서 증산의욕의 고취와는 다른 부정적인 결과가 나타나기 시작하였다. 일부 농민이 다수확상을 받기 위해 일정 면적(쌀은 600평)에만 집중적으로 증산을 꾀하고 그 밖의 재배지에는 등한히 하는 폐단이 발생하였다. 심지어 1975년에는 농민이 다수확상을 심사하는 면사무소 직원에게 뇌물을 바친 사건까지 발생하였다. 정부는 이러한 폐단 때문에 1977년부터 개인시상제를 폐지하고 단지별 시상제로 바꾸었다. 1970년대 중반 이후 오랜 전통

---

[103] 이문구가 1976년 겨울 『창작과 비평』에 발표한 「관산추정: 관촌수필 6」에는 새마을지도자 복산의 아내가 국민투표장에서 아이를 출산하는 과정이 서술되어 있다. 복산의 아내는 국민투표장에서 아이를 낳기 위해 한약을 미리 먹었고, 결국 투표장에서 아이를 출산하였다. 이후 군수, 경찰서장이 병원을 방문하여 금일봉을 전달하는 장면이 나온다. 자세한 내용은 이문구, 『관촌수필』, 문학과 지성사, 1991, 295~314쪽 참고.

[104] 일본과 한국의 단위면적당(ha)쌀 수량은 1966~70년 일본 3.92톤, 한국 3.14톤이었으며, 1975~1979년 일본 4.25톤, 한국 4.46톤이었다. 자세한 내용은 박진환, 『한국경제근대화와 새마을운동』, (사)박정희대통령기념사업회, 2010, 78쪽 참고.

의 다수확 시상제도에 문제가 발생했다고 볼 수 있다.[105]

이상에서와 같이 통일벼의 보급 과정은 담당 공무원의 동원, 통일벼 재배에 시범을 보이는 농민 창출, 각종 시상제도의 확립, 급속한 재배확대의 과정을 거치면서 추진되었다. 특히 새마을운동의 추진을 담당한 공무원, 새마을지도자, 이장 등의 농민설득과 독려는 환경개선사업에서 나타나는 과정과 유사하였다. 또한 통일벼의 보급과 확대[106]는 새마을운동의 성과를 확인하고 홍보하는 데 필수적이었다. 1981년 농가소득 140만 원을 달성하기 위한 가장 확실한 방법이기도 하였다. 그리고 이를 뒷받침하기 위해 이중 곡가제 역시 중요하게 작용하였다. 그러나 새마을소득증대사업은 개별농가의 농업경영 합리화나 농업의 구조조정과는 거리가 멀었다. 이는 1979년 이후 통일벼의 보급 정책이 실질적으로 마감되는 데서 잘 나타난다. 1978년 통일벼 품종인 노풍 피해 이후 통일벼 보급은 급속도로 쇠퇴하였다. 그 결과 1979년 3,870만 석이었던 쌀 생산량은 1980년 2,470만 석으로 36%나 감소하였다. 그리고 부족한 식량은 시장 개방을 통해 해결하기 시작하였다. 이런 사실만으로도 새마을소득증대사업은 1960년대의 1차 소득증대특별사업보다 후진적인 방식이었다. 한마디로 농민이 소외된 소득증대사업이었다.


## 3. 새마을소득증대사업의 영향과 문제점


새마을운동 시기 소득증대 사업은 통일벼 재배 확대, 각종 경제작물의

---

[105] 『동아일보』 1975년 11월 13일자 및 『경향신문』 1977년 4월 6일자.

[106] 통일벼의 보급과 확산의 결과 나타난 주곡의 자급자족은 1970년대를 살았던 모든 개인에게 중요한 의미가 있다고 생각한다. 새마을운동의 전성기, 통일벼의 보급, 주곡의 자급자족달성 등은 1970년대 중반기에 동시에 이루어졌다. 우리나라에서 절량농가가 거의 사라진 것이다. 필자 가정 역시 1970년대 중반 경에 세끼 밥을 걱정 없이 먹을 수 있었다. 상대적으로 가난한 경우는 있었지만, 식량이 없어 굶는 농민은 거의 사라졌다. 1970년대 '향수'나 새마을운동에 대한 성공 신화는 절량농가의 소멸과 관련이 깊다고 생각한다.

재배, 축산 등을 통한 농업소득 증대, 겸업을 통한 농외소득의 증대로 요약
될 수 있다. 1960년대에 비해 특징적인 사업은 통일벼의 재배와 겸업의 확
대이고, 나머지 사업은 1960년대의 사업을 계승하였다. 특히 정부 재정의
부담에도 불구하고 이중 곡가제를 실시하고, 이를 통해 농가소득의 평균적
인 증대, 물가안정, 도시 소비자의 보호 등의 목표를 실현하려 하였다. 새
마을소득증대사업에 대한 평가는 다양하다. 대부분 농가소득이 증가한 측
면을 강조하여 대성공을 거두었다고 평가하거나, 문제점은 다소 있었으나
전체적으로 성공했다고 평가한다. 하지만 평가자들 모두 소득이 증가하는
가운데서도 농촌이 붕괴한 사실을 설명하기는 매우 어려워하고 있다. 수입
을 올리기 위해 사용한 비료, 비닐, 농약 등의 자재 가격이 상승하여 실질
소득은 큰 변화가 없었다거나 호당 소득은 도시 근로자와 비슷하나 1인당
소득은 실제 차이가 많이 난다는 사실을 지적하는 정도이다.[107]

앞 절에서 환경개선사업은 자본의 농촌 진출을 편리하게 한 점, 이후 경
영가적 농민의 양성 실패로 가는 과정에 대해 서술하였다. 새마을소득증대
사업은 자본과 국가의 이중적인 압력 속에서 농업 문제를 바라볼 수 있다
고 생각한다. 1960~70년대에 한국의 농업은 이전에 가졌던 위치나 비중을
모두 상실하였다. 농민 역시 다른 어느 시기보다 열심히 일하고 소득이 증
가함에도 불구하고 가장 열악한 지위로 하락하였다. 자본과 국가는 가장
'탐욕스럽게' 농업과 농민의 지위를 빼앗았다.

역사적으로 일제 강점기에는 식민지지주제를 통해 농업과 농민을 수탈

---

[107] 농가 일인당 실질소득(A)과 도시근로가구 일인당 실질소득(B)의 비율(A/B%)은 1970년
61.9%, 1971년 81.6%, 1972년 85.2%, 1973년 83.8%, 1974년 95.3%, 1975년 93.5%,
1976년 85.6%, 1977년 77.5%, 1978년 66.0%, 1979년 60.3%였다. 1975년 이후 농가일
인당 실질 소득비율이 도시가구에 비해 감소하였음을 알 수 있다. 자세한 내용은 『새
마을운동30년자료집』, 16쪽 및 존 시거드슨 · 김영철, 「한국농촌 새마을운동에서 농업
기계화와 농촌 공업화 문제에 관한 연구」, 『새마을운동의 이념과 실제』, 서울대새마을
종합연구소, 1981, 240쪽 참고.

하였다. 식민지지주제 하에서는 지주와 전호 농민의 경제적 관계를 통해 자본과 국가의 이익을 유지하였다. 식민지지주제를 유지하였기 때문에 농업이 가지고 있는 산업의 비중이나 지위는 크게 변화하지 않았다. 1940년경 농림어업의 비중은 62% 정도를 차지하였다. 또한 1930년대 이후 농민의 도시이주나 인구이동이 일부 있었지만, 농촌의 붕괴와는 거리가 멀었다. 여전히 농촌에는 과잉인구가 존재했다. 일부 연구자는 농촌진흥운동과 새마을운동을 연결하여 설명하려 한다.[108] 그러나 식민지지주제, 농업과 농민의 지위, 인구 이동, 변혁세력의 존재 유무 등을 고려한다면 유사성보다는 차이점이 더 많이 존재한다고 생각한다. 우선 새마을운동 시기에는 지주제가 해체된 상태였고, 농업과 농민 지위의 급격한 하락 및 농촌 인구의 급격한 도시 등의 현상이 두드러지게 나타났다. 또한 농촌진흥운동시기에는 변혁세력으로서 사회주의 세력이 토지제도의 개혁을 주장하였고, 모든 독립운동세력은 정도의 차이는 있으나 모두 토지개혁을 주장하고 있었다. 농업과 전호농민의 이익을 옹호하는 변혁세력이 존재하였다. 새마을운동 시기에는 농촌에 농민의 이익을 대변하는 변혁세력이 존재하지 않았다. 1970년대 후반 농민운동은 시작되는 단계에 불과했고, 농촌운동가조차 정부가 추진하는 농업정책의 범위 안에서 자신의 주장을 하였다. 변혁세력의 존재유무에서도 농촌진흥운동과 새마을운동은 큰 차이점이 존재한다.

농지개혁 이후에는 식민지지주제가 해체하고 소농체제가 유지되었다. 소농체제 하에서는 원조로 들어온 농산물이 식량부족 문제를 해결하는 시기와 차관이 도입되면서 경제개발계획이 추진된 시기로 나누어볼 수 있다. 1950년대 원조경제체제에서는 원조로 공여된 농산물을 가공하는 삼백산업

<hr>

108) 지수걸, 「일제의 군국주의 파시즘과 '조선농촌진흥운동'」, 『역사비평』 1999년 여름호; 이현옥, 「일제하 1930년대 농촌진흥운동에 관한 연구」, 서울대학교 대학원 경제학과 석사학위논문, 1985; 최길성, 「새마을운동과 농촌진흥운동」, 『죽당 이현희 교수 화갑 기념 한국사학 논총』, 1997 참고.

을 중심으로 민간기업이 성장하였다. 산업에 필요한 원료와 식량문제가 원
조에 의해 해결되었기 때문에 정부는 농업 발전을 위한 정책에 큰 관심이
없었다. 실질적으로 농업발전 정책을 입안하고 실천하기 어려웠다. 이런
상황에서 원조에 의해 제공된 잉여농산물은 농업기반을 약화시켰다. 농산
물 가격의 하락, 잠재적 실업의 증가, 절량농가 등은 당시 농촌문제를 잘
나타낸다.[109]

　1960년대 박정희 정부는 경제개발계획을 추진하면서 개발에 필요한 자
본을 해외에서 도입하였다. 차관의 도입, 정부주도 수출산업의 육성, 저임
금노동력을 이용한 제품 생산과 수출 전략 등의 방법을 사용하였다. 따라
서 1960년대에는 농업과 공업의 유기적 결합이나 상호보완이 필요하지 않
았다.[110] 산업발전에 필요한 자본을 해외에서 도입한 차관에 의존하였기
때문이다. 그러나 3차 경제개발계획이 추진되기 시작하고 제조업의 규모
가 확대되면서 자본의 힘이 농촌에 확대되기 시작하였다. 환경개선사업이
시작된 이후 시멘트와 슬레이트의 보급, 전자제품과 소비재의 농촌시장 진
출, 농약·비료·농기계 사용의 증가 등은 자본과 농촌의 결합을 촉진하였
다. 농민은 다양한 농업생산품을 도시 시장에 팔아 소득을 증대할 수 있었
다. 동시에 농민의 도시이주가 가장 활발하게 추진되면서 농촌의 인구가

---

[109] 원조 농산물의 규모는 국내 생산량의 16% 정도였다. 원조 농산물과 국내 부족량을 초
　　과한 농산물이 도입되자 이승만 정부는 농업에 대한 경시정책으로 일관하였다. 정부
　　는 원조 농산물을 이용해 저곡가정책과 농업부문에 대한 저투자정책을 실시했다. 정
　　부는 양곡관리제도를 운용하여 농민에게 저곡가를 강요하였는데, 원조 농산물은 양곡
　　관리정책 운용에 이용되었다. 또 미국의 원조 농산물은 자유 시장에 유입되어 농산물
　　가격을 낮추는데 작용함으로써 정부의 저농산물 정책의 운용에 도움을 주었다. 정부
　　는 부족한 식량을 원조농산물로 충당하면 된다는 판단 하에 농업에 대한 재정투융자
　　를 제대로 실시하지 않았다. 자세한 내용은 김종덕, 「미국의 대한 농산물원조와 그 영
　　향에 대한 연구」, 서울대학교 사회학과 박사학위논문, 1992 참고.

[110] 경제개발계획이 추진된 초기에는 산업발전에 필요한 자본을 국내에서 조달하려하였으
　　나 1964년 이후에는 차관도입에 의존하였다. 경제개발계획의 수립과 수정에 대해서는
　　박태균, 『1956~1964년 한국 경제개발계획의 성립과정』, 서울대학교 박사학위논문,
　　2000 참고.

청년층을 중심으로 감소하기 시작하였다. 박정희 정부는 삼선개헌, 유신체제의 유지를 위해 농민의 지지를 받아야했다. 공업화 정책은 농업의 희생이 뒤따르기 때문에 농민의 지지를 받기 어려웠다. 이런 상황에서 박정희 정부는 농업·농민에 대한 지원과 관심을 보여주고 소득을 뒷받침해주기 위해 통일벼보급과 이중 곡가제를 실시하였다.

1970년대에는 소득이 증가하고 이농인구가 급증하는 가운데 농업과 농민의 지위가 급속하게 변화하고 농촌사회의 붕괴가 가속화 되었다. 농촌사회의 붕괴는 농민의 저항을 가져온다. 그러나 1970년대 한국의 농촌에서는 독특한 현상이 나타났다. 첫째, 새마을지도자나 일반 농민은 정부가 다른 시기에 비해 더 많은 관심과 지원을 한다고 느끼는 경향이 많았다. 농업 관련 공무원뿐만 아니라 모든 정부 기구가 농민에 더 가까이 접근한다고 인식하였다. 둘째, 농가소득이 증가하면서 농민은 다양한 선택이 가능하였다. 자녀를 도시로 보내 공부를 시키기도 하고 상급학교에 진학시켰다. 절량농가가 사라지고 소비재 상품을 사면서 좋은 세상을 만났다는 생각을 가졌다. 상황이 허락하면 가족 모두 도시로 이주할 수 있었다. 가난한 농민의 자식도 출세하기 시작한 시대가 된 것이다. 1970년대 이전에는 농민이 새로운 직업을 갖거나 이주하는 일이 대단히 어려웠다. 좋으나 싫으나 농촌을 벗어날 환경이 되지 못했다. 셋째, 정부는 새마을운동으로 농촌이 근대화되고 있다는 사실을 대내외에 과시할 수 있었다. 농산물 시장이 개방되지 않았고 이중 곡가제를 통해 농민의 소득을 어느 정도 통제할 수 있었다. 또한 새마을운동을 추진하면서 마을·주민 간의 갈등을 최소화하였다. 마을 간 경쟁을 유도하면서도 등급제를 실시하고 지역 간 차별을 최소화하였다. 시멘트와 철근의 양을 통일해서 지급하고 도별로 시상과 포장을 철저하게 안배하면서 평균적인 성장을 유도하였다. 이를 통해 정부는 농민의 지지를 받을 수 있었고, 최소한 농민의 불만을 약화시킬 수 있었다. 또한 이러한 현상은 농촌붕괴와 농민의 저항이 연결되지 않는 주요 원인이 되었다. 넷째, 기업가와 국가는 경영가적 농민의 양성이나 농업 구조조정의 필요성을 인식하지 못했다. 자본가의 입장에서는 농촌인구의 이동과 농산물 생산 증가로 인해 산업발전에 유리한 상황이 조성되었기 때문이다. 국가는 농민의 지지 기반이 형성되었기 때문에 농민의 구조조정을 시도할 필요가 없었다. 이로 인해 농업이 새로운 방향을 정하고 발전하는 시기를 상실하게 되었다고 판단된다.


## 제3절 정신계발사업의 전개와 영향

### 1. 새마을교육과 홍보 사업의 전개

#### 1) 새마을교육

새마을교육은 크게 세 가지 방식으로 추진되었다. 첫째는 방송, 신문, 잡지 등의 대중매체를 통한 교육이었고, 둘째는 학교를 통한 교육이었으며, 셋째는 새마을지도자연수원과 같은 사회교육기관을 통한 교육이었다. 이곳에서는 독농가연수반과 1972년 새마을지도자반 교육을 중심으로 살펴본다. 독농가연수반 시기의 교육은 동원체제 성립 이전의 교육을 잘 보여주고, 초기 새마을지도자반 교육은 동원체제 성립 이후의 변화를 잘 보여준다는 점에서 비교하며 분석할 필요가 있다. 교육요원선발 과정, 교육대상자, 교육과정과 교육내용, 교육에 대한 평가와 피교육자의 반응 등을 분석하고자한다.

1971년 새마을가꾸기 사업 이후 농림부는 독농가 혹은 농촌지도자를 핵으로 하여 새마을사업을 추진하려하였다. 농림부는 지도자가 활약하는 마을이 다른 지역에 비해 더 빨리 발전하고 있다고 판단하고 있었다. 따라서 독농가에게 일정한 영농교육과 정신교육을 수료하게 한 후, 이들을 중심으로 새마을사업을 추진하려는 계획을 가지고 있었다.[111]

농촌지도자의 양성과 교육에 몰두하던 김보현 농림부 장관은 당시 농협대학의 교수였던 김준을 책임자로 생각하고 여러 차례 설득하였다. 농림부는 김준이 제시한 농촌지도자 양성과 교육에 대한 기본적인 구상을 바탕으로 보고서를 완성하여 대통령에게 보고하였으며, 김준은 농촌지도자 연수원의 원장으로 발탁되었다.[112] 이후 교육의 장소는 고양의 농협대학, 교육과정은 영농기술과 정신교육위주로 편성하고 교관은 주로 농림부 공무원과 농협임원으로 임명하였다. 또한 정신교육을 위해 종교계의 지도자를 강사진으로 선임하였다. 이에 대해 박정희는 정신교육을 종교계의 지도자에게 맡길 것이 아니라 새마을성공사례로 대체하라고 지시하였다. 박정희는 1970년 11월 하사용의 성공사례, 월간경제동향보고 때 발표된 성공사례[113] 등이 농민에게 실질적인 정신교육이 될 수 있다고 판단한 것으로 보인다. 이후 새마을교육은 성공사례 발표와 분임토의가 가장 중요한 교육내용이 되었다. 연수원은 농민의 성공사례를 통해 정신교육을 실시하였다. 더 나

---

111) 조병은, 「독농가를 핵으로 한 새마을건설」, 『농업경제』 30, 1972년 6월, 103쪽.

112) 김준의 농촌운동은 유영모와 유달영의 영향을 많이 받았다. 광주의 기독교 수양단체인 동광원에서 함석헌의 스승이었던 유영모와 함께 생활한 경험이 있으며, 이로 인해 농업에서 기술적인 요소보다 '심전(心田)개발'과 같은 도덕적인 요소를 중요시하였다. 또한 대학에서 이루어지는 농업교육이나 농업이론은 농촌개발에 도움을 주지 못한다고 생각하였다. 김준은 서울농대에서 은사 유달영의 지도를 받은 경험이 있으며, 이러한 이유로 유달영과 농촌문제인식이 유사한 경우가 많다. 유달영이 재건국민회의 의장이 되었을 때, 김준은 중앙교육원 교수부장에 발탁되었다. 김준과 새마을교육에 대해서는 박종민, 「새마을운동의 정신적 지주: 김준론」, 『전환시대의 행정가: 한국형지도자론』, 나남출판, 1994년, 136~163쪽 참고.

113) 박정희가 "월간경제동향보고시에 전국의 농민가운데 역경을 이겨내어 자수성가를 하고 마을의 개발을 위해 많은 일을 하고 있는 지도자를 한 두 사람씩 골라 성공사례를 발표하도록 하라"라고 지시하면서 실시되었다. 월간경제동향보고시 성공사례 발표는 1980년 7월 10일까지 지속되었다. 성공사례발표자 명단, 사례제목, 특별지원금, 보고일시에 대한 자세한 내용은 새마을운동중앙회, 『새마을운동30년자료집』, 2000, 316~323쪽 참고.

아가 공무원, 기업인, 대학교수 등도 교육 중 성공사례를 들었다. 농민의 성공사례는 국민정신을 확립하는 데 중요한 역할을 하게 되었다.[114]

초기 새마을교육은 농림부가 주도한 독농가연수반 교육과 청와대·내무부가 주도한 새마을지도자반 교육으로 구분할 수 있다. 독농가연수반은 총 3기(1972. 1. 31~3. 18. 13박 14일)에 걸쳐 교육이 이루어져 420명의 교육생을 배출하였으며, 새마을지도자연수반은 총 7기(1972. 7. 3~10.21. 13박 14일)에 걸쳐 교육이 이루어져 1070명의 교육생을 배출하였다.[115]

교관요원은 주로 농협직원 중에서 선발되었으며, 이들은 일정기간(2~3년)의 파견근무를 마친 후 다시 농협직원으로 복귀하였다. 인선의 기준은 농촌운동에 대한 참여자세, 성실성, 봉사적인 생활태도, 지역개발에 대한 지식과 경험 등이 고려되었다. 이러한 과정을 거쳐 독농가연수원의 직원은 교관단장(훈련원장) 1명, 교관 5명, 행정반장 1명, 행정요원 2명이 선발되었다. 교관요원은 이전의 활동도 중요하였지만, 직접 연수원 생활을 체험하면서 얻은 경험과 훈련이 교관요원의 자질에 더 큰 영향을 주었다. 교관요원은 1~2주의 교육기간 동안 연수생과 함께 숙식과 행동을 같이 하였다. 교관요원은 교육기간 사이의 며칠을 제외하고 연수생과 숙식을 같이하였기 때문에 연수원생활은 매우 희생적이었다. 대신 이들은 주거제공, 특별 상여금 수여, 농협 복귀 시 인사상의 특전 등을 받았다. 교관은 연수생의 담임과 연수를 진행하는 역할을 하였다. 강의는 원외 강사가 더 많이 담당하였다. 원외 강사는 성공사례의 발표, 교양·정신교육, 새마을운동 추진에 필요한 각종 실무교육 등을 담당하였다.[116]

---

114) 『독농가 하사용씨의 성공사례와 1970년대의 새마을 운동』, 11쪽.

115) 『새마을지도자연수원10년사』, 11~25쪽.

116) 장동환, 「수원 새마을지도자연수원 교육의 태도변화에 미치는 영향」, 『새마을지도자연수원 창립10주년기념 새마을교육연구 논문집』, 새마을지도자연수원, 1982, 114~117쪽.

연수생 선발 과정은 독농가반의 경우 전국의 읍면장이 1명의 독농가를 군수에게 추천하고, 군수는 이들 중에서 3명을 도지사에게 추천하였다. 도지사는 이들의 명단을 농림부 장관에게 보고하였고, 농림부 장관은 군에서 1명씩을 선발하여 총 140명이 연수를 받게 되었다.[117] 연수생 선발은 지방행정조직이 실질적으로 주도했다고 볼 수 있다. 당시 선발된 독농가에 대해 박진환은 다음과 같이 회고하였다.

> 이들은(독농가) 대개가 대농층으로서 상업적 영농에 종사하고 있었으며, 영농기술 수준과 생활면에서의 자주성도 높은 농민들이었다. 그들은 또한 지난날에 여러 차례에 걸쳐 농민교육과정을 이수한 바 있는 사람들이었다. 대체로 이들 독농가들은 자기 농장 일에 바빠 마을이나 지역사회를 위해 자기 시간을 많이 빼앗기게 되는 새마을지도자로 나서기를 꺼리는 편이었다.[118]

회고에서와 같이 당시 독농가는 새마을가꾸기 사업 등과 같은 새마을운동에 대해 부정적이었다. 새마을운동이 아직 널리 알려지지 않은 이유도 있지만, 독농가의 주된 관심은 새로운 영농기술의 습득에 있었기 때문이었다. 독농가는 새로운 영농기술의 습득에 의해 자신의 소득을 향상시키길 원하고 있었다. 이러한 독농가의 요구가 어느 정도 반영되어 연수반의 교과목이 편성되었으며, 당시 구체적인 교과목은 다음과 같다.

---

[117] 1972년 읍면 수는 1,467개였고, 교육은 각 읍면의 대표 1,467명을 대상으로 실시하려 하였다. 교육기간도 1972년 1월 17일부터 3월 11일까지 1주 단위로 6일씩 6회 실시할 계획이었다. 자세한 내용은 윤근환, 「자주·자조적 협동농촌건설을 위한 지도자교육」, 1971년 12월 28일 작성.

[118] 박진환, 「새마을교육의 회고와 방향: 새마을교육의 결정 요인」, 새마을지도자연수원창립10주년기념 세미나, 1982, 16~17쪽.

<표 3-11> 독농가연수반의 교과목분류(1972년 1~3월)

| 교과 분류 | 세부 내용 |
| --- | --- |
| 새마을사업(39) | 애국애향관 확립(2), 국민교육헌장과 국민윤리(2), 자립정신과 자립경제(2), 새역사의 창조(4), 이렇게 살 때가 아닌가(4), 농촌의 문제점과 해결책(2), 협동정신의 발양(1), 농촌근대화를 위한 정신적 기초(2), 특강(3), 새마을영화(3), 공공사회질서(2), 새마을농촌건설(2), 농촌지역개발 계획(2), 농촌지도방법(1), 리더십(2), 선진지 견학(5) |
| 영농지식(25) | 벼 집단재배 성공사례(3), 생각하는 농업경제(6), 계산하는 농업경제(2), 협동하는 농업경제(2), 통일벼집단재배(4), 경제작목재배(8) |
| 농협운동(10) | 농민의 협동조직(4), 협동사업의 전개(3), 영농과 자금조달(3), |
| 성공사례(14) | 벼 집단재배(2), 고등채소(2), 잠업단지(2), 한우단지(2), 감귤재배(2), 문성마을(2), 신우리(강원 양구) 단협(2) |
| 야간 분임 토의(20) | |
| 예비시간(12) | 입교식(1), 수료식(1), 소양시험(1), 종합시험(1), 농촌음악(4), 친선경기(4) |

※ 출처: 『새마을지도자연수원10년사』, 142~143쪽.
※ (  ) 안은 시간.

<표 3-11>을 분석하면 독농가연수반의 교육 내용은 크게 영농기술, 새마을사업, 농협운동, 정신교육 등으로 나눌 수 있다. 그런데 영농기술은 비교적 세분화되어 있으나 새마을사업의 내용은 구체적이지 못하다는 사실을 발견할 수 있다. 이는 1972년 초까지도 새마을가꾸기 사업의 구체적 방안이 아직 정착하지 못했기 때문이라고 판단된다. 또한 농협운동에 배당된 시간이 상대적으로 많다는 점이다. 이는 교수요원이 농협에서 선발되었기 때문이라고 할 수도 있지만, 당시 교육을 주도한 농림부는 새마을운동을 농협과 연결하려했다는 점도 고려할 수 있다. 당시 교수요원은 독농가반 교육을 통해 독농가가 농협을 올바르게 이해하고 농협운동에 앞장서 주기를 원했다고 볼 수 있다. 이러한 사실은 독농가연수반 교육을 마치고 작성한 연수기에도 명확하게 나타나고 있다.

농민의 자조 · 자립 · 협동을 바탕으로 소득증대, 환경개선을 이루는

새마을사업은 바로 농민 스스로가 조합에 적극 참여하고 힘을 뭉쳐 사업을 확대, 자신의 이익을 누리고 내 고장을 살기 좋은 곳으로 만들자는 단위조합 육성과 당연히 일치되는 것이라 생각된다. 따라서 새마을사업을 강력히 추진하고 있는 정부는 이를 단위조합 육성과 연결되는 방향으로 정책적 지원을 베풀어 줘야겠고 농민들은 협동조합운동을 통해 스스로 잘 살 길을 찾아야겠다는 의욕으로 다시는 우리의 후손에게 가난을 물려줘서는 안 된다는 각오와 주체성을 확립해야겠다.[119]

새마을운동을 단위조합육성운동과 연결하거나 그 일환으로 인식했다는 점이 명확히 드러나고 있다. 이는 교관요원이 교육생에게 중점을 둔 교육내용을 짐작하게 하며, 당시 농림부가 의도한 교육내용이 무엇인지 파악할 수 있게 한다. 농림부가 주관한 독농가반의 교육은 소득증대사업의 연장선상에서 새마을운동을 추진하려 했으며, 새마을운동을 단위조합육성과 연결하려했다는 점을 파악할 수 있다.

정부는 독농가연수원을 수료한 사람들을 정착지도사로 임명하고, 이들에 대한 지원과 사후 지도 방법을 수립하였다.[120] 농협중앙회는 1972년 5월 수료자의 사후 지도를 위해 교수팀의 10일간 순회방문, 3일간 수료생재소집, 단위조합사업과 작목반 활동 점검 등을 실시하였다. 또한 교육 초기부터 정부는 420명 수료자 중에서 영농확대자금융자라는 명목으로 1인당 100만 원을 연리 9%로 지급하기 위한 계획을 세우고 1973년 초에 실행에 옮기기도 하였다. 사후관리와 더불어 융자사업까지 추진한 점은 초기 새마을교육 확산에 중요한 영향을 주었다고 할 수 있다.[121]

---

119) 『농협신문』 1972년 4월 3일자; 이재호, 「새마을: 단위조합 육성 직결」, 『새마을지도자연수원10년사』, 329쪽.

120) 새마을지도자 김상철의 경우는 1960년대 이동조합장 활동 → 독농가연수반 교육 참가 → 정착지도자 → 새마을지도자로 임명되는 과정을 잘 보여준다. 그는 이동조합 활동을 통해 군수, 농촌지도소장, 군 농협조합장과 친분관계를 형성하였으며, 이후 독농가연수반 교육을 받게 되었다. 이에 대해서는 『매일경제』 1972년 10월 12일자 및 「구술을 통해 본 1970년대 새마을운동: 새마을지도자 '만들기'와 '되기' 사이에서」, 87~88쪽 참고.

3기에 걸친 독농가반의 교육에서는 성공사례 발표와 분임토의가 새마을 교육의 핵심으로 자리를 잡았다. 독농가연수반에서는 모두 7번에 걸쳐 성공사례 발표가 이루어졌으며, 발표내용은 소득증대특별사업의 분야별 사업이 중심이었다.[122] 야간에는 매일 분임토의가 활발하게 진행되었다. 연수원에 입소하면 교육생은 생활관 숙소를 배정 받았는데, 숙소를 같이하는 교육생은 하나의 분임이 되어 분임토의를 하였다. 분임은 6개 조로 나누어졌으며 인원은 25~26명 정도였다. 제1주의 토의주제는 새마을가꾸기 운동 전개방안이었으며, 세부 토의 문제는 부락민의 참여의식 고취 방안, 농로 개설 사례 연구, 새마을가꾸기 전개 방안, 잠재적 지도자의 발굴 등이었다. 제2주의 토의주제는 협동조합운영방안이었으며, 세부 토의주제는 협동조합원의 교육활동 방안, 자체자금조성방안, 단위조합합병방안, 단위조합운영방안 등이었다. 독농가연수반 단계에서의 분임토의의 중심주제는 새마을가꾸기와 농협 활성화 방안이라고 할 수 있었다. 분임토의는 분임원의 세부 주제 설정, 자료 모집, 각자가 사는 지역의 문제점 토론, 가능한 해결 방안 모색, 발표자 선정과 종합발표 등의 순서에 의해 차례대로 진행되었다. 그러나 새마을가꾸기 사업에 대한 분임토의 수준은 실제 사업에 도움을 줄 수 있는 단계에 이르지 못하고 있었다. 이러한 사실은 새마을가꾸기 사업에서 가장 어려웠던 토지의 희사문제 등이 다루어지지 않았다는 사실에서 확인할 수 있다.[123]

교육의 진행은 군에서의 훈련방법과 거의 유사했다. 새벽 6시에 일어나

---

[121] 『경향신문』 1972년 2월 4일자 및 『매일경제』 1972년 5월 9일자.

[122] 정부는 다양한 정부정책이 성공하였기 때문에 독농가가 성장했다고 홍보하였다. 그러나 필자는 독농가의 성장은 정부지원의 결과보다 개인의 노력이 더 중요했다고 본다. 1960년대 공업화가 추진되면서 나타난 도시의 성장, 시장의 확대 등을 배경으로 농민은 상업적 영농을 전개하였다. 농업 관련 기관의 공무원은 성장하는 농민 중 일부를 발견하여 지원하거나 홍보의 수단으로 활용하였다.

[123] 독농가연수원, 「제1기 독농가반(1972. 1. 31.~2. 11) 분임연구결과보고서」, 1972, 5~83쪽.

운동장에 집합하여 점호와 구보가 30분간 이루어지고, 식사 전후에는 건전
가요를 불렀다. 저녁 식사 후에는 성공사례발표와 분임토의가 밤 10시까지
진행되었으며 저녁점호를 마치고 10시 30분에 취침을 하는 일과가 적용되었
다. 첫째 주 일요일에는 선진지를 견학하였다. 여기에 더하여 교육생은 입교
와 동시에 신문, 라디오, 전화, TV 등과 차단되었으며 외부인과의 면회도 금
지되었다. 교육의 진행 과정에서 군대식 규율이 철저하게 지켜졌다.[124]

독농가반교육에서는 수료식 전에 수료생을 대상으로 설문조사를 실시하여
교육의 성과를 자체적으로 평가하였다.[125] 당시 설문 집계 상황은 다음과 같다.

〈표 3-12〉 독농가연수반 교육 설문 집계 상황

| 설문 | 계 | | 1기 | 2기 | 3기 |
|---|---|---|---|---|---|
| (가) 이번 교육은 독농가양성교육으로 의의가 | | | | | |
| (1) 크다 | 398명 | 94.8% | 122 | 139 | 137 |
| (2) 없다 | 3 | 0.7 | - | 1 | 2 |
| (3) 무응답 | 19 | 4.5 | 18 | - | 1 |
| (나) 의의가 크다면 | | | | | |
| (1) 정신자세 면에서 크다 | 397명 | 94.5% | 121 | 137 | 139 |
| (2) 기술습득 면에서 크다 | 3 | 0.7 | - | 3 | - |
| (3) 무응답 | 20 | 4.8 | 19 | - | 1 |
| (다) 새마을건설을 위한 독농가로서의 자신감을 | | | | | |
| (1) 가졌다 | 326명 | 77.4% | 120 | 96 | 110 |
| (2) 아직 미흡하다 | 69 | 16.4 | 16 | 31 | 22 |
| (3) 재교육이 필요하다 | 25 | 6.2 | 4 | 13 | 8 |

※ 출처: 『새마을지도자연수원10년사』, 147쪽.

〈표 3-12〉에서 특이한 사실은 교육에서 도움이 된 부분이 영농기술습득

---

[124] 연수원의 일과 진행 및 연수생의 수칙에 대해서는 박진우, 「박정희정권과 새마을지도자
연수원의 지도자 양성」, 『한국민족운동사 연구』 65집, 2010년 12월, 297~307쪽 참고.

[125] 교육 후 교육취지 및 성과, 교육내용, 교육시간과 기간, 교육장소 및 시설, 교육환경,
교육방법, 교관단, 앞으로의 각오, 감명 받은 과목, 시간표상 조정을 요하는 과목 등의
항목으로 나누어 설문조사를 실시하였다. 이에 대한 자세한 내용은 독농가연수원, 「교
육결과 종합 평가(대외비)」, 1972년 참고.

보다 정신자세였다고 응답한 점이다. 영농기술교육은 독농가마다 재배분야가 다르기 때문에 획일적인 교육이 어려웠다. 예를 들어 감귤재배기술이 모든 독농가에 필요한 것은 아니었다. 또한 2~4시간에 어떤 작물에 대한 영농교육을 하는 것도 불가능하다고 할 수 있다. 영농교육은 같은 작물을 재배하는 사람을 중심으로 지역단위로 이루어질 때 효과를 거둘 수 있다는 점도 확인할 수 있다. 이러한 사실은 영농교육소감에서 "전문 과목(영농교육)은 합동으로 받을 것이 아니라 자기가 원하는 분야별로 분리하는 것이 효과적이라 생각된다." 혹은 "전문 과목은 겉핥기만 한 것 같아서 내용이 빈약하게 느껴졌다"라는 의견제시에도 잘 나타나있다. 정신교육에 감명을 받았다는 응답이 많은 이유는 성공사례의 발표, 분임토의, 원외 정신교육 담당 강사의 열성, 교육의 분위기 등이 영향을 준 것으로 보인다. 강의는 지식의 전달보다 공감대의 형성, 정신자세의 확립, 동기유발 등에 중점이 주어졌다. 성공사례발표에 대해 "나도 이런 교육을 몇 년 전에 받았다면 벌써 나도 성공사례를 발표할 수 있었을 것"이라고 하였고 분임토의에 대해서는 "문제를 좀 더 원만하게 해결하는 민주적인 방법을 배웠으며 상호 교육의 효과가 컸다."라는 표현에서 이를 확인할 수 있다.[126] 교육생과 처지가 비슷한 농민의 성공사례 발표는 교육생에게 자신감을 심어줄 수 있었으며, 평범한 농민이 정부로부터 받는 대우를 보고 교육생은 새로운 마음가짐을 갖게 되었을 것이다. 이러한 사실로 인해 교육생은 정신교육에 큰 감명을 받았다고 응답한 것으로 보인다.

박진환의 회고에서와 같이 교육생은 영농교육에 관심을 가지고 입소하였으나, 영농교육보다 정신교육을 통해 새로운 각오를 다졌다고 응답한 사실은 이후 새마을교육에 큰 영향을 미쳤다. 2주간의 짧은 기간에 영농교육, 정신교육, 새마을지도자로서 필요한 실무교육을 모두 감당하기는 어려

---

126) 『새마을지도자연수원10년사』, 147~148쪽.

왔다. 따라서 이후 새마을교육은 정신교육을 가장 중요시하면서 새마을가
꾸기 사업에 필요한 여러 가지 실무교육을 병행하는 방향으로 강화되었다.
또한 새마을운동의 주도권이 농림부에서 청와대와 내무부로 이동하면서
영농교육보다 정신교육과 새마을가꾸기 사업에 대한 교육이 강화된다는
사실도 확인할 수 있다. 당시 청와대 특별보좌관이었던 박진환은 당시의
상황을 다음과 같이 회고하고 있다.

> 새마을운동의 점화단계의 지도자교육에 관한 것을 농림부가 담당함
> 으로써 미흡한 점이 나타나기 시작하였다. 그것은 농림부의 실무자들
> 은 영농기술을 보급시키는 데는 경험이 많지만 새마을운동을 점화시킬
> 정신교육에 대해서는 경험이 적었다는 것이다. … 농촌근대화의 정신
> 적 기초(김준), 새 역사의 창조(유달영), 이렇게 살 때가 아니다(김용기)
> 등 독농가들에게 이미 널리 알려진 유명 인사들의 강의가 주로 되고 있
> 었으며 대통령특별보좌관들이 출강하여 애향과 애국심을 호소하고 농
> 촌근대화를 앞당기기 위해 새마을운동의 중요성을 강조하였다. 교양과
> 정신계발에 관한 강사들은 대개가 농업은 국민경제의 기반이며 농촌은
> 민족의 뿌리이며, 농민은 애국심의 주체라는 것을 역설함으로써 독농
> 가들로 하여금 자기 농장의 영리를 위해서만이 아니라 새로운 농촌건
> 설을 위해 봉사하는 마음가짐을 가지게 해 주었다.[127]

 농협이나 농림부에서 선발된 강사에 의한 교육보다 원외 강사에 의한
정신교육이 새마을지도자교육에는 적합했다는 것이다. 하지만 정신교육에
서 어느 정도 성과가 있었다하더라도 새마을사업을 실질적으로 추진하는
데 필요한 교육은 미흡한 점이 있었다. 새마을건설에 대해 자신감이 미흡
하거나 재교육이 필요하다고 응답한 독농가는 22.6%에 달하고 있다. 이는
교육을 수료하면서 실시한 설문조사인 점을 감안한다면 비율이 높다고 볼

---

[127] 「새마을교육의 회고와 방향: 새마을교육의 결정 요인」, 22~23쪽.

수 있었다. 1971년 겨울에 일부지역에서 실시된 새마을사업은 아직 초기단
계였고, 독농가가 감당하기에는 아직 부족한 점이 있었다. 실질적으로 새마
을사업을 어떻게 진행해야 하는지 알려주는 구체적인 사례가 부족하였다.

  새마을지도자반 교육은 독농가연수반 3기가 끝난 직후인 1972년 3월 20
일부터 실시할 예정이었다. 농림부가 주도하여 2기 독농가반교육이 실시
되는 가운데 청와대와 내무부는 새마을지도자반 교육을 준비하였다. 새마
을교육은 청와대비서실에서 지휘, 계획, 감독을 하고, 연수원에서는 체계
적이고 조직적인 지도자 양성을 담당하려 하였다. 그리고 농협에서는 교육
요원의 선발과 지원업무[128]를 담당하고, 내무부에서는 지도자 선발과 각
종 새마을운동 관련 조직을 정비하는 사업을 전개하려 하였다. 지방행정의
주무부서인 내무부가 새마을사업을 실질적으로 주관하고, 새마을지도자에
대한 교육은 청와대의 정무비서관실이 중심이 되도록 계획하고 있었다.

  청와대와 내무부가 새마을교육을 준비하였으나 3월 20일부터 교육이 실
시되지 못하였다. 교육은 5월 29일로 연기되었다가 농번기라는 이유 때문
에 다시 7월 3일부터 실시되었다. 7월 3일부터 10월 21일까지 7기에 걸쳐
새마을지도자 1,000명과 교관요원 70명에 대한 교육이 실시되었다. 교관요
원은 1974년 10월 새마을 교관 과정이 신설되기 이전에는 새마을지도자와
함께 교육을 받았다. 각 지역에서 농민교육을 담당하는 교원이 직무연수교
육으로 새마을교육을 받은 후 새마을교육을 담당하였다.[129]

  새마을지도자반 교육은 이전의 독농가반 교육에 비해 교육내용 면에서
몇 가지 중요한 변화가 있었다. 우선 영농교육이 축소되고 새마을가꾸기
사업의 구체적 추진을 위한 교육이 크게 강화되었다. 새마을가꾸기 사업

---

[128] 새마을지도자연수원은 농림부나 내무부의 산하단체가 아니라 농업협동조합중앙회 소
  속 기구였다. 연수요원의 봉급이 농협에서 지급되었기 때문에 새마을지도자연수원 예
  산의 절반정도는 농협이 부담했다고 할 수 있다. 새마을지도자연수원이 정식으로 법
  인단체가 된 것은 1979년 12월 23월이었다.

[129] 교관요원의 교육과정이나 수료인원 현황은 『새마을지도자연수원10년사』, 303~311쪽 참고.

추진을 위한 교과과정은 다음과 같다.

〈표 3-13〉 새마을가꾸기 사업 관련 교과과정(1972년 7~12월)

| 교과 분류 | 세부 내용 |
|---|---|
| 농민지도법(6) | 새마을운동과 지도자의 자세(1), 농촌지도사업과 민간지도기법(1), 리더십(2), 새마을놀이(2) |
| 새마을가꾸기 사업(11) | 농로개설(1), 새마을나무 심기(1), 지붕개량(1), 새마을 하천정리(1), 국도주변정리(1), 농촌안전급수(1), 부엌개량(1), 메탄가스 이용시설(1), 새마을운동과 마을금고(1), 건설공사기본공법(2) |
| 새마을사업 실기(11) | 지붕개량(1), 농촌안전급수(1), 농촌연료(1), 건설공사기본공법(2), 농기구 조작(2), 슬라이드(2), 새마을노래(2) |

※ 출처: 『새마을지도자연수원10년사』, 154~155쪽.
※ (  ) 안은 시간.

〈표 3-13〉에서와 같이 새마을가꾸기 사업을 추진하기 위해 이론과 실기, 새마을지도자에 대한 실무교육이 28시간 배정되었다. 이는 전체 교육시간 134시간 중 21%에 해당하며, 마을견학 6시간까지 추가하면 약 30%에 가깝다고 할 수 있다. 〈표 3-11〉에서는 새마을사업이 새마을농촌건설(2), 농촌지역개발 계획(2) 등의 명칭을 사용하여 교과의 구체적 내용이 불분명한데 비해 〈표 3-13〉에서는 구체적인 사업의 내용이 잘 구분되고 있다. 전국 단위로 새마을가꾸기 사업이 실시되면서 세부적으로 기술적인 분야에 대한 교육이 집중적으로 실시되고 있음을 알 수 있다.

1972년 7월 3일 교육이 재개된 후 실시된 새마을지도자반교육에서 분임토의는 18시간이었다. 당시 「분임토의연구결과보고서」를 살펴보면, 독농가반 교육 시기에 비하여 토의주제, 내용 등이 많이 변했다는 사실을 발견할 수 있다. 우선 농협운동에 대한 분임토의가 사라지고 첫째 주와 둘째 주의 분임토의 주제가 모두 새마을사업이었다는 점이다. 토론의 내용도 새마을가꾸기 사업을 전개하는 동안 나타나는 문제점에 대한 토론과 해결방안의 모색이 중심을 이루었다. 또한 성공사례 발표의 주제도 지붕개량, 농로, 새마을가꾸기 등이 많았다. 따라서 분임토의나 성공사례의 중심도 새마을가꾸기 사업이라는 사실을 확인할 수 있다.[130]

■ 새마을지도자 교육 중 구보 모습　　　■ 새마을지도자의 숙소와 강의 모습

※ 출처:『1970년대 사진자료집: 새마을운동을 만든 사람들 새마을운동이 만든 사람들』, 성공회대학교 민주주의 연구소 새마을연구팀.

교육과정이 새마을가꾸기 사업 중심이었지만, 초기 새마을지도자반 교육은 여전히 많은 문제점이 있었다. 대표적인 문제점은 20개 과목을 30시간에 교육한다는 점이었다. 당연히 교육은 합동강의실에서 일률적으로 진행되는 이론중심의 강의식 수업이었다. 30시간 중 실습은 새마을 놀이 2시간 정도였다. 독농가반 교육과정 중 영농교육에서 나타난 문제점과 동일한 현상이 나타나고 있었다. 영농교육이나 새마을가꾸기 사업의 교육은 형식적인 측면이

---

130) 분임토의에 대한 보고서는 독농가연수원에서 작성한 「새마을지도자 분임연구결과보고서(제1·2기: 1972. 7. 3 ~ 7. 29)」, 새마을지도자연수원에서 작성한 「1972~1973년간의 분임토의결과보고서」, 독농가 연수원장이 상급기관에 보고를 위해 작성한 「새마을운동전개방안분임토의사례」 등을 참조로 하였다.

강했다고 할 수 있다. 교육의 효과는 독농가반 교육과 같이 정신교육 측면에서 나타났다. 수료자는 김준, 김용기, 유달영, 박진환, 정종택의 강의에 감명을 받았다고 답변하였다. 영농기술·새마을가꾸기 사업에 대한 교육효과가 컸다고 응답한 경우는 305명 중 13명에 불과하였다.[131]

교육일정 또한 지나치게 과중되었다는 문제점이 있었다. 새벽부터 밤늦게까지 이루어지는 교육은 지도자를 지치게 하였다. 새마을지도자반 1기와 2기 교육 후 실시한 설문조사에 의하면, 강의가 너무 지속되어 소화가 안된다는 지도자가 305명 중 110명이나 되었다. 따라서 교육생은 강의시간을 줄이고 휴식시간을 늘려주거나 강의와 토의를 섞어 번갈아 교육해 달라고 건의하였다. 또한 새마을가꾸기 사업에 대한 교육도 일률적으로 하지 말고, 지도자가 자신의 관심과 마을의 실정에 따라 필요한 분야를 선택하고 보다 집중적으로 교육하여 줄 것을 건의하였다.[132]

마을 간의 과다한 경쟁으로 발생하는 문제에 대한 토의는 특별히 주목되는 내용이다. 새마을가꾸기 사업을 추진하기 위해서는 많은 자금이 필요하였다. 지붕개량, 부엌개량 등에 필요한 자금은 개인이 부담하였지만, 마을회관의 건립, 상수도 건설 등에는 공동자금이 필요하였다. 이 경우 우수부락에 지급되는 지원 자금이 큰 도움이 되었다. 따라서 일선공무원과 새마을지도자는 무리하게 사업을 추진하는 경우가 발생하였다. 1971년 새마을사업이 추진되는 초기에도 마을 간의 경쟁, 일선 공무원의 무리한 독촉 등의 문제가 등장하고 있다는 점을 분임토의에서 확인할 수 있다. 자체자금을 모아 공동사업을 추진하기 위해서는 소득을 향상시켜야했으나, 사실 소득증대는 단시일에 해결하기 어려운 문제였다. 따라서 새마을운동을 적극 추진하거나 사업규모를 확대할 경우 더욱 정부에 의존해야 하는 모순이

---

131) 이종학, 「농촌자체지도자 교육에 관한 연구」, 서울대학교 교육대학원 석사학위논문, 1973, 41쪽.
132) 「농촌자체지도자 교육에 관한 연구」, 44~50쪽.

사업초기부터 이미 발생하고 있었다.[133]

　새마을교육 내용의 변화는 영농기술이나 새마을가꾸기 사업 등과 같은 실무분야보다 정신계발 분야의 교과에서 크게 나타났다. 정신계발 분야의 교과는 1972년 독농가반과 새마을지도자반, 그리고 유신체제 성립 후의 새마을지도자반으로 나누어 비교할 필요가 있다. 이를 표로 나타내면 다음과 같다.

〈표 3-14〉 각 시기별 새마을정신계발 교과와 시간

| 구분 | 1972년 독농가연수반<br>(1972년 1~3월) | 1972년<br>새마을지도자반<br>(1972년 7~12월) | 1973년 이후<br>새마을지도자반<br>(1973~1979) |
|---|---|---|---|
| 총 교육 시간 | 120시간(13박 14일, 일요일 입교 후 토요일 수료) | 134시간(13박 14일, 토요일 입교 후 일요일 수료) | 103시간(11일 과정) |
| 정신계발분야<br>교과 | 애국 애향관 확립(2), 국민교육헌장과 국민윤리(2), 자립정신과 자립경제(2), 새 역사의 창조(4), 이렇게 살 때가 아닌가(4), 농촌의 문제점과 해결책(2), 협동정신의 발양(1), 농촌근대화를 위한 정신적 기초(2), 특강(3), 새마을영화(3), 공공질서(2) | 애국 애향관 확립(1), 새마을운동(1), 국민교육헌장과 국민윤리(2), 새 역사의 창조(2), 조국근대화와 정신혁명(2), 농촌근대화를 위한 정신적 기초(2), 농촌근대화와 새마을운동(2), 이렇게 살 때가 아닌가(2), 농촌발전과 외국의 선례(2), 학교와 지역사회 개발(1), 농협과 새마을운동(1), 농협정신의 발양(1), 대화의 시간(10), 영화(안보와 새마을정신, 3), 공공질서(2) | 지도이념과 유신과업(2), 새마을운동과 지도이념(1), 새마을운동과 정신혁명(4), 새마을운동과 우리의 자세(2), 새마을운동과 생활혁신(2), 국난극복사(2), 새 국가관 확립(2), 새 역사의 창조(2), 통일정책(2), 증언(2), 우리의 경제(2) |
| 정신계발교과<br>시간 및 비율 | 27시간(22.5%) | 34시간(25.5%) | 23시간(22.3%) |

※ 출처:『새마을지도자연수원10년사』, 142~158쪽.
※ (　) 안은 시간.

133) 독농가연수원,「새마을지도자 분임연구결과보고서(제1 · 2기: 1972. 7. 3 ～ 7. 29)」, 1972.

<표 3-14>를 보면 정신계발과 관련된 교과의 시간이나 비율은 일정하다. 이는 전문교과에서 농업기술, 새마을사업, 소득증대 등을 위한 교과 배정이 많았기 때문이다. 전문교과 중 1972년 새마을지도자반은 새마을가꾸기 사업, 1973년 이후에는 소득증대와 관련된 시간 배정이 많았다. 교과목의 명칭에도 변화가 나타나고 있다. 1972년 새마을지도반 교과의 명칭에는 조국 근대화, 정신혁명이라는 명칭이 등장하고, 1973년 이후에는 유신, 국난극복사, 국가관, 통일정책 등의 명칭을 사용하고 있다. 이는 새마을운동이 환경개선, 농촌근대화 정책의 차원을 넘어 점점 유신체제 혹은 국가이데올로기와 연결되고 있음을 확인할 수 있다.

이상에서와 같이 새마을교육은 1972년 전반기 독농가연수반, 1972년 후반기 새마을지도자연수반 시기를 거치면서 교육 내용에 변화가 나타났다. 독농가연수반 교육은 농림부가 주관하였으며, 교육의 내용은 영농교육에 중점을 두면서도 농협운동, 새마을교육이 비교적 균형을 이루었다. 1972년 후반기 새마을지도자반 교육은 주관부서가 농림부에서 청와대·내무부로 이관되었으며, 교육의 내용도 영농교육보다 새마을가꾸기 사업에 중점을 두고 있었다. 이는 단순한 교육 내용의 변화를 넘어 새마을교육의 중심이 소득을 증대하는 농민 양성에서 점점 멀어지고 있다는 사실을 보여준다고 할 수 있다.

## 2) 새마을홍보 사업

1960년대 대표적인 농촌 프로그램은 '농가수첩'과 '밝아오는 새마을'이었다. 특히 1968년에는 농어촌 방송 자문위원회가 출범하였으며, 방송사들은 각 지역의 농업 관련 통신원을 통해 농촌 관련 프로그램을 진행하였다. 1968년에는 '밝아오는 새마을'의 방송시간을 20분 연장하여 45분으로 늘렸으며 전국 30명의 농어촌 통신원이 농촌의 모습을 소개하였다.

새마을운동이 시작된 1970년대 초기에는 방송사가 자체적으로 새마을 관련 프로그램을 제작하였다. 이 시기의 선전프로그램은 방송편성에서 고정 프로그램으로 편성되지 못하고 주로 특집프로그램으로 방송되었다. 농어촌 관련 프로그램도 각 제작부서에서 개별적으로 제작되었다. MBC라디오는 1971년에 '새마을 위로 공개방송'을 실시하였으며, 이 방송은 춘천, 포항, 광주 등의 대도시를 순회하며 방송을 진행하였다. KBS는 '농가수첩'을 확대 편성하여 방송하였다.[134)

1972년 '새마을방송본부'가 설치되면서 새마을운동 관련 프로그램의 제작과 편성이 체계화되었다. 1972년 4월 3일 KBS의 방송개편 지침은 크게 세 가지로 분류할 수 있다. 첫째, 민영방송이 진행하는 프로그램의 시청률을 의식하여 편성하던 종래의 패턴을 탈피하고, 주요 시간대에 시사교양프로그램을 과감하게 편성한다. 둘째, 어린이 주부 농어촌 대상 방송을 생활 시간대에 집중 편성하여 오전 6시대에 농어촌, 9시대에 주부, 오후 6시대에 어린이 시간을 고정시킨다. 셋째, 고전문예물을 장기 프로그램화하고 새 형식의 국악, 민속음악 프로그램을 제작 편성한다 등이었다. 세 가지 지침 중 가장 중요한 내용은 이른바 '새마을방송'의 출현이었다. 이 시기에 '내 고장 새마을'이 KBS TV프로그램에 최초로 고정 편성되었으며 KBS 라디오

---

134) 1970년대 새마을운동과 관련된 TV와 라디오의 프로그램 내용별 실적표는 다음과 같다.

〈표 3-15〉 새마을 프로그램 내용별 실적표

| 내용 구분 | 라디오 | TV |
|---|---|---|
| 새마을 실적 보도 | 583 | 236 |
| 영농기술 지도 | 699 | 227 |
| 성공사례 발표 | 122 | 71 |
| 새마을운동 극화방송 | 279 | 70 |
| 새마을 현지 공개방송 | 31 | 43 |
| 계 | 1,714 | 747 |

※ 출처:『한국방송사』, 1980, 356쪽; 윤상길, 「새마을운동 관련 미디어 선전물을 통해 구성되는 근대 '국민'에 관한 연구」, 서울대학교 언론정보학과 석사학위 논문, 46쪽 재인용.
※ 숫자는 프로그램 편성 건수.

에서는 매일 밤 '새마을캠페인'과 일요일 저녁 '우리 마을 새마을' 등을 방송하였다. 새마을과 관련된 방송프로그램 편성이 초기 새마을운동 확산에 어떠한 영향을 주었는가에 대해서는 다음 사례에 잘 나타난다.



사례에서와 같이 새마을운동이 잘 진행되는 지역이 방송과 신문에 보도되면, 새마을운동이 상대적으로 뒤늦은 지역도 새마을운동에 적극 나서는 경우가 많았다. 정부도 이러한 사실을 잘 알았기 때문에 방송과 신문을 통한 홍보에 적극적인 태도를 보였다.

유신정권이 수립된 이후 새마을운동 선전프로그램 방송 시간은 더 늘어났다. 유신직후 단행된 방송편성지침의 핵심은 '생산적인 사회기풍조성과 퇴폐풍조의 일소'였는데, 이 지침에 의해 사회교양 프로그램의 편성비율은 43.8%에 이르렀다. KBS는 '내 고장 만세'와 '새마을은 즐거워' 외에도 '새마을 소식'이라는 프로그램을 신설하였으며, 새마을사업의 실적과 각 지방의 특산물을 시도별로 직접 소개하는 '새마을 경진대회'도 방송하였다.[136]

1973년에는 문화공보부에서 '새마을방송협의회'를 구성하였다. 주요 업무는 새마을방송의 계획 협의, 새마을 프로그램의 제작 활동비 보조, 새마을방송 실적 평가, 전국 새마을 프로그램 경진대회 활성화 등이었다.[137]

---

135) 이종섭(경기도 파주군 주내면 봉암3리 새마을지도자), 「새마을가꾸기 성공사례」, 1973, 7~8쪽(국편 미분류 서류).

136) 윤상길, 「새마을운동 관련 미디어 선전물을 통해 구성되는 근대 '국민'에 관한 연구」, 서울대학교 언론정보학과 석사학위 논문, 2001, 74~77쪽.

137) 「1970년대 문화정책을 통해 본 근대성의 의미: 문예중흥 5개년 계획과 새마을운동을 중심으로」, 58쪽.

'새마을방송협의회'가 구성된 이후 새마을 관련 방송프로그램이 대형화되었으며 고정프로그램의 시간이 증가하였다. 1973년에는 새마을 관련 방송 시간과 양이 가장 많고 집중적으로 프로그램이 편성되었으며, 최초로 '밝아오는 새마을'이 매일 방송되었다.

새마을지도자연수원이 새마을지도자를 양성하는 역할을 했다고 한다면 매스미디어는 새마을운동을 대중에게 확산시키는 데 중요한 역할을 했다고 할 수 있다. 특히 TV는 1970년대 농촌에 집중적으로 보급되어 영화를 대신하여 가장 중요한 대중매체가 되었다. TV는 시청자들이 동일한 시간대에 동일한 방송 내용을 시청하는 이른바 '동시성의 경험'을 가능하게 하였다.[138]

1974~75년에는 새마을운동이 도시로 확산되면서 선전과 홍보의 대상이 전 국민에게 확대되었다. 선전과 홍보의 내용도 농업기술이나 농촌의 변화보다 정신계몽에 중점을 두기 시작했다. 이 시기에 아침 방송의 중단으로 방송시간의 양은 줄어들었으나 매일 방송되는 '새마을 수첩'이 주요 시간대에 편성되었으며 주말에 집중적으로 새마을 관련 프로그램이 진행되었다. 1972년 이후 KBS TV의 고정편성 프로그램은 다음과 같다.

---

138) 연도별 TV 수상기 보급률을 다음과 같다.

〈표 3-16〉 TV 수상기 연도별 보급 현황

| 연도 | 세대당 보급률(%) | 분포 | |
|---|---|---|---|
| | | 농촌 | 도시 |
| 1969 | 3.9 | 0 | 100 |
| 1970 | 6.4 | 5.5 | 94.5 |
| 1971 | 10.2 | 8.0 | 92.0 |
| 1972 | 14.7 | 9.9 | 90.1 |
| 1973 | 20.7 | 13.3 | 86.7 |
| 1974 | 26.0 | 17.5 | 82.5 |
| 1975 | 30.4 | 22.7 | 77.3 |

※ 출처: 『한국방송편람』, 459쪽; 윤상길, 「새마을운동 관련 미디어 선전물을 통해 구성되는 근대 '국민'에 관한 연구」, 서울대학교 언론정보학과 석사학위논문, 2001, 88쪽 재인용.

<표 3-17> KBS TV 고정편성 새마을프로그램 현황

| 편성 시기 | 프로그램 명 | 방영 요일 | 방영 시간대 | 방영 시간(분) |
|---|---|---|---|---|
| 1972. 4. 3 | 내 고장 새마을 | 수 | 오후 10 : 20 | 20 |
| 1972. 6. 9 | 내 고장 새마을 | 수 | 오후 10 : 20 | 20 |
| | 내 고장 새마을 | 금 | 오전 06 : 20 | 20 |
| 1972. 10. 23 | 내 고장 만세 | 수 | 오후 10 : 20 | 25 |
| | 새마을은 즐거워(재) | 토 | 오전 07 : 05 | 25 |
| | 새마을은 즐거워 | 금 | 오후 10 : 20 | 25 |
| | 새마을 소식 | 일 | 오전 08 : 10 | 25 |
| 1973. 4. 9 | 밝아오는 새마을 | 월~토 | 오전 06 : 25 | 20 |
| | 내 고장 만세 | 수 | 오후 10 : 20 | 25 |
| | 새마을은 즐거워(격주) | 금 | 오후 10 : 20 | 25 |
| | 새마을 종합소식 | 일 | 오전 08 : 10 | 25 |
| 1973. 10. 8 | 밝아오는 새마을 | 월~토 | 오전 06 : 25 | 20 |
| | 새마을 종합소식(재) | 월 | 오전 07 : 05 | 25 |
| | 새마을 종합소식 | 일 | 오전 08 : 10 | 20 |
| | 밝아오는 새마을(재) | 일 | 오전 08 : 30 | 40 |
| | 새마을 잔치(격주) | 금 | 오후 08 : 15 | 45 |
| | 새마을 잔치(재) | 토 | 오전 11 : 15 | 45 |
| 1974. 4. 1 | 새마을 수첩 | 월~금 | 오후 09 : 25 | 5 |
| | 새마을 무대(격주) | 토 | 오후 10 : 30 | 45 |
| | 내 고장 새마을 | 일 | 오전 07 : 10 | 25 |
| | 새마을 종합소식 | 일 | 오전 08 : 50 | 10 |
| | 새마을 잔치(격주, 재) | 일 | 오후 02 : 10 | 70 |
| | 새마을 잔치(격주) | 일 | 오후 08 : 50 | 50 |
| 1974. 9. 30 | 새마을 수첩 | 월~금 | 오후 08 : 55 | 5 |
| | 새마을 잔치(격주) | 토 | 오후 06 : 00 | 60 |
| | 내 고장 새마을 | 일 | 오전 07 : 05 | 30 |
| | 새마을 종합소식 | 일 | 오전 08 : 10 | 10 |
| 1975. 4. 7 | 새마을 수첩 | 월~금 | 오후 08 : 55 | 5 |
| | 새마을 잔치 | 수 | 오후 07 : 35 | 50 |
| | 이주일의 새마을 | 일 | 오전 07 : 10 | 25 |
| | 새마을 종합소식 | 일 | 오전 07 : 35 | 10 |
| | 새마을 잔치(재) | 일 | 오후 04 : 30 | 60 |
| 1975. 10. 6 | 새마을 수첩 | 월~금 | 오후 09 : 23 | 7 |
| | 새마을 잔치 | 금 | 오후 07 : 40 | 50 |
| | 새마을 잔치(재) | 토 | 오후 03 : 40 | 50 |
| | 새마을 종합뉴스 | 일 | 오전 07 : 00 | 10 |
| | 이주일의 새마을 | 일 | 오전 07 : 10 | 30 |

※ 출처: 『한국방송60년사』, 337~346쪽의 편성표 참조하여 재작성.

<표 3-17>에서와 같이 1973년 4월 이전에는 새마을 관련 프로그램이 이른 아침과 심야에 집중 편성되었다. 주요 시간대인 오후 8시부터 10시까지의 프로그램이 없다. 1973년 10월에는 처음으로 주요 시간대 금요일에 '새마을 잔치' 프로그램이 편성되었고, 1974년에는 '새마을 수첩'[139] 프로그램이 주요 시간대에 매일 방송되었다. 또한 석유파동으로 아침 방송이 중단된 1974년 이후에는 '새마을 수첩'을 제외한 모든 프로그램이 모두 주말에 편성되었다. 1974년 이후 새마을운동 관련 프로그램이 주말에 집중 편성된다는 사실은 홍보의 대상이 점차 농민에서 도시주민으로 옮겨졌기 때문이라고 볼 수 있다.

방송과 더불어 신문 또한 새마을운동의 홍보에 적극적이었다.[140] 각 신문사들이 새마을운동에 대한 홍보를 대대적으로 시작한 시기는 1972년부터였다. 각 신문사의 새마을운동 관련 연재 기사는 다음과 같다.

<표 3-18> 각 신문사의 새마을운동 기획연재 기사(1972~1975)

| 신문사 | 기사 제목 | 기간 | 횟수 |
|---|---|---|---|
| 서울신문 | 새마을운동 | 1972. 2. 10~12. 16. | 139 |
| | 본받을 새마을: 자유중국 · 일본 · 이탈리아 · 서독 | 1972. 6. 9~11. 3 | 38 |
| | 공동연구교수팀분야별리포트 | 1972. 11. 24~12. 25 | 13 |
| | 새마을교육 | 1973. 12. 9~2. 3 | 5 |
| | 새마을 오늘의 평가 | 1973. 2. 5~3. 28 | 21 |
| | 좌담 | 1973. 12. 28~1974. 4. 1 | 5 |
| | 새마을운동 총점검 | 1974. 7. 4~11. 6 | 12 |
| | 지도자들의 새해구상 | 1975. 1. 8~1. 23 | 10 |

139) '새마을 수첩' 프로그램은 방영시간이 5~7분으로 비교적 짧은 시간이었다. 하지만 일일 연속극과 9시 뉴스 사이에 방영하여 시청률을 높일 수 있었다.

140) 중앙일간지(『서울신문』, 『대한일보』, 『경향신문』, 『한국일보』, 『조선일보』, 『동아일보』, 『경향신문』, 『신아일보』)에 보도된 새마을운동 관련 언론보도 현황은 새마을운동중앙회, 『새마을운동30년자료집』, 2000, 495~517쪽 참고. 이 자료에는 기사의 제목과 일자가 기록되어 있다. 1972년 6월 이전에는 여러 중앙일간지에서 새마을운동 관련 기사를 보도하였으나 이후에는 『서울신문』이 주로 기사를 작성하여 보도하였다. 가장 많이 보도된 내용은 개별마을의 새마을추진사례였다.

| 신문사 | 기사 제목 | 기간 | 횟수 |
|---|---|---|---|
| 서울신문 | 새마을의지 르포 | 1975. 1. 24~2. 13 | 15 |
| | 봄의 새마을 | 1975. 3. 20~3. 28 | 7 |
| | 공동연구팀의 제언 | 1975. 4. 7~4. 23 | 10 |
| | 새마을5년 어디까지 왔나(좌담) | 1975. 4. 25~6. 20 | 6 |
| | 땀 흘리는 새마을 | 1975. 7. 4~7. 21 | 6 |
| | 인간승리의 기록 | 1975. 9. 9~9. 15 | 6 |
| | 새마을사람들 | 1975. 12. 3~12. 13 | 7 |
| 동아일보 | 새마을을 가다 | 1972. 4. 6~4. 14 | 6 |
| 경향신문 | 불붙은 새마을 | 1972. 4. 8~6. 9 | 16 |
| 중앙일보 | 새마을운동의 기동 | 1972. 3. 23-1972. 4.25 | 11 |

※ 출처: 새마을운동중앙회, 『새마을운동30년자료집』, 2000, 495~514쪽.

위의 〈표 3-18〉을 바탕으로 새마을운동에 관한 신문기사의 특징을 정리하면 다음과 같다. 첫째, 기사는 기자들이 새마을운동을 모범적으로 추진하는 마을을 직접 방문하여 취재한 내용이 가장 많았다. 특히 서울신문은 처음으로 새마을운동에 대한 기획기사를 1972년 2월부터 연재하기 시작하였으며, 이후 각 신문사도 새마을운동에 관한 현지기사를 경쟁적으로 취재 보도하였다. 기자들은 각 마을의 새마을가꾸기 사업과 소득증대사업을 주로 취재하여 보도하였다. 취재기자들이 방문한 마을은 각 지역에서 모범마을로 인정된 곳이었으며, 주로 성공사례 형식으로 각 마을을 소개하였다. 새마을지도자연수원의 성공사례는 각 개인의 성공사례가 중심이었다면, 각 신문사의 현지기사는 마을별 성공사례가 중심을 이루었다. 어떤 특정한 개인을 취재하는 경우에도 마을의 협동사업에 앞장서는 지도자의 모습이 강조되었다. 초기의 기사는 철저히 마을 단위의 성공사례에 중점을 두었다고 할 수 있다. 둘째, 새마을운동의 전개 과정을 평가하고, 각 시기에 필요한 새로운 과제를 제시하는 기사도 많이 제작되었다는 사실이다. 이러한 기사의 작성은 새마을운동과 관련된 각 연구단체나 지식인이 주도하였다. 평가된 사업은 새마을가꾸기 각 분야별 사업이나 소득증대사업 외에 농민교육, 농촌문화, 부녀지도, 각종 협업사례 등이었다. 예를 들어 '여성의 참여'라는 기사에서는 여성의 역할에 대해 "여성으로 하여금 새마을운동의 선두에 나서게 함으로써 생활환경의 순화, 생활개선의 추진, 관혼상제의 간소화, 퇴폐풍조의 일소, 납세운동의 참여 등은 물론 이러한 운동을 통한 국가관의 확립과 민족정신의 앙양에 이바지하였다"라고 보도하고 있다.[141] 지식인이 새마을운동에 참여한 여성의 실적과 활동을 조사하고 평가한 후, 그 내용을 보도하고 있다. 이러한 활동을 통해 지식인은 새마을운동의 문제점과 해결방안을 제시할 수 있었다. 셋째, 서울신문은 기획기사를 계속해서 연재한 반면, 다른 신문들은 1972년 봄 외에는 기획기사가 없다는 점이다. 새마을운동의 홍보는 주로 서울신문에서 담당하고 다른 신문들은 정부에서 발표하는 새마을 관련 정책을 보도하는 정도였다.

서울신문[142]에서 가장 오랫동안 연재한 기획기사 '새마을운동'은 총 139회에 이르렀다. 초기에는 30회 정도로 기획하였으나 다양한 현지 취재가 진행되면서 그 횟수가 연장되었다. 연재한 사업 내용은 새마을사업 전체방향, 1972년 중점과제, 이스라엘의 협동농촌, 자조·협동하는 외국(서독, 스위스, 프랑스, 이탈리아, 덴마크, 일본)농촌, 한국적 과제, 모범마을 성공사례 등이었다.[143]

---

[141] 김대환(이대 농촌문제 연구소장), 「여성의 참여」, 『서울신문』 1972년 12월 7일자.

[142] 서울신문은 3공화국 성립시기부터 친정부적인 신문이었다. 특히 공화당 의장 고문으로 있던 장태화가 사장으로 취임한 이후 친정부적 차원을 넘어 정권의 '나팔수' 역할을 하였다. 1965년 제정된 사시에는 "이 나라 사회의 근대화를 지향하여 번영의 민주국가와 복지사회를 건설코자하는 국민의 욕구를 대변한다"고 하였으며, 구체적인 실천을 위한 다짐으로 ① 국가이익에 중점을 둔다. ② 정치개선의 선도가 된다 ③ 경제번영의 지표가 된다 ④ 사회청산의 샘터가 된다 ⑤ 문화계발의 횃불이 된다 등 5개 항을 공표하였다. 이후 사실상 정부의 기관지가 되었으며 유신과 새마을운동 홍보에 앞장섰다. 새마을운동에 앞장섰던 1970년대에 서울신문사는 흑자경영이 늘어나 해마다 직원의 봉급이 30% 이상씩 늘어났다. 김종규(사장 취임기간 1974~1980)는 1970년 후반 어느 날 박정희가 자신을 불러 경영 상태를 질문한 후, "남은 빚을 내가 갚아주면 어떻겠느냐?"고 말했다고 회고하였다. 자세한 내용은 서울신문100년사편찬위원회, 『서울신문100년사』, 2004년, 404~416쪽 참고.

서울신문의 '새마을운동' 기획기사에서 각 마을이 이룩해야 할 과제는 협업의 전통 확립, 마을 실정에 맞는 새마을가꾸기 사업의 전개, 다각경영의 전통 확립 등 세 가지였다. 소득증대의 방법으로 제시된 협업과 다각영농은 1970년대 농정의 주요 시책이었다. 영세한 농지를 가진 농민이 대규모 경영과 경쟁하기 위해서는 협업과 분업화가 지름길이라고 하면서, 협업의 구체적인 사례로 상주의 갈밭 농장에서 시도했던 벼농사 집단재배와 고추 농사계 등을 소개하였다. 갈밭 농장은 벼농사 전담기술자를 중심으로 볍씨 통일, 보은 못자리에 의한 조기재배, 비료와 농약의 과학적인 사용 등을 통해 수확을 2배 이상 올리고 있었다. 갈밭농장의 협업은 12가구로 시작하였으나, 정부가 무리하게 120가구로 확대하는 과정에서 실패로 돌아갔다. 농민이 분배문제로 갈등을 보였기 때문이었다. 고추 농사계에 참여하는 주민은 여러 농가가 분산적으로 고추를 심는 대신 고추 농사가 잘 되는 밭에 공동재배하고, 밭을 내놓은 농가는 다른 농가의 밭에서 농사짓는 방식으로 토지를 교환하였다. 고추 농사를 가장 잘 짓는 농민은 책임지고 품종 개선, 시비 및 농약의 적절한 사용 등을 통해 생산량을 증대시키고, 나머지 농민은 남는 일손으로 개간에 적극 참여하는 방식 등이 소개되었다. 협업은 생산을 증대시키고 노동력을 효과적으로 배분하여 노동력이 절감된다는 장점이 있었다. 그러나 협업은 기사에서 지적하고 있는 바와 같이 분배의 문제, 기금 관리 문제 등을 해결하기 어려웠다. 비용을 제외하고 이익 중 토지소유자와 노동력 제공자가 받아야 할 몫을 두고 갈등이 발생하였다.[144] 이러한 단점에도 불구하고 부분적 협업은 새마을소득증대를 위해 적극 권장되었다. 새마을운동 시기에 모색된 협업이나 협동노동은 크게 7가지 정도였다. 구체적인

---

143) 『서울신문』 1972년 2월 10일자.
144) 『서울신문』 1972년 2월 16 · 18일자.

협업이나 협동 방식은 농가 생산·부업을 위한 공동노동, 농업용 기계와 자재의 공동구입·이용·관리, 농촌 생활필수품의 공동구입, 공동기금의 마련, 공동이용시설의 건립, 농산물의 공동출하, 소비구매를 위한 협동조합 마련 등이었다. 소유의 문제가 해결되지 않은 상황에서 여전히 협업은 어려운 문제였다고 할 수 있다.[145] 다각경영은 앞장에서 소개한 바와 같이 1950년대 후반 이후 농민이 소득을 증대하는 가장 일반적인 방법이었으며, 소득증대특별사업이 실시되면서 널리 보급된 영농 방법이었다. 새마을운동시기에도 소득증대사업을 계승하여 다각영농이 강조되었다.

신문에서 새마을사업 중 집중적으로 홍보하고자 한 분야는 새마을가꾸기 사업과 더불어 소득증대를 위한 협업과 다각영농이었다. 이러한 방침에 의해 특별취재반의 기자들은 각 마을단위에서 진행되는 새마을가꾸기 및 소득증대사업의 성공사례를 홍보하였다. 성공사례에 소개된 마을이나 개인의 사례는 크게 두 가지 유형이었다. 첫째는 새마을운동 이전에 등장한 모범마을과 모범농민의 사례가 소개되는 경우였다. 이들은 새마을운동 이전에 여러 가지 사업을 전개했음에도 불구하고 새마을운동의 성공사례로 소개되었다. 둘째는 새마을운동 추진 이후에 나타난 모범마을과 개인의 성공사례였다. 이러한 성공사례들은 경쟁적인 방법으로 새마을운동을 확산시키는 데 공헌하였다고 할 수 있다.

각 신문사의 기사들이 어떤 과정을 거쳐 보도되었는지는 1973년 12월 대통령비서실에서 작성한 포상마을의 특집보도계획을 보면 잘 이해할 수 있다. 당시 새마을특집계획표를 보면 다음과 같다.

---

145) 문화공보부, 『새마을운동』, 1973, 63쪽.

<표 3-19> 새마을특집계획표

| 사명 | 도명 | 성명 | 구분 | 신문게재일<br>(예정) | 게재금 | 출장여비 | 보도순위 |
|---|---|---|---|---|---|---|---|
| 경향 | 충북 | 오해영 | 협동 | 12월 22일 | 600,000 | | 27 |
| 동아 | 전북 | 박병권 | 근면 | 12월 20일 | 〃 | | 36 |
| 신아 | 경남 | 지상기 | 노력 | 12월 3일 | 400,000 | | 14 |
| 서울 | 경기 | 조득형 | 근면 | 12월 5일 | 600,000 | 100,000 | 5 |
| 중앙 | 경북 | 배복출 | 노력 | 미기재 | 〃 | | 18 |
| 조선 | 강원 | 김주복 | 노력 | 12월 20일 | 〃 | | 16 |
| 한국 | 서울 | 최홍열 | 협동 | 12월 1일 | 〃 | | 1(기보도) |

※ 출처: 대통령비서실, 「새마을포상마을의 특집보도계획」, 보고번호: 제73-934호 보고 일
　　자: 1973년 12월 3일에서 편집하여 재작성.

<표 3-19>에 나타난 각도의 마을지도자들은 1973년 11월 22일 개최된 새마을지도자대회에서 마을을 대표하여 수상한 사람들이다. 당시 대상마을은 33개 마을[146]이고, 각 시도별로 마을의 수는 균등하게 배분되었다. 보도 방침은 ① 게재형식은 7대 일간지의 1면(1면에 3개 마을 동시 소개)을 유료로 할애 받고 사진과 기사를 함께 게재한다. ② 지면(紙面)체제상 광고(전 17단 중 12단 화보 및 기사, 5단 자체광고)는 해당 신문사에서 임의로 처리하게 한다. ③ 특집기사는 공적자료를 정부 측에서 제공하되 기자의 현장취재(취재비 일부 보조)를 겸하게 하고 성공담과 미담을 소개하도록 한다. ④ 사진은 천연색으로 소개하되 동아, 신아일보는 흑백으로 게재하게

---

[146] 협동장 11개 마을, 근면장 16개 마을, 노력장 6개 마을이었다. 33개 마을을 3개 마을씩 보도하면 11회 신문에 보도해야 한다. 신문사는 7개이므로 경향, 서울, 신아, 한국 일보는 2회 보도하도록 계획하였다. 신문기사를 확인해본 결과 정해진 날짜에 게재하지 않는 경우가 많았고, 경향과 한국 일보는 2회 중에서 1회만 게재하였다. 서울신문과 신아일보는 2회 모두 보도하였고 조선과 동아일보는 보도하지 않았다. 조선일보는 1973년 11월 24일에 충북 중원군 풍덕마을을 소개하였는데, 이 보도에는 화보사진의 크기가 지면의 2분의 1을 차지한다. 청와대 비서실은 조선일보의 신문기사를 보고 특집보도의 보도 방침을 결정하고 1974년 새마을운동 화보집을 계획했다고 판단된다. 새마을운동 시기 새마을운동과 관련하여 보고된 계획서 중에는 이미 실행되고 있는 내용을 계획서라고 하여 보고한 경우도 있었다. 이는 정부부서나 관련 기관이 새마을운동에 참여하고 있다는 사실을 경쟁적으로 보고하면서 나타난 현상이라고 보인다.

한다(칼라시설 없음) 등이었다. 7대 일간지에 보도회수 및 보도일자, 보도
요령 등을 지침으로 전달하여 체계적으로 보도하도록 하고 있다.[147]

**■ 새마을특집화보**

※ 출처: 『조선일보』 11월 24일자 및 『경향신문』 12월 24일자.

보고서의 내용을 검토해 보면 청와대가 새마을운동의 보도내용을 어떻
게 통제했는지 잘 드러난다. 또한 새마을예비비에서 게재비용과 취재비용
을 각 신문사에 지원했다는 점은 주목되는 내용이다. 위 계획에 의해 12월
에 집중 보도된 신문기사의 지면에는 기사 내용보다 사진의 크기나 화려함
이 돋보인다. 당시 신문기사에는 칼라 사진을 잘 사용하지 않았다. 칼라
사진에는 마을입구의 넓은 길, 경지정리 된 농경지, 지붕개량이 끝난 마을
의 농가, 뒷산의 푸른 나무, 마을 주민의 일하는 모습 등이 나타나 있다.
대형사진으로 한 개 마을만 보여주거나 작은 사진으로 3개 마을을 모두 보
여 주기도 한다. 이러한 화보들은 기사의 내용보다 농촌의 변화를 효과적
으로 홍보하고 있다고 할 수 있다. 또한 1970년대 새마을 관련 신문 기사들

---

147) 대통령비서실, 「새마을포상마을의 특집보도계획」, 보고번호: 제73-934호, 보고일자:
    1973년 12월 3일.

이 어떠한 과정을 거쳐 제작되었는지 짐작할 수 있게 한다. 각 신문사의 새마을 관련 기사는 신문사의 자율 제작보다는 정부의 통제 아래 제작되었다고 판단된다.

## 2. 정신계발사업의 영향과 문제점

초기 새마을교육은 영농기술, 환경개선, 정신교육이 비교적 균형을 이루고 진행되었다. 정신교육은 원외강사의 강의와 농민의 성공사례를 중심으로 이루어졌다. 1972년도 강의를 담당한 원외강사 중에는 박종홍과 임방현[148] 등이 있으며, 1973년 7월 이후 실시된 8기 새마을지도자반 교육(10박 11일)부터 교과과정 부문에 안보 및 경제 과목(6시간)이 신설되어 1979년까지 운영되었다. 박진환은 1972년 원외강사로서 '농촌의 문제점과 해결책'을 강의하다가 1973년부터 '유신과 새마을운동'으로 강의 주제를 바꾸었다. 임방현은 1973년부터 '유신과 새마을운동'을 강의하고 장동환은 '새 국가관'을 강의하였다. 1972년 10월 유신 이후 청와대 특별보좌관들의 강의 주제는 새마을운동과 유신을 깊이 연결하고 있다.

1972년 5~8월에는 새마을운동의 확산과 새마을정신에 위배되는 사회적

---

[148] 1970년 12월 10일 단행된 청와대 인사에서 장관급 특별보좌관으로 박종홍(교육문화담당, 한양대 문리대학장), 차관급특별보좌관으로 박진환(경제담당, 서울대 농대교수), 장동환(사회담당, 성균관대 교수), 임방현(사회담당, 한국일보논설위원) 등을 임명하였다. 이들은 새마을교육을 체제안정과 연결시키는 데 중요한 역할을 하였다. 특히 박종홍의 제자인 임방현은 1966~67년 언론인 연수 프로그램으로 하버드 대학교를 다녀온 후부터 이른바 '근대화 인텔리겐치아론'을 제기하였다. 그는 공화당에 의해 추진된 근대화를 긍정적으로 평가하였으며, 근대화에 비판적인 지식인을 '반대주의자'로 비판하였다. 그는 '근대화 인텔리겐치아론'을 바탕으로 『근대화와 지식인』(지식산업사, 1973)을 저술하였다. 대통령 선거를 앞두고 '근대화 인텔리겐치아론'에 동조하는 일련의 지식인들이 청와대 특별보좌관에 임명되었다. 자세한 내용은 『경향신문』 1970년 12월 10일자 및 정일준, 「박정희와 지식인: 권력―지식의 상관 관계」, 『박정희 시대와 한국현대사』, 선인, 2007, 320~323쪽 참고.

분위기를 추방하기 위한 계획이 마련되었다. 전남 장성의 박철수는 진정서에 "오전 중에 정서를 흐리게 하는 저속한 가요나 팝송 따위는 방송하지 못하도록" 하여 온 국민이 한마음으로 새마을운동에 매진할 수 있도록 해야 한다고 주장하였다.[149] 1972년 6월 서울시경은 새마을정신에 위배되는 각종 사범을 집중 단속하기 위한 계획을 세워 청와대비서실에 보고하였다. 보고서에는 1972년 6월 6일부터 야외 유원지에서 반 새마을정신 행위, 장발족, 나이트클럽이나 유흥업소 출입자 등을 집중 단속한다고 계획하고 있다.[150] 이런 사회적 분위기 속에서 1972년 8월 한국민간방송협회는 새마을운동을 정신혁명으로 승화시키기 위해 건전한 기존오락을 강화하고 불건전한 요소는 제거한다는 내용의 방송지침을 처음으로 결의하였다.[151] 1972년 중반 표면적으로는 새마을운동을 강력히 추진하기 위해 계획을 마련한다고 하고 있으나, 10월 유신을 앞두고 사회적 분위기를 조성하기 위해 단행했다고 판단된다.

1973년 11월 7일 농수산부 새마을담당관실에서는 전국새마을지도자 대회를 앞두고 치사자료를 작성하여 대통령비서실에 보고하였다. 치사자료의 주요내용은 ① 앞으로의 새마을운동은 식량증산과 농어민의 소득증대에 중점을 두어야 한다. ② 농외소득의 증대를 위해 새마을공장 확충, 부업단지 조성을 계속한다. ③ 새마을운동과 농협조합운동의 일체화를 위해 농수협이 새마을운동의 실천주체가 된다 등이었다.[152] 전반적으로 농수산부의 새마을과는 새마을운동의 방향을 새마을지도자대회에서 제시하려했다

---

149) 대통령비서실, 「새마을운동에 관한 진정 보고」, 문서번호: 제72-354호, 보고일자: 1972년 5월 19일, 진정인(전남 장성 박철수, 36세), 진정서 작성일: 1972년 4월 23일.

150) 대통령비서실, 「반시민적 직분사조사범(職分思潮事犯) 추방계획: 수도치안비상조치 제4호」, 결제일자: 1972년 6월 5일.

151) 『동아일보』 1972년 8월 14일자.

152) 농수산부 새마을담당관, 「전국새마을지도자대회시 각하 치사자료 작성」, 문서번호: 100-879, 작성일자: 1973년 11월 7일.

고 판단된다. 1973년 전국새마을지도자대회의 유시 내용은 새마을운동의 방향 제시가 4분 3 정도를 차지하고, 마지막 결론부분에서는 다음과 같은 내용이 강조되었다.

> '새마을운동은 곧 10월 유신이요, 10월 유신은 곧 새마을운동이다' 또한 '새마을운동은 이 이념을 구현하기 위한 실천도장이다'라고 말할 수 있는 것입니다. 즉 '새마을운동은 한국적 민주주의의 토착화를 위한 실천도장이요, 참다운 애국심을 함양하기 위한 실천도장인 동시에 10월 유신의 이념을 구현하기 위한 실천도장이다'라고 결론을 짓고자 합니다.[153]

새마을운동을 '유신체제의 실천도장', '민주주의의 실천도장', '애국심의 실천도장'이라고 선언하고 있다. 농수산부 새마을과에서 올린 연설내용 외에 유신이나 한국적 민주주의의 이념이 추가되고 있다.

1973년 전국새마을지도자대회를 마친 다음 날 박정희는 내장산을 방문하여 새마을노래의 4절 가사를 완성하였다고 전해진다.[154] 3절까지의 가사는 새마을운동과 관련 있는 가사이지만 4절 가사의 '싸우면서 일하고 일하면서 싸워서'는 농촌 새마을운동과는 다른 내용이라고 할 수 있다. 1974년에는 총무처에서 「공무원채용시험에서 유신이념과 새마을정신을 검정하는 방안」을 마련하여 시행하였고, 보건사회부에서는 「약 봉투에 새마을사업과 유신 및 반공표어 기입」을 계획하여 새마을국무회의[155]에 보고하

---

153) 『새마을운동10년사』 자료편, 663~666쪽.

154) 새마을노래의 1~3절은 박정희가 1972년 4월에 작사한 것으로 전해지며, 당시 국립교향악단 지휘자 홍연택이 작곡하여 불려졌다. 4절 가사는 내장산에서 1박하면서 완성했다고 『경향신문』은 보도하고 있다. 가나안 복민헌장에는 '일하면서 배우고 배우면서 일하자'라는 내용이 있는데, 내용과 문장의 형식이 유사하다. 자세한 내용은 『경향신문』 1973년 12월 11일자 참조.

155) 새마을국무회의는 1973년 1월 5일부터 1979년 6월 5일까지 총41회 개최되었다. 1973년 11회, 1974~75년 각 8회 개최되었으며, 1976년 이후에는 그 수가 줄어들었다. 새마을국무회의의 개최 및 안건 내용은 『새마을운동10년사』 자료편, 521~652쪽 참고.

고 있다. 반공이나 안보와 관련된 가사가 새마을노래에 추가된 사실, 약봉투에 새마을표어 표기 등은 새마을운동의 변질이나 전환을 상징적으로 표현한다. 또한 새마을운동 추진 과정에서 국가주도의 이데올로기가 침투하고 있음을 확인할 수 있다.[156]

1974년 새마을지도자 대회에서 새마을지도자들은 "새마을정신과 유신이념을 신앙으로 하는 새마을지도자로서 대통령 각하의 긴급조치에 따른 준수사항을 착실히 이행하여 명랑하고 살기 좋은 새마을 건설에 앞장선다."라고 결의하고 있다.[157] 정부 스스로 살기 좋은 마을을 건설하기 위해 선발한 새마을지도자들을 체제안정의 선전 도구로 이용하고 있음을 확인할 수 있다. 초기 새마을운동을 주도한 사람들은 새마을운동의 성공요인을 '정치적 요인의 배제'라고 주장한다. 특히 박정희에게 새마을지도자를 선거에 활용하자고 건의했으나 박정희가 거부한 사실을 언급한다.[158] 그러나 엄격하게 말하면 새마을지도자를 선거에 이용하기 위해 새로운 조직을 만들거나 공화당의 지방 조직과 연계할 필요가 없었다. 새마을지도자들은 선발되기 이전부터 지방행정조직과 연결되어 있는 경우가 많았고, 선발이후 연수교육을 통해 친정부적이면서 유신체제의 홍보자가 되었기 때문이다. 그리고 여러 가지 합법적인 방법으로 단위 마을에 새마을사업이라는 명분으로 자금을 지원할 수 있었다. 선거를 앞 둔 시기에는 새마을

---

[156] 총무처, 「공무원채용시험에서 유신이념과 새마을정신을 검정하는 방안」, 보고번호: 제74-3호, 보고일자: 1974년 1월 8일 및 보건사회부, 「약봉투에 새마을사업과 유신 및 반공표어 기입」, 의안번호: 579호, 제출일자: 1974년 7월.

[157] 『새마을운동10년사』 자료편, 713~714쪽 참고.

[158] 김정렴은 "여당에서 새마을지도자에게 당원가입을 권유하는 안(案)이 검토 성안된 바 있었다. …박대통령은 일찍이 나타낸 바 없는 불쾌한 표정으로 '누구를 막론하고 새마을운동을 정치적으로 이용해서는 안 된다. …과거부터 공화당 당원이던 사람 중 새마을지도자로 뽑힌 경우 공화당을 떠나라고 할 수는 없으나 단 한 사람이라도 새마을지도자를 당원으로 가입시켜서는 안 된다'고 강경한 태도를 보였다."라고 증언하였다. 자세한 내용은 『한국경제정책30년사: 김정렴 회고록』, 191쪽 참고.

취로사업 등을 통해 농촌에 자금을 지원하는 방법을 사용하였다. 1973년
을 전후로 새마을운동은 유신체제의 치적을 홍보하는 가장 중요한 수단이
되었다.

새마을운동의 정신계발사업이 국가 이데올로기나 유신체제의 홍보 수단
으로 변질되어 가는 과정은 학교 새마을교육을 통해서도 확인할 수 있다.
1971년 문교부는 새마을교육을 "국민교육헌장의 이념 아래 학교교육을 통
하여 학생과 향토민에게 자조·자립·협동정신을 길러주고 증산 기술지도
로 소득증대를 꾀하여 향토개발을 촉진하고 이웃과 나라와 민족의 건전한
윤리와 합리적인 태도를 확립하는 것을 목표로 한다."로 정의하고, 이러한
정신을 실천하기 위해 교육을 추진하기 시작하였다. 문교부가 교육을 통해
새마을운동을 적극 지원하기로 방침을 정했다고 볼 수 있다. 1972년 3월에
는 전국의 교육자 8,000여 명이 대구에 모여 전국교육자대표회의를 개최하
여 새마을교육의 적극적 참여를 결의하였으며, 전국의 각 학교에 새마을학
교를 설치하였다. 이와 같은 과정 속에서 새마을교육의 추진방향은 ① 학
생의 교육을 국가와 사회의 요구에 맞도록 한다. ② 학교가 자지고 있는
가용 자원을 지역 사회인에게 제공하거나 개방한다. ③ 교육의 기능을 지
역 사회인에게까지 확대 보급하는 방향으로 추진한다 등이었다. 이에 따
라 학교는 새마을담당자 훈련, 향토관 설치, 성인교육, 봉사활동, 생산교육
활동, 학교개방 등의 활동을 전개하였다. 또한 1972년 4월에 문교부는 학
교 새마을교육을 총괄하기 위하여 장학실에 새마을교육담당과를 신설하
였다.159)

1973년과 1974년에 들어와 학교 새마을교육은 교육청이나 학교 단위
로 실천하되, 초등학교는 가정과 학교를 연결하기 위해 어머니교실과 주
부교실을 강화하였다. 중고등학교는 학습활동을 통하여 교사와 학생의

---

159) 한국교육개발원, 『새마을교육의 실태와 사회·심리적 변인에 관한 연구』, 1973, 5~12쪽.

기술을 지역 새마을운동에 연결시키도록 하였으며, 대학은 연구·봉사·
향우회 활동을 통하여 새마을운동에 참여하도록 하였다. 1974년에는 새
마을 교육의 방침을 구체화한 새마을교육의 모형이 다음의 표로 제시되
었다.

〈표 3-20〉 새마을교육의 모형

| 활동 부문 | 세부 실천 항목 |
|---|---|
| 교육과정의 향토화 | 향토사회 조사, 향토교육과정 조사, 향토교육자료 활용 |
| 학습지도 | 새마을 향토관 확충보완, 학습자료 제작 확충 |
| 생활개선 | 애향단 조직 활용, 근검절약의 생활화, 가정의례준칙 및 국기게양 계몽 |
| 봉사활동 | 1교 1부락 결연지도, 새마을청소 및 자연보호활동 전개, 학우 및 이웃돕기, 학생봉사활동 및 농번기 일손돕기, 중등학교 연합 봉사 활동 전개 |
| 성인교육 | 상설 새마을학교 운영, 상설 새마을 교실 운영 |
| 소득증대교육 강화 | 공한지 활용, 자활학교 운영(사육, 재배, 수집 등), 육묘 및 1인 1 수 가꾸기, 통일동산 가꾸기, 특용작물 시범운영, 시범사육사 운 영, 퇴비증산, 생산기업체와의 자매결연, 학교협동조합 운영, 혼식 및 절미운동 전개, 걷기운동 전개, 각종 기구수리 및 기술지도 |
| 문화활동지도 | 학교시설의 개방 |
| 홍보활동 | 사례집 발간 |

※ 출처: 남정걸, 「학교새마을 교육」, 『새마을운동이론체계정립: 문화, 교육, 정치편』, 새마
을운동중앙본부 지역개발조사단, 1984, 368~369쪽 참조하여 재작성.


〈표 3-20〉에서와 같이 학교단위에서도 새마을운동의 3대 역점사업이
추진되고 있음을 확인할 수 있다. 소득증대사업의 시범은 농업계학교뿐만
아니라 초등학교까지 확대 실시되었다. 초등학교에서 실시한 정신교육이
나 소득증대사업이 일부 학교에서 어떻게 실시되고 있는지 다음에 잘 나
타난다.

　　　이러는 중에 농촌의 가장 큰 문제점인 국가에 대한 의식부족을 절감
　　한 그는 우선 대량 생산이 가능한 국기틀을 고안하고 국기를 제작하여

국기함과 함께 전 가정으로 배포하는 한편 국기보관법과 취급법, 게양
법과 하강법 등의 계몽교육을 집집마다 찾아다니며 실시했다. 이와 더
불어 애국가 부르고 듣는 태도, 국가원수에 대한 예절 특히 각하의 사
진이 들어있는 신문이나 잡지를 함부로 취급하지 않기 등의 계몽지도
를 했던 것이다.[160]

　　며칠 후 일요일을 기해 그는 몇몇 학생들을 데리고 산으로 가 봤
다. 정말 온 산이 고사리 일색으로 낫으로 베어내도 다 못해 낼 정도
였다. … 800원이 넘는다는 이야기를 들은 남선생은 아이들을 동원하
여 메뚜기를 잡기 시작했다. …장에가 팔고 나니 한 가구당 만 여원이
넘는 집이 있는가하면 조금 적은 집도 다 팔고 나니 6, 7천 원은 실히
되었다. 남선생은 이 돈으로 라디오를 사게 하면 어떨까하는 생각을
하였다. …이렇게 하여 지금은 이 산골에도 아침이면 집집마다 새마
을노래가 울려 퍼지고 농가에서도 라디오를 들으며 일하는 마을이 되
었다.[161]

학생을 대상으로 한 새마을교육이 학생의 애국, 국가원수에 대한 예절,
다양한 방식의 소득증대사업과 연결되고 있다. 계몽의 내용이 국가원수에
대한 예절과 연결되고 학생이 교사의 지도 아래 고사리 채취나 메뚜기를
잡아 돈을 모으는 사례는 새마을교육의 변질을 상징적으로 보여준다. 성공
사례집에는 학생의 적극적인 참여라고 소개하지만 학생의 반응은 다양하
였다. 이문구의 소설에는 '간식으로 준 빵을 논바닥에 밟아 넣더라는 집도
있고, 막걸리 통이 바닥나자 모를 뜨게 심거나 거꾸로 꽂고'라는 내용이 나
온다. 봉사활동에 나간 고등학생이 마을에 와서 한 행동의 일면을 보여 주
는 장면이다.[162]

---


160) 김길홍(합천 숭산국교), 「산골에 심은 청춘 10년」, 『새마을운동: 교육편』, 1975, 22~23쪽.
161) 남칠규( 거창 오계국교 교사), 「감악산 산 까치」, 『새마을운동: 교육편』, 1975, 153~154쪽.
162) 『우리동네』, 180쪽.

※ 출처:『1970년대 사진자료집: 새마을운동을 만든 사람들 새마을운동이 만든 사람들』, 성공회대학교 민주주의 연구소 새마을연구팀.

이상에서와 같이 새마을지도자, 농민을 대상으로 한 새마을교육도 농촌개발, 농민의 농업경영 자세 등과는 거리가 점점 멀어졌다. 새마을교육은 점점 지배체제의 안정, 반공 이데올로기와 연결되어 교육되었다. 그리고 그 대상도 농민에서 전 국민으로 확산되었다. 새마을교육의 변질을 잘 보여주는 사례는 학교 새마을교육이었다. 초등학생이 새마을운동 3대 역점사업에 동원되고, 특히 봉사활동이라는 명목으로 소득증대에 동원되는 모습은 새마을운동의 전체적인 한계와 모순을 잘 보여준다.

# 결 론

　본 연구의 결론은 서론에서 제기한 연구의 목적과 과제에 대한 결론 및 기존 연구와의 차이점을 먼저 제시하고, 본문 내용의 요약과 정리, 자료와 연구의 한계점, 이후의 연구과제 등의 순서에 의해 서술하고자 한다.

　본 연구의 1차적 목적은 새마을운동에 대한 역사적 사실을 명확히 하는 데 두었다. 이 목적을 실현하기 위해 새마을운동에 대한 이분법적 인식의 오류, 새마을운동은 처음부터 완전하게 계획된 운동이 아니라는 사실, 1970년대 초반 새마을운동이 동원체제로 전환되는 배경과 과정 등을 구체적으로 분석하였다. 본 연구와 기존 연구와의 차이점은 크게 세 가지였다. 첫째, 1960년대 모범농민과 모범마을의 성장을 구체적으로 분석하였다. 농업경영과 마을가꾸기 사업의 구체적 사례와 특징을 분석하였으며, 이러한 분석을 통해 1960년대 모범농민과 모범마을의 연장선상에서 새마을운동의 초기 전개 과정을 분석하였다. 둘째, 1968년 초반 농업 관련 기관이 주도한 마을가꾸기 운동이 중앙정부에 의해 추진되기 시작했으며, 그 과정에서 신도마을과 문성마을이 새마을가꾸기 사업의 표준마을이 되었다는 사실을 밝혔다. 셋째, 새마을운동의 실시 배경은 세 가지 조건의 성숙과 유신체제 성립 과정에서 나타난 정부의 대응양식으로 나누어 분석하였다. 세 가지 조건의 성숙은 모범농민과 마을로 대표되는 농촌사회 내부의 변화, 중앙 및 지방공무원과 마을의 연결, 시멘트와 슬레이트의 공급체계 확립 등이며, 세 가지 조건이 성숙되었기 때문에 새마을운동이 가능했다는 점을 서술하였다. 박정희 정부는 유신체제를 안정화시키고 대중의 지지를 결집하는 과정에서 남북대화, 새마을운동을 적절히 활용하였다. 또한 1973년 중화학공업화 정책을 추진하는 과정에서도 새마을운동의 외형적 성과를 적극적으로 활용하였다. 이로 인해 새마을운동은 초기에 농촌의 환경개선, 농촌근대화 정책의 성격이 강했으나, 유신체제 성립을 전후해서는 대중지지의 결집을 통한 정권의 안정, 유신체제 이데올로기의 전파 경로 등으로 변질되었다는 점을 서술하였다.

연구의 2차적 목적은 새마을운동이 전문적인 농민의 양성에 성공했는가와 새마을운동에 대한 대중의 인식이 변화하지 않는 이유가 무엇인가를 분석하는 일이었다. 첫 번째 과제를 해결하기 위해 새마을운동과 전문적인 농민 양성과의 관계에 대해 분석하였다. 산업화·근대화 과정 속에서 농촌과 농민의 붕괴는 보편적인 현상이라고 할 수 있다. 그러나 한국의 농촌사회 붕괴는 소득이 증가하는 가운데서 일어났다는 점과 직업적인 농민이 거의 사라졌다는 점에서 특징이 있다. 농촌이 급속하게 붕괴하고 전문적·직업적인 농민의 수가 절대적으로 부족한 이유는 새마을운동 시기 정부의 농업정책이 농민 양성 정책과는 거리가 멀었기 때문이었다. 구체적인 사례로 새마을소득증대 사업의 일환으로 추진된 2차 소득증대사업, 겸업, 통일벼의 보급 등은 장기적으로 농업의 경쟁력 확보 정책이 아니었다는 점을 밝혔다. 정부는 단기적인 처방에 주력하면서 이중 곡가제나 통일벼의 보급을 통해 농가의 소득을 보존하였다. 농민 양성이나 농업 구조조정과 같은 실질적으로 중요한 과제는 뒤로하고, 유신체제의 안정을 위해 농업과 농민을 이용하였다. 새마을 운동 시기 정부의 농업정책은 점차 농업정책의 진정성을 상실하고 있었다.

두 번째로 제시한 과제는 새마을운동에 대한 '신화적 인식'이 현재에도 지속되는 이유가 무엇인가였다. 본 연구에서는 새마을운동에 대한 대대적인 교육과 홍보, 농민에게 새로운 지위의 부여, 박정희 개인과 농민 간의 유대관계 형성 등이 중요 원인이라는 점을 밝혔다. 그러나 이러한 결론은 기존의 연구에서도 보편적으로 제시되었다는 점에서 차별성을 찾기 어렵다. 본 연구에서는 1970년대 농촌의 붕괴가 소득이 증가하는 가운데서 발생한 점, 농민과 농촌의 지위가 상대적으로 하락하는 가운데서도 농민은 그 이전 시기와 다르게 다양한 선택을 할 수 있었기 때문이라는 점을 밝혔다. 농민은 농촌을 떠나 도시로 이주할 수 있었고, 불가능한 경우 자녀 교육, 겸업 등의 개인적 선택을 할 수 있었다. 농민에게 새로운 세계로의 '탈출구'가 없었다면 새마을운동에 대한 인식은 현실적으로 변화했을 것이라는 점을 밝혔다.

본 연구의 전체적인 요약과 정리는 다음과 같다.

Ⅰ장에서는 1960년대 이후 성장한 모범농민과 모범마을에 대해 서술하였다. 모범농민은 경종농업에 종사하면서도 상업적 경영을 통해 시장에 접근하고 수익을 증대하는 농민이었다. 초기의 모범농민은 가족의 노동력, 새로운 농업기술의 습득, 좁은 시장에의 접근 등을 통해 성장하였다. 1960년대 중반 이후 농민 스스로의 노력과 더불어 농협이 추진한 새농민운동, 농촌지도사들의 활동, 정부가 추진한 소득증대특별사업 등은 모범농민의 수를 증가하게 만들었다. 모범마을은 원조에 의해 시작된 시범농촌사업과 농촌진흥청의 지역개발사업에서 비롯되었지만, 마을단위의 자력개발사례가 더 일반적이었다. 마을단위의 지도자가 중심이 되어 마을길 넓히기, 지붕개량, 간척이나 제방사업, 각종 생활개선사업 등을 전개하였다. 이런 상황 속에서 농업 관련 단체의 공무원은 모범농민과 모범마을의 사례를 중앙

에 보고하고 소개하였으며, 1960년대 중반 이후에는 언론이나 잡지 등에 각종 모범사례들이 소개되었다.

Ⅱ장에서는 모범농민·마을과 새마을운동과의 관련성에 대해 분석하였다. 1960년대 모범농민·마을이 등장하면서 중앙정부와 농촌운동가들은 새로운 지역개발방식을 구상하기 시작하였다. 농촌운동가들은 모범농민의 양성과 확대를 통한 농촌개발방식을 주장하였다. 유석창의 5만 선도 농가 육성, 김용기의 농군육성 등은 모범농민의 양성과 확대를 통해 농촌을 개발하려는 운동이었다. 반면 모범농민과 마을의 성장에 주목하던 중앙정부는 모범마을의 확산에 주력하였다. 1960년대 중반 이후에는 전국적으로 다양한 모범마을이 등장하였다. 여러 모범마을 중 박정희의 청도군 신도마을 방문은 새마을가꾸기 사업이 전국적으로 확산되는 계기가 되었다. 박정희는 신도마을 방문 이후 1970년 4월 22일 새마을가꾸기 사업 방침을 지시하였다. 1970년 여름을 전후로 하여 새마을가꾸기 사업 방침 확정과 시멘트 무상공급 계획이 확립되었으며, 이후 시멘트와 철근이 전국 마을에 공급되면서 새마을가꾸기 사업이 전국적으로 확대되었다. 1970~71년 새마을가꾸기 사업에서 성공한 마을 중 담양의 도개마을(1971. 7. 5), 영일 문성마을(1971. 8. 5), 청원 석화마을(1971. 9. 6) 등이 경제동향보고회의에서 사례발표를 하였다. 중앙정부는 문성마을을 표준마을로 정하고 1971년 9월 전국 시장·군수 비교행정회의를 대구에서 개최하였다. 비교행정회의에 참석한 전국의 시장과 군수는 문성마을을 방문하였으며, 이후 지방행정담당자들은 2차년도 새마을가꾸기 사업에 총동원되었다. 1972년 새마을지도자의 선발과 교육체제 정비, 세부사업으로서 지붕개량 사업과 새마을나무심기 계획 마련, 새마을여름학교의 개최, 새마을운동 이론정립을 위한 연구사업 계획 등을 통해 새마을가꾸기 사업은 새마을운동으로 전환되었다. 1973년 전국 새마을운동지도자 대회는 새마을가꾸기 사업이 새마을운동으

로 전환된 사실을 국내외에 공포하는 의식이었다.

새마을가꾸기 사업이 새마을운동으로 전환되는 과정에서 새마을운동 추진기구가 설립되었다. 박정희 정부는 새마을운동을 추진하기 위해 별도의 중앙과 지방기구를 만들지 않고, 기존의 지방행정기구를 이용하여 새마을운동을 추진하였다. 중앙으로부터 마을단위까지 행정체계를 수립하고, 각 단계마다 협의회를 두어 새마을사업을 추진하도록 하였다. 새마을운동은 청와대가 주도하였고, 사업의 실질적 주무부서는 내무부와 농림부였다. 환경개선사업이 활발하게 추진된 1970년대 초기에는 내무부가 중심이었고, 1970년대 중반 이후에는 소득증대사업이 중요해지면서 농림부의 역할이 중시되었다. 또한 새마을운동이 점차 환경개선, 정신계발, 소득증대 등으로 확대되고, 종합적인 개발의 성격을 갖게 되면서 모든 정부조직이 참여하는 형식으로 발전하였다. 정부가 기존의 행정기구를 통해 새마을운동을 추진하면서 중앙과 지방공무원에 대한 대대적인 동원이 현실화되었다. 특히 내무부 계통의 지방공무원과 농업 관련 기관의 공무원은 마을 현장에 직접 나가 새마을운동을 독려하였으며, 그 결과 새마을지도자와 마을 주민에 대한 대대적 동원이 가능하였다. 또한 새마을운동이 정부주도로 추진되면서 권위주의적·획일적·대중동원적·관료주의적 성격을 띠고 전개되었다는 점도 서술하였다.

Ⅲ장에서는 새마을운동의 3대 역점사업에 대해 서술하였다. 환경개선사업이 성공적으로 추진되고 주요 실적이 높았던 시기는 1972~73년이었다. 정부의 지원에 비해 환경개선사업이 성공한 이유는 동원체제 구축, 마을단위의 경쟁체제, 시멘트와 슬레이트의 보급체계 마련 등이었다. 또한 경쟁체제의 구축, 자재의 공급 등과 더불어 환경개선사업이 실제 농민에게 도움이 되었기 때문에 성공했다는 점도 서술하였다. 환경개선사업에 의한 도로의 건설이나 전기의 보급은 농촌과 자본의 연결을 가속화시켰다. 농민의

상업적 경영에 의한 농업 생산품이 도시로 판매됨과 동시에 가전제품, 농업자재 등이 농민에게 판매되었다. 그 결과 농가의 소득 향상, 소비 증가, 시장 확대 등 긍정적 효과가 나타나기도 하였으나 농민 스스로는 농업을 가장 믿을 수 없는 직업이라 여기는 풍조가 확산되는 문제점이 나타났다. 새마을운동 시기 단위 마을이 3만 5천 개 정도이고 100가구가 거주한다고 할 때, 100가구 중 1~2가구는 농업자체의 경쟁력을 갖추고 성장해야 하였다. 그러나 100가구 모두 혹은 전국의 마을 주민 대부분이 농업을 그만두려 하였다. 농업에 종사하고 일을 많이 한다고 하더라도 농촌을 떠나지 못해 할 수 없이 운명이라고 여기며 농업에 종사하는 현상이 나타났다. 이러한 상황은 1960년대 유석창의 5만 선도 농가나 1970년대 김용기의 153개 가족농장 건설에도 미치지 못한다고 할 수 있다.

새마을소득증대사업은 1981년 농가소득 140만 원 실현에 중점을 두고 전개되었다. 2차 소득증대특별사업의 전개, 식량증산을 위한 통일벼의 보급과 확대, 겸업과 협업의 확대, 새마을공장의 설립 등이 핵심적인 정책이었다. 정부는 목표를 실현하기 위해 환경개선에서 실시했던 방식과 동일하게 공무원과 농민을 총동원하였으나 실질적인 사업의 성과는 통일벼의 보급과 확대에 그쳤다. 통일벼의 보급 과정은 담당 공무원의 동원, 통일벼 재배에 시범을 보이는 농민 창출, 각종 시상제도의 확립, 급속한 농민보급의 과정을 거치면서 진행되었다. 특히 새마을운동의 추진을 담당한 공무원, 새마을지도자, 이장 등의 농민설득과 독려는 환경개선사업에서 나타나는 과정과 유사하였다. 이러한 정책과 동원은 개별농가의 평균적인 소득증대에 기여하였다.

1970년대에는 평균적인 소득이 증가하면서도 농촌이 붕괴하고 농민의 지위가 급속하게 하락하였다. 농촌사회의 붕괴는 농민의 저항을 가져온다. 그러나 1970년대 한국의 농촌에서는 독특한 현상이 나타났다. 농민은 정부가 다른 시기에 비해 농민을 지원한다고 인식하였다. 또한 농민은 농촌붕괴에 대한 저항보다는 도시이주, 자녀교육, 겸업 등 개인적인 선택을 하였다. 이런 가운데 정부는 소득증대사업의 성공을 홍보하면서 정권의 안정을 도모하고, 자본가들은 농촌으로부터 인적 자원과 물적 자원을 안정적으로 공급받았다. 정부와 기업가들은 농업의 구조조정, 기업가적 농민의 양성을 위한 정책과 지원에는 관심을 가질 필요가 없었다. 이로 인해 농업과 농민의 경쟁력은 약화되었으며, 1980년대 이후 농산물 시장의 개방에 대비하기 어려운 환경이 조성되었다.

정신계발사업은 새마을운동의 교육과 홍보체제를 중심으로 서술하였다. 새마을교육은 1972년 전반기 독농가연수반, 1972년 후반기 새마을지도자 연수반, 유신체제 성립 이후 등의 시기에 따라 교육 내용에 변화가 나타났다. 독농가연수반 교육은 농림부가 주관하였으며, 교육의 내용은 영농교육, 농협운동에 중점을 두었다. 1972년 후반기 새마을지도자반 교육은 주관부서가 농림부에서 청와대로 이관되었으며, 교육의 내용도 환경개선사업에 중점을 두었다. 유신체제가 성립한 이후에는 유신의 이념, 국가관과 같은 국가이데올로기 교육이 강화되고, 참여범위도 농민뿐만 아니라 공무원, 사회지도층, 도시 주민 등으로 확대되었다.

새마을홍보 사업은 방송프로그램과 신문의 특집기사를 주로 분석하였다. TV는 1970년대 농촌에 집중적으로 보급되면서 가장 중요한 대중매체가 되었다. 1972년 새마을방송본부와 1973년 새마을방송협의회가 구성되면서 방송프로그램의 내용, 편성 시간대 등이 어떻게 변화하는지 살펴보았다. 1972~73년에는 프로그램의 대형화, 고정프로그램의 증가, 주요 시간대 편성 등의 특징이 새마을 관련 프로그램에 나타났다. 신문은 각 신문사의 새마을운동 관련 특집기사를 중심으로 서술하였다. 1972~73년에는 각 신문사가 새마을 관련 특집기사를 경쟁적으로 연재하였지만, 1974년 이후에는 서울신문이 새마을운동에 관한 기사를 지속적으로 보도하였다. 또한 정부가 새마을운동에 대한 신문기사의 내용을 철저히 통제했다는 점도 밝혔다. 새마을예비비에서 게재비용과 취재비용을 각 신문사에 지원한 사실, 신문기사의 내용을 정부에서 제공했다는 점 등을 통해 언론통제의 실상에 대해 서술하였다.

본 연구의 한계와 이후의 연구과제는 다음과 같다.

본 연구의 한계점은 첫째, 서론에서 미리 지적한 바와 같이 관변자료에 의존한 점이다. 이러한 문제를 보완하기 위해 기존의 연구자들이 분석하지 않은 각종 보고서, 개인이 청와대에 보낸 진정서, 신문기사 등의 자료를 이용하기 위해 노력하였다. 그러나 성공사례 중심의 자료 인용이 많았다. 또한 광범위한 인터뷰를 진행하지 못했고, 새로운 자료를 발굴하려는 노력도 부족하였다. 새로운 자료의 발굴과 인터뷰의 보강을 통해 부족한 부분을 보충해야 한다고 생각한다.

둘째, 모범농민과 새마을지도자, 공화당의 지방정치조직 등이 어떻게 연결되어 있는지 구체적으로 서술하지 못하였다. 모범농민의 사례가 많지 않고 모범농민들이 새마을운동 시기에 어떤 활동을 하였는지 개별적으로 추적하지 못하였다. 또한 모범마을의 전국적인 분포 상태를 구체화시키지 못하였으며, 일부 모범마을 사례를 통해 모범마을의 등장과 성장을 서술한 점이다. 추후 어느 특정 지역을 표본으로 삼아 모범농민, 새마을지도자, 공화당 하부 조직과의 연결고리를 추적하는 연구가 필요하다고 생각한다.

셋째, 1970년대 후반 농촌과 농민의 붕괴 과정이 구체적이고 명료하지 못했다. 본 연구가 새마을운동의 초기 전개 과정에 초점을 맞추었기 때문이기도 하지만, 당시 농촌사회와 경제사정에 대한 필자의 지식 부족도 중요 원인이라고 생각한다. 추후 1970년대 후반 농촌과 농민의 붕괴 과정에 대한 구체적 연구가 필요하다고 생각한다.

참고문헌

## 1. 보고서

내무부. 「농가지붕 개량사업 년차별 지원계획」, 보고번호: 제71-7호, 결재일자: 1971
　　　년 12월 23일.
내무부. 「새마을 나무심기 계획」, 국무회의 의안번호: 312호, 제출일자: 1972년 3월.
농수산부 새마을담당관. 「전국새마을지도자대회시 각하 치사자료 작성」, 문서번호:
　　　100-879, 작성일자: 1973년 11월 7일.
농촌진흥청. 『시범농촌건설사업 평가 조사 보고서』, 1964.
대통령비서실. 「새마을운동에 관한 교육 및 현지확인 계획」, 보고번호: 제72-207호,
　　　보고일자: 1972년 3월 8일.
대통령비서실. 「새마을운동추진상황 확인결과보고」, 보고번호: 제72-300호, 보고일
　　　자: 1972년 4월 17일.
대통령비서실. 「농어촌전화사업계획」, 보고일자: 1973년 5월.
대통령비서실. 「반시민적 직분사조사범(職分思潮事犯) 추방계획: 수도치안비상조치
　　　제4호」, 결제일자: 1972년 6월 5일.
대통령비서실. 「새마을가꾸기 사업 추진현황보고(2차)」, 보고번호 생략, 보고일자:
　　　1970년 9월 21일.

대통령비서실. 「새마을노임소득사업비 지원(2차분)」 보고번호: 제73-745호.

대통령비서실. 「새마을여름학교설치지침 시달」, 보고일자: 1972년 6월 9일.

대통령비서실. 「새마을운동 포상대책」, 보고번호: 제72-341호, 보고일자: 1972년 5월 16일.

대통령비서실. 「새마을운동에 관한 진정 보고」, 문서번호: 제72-354호, 보고일자: 1972년 5월 19일, 진정인(전남 장성 박철수, 36세) 진정서 작성일: 1972년 4월 23일.

대통령비서실. 「새마을운동의 이론정립을 위한 연구사업계획」, 보고일자: 1974년 7월 10일.

대통령비서실. 「새마을포상마을의 특집보도계획」, 보고번호: 제73-934호, 보고일자: 1973년 12월 3일.

대통령비서실. 「재일거류민단과 본국새마을 자매결연 계획」, 보고번호: 제72-413호, 보고일자: 1973년 7월 6일.

대통령비서실. 「재일교포 여소도씨의 새마을성금 접수 보고」, 보고번호: 제72-380호, 보고일자: 1972년 5월.

대통령비서실. 「전국 시장 군수 비교행정회의 결과 보고」, 보고번호: 제71-571호. 보고일자: 1971년 9월 20일.

대통령비서실. 「새마을운동 국민대회 개최계획 보고(내무부)」, 보고번호: 제73-793호. 보고일자: 1973년 10월 18일.

독농가연수원. 「교육결과 종합 평가(대외비)」, 1972.

독농가연수원. 「새마을지도자 분임연구결과보고서(제1·2기: 1972. 7. 3~7. 29)」, 1972.

독농가연수원. 「제1기 독농가반(1972. 1. 31~2. 11) 분임연구결과보고서」, 1972.

보건사회부. 「약봉투에 새마을사업과 유신 및 반공표어 기입」, 의안번호: 579호, 제출일자: 1974년 7월.

새마을지도자연수원. 「1972~1973년간의 분임토의결과보고서」, 1973.

서울대학교 농과대학 농촌연구부 독농가 연구회. 『전국독농가들의 영농방식과 그들이 그 지역사회에 미치는 영향』, 1966.

전라북도. 「새마을사업 강력 추진을 위한 지방 행정기구 조정」, 문서번호: 지방 200-160호, 발송일시: 1973년 2월 5일.

총무처. 「공무원채용시험에서 유신이념과 새마을정신을 검정하는 방안」, 보고번호: 제74-3호.

한국농촌경제원. 『농촌 새마을운동의 사회적 성과 분석: 중간보고서』, 1978.


## 2. 성공사례


권영설. (경북 청송군 진보면 광덕동 새마을지도자), 「새마을사업성공사례: 마을기금
　　　조성 및 효율적인 관리」, 1973년 10월.

김길홍. (합천 숭산국교), 「산골에 심은 청춘 10년」, 『새마을운동: 교육편』, 1975.

김수호. (경북 성주군 초전농협 조합장), 「새마을에서 부친 편지」, 『흙과 땀과 훈장』,
　　　세대사 편, 1974.

김윤기. 「새마을지도과장의 365일」, 『지방행정』 1974년 7월호.

김종원. 「동막에 동이 튼다」, 『흙과 땀과 훈장』, 세대사 편, 1974.

남칠규. (거창 오계국교 교사), 「감악산 산 까치」, 『새마을운동: 교육편』, 1975.

농수산부농특사업국. 『새마을소득증대』, 1975.

박종선. (전남 영암군 시종농협 조합장), 「멸사봉공의 화신」, 『흙과 땀과 훈장』, 세대
　　　사 편, 1974.

박진환. 『독농가 하사용씨의 성공사례와 1970년대의 새마을 운동』, 농협대학 농촌개
　　　발연구소, 2001.

새생활문고 편집위원회. 『끝내 이룬 자활의 터: 집념의 실천가 정희원』, 노벨문화사,
　　　1972.

새생활문고 편찬위원회. 『저 찬란한 햇살은: 삼다의 낙원 신효리』, 노벨문화사, 1972.

신동호. 「새마을 주유여록」, 『세대』, 내무부.

심강환. 「새마을지도과장의 365일」, 『지방행정』 1974년 6월호.

심의조. 「젊고 박력있는 지도자」, 『흙과 땀과 훈장』, 세대사 편, 1974.

안기호. (전남 구례군 구례읍 백련리 새마을지도자), 「첩첩 산골에 세워진 수출공장」,
　　　『새마을운동: 시작에서 오늘까지』, 내무부, 1975.

안병구. 「농촌지도소장 퇴임사」, 2000년 10월.

양광선. (전북 순창군 풍산면 용내리 주재지도사), 「새마을소득증대 시범마을의 소득
　　　증대 방안」, 『새마을소득증대』, 농수산부 농특사업국, 1975.

연기군교육청. 「교육의 향토화를 위한 교육과정운영」, 『새마을교육 성공사례』, 문교
　　　부, 1974.

오장호. (경남 양산군 철마면 기림리 새마을지도자), 「소득복차사업성공사례」, 1973
        년 8월.
이석걸. 「새마을운동 발상지 문성동」, 『새마을운동30년자료집』, 1982.
이용채. (담양군 농촌지도소 지도원), 「젊은 성심을 농촌개발에 바쳤다」, 『연구와 지
        도』, 1970년 하계호.
이윤섭. (전남 담양), 「서호의 물오리 떼」, 『새마을지도자연수원10년사』, 1982.
이재호. 「새마을: 단위조합 육성 직결」, 『새마을지도자연수원10년사』, 1982.
이종섭. (경기도 파주군 주내면 봉암3리 새마을지도자), 「새마을가꾸기 성공사례」,
        1973.
이호철. (작가), 「개발심지에 불을: 전북 익산군 웅포면 송천리」, 『지방재정』, 68년 2
        월호.
이  희. (전북 옥구군 미면 신시도리), 「섬으로 돌아온 개척자」, 『흙과 땀과 훈장』,
        세대사 편, 1974.
전국새농민상수상자 협회 편. 『새농민운동20년사』, 1986.
전영록. (강원도 원성 고산국교 교사), 「벽지에 꽃 피운 새마을교육」, 『새마을운동』,
        문교부, 1975.
정환성, 「새마을운동의 요람이자 발상지인 문성마을 성공사례 회고록」, 포항시청 인
        터넷 문서.
허  영. (새마을지도자), 「새마을 건설의 깃발을 높이 달고」, 『국민회의보』 6호, 1974.
홍선표. 「새마을사업 성공사례: 지도자의 집념으로 일어선 문성동」, 『지방행정』, 1974
        년 1월호.
홍영매. 「새마을운동 성공사례: 썩어서 새싹 돋는 밀알처럼」, 『지방행정』 1975년 1
        월호.

## 3. 신문 및 잡지

『경향신문』, 『동아일보』, 『매일경제』, 『새마을신문』, 『연합뉴스』, 『조선일보』, 『부산
일보』, 『매일신문』, 『신동아』, 『지방행정』.

## 4. 단행본

국사편찬위원회. 『진정한 농민의 협동조합을 위하여: 1950년대 이후 이천지역 농민조
　　　합운동』, 구술사료선집 2, 2005.

김광희. 『박정희와 개발독재』, 선인, 2008.

김대중. 『김대중 자서전 1』, 삼인, 2010.

김영모. 『새마을운동 연구』, 고헌출판사, 2003(1973년 서술 후 2003년 발행).

김영미. 『그들의 새마을 운동』, 푸른역사, 2009년 6월.

김용기 저. 박완 편저, 『이것이 가나안이다』, 1978.

김정렴. 『한국경제정책30년사: 김정렴 회고록』, 중앙일보사, 1991.

김춘동. 『농촌사회의 변동과 정치적 과정』, 경북대학교출판부, 1988.

김형아 지음·신명주 옮김. 『박정희의 양날의 선택: 유신과 중화학 공업』, 일조각.
　　　2005.

김행선. 『박정희와 유신체제』, 선인, 2006.

내무부. 『새마을가꾸기 길잡이』, 1970.

내무부. 『새마을운동: 시작에서 오늘까지』, 1973.

내무부. 『새마을운동10년사』, 1980.

노금노. 『땅의 아들』, 돌베개, 1986.

노창섭·김종서·한상준 공저. 『개발과정에 있는 농촌사회 연구: 3개 농촌지역사회
　　　의 사회경제 및 교육적 분석과 평가』, 이대출판부. 1965.

농촌진흥청. 『농촌진흥30년사』, 1993.

농촌진흥청. 『한국의 녹색혁명』, 1978.

대통령비서실. 『박정희대통령연설문집』7·8·9집, 대통령공보비서관실, 1979.

대통령비서실. 『박정희대통령연설문선집: 새마을운동』, 대통령비서실, 1978.

대한공론사. 『새마을』, 1978.

림영철. 『일가 김용기와 가나안 이상촌 운동』, 재단법인 일가제단, 2009.

마을문고본부. 『영광의 발자취: 마을단위 새마을운동 추진사 제1집』, 1978.

문용팔·반성집·D.H. 퍼킨스, 『한국의 농촌개발』, 한국개발연구원, 1981.

문화공보부. 『새마을운동』, 1973.

박기용. 『조용한 혁명을 위하여』, 나라기획, 1987.

박정희 저. 신범식 편저, 『박정희 대통령 선집』1~6, 지문각, 1969.

박진환.『한국경제 근대화와 새마을운동』, (사)박정희대통령기념사업회, 2010.
박진환.『경제발전과 농촌경제』, 박영사, 1987.
새마을운동중앙회.『새마을운동 30년자료집』, 2000.
서울신문100년사편찬위원회.『서울신문100년사』, 2004.
서중석.『80년대 민중의 삶과 투쟁』, 역사비평사, 1988.
서중석.『대한민국 선거이야기: 1948년 제헌선거에서 2007년 대선까지』, 역사비평사, 2008.
성공회대학교 민주주의 연구소.『박정희시대 새마을운동과 근대적 국민: 주체의 형성 (한국연구재단 지원과제 주제연구 발표문)』, 2011년 4월.
시인사 편집부.『한국의 주요정당/사회단체 강령·정책』, 시인신서 28, 1988.
심이섭.『국민혁명에의 제언』, 재건국민운동본부.
쌍용양회 사사(社史) 편집실.『쌍용양회30년사』, 1992.
유네스코한국위원회 편.『한국의 지역사회개발: 4개 새마을부락의 사례연구』, 1979.
유병용·최봉대·오유석.『근대화전략과 새마을운동』, 백산서당, 2001.
유석창.『한국농업의 미래상: 서기 2000년대를 바라보며』, 건국대출판부, 1967.
이만갑.『공업발전과 한국농촌』, 서울대출판부, 1984.
이의근.『히말리야시다의 증언을 들으리라: 이의근의 목민실서(牧民實書)』, 한울, 2006.
이종범 편.『전환시대의 행정가』, 나남출판, 1994.
임방현.『근대화와 지식인』, 지식산업사, 1973.
정성화 편.『박정희 시대와 한국 현대사』, 선인, 2006.
정성화·강규형 엮음.『박정희 시대와 한국 현대사: 연구자와 체험자의 대화』, 선인, 2007.
조승연.『한국근현대 농민사회 연구』, 서경문화사, 2004.
조희연.『동원된 근대화: 박정희 개발동원체제의 정치사회적 이중성』, 후마니타스, 2010.
충남대학교 마을연구단.『연기 솔올마을: 근현대 촌락사의 축도(縮圖))』, 대원사, 2006.
최민호·정지웅·김성수·최여찬.『농민조직론』, 서울대학교출판부, 1997.
한국교육개발원.『새마을교육의 실태와 사회·심리적 변인에 관한 연구』, 1973.
한국농촌경제연구원 편.『한국농정50년사』 1, 1999.
한국농촌경제연구원 편.『한국농정50년사』 2, 1999.
한국농촌경제연구원.『농정 반세기 증언』, 1999.

한국정신문화연구원 편. 『1960년대 사회변화연구: 1963~70』, 백산서당, 1999.

한국정신문화연구원 편. 『내가 겪은 한국전쟁과 박정희 정부』 구술자료총서 4, 선인, 2004.

한신대학교 인문학연구소. 『1960~70년대 한국문학과 지배: 저항 이념의 헤게모니』, 도서출판 역락, 2007.


## 5. 논문


강상빈. 「가나안 복민운동이 농촌지역사회개발에 미친 영향」, 서울대학교 교육학과 석사학위논문, 2003.

강수택. 「박정희 정권 시기의 지식인론 연구」, 『지식변동의 사회사: 전통·현대·미래』, 2001년도 한국사회사학회 정기 학술 세미나 집.

고  원. 「박정희 정권 시기 농촌 새마을운동과 ‘근대적 국민 만들기’」, 『경제와 사회』 69호, 2006.

구천서. 「농어촌 개발공사 설립」, 『농정반세기 증언』, 농촌경제연구원, 1999.

김귀옥. 「그 많던 새마을운동은 어디로 갔을까?: 김영미의 『그들의 새마을운동』과 구술사연구」, 『역사와 현실』 75집, 2011.

김대영. 「박정희 국가동원 메커니즘에 대한 연구」, 『경제와 사회』 61호, 2004.

김대희. 「농촌진흥청과 농협의 지도사업연계에 관한 연구」, 서울대학교 농업교육학과 석사학위논문, 1989.

김동춘. 「박정희 시대의 민주화 운동」, 『박정희 시대와 한국 현대사』, 선인, 2006.

김보현. 「박정희시대 지배체제의 통치전략과 기술: 1970년대 농촌새마을운동을 중심으로」, 『박정희시대 새마을운동과 근대적 국민: 주체의 형성』, 성공회대학교 민주주의연구소 편, 2011.

김상범. (한국 슬레이트 공업주식회사 공장장), 「한국 슬레이트 공업의 현황과 전망」, 『양회공업』, 1966년 6월호.

김수정. 「1970년대 텔레비전 드라마에 대한 신문담론과 헤게모니 구성」, 『1960~70년대 한국문학과 지배: 저항 이념의 헤게모니』, 도서출판 역락, 2007.

김영미. 「마을의 근대화 경험과 새마을운동: 이천 아ㅇ리 마을의 사례를 중심으로」, 『정신문화 연구』, 2008년 봄호.

김영미. 「어느 농민의 생활세계와 유신체제」, 『한국근현대사연구』 63집, 2012년 겨울호.

김영미. 「평택 칠원 마을이 최우수 새마을이 된 이유」, 『역사와 현실』 74, 2009년 12월.

김영평. 「권위주의 시대의 반권위주의 행정가: 고건론」, 『전환시대의 행정가:한국형 지도자론』, 나남출판, 1994.

김인득. 「한국 스레이트 공업의 앞날」, 『비지네스』, 1963년 3월호.

김인진. 「새마을운동을 통해서 본 한국사회의 근대성형성에 관한 연구」, 서울대학교 대학원 석사학위논문, 1999.

김일철. 「영세농과 지역사회개발」, 『사회구조와 사회행위론』, 도서출판 전예원, 1986.

김정길. 「새마을운동의 3대 지표에 대한 사업실태와 문제 요인 규명에 관한 연구」, 군산대 논문집 7권, 1974.

김종덕. 「미국의 대한 농산물원조와 그 영향에 대한 연구」, 서울대학교 사회학과 박사학위 논문, 1992.

김태일. 「한국 농촌부락의 지배구조: 국가 '끄나불'조직의 지배」, 『한국의 농업농민문제 연구』 Ⅱ, 한국농어촌사회연구소, 1989.

김태호. 「통일벼와 증산체제의 성쇠: 1970년대 "녹색혁명"에 대한 과학기술사적 접근」, 『역사와 현실』 74집, 2009.

김혜진. 「새마을운동의 기반형성과 전개양상에 관한 인류학적 연구: 경기도 안성시 한 농촌마을의 사례를 중심으로」, 서울대학교 대학원 인류학과 석사학위논문, 2007.

문용원. 「새마을운동과 지도자에 관한 연구」, 중앙대학교 사회개발연구원 석사학위논문, 1976.

문팔용. 「양곡수급관리」, 『한국농정50년사』 제Ⅱ권, 1999.

박강주. 「상허 유석창의 농촌지역사회개발 교육사상이 새마을운동에 미친 영향」, 건국대학교 대학원 교육학과 박사학위논문, 2006.

박광서. 「한국의 경제발전과 소농 농업에 관한 연구」, 연세대학교 경제학과 박사학위논문, 1990.

박명림. 「한국현대사와 박정희·박정희 시대: 통치철학과 사상, 국가전략, 그리고 민주주의 문제」, 『박정희 시대와 한국 현대사: 연구자와 체험자의 대화』, 선인, 2007.

박섭·이행. 「근현대 한국의 국가와 농민: 새마을운동의 정치사회적 조건」, 『한국정치학회보』 31집 3호, 1997.

박종민. 「새마을운동의 정신적 지주: 김준론」, 『전환시대의 행정가: 한국형지도자론』, 나남출판, 1994.

박진도·한도현. 「새마을운동과 유신체제」, 『역사비평』, 1999.

박진우. 「박정희정권과 새마을지도자연수원의 지도자 양성」, 『한국민족운동사 연구』 65집, 2010년 12월.

박진환. 「새마을교육의 회고와 방향」, 『새마을지도자연수원 창립10주년기념 새마을교육연구 논문집』, 새마을지도자연수원, 1982.

박진환. 「일가(김용기)사상 세미나 연구발표」, 2005년 12월 15일.

박태균. 『1956~1964년 한국 경제개발계획의 성립과정』, 서울대학교 박사학위논문, 2000.

백용찬. 「식량자급책과 고미가 정책의 도입(1967~69)」, 『한국경제정책30년사』, 전국경제인연합회 편, 1975.

빈센트 S. R. 브란트. 「가치관 및 태도 변화와 새마을운동」, 『새마을운동의 이념과 실제: 새마을운동 국제학술회의 논문집』, 서울대 새마을운동종합연구소, 1980.

송영섭. 「비료정책의 변천과 발전방향에 관한 연구」, 고려대학교 자연자원대학원 석사학위논문, 1992.

신광영. 「1970년대 전반기 한국의 민주화운동」, 『1970년대 전반기의 정치사회변동』, 백산서당, 1999.

오유석. 「새마을운동의 군사문화적 특질」, 『박정희시대 새마을운동과 근대적 국민: 주체의 형성』, 성공회대학교 민주주의연구소 편, 2011.

우승지. 「박정희 시기 남북화해 원인에 관한 연구」, 『박정희 시대와 한국 현대사』, 선인, 2007.

유기준. 「한국에 있어서 상업적 농업의 전개: 1960년대 이후를 중심으로」, 서울대학교 경제학과 석사학위논문, 1984.

유덕천. 「농어민소득증대와 지도자」, 『지방행정』 1968년 2월호.

유정미. 「국가 주도 발전에 참여한 여성들의 경험에 관한 연구: 새마을 부녀지도자들의 사례를 중심으로」, 이화여자대학교 여성학과 석사학위논문, 2001.

윤상길. 「새마을운동 관련 미디어 선전물을 통해 구성되는 근대 '국민'에 관한 연구」, 서울대학교 언론정보학과 석사학위논문, 2001.

윤충로. 「구술을 통해본 1970년대 새마을운동: 새마을지도자 '만들기'와 '되기' 사이에서」, 『박정희시대 새마을운동과 근대적 국민: 주체의 형성』, 성공회대학교 민주주의연구소 편, 2011.

이동훈. 「농어민소득증대 특별산업의 성과분석」, 서울대 행정대학원 석사학위논문, 1971.

이만열. 「한국농민운동사의 관점에서 본 일가의 생애」, 일가 김용기 선생의 10주기 세미나, 1998.

이승억. 「8·15후 남한에서의 금융조합재편과정(1945~58)」, 한양대학교 사학과 석사학위논문, 1993.

이승훈. 「1970년대 농촌주택개량사업: 주생활의 변화와 농민의 반응」, 『정신문화 연구』, 1996년 겨울호.

이양호. (내무부 차관), 「기반행정과 자력개발」, 『지방행정』 1968년 2월호.

이영기. 「1960년대 이후의 농민층분해에 관한 연구」, 서울대농경제학과 석사학위논문, 1982.

이정환. 「시멘트공업의 발전과 과제」, 『시멘트』 27, 1968년 12월호.

이종학. 「농촌자체지도자 교육에 관한 연구」, 서울대학교 교육대학원 석사학위논문, 1973.

이환병. 「1960년대 마을 개발과 농촌 새마을운동의 초기 전개과정」, 『역사연구』 제23호, 2012.

이환병. 「1960년대 모범농민의 농업경영과 1972년 새마을교육」, 『한국민족운동사연구』 76, 2013.

이환병. 「새마을운동 시기 소득증대사업의 전개 양상」, 『동국사학』 55, 2013.

이현옥. 「일제하 1930년대 농촌진흥운동에 관한 연구」, 서울대학교 대학원 경제학과 석사학위논문, 1985.

임경택. 「한국 권위주의체제의 동원과 통제에 관한 연구: 새마을운동을 중심으로」, 고려대학교 정치외교학과 박사학위논문, 1991.

임수환. 「박정희시대 소농체제에 대한 정치경제학적 고찰」, 『한국정치학회보』 31집 4호, 1997.

장미경. 「개발국가 시기, 새마을운동 부녀 지도자의 정체성의 형성과 변화: 부녀지도자의 성공사례 수기를 중심으로」, 『사회과학 연구』 16집 1호, 2008년.

정종택. 「성공을 하려면 인식과 발상의 전환이 필요하다」, 『우연한 성공은 없다』, 제이비컴, 2004.

정홍섭. 「새마을소설에 나타난 근대화 담론의 자기 모순성」, 『1960~70년대 한국문학
    과 지배: 저항 이념의 헤게모니』, 도서출판 역락, 2007.
정일준. 「박정희와 지식인: 권력－지식의 상관관계」, 『박정희 시대와 한국 현대사』,
    선인, 2007.
조기준. 「한국시멘트공업의 전개와 쌍용양회」, 『경제사학』 1987년 12월호.
조병은. 「독농가를 핵으로 한 새마을건설」, 『농업경제』 30, 1972년 6월.
조승연. 「농촌사회의 변동과 농업생산구주: 가족농 생산형태의 변화를 중심으로」, 영
    남대학교 문화인류학과 박사학위논문.
조석곤·황수철. 「농업구조조정의 좌절과 소득정책으로의 전환: 1960년대 후반 농지
    법 제정 논의를 중심으로」, 『동향과 전망』 31호, 1996.
존 시거드슨·김영철. 「한국농촌 새마을운동에서 농업기계화와 농촌 공업화 문제에
    관한 연구」, 『새마을운동의 이념과 실제』, 서울대새마을종합연구소, 1981.
지수걸. 「일제의 군국주의 파시즘과 '조선농촌진흥운동'」, 『역사비평』 1999년 여름호.
채영택. (박정희리더십연구원 선임연구위원), 「근대화와 경북의 역할」, 2010.
채우공. 「재건국민운동의 사회교육활동에 대한 재조명」, 중앙대학교 교육학과 석사
    학위논문」, 2004.
최길성. 「새마을운동과 농촌진흥운동」, 『죽당 이현희 교수 화갑기념 한국사학 논총』,
    1997.
최순식. 「새마을 지도자의 유형 고찰」, 서울대학교 행정대학원 석사논문, 1974.
최성모. 「서울의 스카이라인을 바꾼 정열의 행정가: 김현옥론」, 『전환시대의 행정가』,
    나남출판, 1994.
최인이. 「근대적 시간관념 및 이윤 개념: 새마을지도자의 노동활동 경험」, 『박정희시
    대 새마을운동과 근대적 국민: 주체의 형성』, 성공회대학교 민주주의연구소
    편, 2011.
최용호. 「1970년대 전반기의 경제정책과 산업구조의 변화」, 『1970년대 전반기의 정
    치사회변동』, 백산서당, 1999.
최진아. 「새마을운동에 나타난 자조에 관한 연구: 새마을지도자의 수기를 중심으로」,
    서울대대학원 석사학위 논문, 2003.
하재훈. 「박정희체제의 대중통치: 새마을운동의 구조·행위자 상호작용을 중심으로」,
    경북대학교 정치학과 박사학위논문, 2006.

하효숙. 「1970년대 문화정책을 통해 본 근대성의 의미: 문예중흥 5개년 계획과 새마을운동을 중심으로」, 서강대학교 대학원 신문방속학과 석사학위논문, 2001.
한도현. 「1970년대 새마을운동에서 마을 지도자들의 경험세계: 남성 지도자들을 중심으로」, 『사회와 역사』 88집, 2010.
한도현. 「국가권력의 농민통제와 동원정책: 새마을운동을 중심으로」, 『한국농업농민 문제 연구Ⅱ』, 연구사, 1989.
한도현. 「1960년대 농촌사회의 구조적 변화」, 『1960년대 사회변화연구: 1963~70』, 백산서당, 1999.
한병진. 「1970년대 국가와 농민관계에 관한 연구: 새마을운동이 농민의 정치적 태도에 미친 영향을 중심으로」, 서울대학교 대학원 외교학과 석사학위논문, 1995.
한봉석. 「이승만 정권 말기 지역사회개발사업 연구」, 성균관대학교 사학과 석사학위논문, 2005.
한영환. 「한국의 경제발전과 행정체제의 대응능력」, 『행정과 나라 만들기』, 박영사, 1996.
황두영. 「한국 농촌지도자에 대한 비교연구」, 『지방행정』 69년 6월호.
황연수. 「농촌 새마을운동의 재조명」, 『농업사연구』 제5권 2호, 2006.
황혜진. 「1970년대 유신체제기의 한국영화 연구」, 동국대학교 연극영화학과 박사학위논문, 2003.

## 6. 영화 및 인터넷 문서

국립영화제작소, '뚝'.
국립영화제작소, '슬기로운 여인'.
국립영화제작소, '자조마을 문성동'.
인터넷 문서 blog.naver.com/ubo.
청도군청(http://firstsaemaul.com).
포항시청(http://www.ipohang.org).

## 7. 인터뷰

박진환(청와대새마을담당관) 인터뷰, 2009년 1월 26일.
박치석(면사무소 근무) 인터뷰, 2009년 1월 21일.
안병구(농촌진흥청근무) 인터뷰, 2009년 1월 21일.
안병욱(군청소속 공무원) 인터뷰, 2009년 1월 17일.
정명모(새마을지도자) 인터뷰, 2009년 1월 19일.
김영일(가나안 농군학교 교무 부장) 인터뷰, 2011년 11월 29일.


## 8. 문학작품

김용택, 『맑은 날』, 창작과 비평사, 1986.
이문구 연작소설집, 『우리 동네』, 솔, 1996.
이문구 연작소설집, 『관촌수필』, 문학과 지성사, 1996.
조정래, 『한강』 9, 해냄, 2002.

## 인물

### 【ㄱ】

## 사건

### 【ㄱ】



### 【ㄴ】

## 【ㄷ】